다문화주의와 영화

이 저서는 2014년 정부(교육부)의 재원으로 한국연구재단의 지원을 받아 수행된 연구임
(NRF-2014S1A6A4026424)

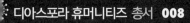
디아스포라 휴머니티즈 총서 **008**

영화로 보는 다른 세상

다문화주의와 영화

이형식 지음

앨
르피

머리말

　다문화주의에 대한 관심은 필자의 전공이 미국연극과 미국영화라는 사실에서 출발한다. 이민자들의 나라로 세워진 미국은 건국의 주역인 앵글로색슨 백인 신교도들WASP이 나라를 세운 후 세계 각지에서 온 이민들로 채워져 갔다. 아프리카계 미국인처럼 본인들의 의지와 전혀 상관없이 노예로 잡혀 온 이민자들도 있었지만, 신대륙에서의 새로운 꿈을 쫓아 건너온 후속 이민자들이 미국이라는 나라를 점차 세워 갔다.

　처음에 주도적으로 미국을 건설한 유럽 출신 백인들은 철저한 기독교적인 세계관과 백인 중심의 가치관으로 나라를 운영하였다. 여기서 배제된 종족들은 타자로 구축되어 모든 정치적 · 경제적 · 사회적 현실에서 무시당하고 폄하되었다. 유럽에서 후발대로 건너온 아일랜드계, 이탈리아계, 슬라브계 등의 이민자들도 처음에는 앵글로색슨 신교도 문화와의 차이로 인해 타자로 치부되고 종종 차별받았지만, 똑같은 백인이었기 때문에 겉으로 구별하기 쉽지 않아 주류 백인 사회에 자연스럽게 녹아들어 갔다. 그러나 외모상 두드러지게 구별되는 아프리카계, 라틴계, 아시아계 이민자들과 북미 원주민들은 태생적인 차이로 인해 타자라는 표식을 벗어 버리는 것이 거의 불가능했다.

1960년대에 백인 중심의 제도권을 겨냥한 민권운동이 아프리카계 미국인을 중심으로 일어나고, 청년들이 기성세대에 반대하는 반문화운동과 여성들이 남성 중심 사회에 반발하는 페미니즘 운동이 일어나면서 미국 사회는 격변을 겪게 되었다. 사람의 정체성을 정치적으로 올바르게 파악하려는 "정치적 올바름"이 사회의 화두가 되고, 지금까지 등한시되고 무시되었던 타자들의 문화와 정체성이 부상했다.

이론적으로 다문화주의는 19세기와 20세기에 걸쳐 유럽 열강들의 식민지였던 국가들에서 식민주의의 잔재를 극복하고 현재의 문화에 남아 있는 식민주의적 시각이나 세계관을 불식시키려는 탈식민주의와도 연관이 된다. 1980년대 이후 미국문학은 정전에 속하는 미국의 낭만주의 문학, 사실주의 문학, 모더니즘 문학 중심에서 다문화주의 문학으로 범위를 확장했고, 최근 미국에서 유학하고 돌아온 학자들의 연구 또한 탈식민주의나 다문화주의 문학에 대한 관심을 반영한다.

그동안 마샤 노먼과 베스 헨리 등의 페미니즘 연극, 수잔 로리 팍스 등의 아프리카계 연극, 줄리아 조 · 성노 · 필립 고탄다 등의 아시아계 연극, 토니 커쉬너 등의 게이 드라마에 관심을 가지고 연구를 진행해 왔던 필자는 영화에서의 다문화주의로 관심을 넓히게 되었고, 한국연구재단의 저술 지원을 받아 본 저서를 집필하게 되었다. 한국에서의 다문화주의에 대한 필자의 관심은 결혼이주민, 이주노동자, 탈북자 등이 우리나라에 적응하여 살아가는 과정에서 기존의 한국 국민들과 갈등을 겪고 비극적인 일을 당하거나 상처와 앙심을 품고 본국으로 돌아가거나 또 다른 디아스포라를 꿈꾸는 상황을 보면서 촉발되었다. 우리보다 먼저 다문화 사회를 경험한 미국과 유럽 상황에 대한 이해가 우리나라의 상황을 이해하는 시사점을 제공할 수 있지 않을까 하는 것이 저술 동기였다.

다문화주의는 접근하는 입장에 따라 다양한 의미를 지니고 있어서 알리 라탄시, 로버트 스탬, 마르코 마르티니엘로 등 많은 학자들이 그 모호성에 대해서 지적한 바 있다. 필자는 이 책에서 인종적·문화적으로 세분화된 영화들의 분석을 진행하면서 동시에 이론적인 부분을 보강하려고 했다. 그러면서 이를 한국의 현실에 어떻게 적용할 수 있을지를 고민하였다. 어쩌면 다문화주의 자체가 "지배적인 전통 밖에서 서로 다른 시각의 다양성을 존중하려고 시작된 정치적·사회적·문화적 운동"(Willett 1)이기 때문에 일원화된 이론적 체계가 없는 것이 당연한 일일지 모르겠다. 그럼에도 불구하고 이 연구 과제 전체를 관통하는 일관성 있는 주제를 설정하는 것이 저서의 통일성을 위해 필요하기 때문에 다음과 같은 주제를 분석 대상이 되는 모든 영화에 포괄적으로, 또 어떤 영화에서는 한정적으로 적용하였다.

첫째는 이미지와 스테레오타입 연구이다. 페미니즘 영화 이론이 처음 등장할 때 남성 위주의 사회에서 여성이 어떻게 스테레오타입화되었는가를 다루는 여성 이미지 연구를 서두로 출발했던 것처럼, 다문화주의 이론에서도 백인의 눈에 비친 비백인non-white에 대한 연구가 이미지 연구로부터 시작되었다. 스테레오타입은 미국영화의 경우 아프리카계 미국인, 아시아계 미국인, 라틴계 미국인 등에서 표현되었고, 한국영화에서도 결혼이주민, 이주노동자, 탈북자를 특징짓는 스테레오타입들이 빠른 시간 안에 설정되고 소비되었다.

둘째는 인종차별주의이다. 유럽과 미국의 다문화주의가 다루는 가장 많은 주제 중 하나는 유럽 중심, 백인 중심의 세계에서 주류문화에 속하지 않는 사람들이 얼마나 차별받고 핍박을 받아 왔는가이다. 따라서 바로 앞에서 언급한 인종의 스테레오타입은 바로 인종차별을 위한 기표로 이용되었고, 백인만이 옳고 정당하다는 것을 보여주기 위한 수단으로 채택되었다.

셋째는 다문화영화에서 볼 수 있는 인종차별주의 고발과 비판이 영화 〈크래시〉나 한국의 몇몇 다문화주의 영화의 사례에서 볼 수 있듯이 인류 보편적인 인간애에 호소함으로써 백인 혹은 주류사회의 주체들을 변호하고 타자의 스테레오타입 강화를 하는 함정에 빠질 수 있다는 문제이다. 모든 문화가 동등하게 상호 공존하자는 주장이 문화상대주의와 지적 허무주의에 빠질 수 있는 위험이 있다는 것이다.

넷째는 초국가주의라는 이슈이다. 다문화적인 사회는 한 지역에 살던 사람들이 다른 지역으로 이주하면서 발생한다. 유럽에 살던 유럽인들의 북미 대륙 이주, 아프리카·중남미·아시아에서 살던 사람들의 북미 이주, 과거 유럽 식민지였던 나라 출신자들의 프랑스 혹은 영국 이주, 코리언 드림을 찾아 결혼 혹은 취업을 통해 한국을 찾은 동남아와 중국, 북한 사람들의 이주 등이 다문화 사회가 생성되는 근본적인 원인이다. 오늘날 영화의 제작 환경 또한 많이 바뀌었으며 국경을 넘는 영화인과 제작자들의 연대 또한 일어나고 있다. 전에는 영화가 국적으로 분류되고, 그 나라의 언어뿐 아니라 문화와 정치, 가치관 등을 같이 보여 주었다. 그러나 이제는 사정이 바뀌어서 글로벌화된 시장을 겨냥하여 만드는 영화들은 전 세계인들이 공감할 수 있는 보편적인 주제를 다룬다.

이 책의 목차는 미국영화에 경도된 필자의 시각을 반영한다. 다문화주의는 미국과 유럽에서 시작된 현상이지만, 이 책에서는 전체 분량의 절반 이상을 미국의 다문화주의에 할애한다. 우선 미국에서 가장 일찍 다문화 종족으로 핍박과 차별을 받아 온 아프리카계 미국인, 미국 내에서 점점 더 인구와 영향력이 커지고 있는 아시아계 미국인, 아프리카계 미국인을 능가하는 인구 집단이 된 라틴계 미국인, 인디언 보호구역에 수용되어 거의 사라져 갈 위기에 처한 북미 원주민 등을 다룬 후 성적 지향성의 측면에서 주류와 다른 문화에 속하는 게이 레즈비언 영화를 분석하였다.

주변부의 부상과 다문화 사회로의 이행이 기존의 백인 주체들과 제도권에 미치는 영향은 〈그랜 토리노〉에서 마초 백인 남성성의 변화와 다문화 수용이라는 측면에서 살펴보았다. 〈크래시〉는 인종차별이 단지 백인과 흑인의 문제가 아니라 아시아계, 아랍계, 라틴계 미국인들이 함께 살아가는 인종의 용광로에서 이들이 영화의 제목처럼 어떻게 충돌하며 오해하고 스테레오타입을 강화 혹은 불식시키는지를 다룬다는 점에서 의미 있는 작품이라고 하겠다.

유럽의 다문화 영화는 영국에 사는 아시아계 이민자들의 삶을 다룬 〈나의 아름다운 세탁소〉와 〈슈팅 라이크 베컴〉, 그리고 초국가적 영화의 성격을 가장 강하게 보여 주는 〈인 어 베러 월드〉를 다루었다. 아쉽지만 이 주제는 더 많은 연구와 공부가 필요한 분야로 남겨 두었다.

한국의 다문화 영화는 한국영화를 전공하는 연구자들에 의해 이미 많이 연구되었다. 또한 최근에 인기를 끈 〈범죄도시〉를 비롯하여 탈북자, 중국 동포, 이주 노동자를 다룬 영화들이 계속해서 제작되고 있다. 이 책에서는 한국의 다문화 구성원들을 결혼이주민 여성, 이주노동자, 탈북자로 크게 세 범주로 나누어서 각각을 대표하는 영화들을 세 편씩 분석하여 그 공통점과 한계점을 파악하려고 하였다.

이 책에 실린 내용 중 일부는 그동안 개별적인 논문으로 학회와 학회지에 발표된 것들로, 피드백을 거쳐 단행본 형식으로 다시 편집되었다. 글로벌화와 초국가주의 현상이 가속도를 더해 가는 이 시점에서, 또한 한국 내에서의 다문화 현상이 점점 우리의 관심과 행동을 요구하는 이 시점에서 '다문화주의와 영화'라는 주제를 책으로 엮어 내게 된 것을 보람으로 생각한다. 이 책이 다문화주의와 영화를 이해하려는 연구자와 독자들에게 흥미롭고 유익하게 읽히길 바라며 이 연구를 지원해 주신 한국연구재단과 출판을 기꺼이 맡아 주신 앨피출판사에 감사 드린다.

2018년 12월
이형식

3장 탈북자

Ⅰ. 다문화주의와 영화

우리나라의 다문화 사회로의 이행은 돌이킬 수 없는 흐름처럼 보인다. 2007년에 100만을 돌파한 한국에 거주하는 외국인의 숫자는, 2018년 9월 현재 237만여 명으로 우리나라 인구의 4.2퍼센트에 해당한다. 산업노동자를 비롯하여 불법이주민, 결혼이주민 등으로 증가되는 외국인의 한국 사회 유입은 해마다 증가 추세이다. 그중에서 중국인이 107만여 명으로 1위, 베트남인이 19만 7천여 명으로 2위, 태국인이 19만 6천여 명으로 3위를 차지하고 있다.

순혈주의 전통이 강한 우리나라에서 문화와 인종이 다른 사람들이 더불어 살아가는 데에는 많은 어려움이 존재한다. 그래서 정부와 지자체 차원에서 2007년에는 재한외국인처우기본법이 제정되었고, 2008년에는 제1차 외국인 정책기본계획(2008~2012)이, 2012년에는 제2차 외국인 정책기본계획(2012~2017)이 발표되었다. 그러나 대다수의 한국 국민들에게 피부색과 문화와 언어가 다른 다문화이주민과 같은 공간과 직장에서 생활하는 것은 여전히 어색하고 불편한 것이 사실이며, 이방인에 대한 거부감은 도처에서 갈등의 불씨를 내포하고 있다.

오늘날 우리 주변에서 눈에 띄게 두드러진 현상이면서도 이를 정의하는 단어인 '다문화주의'라는 말은 각 학문적 영역에서 바라보는 입장에 따라 전혀 다른 의미를 지니고 있다. 특히 우리나라에서의 다문화주의는 정부의 복지정책 차원에서, 법적이고 윤리적인 차원에서, 다문화 교육적인 차원에서, 문학과 예술 분야 차원에서 논의되고 있으며, 이러한 이름을 붙인 각종 단체와 연구소들도 넘쳐나고 있다. 예를 들어, 문화콘텐츠기술연구원 다문화콘텐츠사연구사업단에서 펴낸《다문화주의의 이론과 실제》는 우리나라에서의 다문화주의 논의와 교육 현장, 복지 서비스, 영화와 드라마 등 다양한 방면에 대한 연구서이며,《한국에서의 다문화주의: 현실과 쟁점》은 '국경 없는 마을 공부모임'에서 나온 토론의 쟁점들을 책으로 엮은 것이다.

다문화주의

다문화주의라는 학문 영역 자체는 손가락 사이로 빠져나가는 모래처럼 정의하기가 쉽지 않다. 우리나라에서 다문화 사회 문제가 대두되면서 정부는 정부대로, 학계는 학계대로 문제에 접근하고 있지만 동상이몽일 경우가 많다. 또한 다문화주의와 관련된 학회와 학문적 접근도 많은 경우에 사회복지적 차원과 현실적인 차원에서 다문화 이주민들을 어떻게 도움을 줄 것인가에 치중하는 경향이 있다.

이는 서구 사회도 마찬가지다. 다문화주의의 모호성에 대한 당혹감이 곳곳에 배여 있다. 알리 라탄시Ali Rattansi는 "다문화주의의 용인된 정의는 언제나 악명 높은 정도로 모호했다elusive"(7)라고 말하

고 있으며, 로버트 스탬Robert Stam 또한 "다문화주의라는 단어는 실
체essence가 없다. 그것은 그저 논란을 가리킬 뿐이다"(Film Theory, 270)라
고 말하고 있다. 마르코 마르티니엘로Marco Martiniello는 다문화주의가
"사용하는 사람에 따라, 그리고 분야에 따라, 학파에 따라, 그리고 국
가에 따라"(86) 의미의 차이를 보인다고 설명한다. 다문화주의 자체
가 "지배적인 전통 밖에서 서로 다른 시각의 다양성을 존중하려고
시작된 정치적 · 사회적 · 문화적 운동"(Willett 1)이기 때문에 일원화된
이론적 체계가 없는 것이 어쩌면 당연한 일일지 모르겠다.

제국주의와 식민주의를 경험한 유럽에서 등장한 다문화주의는 그
동안 유럽 중심주의와 문화적 제국주의로 타자를 지배했던 유럽의
자기반성적인 담론이라고 할 수 있다. 타자를 무시하고 지배하려고
했던 자세에서 타자를 수용하고 인정하는 자세로, 서구적인 시각으
로 단일화되었던 세계관과 가치를 복수의 세계관과 가치를 인정하
는 태도로 전환하려는 것이 바로 다문화주의라고 할 수 있다. 배상
준은 "다문화주의는 근대 이후의 세계문화가 유럽의 백인 중심으로
주도되어 오면서 나타난 다수자와 소수자 간의 갈등과 대립을 해소
하고, 특히 인종이나 사회경제적 계급에 따른 문화적 소수자의 지위
와 권리 그리고 인권을 지키기 위한 노력의 일환으로 해석할 수 있
다"(82)라고 주장하며, 최성희는 "유럽 중심주의와 문화적 제국주의
에 대한 반성과 대안으로 제시된 다문화주의는 하나의 문화에서 복
수의 문화로, 이성과 계몽의 이름으로 '타자'를 계도하고 지배하는
문화에서 다양성과 독자성을 인정하는 문화로, 문화와 좌표를 충돌
에서 공존으로 옮겨 놓았다는 점에서 해방적 전복적 의미를 지닌
다"(3)고 지적한다.

서구에서 다문화주의는 학문적으로 볼 때 버밍엄대학을 중심으로 한 문화 연구가 발달하면서 그 연장선상에서 발전되었다. 더글러스 켈너Douglas Kellner는 〈문화 연구, 다문화주의, 미디어 문화Cultural Studies, Multiculturalism, and Media Culture〉에서 "인종, 젠더, 섹슈얼리티, 계층의 재현에 대한 관심으로 인해, 그리고 다양한 압제의 형식을 조장하는 이데올로기에 대한 비판으로 인해, 문화 연구는 문화가 어떻게 인종차별주의, 성차별주의, 피지배 계층에 대한 편견을 재생산하는지 보여 주는 다문화주의 프로그램에 적합하다"(10)라고 말하고 있다. 특히 텔레비전, 영화, 미디어에 어떠한 문화적 이데올로기가 코드화되어 있는지를 보여 주는 데 문화 연구가 유용한 역할을 할 수 있다는 것이다.

이에 반해 알리 라탄시는 호주와 캐나다, 유럽에서의 다문화주의에 집중하면서 호주와 캐나다에서의 백인 위주 이민 정책의 폐지가 다문화주의 담론의 등장에 크게 기여를 했다는 입장을 취한다. 라탄시는 다문화주의는 반드시 인종차별주의와 불가분의 관계를 맺고 있다고 주장하면서 영국에서는 다문화주의를 다인종multi-ethnic주의와 호환적으로 사용하고 있다는 사실을 적시한다. 그는 '다문화주의'라는 용어가 "비백인 종족 집단이 학교와 대학 커리큘럼에서 자신들을 문화적으로 인정해 달라고 요구하면서 1990년대에 와서야 비로소 대중적인 어휘에 진입하게 되었다"(11)고 지적한다.

다문화주의는 문자적인 뜻으로는 다양한 '문화'가 공존해 나가는 사회를 현실로 파악하고 이해하며 대응해 나가는 사고방식과 생활방식을 의미하지만, '문화'는 '인종race'이라는 배경에서 나오기 때문에 인종에 대한 이해가 반드시 동반되어야 한다. 재니스 웰쉬Janice Welsch와 제이 큐 애덤스J.Q. Adams는 인종은 하나밖에 없으며 모든 인간은 '인류human race'에 속한다면서, 인종에 대한 논의는 본질적으로 종족성ethnicity에 대한 논의라고 주장한다(xiv).

실제로 미국의 백인들은 자신의 종족적 근원ethnic origin을 표기할 때 '독일계' '이탈리아계' '프랑스계' '아일랜드계' 등 국가적 근원으로 수렴하지만, 아프리카계나 아시아계, 라틴계의 경우 그 국가적 근원에 상관없이 뭉뚱그려져 불린다. 이는 백인 이민의 역사가 오래된 것이 한 원인이지만, 백인이 유색인종을 대하는 시각이 우월적이고 지배적인 데서도 기인한다. 그렇기 때문에 개개의 종족적 배경에서 유래하는 문화와 종교, 습관과 사고방식의 차이를 인식하지 못하고 우산과 같은 포괄적 개념 속에 스테레오타입화한다.

다문화주의에 대한 이해는 탈식민주의와도 연관이 된다. 로버트 스탬과 루이스 스펜스Louise Spence는 〈식민주의, 인종차별주의, 그리고 재현Colonialism, Racism, and Representation〉에서 인종차별주의가 본질적으로는 식민주의 정책의 결과라고 주장한다. 흑인, 아시아인, 아프리카인, 아랍인, 그리고 다른 원주민들이 유럽 정복자들에 의해 체계적으로 지배당했으며 계속 지배당하고 있다는 것이다. 그들은 반식민주의 영화 제작에 대한 요구에서 등장할 수 있는 구체적인 영화적 특징이 필요하다면서 "영화가 강조해야 하는 것은 원래의 실제 모델 혹은 원형에 대한 충실도, 혹은 재현의 완벽한 정확성보다는 서사의 관행, 장르의 관행, 영화의 스타일이 되어야 할 것"(641)이라고 주장한다. 단지 차별당하는 마이너리티를 긍정적으로 재현하는 것만으로는 충분치 않으며 그렇다고 이들이 원래 떠나온 본질로 돌아갈 수 있는 길도 없다. 오히려 재현의 과정은 문화적 정체성의 혼종성에 초점을 맞추어야 한다.

다문화 영화

이 시점에서 우리는 먼저 다문화 사회를 경험하고 문제점을 극복해 온 미국과 유럽의 사례를 영화를 통해 살펴봄으로써 이를 통해 우리나라에서의 적용 가능성과 시사점을 통찰해 볼 수 있을 것이다. 그렇다면 왜 영화인가? 탄생한 지 불과 100년이 조금 넘었지만 영화는 사회 이데올로기의 흐름과 대중의 관심, 시대정신을 표현하는 중요한 텍스트가 되어 왔다. 영화들은 그 시대의 대중과 국가가 당면하고 있는 문제들을 반영할 뿐만 아니라 지시한다.

미국 할리우드 영화산업에서 볼 수 있듯이 미국영화는 20세기의 각 10년대decade마다 각각 경제공황과 제2차 세계대전, 냉전, 반문화, 성의 해방, 신보수주의의 반격, 페미니즘 등 사회의 변혁을 그대로 반영하면서 동시에 제도권의 이데올로기를 설파하는 중요한 도구로서 작용해 왔다. 특히 60년대 이후 흑인, 여성, 아시아계, 성적소수자, 청년 등이 보수주의 제도권에 도전하면서 이것이 영화에 반영되고 수용되는 현상들이 두드러졌다. 그러나 그럼에도 불구하고 할리우드는 현상태status quo를 유지하며 핵가족을 중심으로 한 자본주의 이데올로기가 여전히 흔들림 없이 미국을 떠받치고 있음을 천명하는 제도권의 마우스피스 역할도 해 왔다. 결국 베네딕트 앤더슨Benedict Anderson의 주장대로, 국가는 서술된 스토리이며 영화 관객은 이 스토리를 소비하며 수용하는 주체이다. 따라서 영화 텍스트를 분석하는 것은 '용광로'에서 '샐러드 보울'로 미국 사회의 다문화성에 대한 인식이 어떻게 변화해 왔는지 성찰할 수 있는 적절한 도구라고 할 수 있다.

다문화 영화는 그동안 제도권의 지배적 시각 속에서 제대로 조명

받지 못하고underrepresented 틀리게 표현된misrepresented 마이너리티에 대한 이해를 제대로 바로잡고자 하는 데 그 존재 이유가 있다. 거의 모든 아시아계 사람은 수학을 잘하고 모범적이며 적응을 잘하는 모델 마이너리티model minority로 보고, 아랍인은 잠재적인 테러리스트로, 라틴계는 마약과 범죄와 결부되어 있는 것으로 생각하는 문화에서 다문화 영화는 이들이 겪는 어려움과 좌절을 표현하고 이들의 목소리를 들려주고자 한다. 그래서 이 연구는 반드시 영화 속 스테레오타입 연구와 분석으로 연결된다.

이를 우리나라에 적용해 보면 같은 아시아권 내에서도 지배 종속 관계가 존재하며 젠더, 계급, 지역성의 헤게모니에 따라 차별이 발생함을 볼 수 있다. 우리나라에서 '다문화가족'은 비하적인 뉘앙스가 포함된 표현이다. 다문화 교육 현장에서 일하는 교사들의 경험에 의하면, 한국인과 결혼이주민과의 사이에서 태어난 아이를 가리켜 "쟤는 다문화야"라고 말하는 것은 차별과 배제의 뉘앙스를 담고 있다. '다문화'라는 표현이 한국인의 혈통을 가지고 태어나지 않고, 우리보다 경제적으로 낙후된 나라 출신의 아버지 혹은 어머니에게서 태어났다는 뜻으로 사용되는 것이다. 또한 같은 결혼이주민, 혹은 이주노동자들 사이에도 미묘한 차별과 계급이 존재한다. 한국인과 외모가 거의 비슷한 중국과 일본 등에서 온 이주민과, 겉으로 보기에 타자성이 두드러지는 동남아 출신 이주민 사이에 엄연히 다른 계급이 존재하는 것이다. 일반 내국인들이 이들을 상대할 때의 태도나 자세에서도 이러한 차별이 그대로 적용된다.

다문화 영화와 관련하여 최근 세계 주요 영화산업에서 두드러지는 또 다른 현상은, 영화가 초국가적·초민족적 매체가 되어 가고 있다는 것이다. 피터 레만Peter Lehman과 윌리엄 루어William Luhr의 지적대로 이제는 미국영화, 한국영화, 호주영화 등 국가를 영화 앞에 붙이는 것이 힘든 시대가 되고 있다. 미국 작가가 쓴 대본을 영국 감독이 연출하여 호주 배우를 주인공으로 멕시코에서 촬영하는 시대가 되어 가고 있는 것이다. 영화 자체가 다문화적이 되고 있다는 사실은 문화다양성의 코드를 영화에서 읽어 내려는 시도에 정당성을 부여해 준다. 다문화 영화에 대한 연구는 '트랜스내셔널 시네마transnational cinema'에 대한 이해가 뒷받침이 되어야 한다. 개발도상국과 선진국 간의 파워와 자본의 불균형으로 인해 인적·물적 이동이 빈번해지고, 또한 교통수단의 발달과 인터넷의 영향으로 세계는 이미 국가 간의 경계가 희미해진 전지구적 상태가 되었다. 영화 제작방식 또한 스토리와 소재, 자본력, 제작진, 배우, 배급에서 초국가적인 공조가 이루어지고 있으며, 초민족적인 영화에서는 자본, 사람, 정보의 이동이 "민족 단위를 넘어서는 사람 또는 제도들을 엮는 전지구적인 힘"(Ezra 1)을 반영한다.

다문화주의와 영화의 연관성 연구에서 가장 기초가 되는 것이 바로 인종차별주의에 대한 연구이다. 근대가 시작되기 전, 각각의 인종과 국가들이 자신의 영역에서 거주하고 있을 때에는 인종이 문제가 되지 않았다. 그러나 영국과 유럽의 열강들이 물질과 권력에 대한 야욕으로 신대륙 정복 경쟁에 나서면서 유럽은 낯선 인종과 조우하게 되었다. 그때부터 유럽 중심주의에 의한 세계관이 그대로 유지되면서 타자와의 접촉이 계속되었고, 백인들은 유럽 중심주의를 고수하면서 이를 기준으로 타자를 판단하고 통치하기 시작했다. 로버트 스탬은 유럽이 자신을 의미의 원천으로 보고, 나머지 세계에 대한 존재론적 실재로 보는 단일한 패러다임적 시각을 갖게 되었다면서, 다문화주의는 바로 유럽 중심주의에 대한 공격이라고 주장한다 (269). 이러한 유럽 중심주의가 영화에서 가장 현저하게 드러난 것이 바로 백인과 다른 인종에 대한 재현 이미지이다. 거의 대부분의 영화에서 타자들이 주류에 속한 인물들과 겪게 되는 갈등의 근원에는 인종에 대한 멸시와 차별이 자리잡고 있다. 다문화주의에서 가장 두드러지게 대두되는 문제는 인종차별주의이며, 이는 아프리카계와 아시아계, 히스패닉계 미국인뿐만 아니라 한국영화에서 이주민들이 내국인과 부딪히는 갈등의 기폭제이다.

다문화 영화의 주제

이 책에서 분석 대상이 되는 모든 영화에서 우선적으로 탐색하게 될 주제들을 대별해 보면 다음과 같다.

이미지 연구: 스테레오타입과 그것의 극복

페미니즘 영화 이론이 처음 등장할 때 몰리 해스켈Molly Haskell의 《숭배에서 강간까지From Reverence to Rape》, 앤 캐플란Ann Kaplan의 《여성과 영화Women and Film》 등의 저서에서 볼 수 있듯이 남성 위주의 사회에서 여성이 어떻게 스테레오타입화되었는가를 다루는 여성 이미지 연구를 서두로 출발했다. 마찬가지로 다문화주의 이론에서 비백인non-white에 대한 연구 또한 이미지 연구로부터 시작되었다.

처음 아프리카계 흑인들이 미국으로 잡혀 왔을 때부터 백인들은 흑인의 외모와 생물학적인 특징을 근거로 자신만의 잣대로 그들을 스테레오타입화하기 시작했다. 윈스롭 조던Winthrop Jordan의 《흑보다 우월한 백: 니그로에 대한 미국인의 태도 1550~1812White Over Black: American Attitude Toward the Negro 1550~1812》는 당시 백인들이 흑인 남성 성에 느낀 위협에 대해 흥미로운 안목을 제공한다. 흑인들이 미국에 노예로 잡혀 와서 살게 되면서 백인들은 흑인들의 성적 능력에 대해 강한 편견을 품게 되었다. 특히 흑인 남성이 성적으로 왕성하며 백인 여자를 좋아한다고 생각했다. 따라서 흑인들의 강한 성욕과 성적 능력이 경계 대상이었다. 그러나 조던은 이것이 흑인 여자 노예들을 성적 노리개로 이용한 "백인들이 자신들의 욕망을 흑인들에게 투사한 결과"(151)라고 주장한다. 자신들이 흑인 여자들에게 했던 행동에 대해 죄책감을 가지고 있던 백인들은 흑인들의 반란이 일어났을 때 흑인들이 백인 여성을 겁탈함으로써 복수할 것을 두려워했다. 흑인 남성에 대한 성적 편견은 그들의 신체적·해부적인 특징으로도 강화되었으며, 이것은 곧바로 흑인 남성들을 동물적인 이미지와 연관시키는 것으로 귀결되었다.

흑인 여성들도 성적으로 더 적극적이고 왕성하다는 편견이 만연하였다. 그렇기 때문에 백인이 흑인 여성의 성적 욕구를 채워 주는 것은 죄가 아니라고 생각하였고, 백인 노예 주인에 의한 흑인 여성 성적 착취는 거의 공공연한 관습이라고 할 수 있었다. 이처럼 정당화된 백인 남자 주인과 흑인 여자 노예 간의 관계에서 아이들이 태어났고, 이는 또 다른 재산 증식 수단이 되었다. 이렇게 태어난 혼혈 자식들, 즉 '물라토Mulatto'들은 흑백의 성관계 자체를 자연의 법칙을 어기는 것으로 보는 이율배반적인 잣대로 인해 철저하게 외면되었고 노예로 취급되었기 때문이다. 흑인의 피가 한 방울이라도 섞이면 아무리 외모가 백인처럼 보이더라도 흑인 취급을 받았고, 생부를 포함한 백인들은 물라토들의 승인과 신분 상승을 거부했다. 이처럼 흑인 남성을 성적으로 왕성한 종마 정도로 보고, 흑인 여성은 성적 놀이의 대상으로 보면서 흑백 관계에서 태어난 자손들까지 흑인으로 배척하는 이율배반적인 시각은 흑인을 온전한 인격적인 개인이 아니라 여러 종류의 스테레오타입으로 보게 했고, 이는 대중적인 매체인 영화에도 그대로 반영되었다.

　이러한 스테레오타입은 비단 아프리카계 미국인에만 적용된 것이 아니다. 클래식 할리우드 영화에서 북미 원주민은 얼굴에 워페인트를 칠하고 손도끼를 휘두르며 괴성을 지르면서 백인 정착자들을 공격하는 야만인들로 묘사되었다. 다른 한편으로는 고귀한 야만인 Noble savage의 스테레오타입도 있었다. 할리우드에서 제작되는 영화의 거의 50퍼센트가 서부영화였던 클래식 할리우드의 전성기에는 서부 개척자들과 북미 원주민, 그리고 기병대와 전쟁을 다룬 영화들이 쏟아져 나왔다. 서부영화에서 북미 원주민은 백인들이 자명한 운명Manifest Destiny을 수행하는 데 걸림돌이 될 뿐인, 제거되어야 마땅한 장애물이었다. 백인 배우가 검은 칠을 하고 흑인 역할을 연기했던 민스트럴 쇼Minstrel show가 그랬듯이, 이 당시 많은 영화에서 북미 원주민 역할은 백인 배우가 인디언 분장을 하고 맡았다. 즉, 북미 원주민의 진실한 묘사가 아니라 백인의 눈에 비친 북미 원주민의 모습을 구현한 것이다.

　정착민의 집을 불태우고 사람들을 죽이며, 머리 껍질을 벗기고, 부녀자를 납치하는 야만적 행동을 저지르는 것으로 묘사된 북미 원주민은 1960년대 이후 수정주의 웨스턴이 등장하면서 스테레오타입에서 벗어나기 시작했다. 〈작은 거인Little Big Man〉과 〈솔저 블루Soldier Blue〉와 같은 영화는 기병대가 인디언 마을을 습격하여 아녀자와 어린아이까지 몰살하는 잔인한 장면을 여과 없이 보여 줌으로써 당시 베트남전에 참전한 미국들이 저지른 양민 학살과의 유추를 끌어냈다. 실제로 '야만인'은 들판에 뛰놀던 아메리카 들소를 멸종시키고 북미 원주민들을 속여 땅을 빼앗고 결국 그들을 멸망의 길로 내몬 백인이었다. 〈늑대와 함께 춤을Dances with the Wolves〉과 같은 영화는 실제 북미 원주민 배우를 출연시키고 그들의 입장에서 백인을 본 영화라는 점에서 괄목할 만한 영화이다.

스테레오타입 연구는 히스패닉계 미국인, 아시아계 미국인에게도 적용된다. 미국은 서쪽으로 영토 확장을 하는 과정에서 북미 원주민뿐 아니라 라틴계 국가들과 인종들을 정복하거나 추방해야만 했다. 또한 '아메리칸'이라는 이름을 단지 미국 시민에만 적용하도록 명칭을 빼앗아 왔다(Benshoff and Griffin 135). 중남미 출신 사람들을 가리키는 '히스패닉' 혹은 '라티노'라는 명칭은 사실상 그 이름 속에 포함된 각기 다른 역사와 문화를 갖는 광범위한 사람들을 포괄적으로 용해하면서 각각의 민족과 국가가 가지는 특수성을 단순화시켜 버리는 경향이 있다. 라티노의 스테레오타입에는 그리저greaser와 라틴 연인Latin lover이 있다. 그리저는 이름이 말해 주듯이 기름기가 번지르르하게 흐르는 성적으로 왕성한 라틴 남자를 말한다. 이에 반해 라틴 연인은 피부가 좀 더 희고 정열적인 연인으로서 백인으로 편입될 가능성이 많은 남자이다. 여기서도 백인성의 우월성은 강조된다. 한

때 마릴린 먼로 못지않은 인기를 끌었던 리타 헤이워드Rita Hayworth
는 원래 마가리타 칸지노Margarita Cansino라는 이름의 히스패닉 배우였
으나 이름을 바꿈으로써 백인 여자 배우로 변신했고, 그 결과 할리
우드 최고의 뇌쇄적인 미인 배우가 되었다. 라틴계 미국영화는 불법
이민, 갱스터, 가난 문제, 가족이라는 우선적인 주제를 다루며 라티
노가 미국에서 태어났든 다른 곳에서 태어났든 그들의 기회는 제한
적이며 그들의 전통적인 문화적 가치는 도전받고 있음을 보여 준다.

외모의 현저한 차이로 인해 결코 미국 백인사회에 동화될 수 없는
아시아계 이민은 백인들의 스테레오타입과 희화화의 대상이 되며
영화와 같은 대중 매체에서도 그렇게 재현되어 왔다. 라틴계 미국인
과 마찬가지로 아시아계 이민도 그 광범위한 우산 속에 포함될 수
없는 각각의 독특한 문화와 역사를 가진 종족으로 구성되어 있음에
도 불구하고, 영화에서는 아시아 갱 단원, 식당이나 세탁소 혹은 청
과물상, 그리고 수학을 잘하며 교육열이 높아서 명문대 진학을 잘하
는 인물이라는 스테레오타입으로 묘사되었다. 중국·한국·일본을
비롯한 동아시아계 이민이 가지고 있는 또 하나의 특징은, 대부분의
이민자들이 대학 교육을 받은 고급 인력이라는 것이다. 따라서 부모
의 교육열과 재능이 자녀들의 명문대 진학과 전문직 직업 추구로 연
결되며 이것이 세대 간의 갈등 요인이 된다. 소위 '모델 마이너리티'
라는 이러한 인식 또한 아시아계 이민을 옭죄는 굴레가 되어 이들
스스로 극복해야 하는 장벽이 된다.

인종차별주의

　다문화주의가 다루는 가장 많은 주제 중 하나는 유럽 중심, 백인 중심의 세계에서 백인 주류문화에 속하지 않는 사람들이 얼마나 차별받고 핍박을 받아 왔는가 하는 문제이다. 따라서 바로 앞에서 언급한 인종 스테레오타입은 바로 인종차별을 위한 기표로 이용되었고, 백인만이 옳고 정당하다는 것을 보여 주기 위한 수단으로 채택되었다. 이 책에서 유색인이라는 용어 대신 비백인non-white이라는 용어를 쓴 것은 대개 백인 중심의 시각에서 백인 이외에 인종들을 지칭할 때 '유색인colored'이라는 표현을 사용하는 것의 문제성을 지적하기 위해서이다. '유색인'이라는 표현의 기저에는 '백색'은 색깔에 포함시키지 않고 바로 백인성whiteness을 기정값default으로 보는 시각이 있다. 백인은 보이지 않는invisible 컬러인 것이다. 다문화주의 영화 연구가 최근에 '백인성'에 대한 연구로 발전한 것은 이상한 일이 아니다.

　데이비드 로디거David Roediger의 《백인성을 향해 나아가기Working Toward Whiteness》와 같은 책은 미국 이민자들이 어떻게 자신의 이국성을 버리고 백인성을 취하기 위해 애썼는지를 잘 보여 주는 저서이다. 할리우드 영화에도 1960년대 이전까지는 유색인이 한 명도 나오지 않는 영화들이 많았다. 이런 영화를 볼 때 관객들은 인물들의 피부색은 전혀 고려하지 않고 당연히 여기면서 영화를 본다. 따라서 피터 레만과 윌리엄 루어의 주장대로 "미국영화에서 흰색은 색깔이 아니었다"(380). 유색인이 등장하는 영화가 나왔을 때 백인은 그 유색인이 유색으로 정의되어야 하는 비가시적 기준이 되었다. 다문화주의가 유럽 중심주의에 대한 반발로부터 시작되었다면 다문화주의 영화 이론에서 전통 할리우드 영화에서 비백인이 어떠한 스테레오 타입으로 묘사되었는지, 백인은 왜 비가시적 기준이 되었는지 분석하는 것은 너무나 당연한 일이다.

백인이 비가시적 기준이 되는 것의 문제는, 그것이 다른 인종을 판단하고 폄하하는 도구로 사용된다는 데 있다. 인종은 오랜 역사적 · 정치적 · 사회적 구축물이다. 할리우드 영화는 백인을 거의 대부분의 영화에서 주인공으로 내세우면서 백인이라는 인종을 우수하고 당연하고 바람직한 속성으로 구축해 왔다. 그리고 관객의 인종이 어떠하든지 간에 백인 주인공과 동일시하는 것이 권장되었다. 1960년대 이후 민권운동이 격렬해지고 인종차별주의가 쟁점이 되자, 비백인을 조연 혹은 사이드킥side kick으로 기용하는 것이 할리우드의 관행이 되었다. '생색내기tokenism'이라고 불리는 이 관행은 인종차별주의라는 비난을 피하기 위한 전략으로, 조연을 맡은 흑인이나 히스패닉 캐릭터들은 영화가 진행되면서 죽거나 사라지고 백인 영웅만이 살아남아서 세계를 구한다(Benshoff and Griffin 55).

백인이 비백인을 보는 인종차별적 시각은 백인이 더 많이 진화되었다는 잘못된 신념에서 출발한다. 인류는 유전학적으로나 생물학적으로 같지만, 종래에는 과학조차도 백인이 유전학적으로 비백인보다 더 우월하고 진화되었다는 이론을 뒷받침하는 데 사용되었다. 백인들은 자신들이 부정적으로 생각하는 속성들을 타자에게 투사하고 그것을 자신의 우월성을 입증하는 데 사용하였다. 가령 흑인들이 게으르고, 더럽고, 불성실하다는 편견은 백인들이 자신의 부정적인 속성을 흑인들에게 투사해서 구축한 결과물인 것이다. 이는 영화를 비롯하여 이데올로기적 국가 도구에 의해 전파되고 일반인들에게 주입되었다. 스테레오타입 논의에서 보았듯이 비백인은 백인의 우월성을 뒷받침하고 입증하는 존재로 묘사되는 것이 그동안의 경향이었다. 이런 경향은 1980년대말부터 크게 바뀌기 시작했다. 비백인이 카메라 앞에 서는 것이 아니라 카메라 뒤에서 영화를 찍는 감독이 되면서 기존의 스테레오타입을 불식시키고 비백인들이 주류사회에서 당하는 오해와 편견을 그리고 있다.

인종차별주의의 고발 혹은 그것의 위장으로서의 다문화 영화

비백인 감독들의 등장은 지금까지 스테레오타입에 그쳤던 각 인종의 이미지가 진솔하고 편견 없이 묘사될 수 있을 것이라는 희망을 갖게 한다. 실제로 NYU 출신의 스파이크 리Spike Lee와 존 싱글턴John Singleton 감독은 흑인의 입장에서 어느 쪽에도 치우치지 않고 흑인들의 삶을 있는 그대로 묘사함으로써 감독으로서 명성을 얻었다. 인디 계열의 영화로 출발한 스파이크 리의 경우 할리우드의 스튜디오에서 영화를 제작하는 제도권 감독으로 부상하였다. 아시아계 영화 감독 중에는 다양한 장르를 오가며 매번 상업적으로 성공하는 영화를 만들고 있는 이안Ang Lee 감독을 들 수 있다. 그는 〈와호장룡Crouching Tiger, Hidden Dragon〉과 같은 중국 배경의 영화뿐 아니라 가장 미국적이라 할 수 있는 카우보이를 소재로 〈브로크백 마운틴Brokeback Mountain〉을 제작하여 상업적·비평적 성공을 거두었다. 라틴계 감독 중에는 그레고리 나바Gregory Nava와 로버트 로드리게즈Robert Rodriguez가 이에 해당한다. 그러나 인종차별주의가 본질적으로 식민주의 정책의 결과라고 보는 로버트 스탬과 루이스 스펜스는 〈식민주의, 인종차별주의, 그리고 재현〉에서 단지 차별당하는 마이너리티를 긍정적으로 재현하는 것만으로는 충분치 않으며 새로운 영화 스타일과 영화 제작 시스템의 뒷받침이 있어야 한다고 주장한다. 즉, 반식민주의 영화 제작에 대한 요구에서 등장할 수 있는 구체적인 영화적 특징이 필요하며 "영화가 강조해야 하는 것은 원래의 실제 모델 혹은 원형에 대한 충실도, 재현의 완벽한 정확성보다는 서사의 관행, 장르의 관행, 영화의 스타일이 되어야 할 것"(641)이라는 것이다.

영국과 호주에서 다양성을 존중하면서 정부 차원에서 이민자 정책과 국가 내 소수민족들에게 지원을 하게 되면서, 이것이 미국과 프랑스 등 과거 식민지를 소유한 나라들에게 번져 갔다. 이 나라들에서는 "다문화주의가 기존 정치 체제 내에서 소량의 재현을 제공함으로써 소수자들을 어느 정도 힘을 실어 주고 달래 주려고 고안된 공식적 정부 프로그램을 지칭한다"(Shohat and Stam 6). 그러나 다문화주의가 과연 인종차별을 종식시키고 사회 내의 다양성을 포용하는 정책이 될 것인지의 여부는 많은 요인에 달려 있다.

이것을 영화에 적용해 보면 1990년대 이래로 비백인 감독이 아니라 백인 감독이 흑인이나 히스패닉, 아시아계 미국인의 삶을 묘사하면서 그들의 억압된 삶과 미국 사회에서의 편견을 이야기하는 사례가 많아졌다. 그러나 이러한 취지로 만든 영화일지라도 자세히 살펴보면 여전히 백인우월주의가 그 밑바탕에 깔려 있음을 볼 수 있다. 많은 백인들은 자신이 인종차별주의자라고 생각하지 않는다. 알로 켐프Arlo Kempf는 "인종차별을 한다는 것은 인종차별을 없애는 데 아무런 노력을 하지 않는다는 뜻"(94)이라고 주장하면서 표피적이고 순진한 관용주의가 인종차별주의의 심층을 보지 못하게 한다고 지적한다. 슬라보이 지젝Slavoj Žižek 또한 〈다문화주의, 혹은, 다문화주의 자본주의의 문화 논리Multiculturalism, Or, the Cultural Logic of Multinational Capitalism〉에서 이 부분에 대해 언급한다.

다른 말로 하자면 다문화주의는 거부된, 전도된, 자기참조적인 형식의 인종차별주의이다. 그것은 '거리를 둔 인종차별주의'이다. 다문화주의는 타자의 정체성을 '존중'한다. 그것은 타자를 스스로 울타리를 친 '진정한' 커뮤니티라고 생각하며, 그것에 대해서 다문화주의자 자신은 특권적인 보편적 위치로 인해 가능하게 된 거리를 유지한다. 타자의 특정성에 대한 다문화주의자의 존경은 자신의 우월을 주장하는 하나의 형식이 된다.(44)

다문화주의는 종종 인종차별주의를 순화시키기 위해 이용되며, 제인 쿠Jane Ku는 그것이 "탈정치화 시도이며 권력관계나 '반인종차별주의' 교육에 연루되기 싫은 사람들이 좋아하는 접근"이라고 주장한다. 이를 가장 잘 보여 주는 영화가 폴 해기스Paul Haggis 감독의 영화 〈크래시Crash〉(2004)이다. 이 영화는 인종적 문제를 전향적으로 다룬 영화라는 찬사를 받으면서 2006년도 아카데미상 3개 부문을 수상(최우수 감독상, 각본상, 편집상)하고 3개 부문 후보(감독상, 남우조연상, 음악상)에 올랐다. 단지 백인만이 유색인에 대해 편견을 가지고 행동하는 것이 아니라 모든 인종이 서로에 대해 가진 두려움과 편견을 행동으로 표출하는 모습을 보여 주면서 이 영화는 주인공들이 그러한 행동을 할 수밖에 없는 동기를 부여한다. 관객은 감정적으로 주인공들의 상황과 감정에 공감하면서 인간은 근본적으로 같다는 휴머니스트적인 반응을 보이게 된다.

그러나 이 같은 대중적 · 비평적 성공의 이면에는 이 영화가 인종차별주의 문제의 근원을 회피하고 단지 감상적이고 인간적으로 이 문제에 접근함으로써 백인우월주의와 타자의 스테레오타입을 공고히 한다는 비판 또한 만만치 않았다. 흑백 대립이 아니라 백인, 아프리카계, 히스패닉, 아시아계, 이란인 등 다양한 인종 간의 충돌을 다루고 있지만, 그것을 공통의 휴머니티에 호소하는 방식으로 재현하기 때문에 인종차별주의의 근원에 다가가는 것을 오히려 막고 있다는 것이다. 필립 하워드Philip Howard는 그람시Antonio Gramsci의 이론을 빌려 "헤게모니적 개념이 공고히 자리잡게 되는 가장 효과적이고 교활한 장소는 '상식'이다"(27)라고 말한다. 인간이라면 공통으로 느끼는 휴머니티와 상식에 호소하여 교묘하게 지배계급의 이데올로기를 펼친다는 것이다. 실제로 이 영화에서는 백인이 편견을 가지고 유색인을 차별하는 내용뿐 아니라 다문화적인 주체들 사이에서도 벌어지는 인종차별주의가 등장한다. 따라서 어떤 평자의 논문 제목처럼 이 영화의 주제는 "걱정 마, 우리 모두 약간은 인종차별주의자야Don't worry, we're all racist"(Giroux and Giroux 745)라는 것이며, 따라서 우리에게 필요한 것은 관용tolerance이라는 점을 이 영화가 말하고 있다는 것이다.

이런 가운데 백인우월주의와 인종차별주의를 떠받치고 있는 시스템에 대한 비판은 희석되고 단지 감상적인 영화적 감동 속에 관객의 의식은 매몰되고 만다. 체인처럼 얽힌 희생자와 희생시키는 자의 연쇄 고리 속에 백인이나 유색인 할 것 없이 연루되어 있지만, 선한 행

동으로 죄를 뉘우치고 영웅으로 다시 거듭날 기회는 유독 백인에게
만 주어진다. 필립 하워드는 "백인들은 자신들의 인종차별주의로 정
당한 처벌을 받지 않는다"(39)고 말한다. 인종차별의 시작점에는 분
명히 백인이 있지만 그들에게는 잘못을 만회할 기회가 주어진다.

초국가적 영화

오늘날의 세계는 글로벌화라는 용어로 특징지을 수 있다. 교통수
단의 발달과 인터넷으로 인해 이제 세계의 한 곳에서 일어난 일은
더 이상 그곳만의 사건을 의미하지 않는다. 전에는 영화가 국적으로
분류되어 해당 국가의 언어뿐 아니라 문화, 정치, 가치관 등을 같이
보여 주었다면, 이제는 글로벌화된 시장을 겨냥하여 전세계인들이
공감할 수 있는 보편적인 주제를 다룬다. 레만과 루어는 이제 미국
영화와 외국 영화를 구분하는 것이 점점 어려워진다면서 "많은 영
화들이 이제 더 이상 미국에서 촬영되지 않는다"(474)고 지적한다.

과거에는 아카데미 외국어영화상에 출품되는 작품은 반드시 그
나라 언어로 촬영되어야 했지만, 2006년부터 규정이 대대적으로 바
뀌었다고 한다. 극단적인 예로 〈패션 오브 크라이스트The Passion of the
Christ〉는 미국과 호주 대륙에서 찍고, 세계 어디서도 더 이상 사용되
지 않는 언어들인 라틴어, 아람어, 그리고 고대 마야 방언으로 만들
어졌다. 영화 제작 방식 또한 스토리와 소재, 자본력, 제작진, 배우,
배급 면에서 초국가적인 공조가 이루어지고 있으며, 초민족적인 영
화에서는 자본, 사람, 정보의 이동이 "민족 단위를 넘어서는 사람 또
는 제도들을 엮는 전지구적인 힘"을 반영한다. 이제 미국영화 스타

들은 "미국인이 아니라 러셀 크로우, 콜린 패럴, 주드 로와 같은 사람이며 영국, 아일랜드, 호주, 뉴질랜드, 캐나다 출신의 배우와 감독들이 글로벌한 영어 영화 제작에서 점점 더 두드러진 역할을 맡는다"(Lehman and Luhr 473).

이제는 호주 감독이 미국의 자본을 가지고 영국에서 영국 배우를 기용하여 영화를 찍는 일이 비일비재하다. 홍콩 무술영화의 흥행과 인기를 미국영화에 접목시키려는 시도로 오우삼 감독이 할리우드로 진출한 것이나, 〈매트릭스The Matrix〉의 장면들을 찍기 위해 홍콩의 유명한 쿵푸 안무가인 원화평Yuen Woo-Ping을 영입한 것은 좋은 사례이다. 타이완 출신의 이안 감독은 이런 면에서 매우 초국가적 감독이라고 할 수 있다. 그의 영화는 대부분의 캐스트가 중국인인 〈결혼 피로연The Wedding Banquet〉으로부터 영국의 18세기 고전소설인 〈센스 앤 센서빌리티Sense and Sensibility〉, 1970년대 미국의 도덕적 붕괴와 환멸을 다룬 〈아이스 스톰The Ice Storm〉, 중국 무술영화인 〈와호장룡〉, 그리고 카우보이 동성애자를 다룬 〈브로크백 마운틴〉에 이르기까지 다양한 영화를 만들었다. 타이완 출신 감독이 미국에 와서 미국과 영국의 소재뿐 아니라 중국의 문화를 바탕으로 영화를 만들었다는 점에서 이안 감독은 초국가성을 대표하는 감독이라 할 수 있다.

최근에 주윤발, 이연걸, 성룡 등의 영화배우들이 할리우드에서 제작한 영화에 출연하여 인기를 끄는 현상을 가리켜 민하 팜Minh-Ha T. Pham은 "다문화주의 아시아의 할리우드 침략The Asian Invasion of Multiculturalism in Hollywood"라고 불렀다. 이러한 현상은 우리나라 영화에서도 찾아볼 수 있다. 고부응은 일본 원작 소설을 가지고 한국 감독이 중국 배우를 기용하여 만든 영화라는 점에서 〈파이란〉을 초민족적 영화라고 보고 있다. 〈경계〉를 만든 장률 감독은 조선족 출신의 영화감독이면서 중국 혹은 몽골 이야기를 다룬다. 그의 영화는 한국 자본을 투자했기 때문에 한국영화라고 할 수 있고, 그의 몸에는 한국인의 피가 흐르지만 그의 국적은 여전히 중국인이다. 과거 식민지 국민이었던 사람들이 이민을 통해 영국이나 프랑스, 미국 등으로 이민을 가는 디아스포라 현상은 특히 〈슈팅 라이크 베컴Bend It Like Beckham〉, 〈나의 아름다운 세탁소My Beautiful Laundrette〉와 같은 영화에 나타나 있다.

다문화주의의 함정과 극복 과제

앞의 논의에서도 살펴보았지만, 다문화주의는 자칫 인종차별주의를 순화하고 그 근본이 되는 시스템에 대한 심층적인 반성과 행동을 수반하지 않는 함정에 빠질 수 있다. 최성희의 지적대로 "모든 문화가 동등하게 인정받고 평화롭게 공존하자'는 다문화주의의 이상적 개념은 문화적 상대주의와 지적 허무주의로 빠져 버릴 위험"(3)도 있다. 실제로 다문화주의가 빠질 수 있는 가장 큰 함정은 동화주의이다. 정부 주도의 '사업' 위주로 다문화주의가 진행될 때 그것은 이주민들의 타자성을 강조하고 그들의 한국 사회 정착에만 치중한 나머지 한국인들의 다문화 수용이나 이해를 등한시하는 경우가 많다.

중앙선데이는 2017년 4월 9일자 기사에서 "다문화센터에 실제로 다문화는 없어, 김치 한국어 전수 한국문화센터에 불과"라는 제목으로 광주대 교수로 일하고 있는 욤비 토나 교수의 인터뷰를 싣고 있다. 토나 교수는 다문화센터에 실제로 다문화는 없기 때문에 김치나 한국말을 가르치는 한국문화센터라고 불러야 한다고 말한다. "호주에서는 이주민들에게는 호주 문화를, 호주인들에게는 아랍 문화 등도 가르친다"라고 지적하면서 "첫 번째가 국가 정책, 그 다음은 미디어, 세 번째가 교육이다. 특히 정책은 만들려면 잘 만들고 자신이 없으면 아예 없는 것이 나을 수도 있다"라고 꼬집고 있다. 다문화주의 정책이 성공하고 이주민들이 한국에 성공적으로 정착하기 위해서는, 그들의 정치적인 권리가 보장되는 정책뿐만 아니라 한국인들이 그들에게 적극적으로 다가가고 이해하려는 노력과 교육이 필요하다는 의미로 해석된다. 인종차별주의를 넘어서서 포용과 환대의 긍정적인 자세로 다가가는 노력이 양쪽에서 구현되어야 한다는 뜻이다.

이 책의 후반부에는 미국과 유럽의 다문화 영화 논의 다음에 한국 영화의 다문화주의를 다룬다. 특히 이주노동자를 다룬 영화로 다문화를 포용하고 이주민들을 이해하며 상대방의 입장이 되어 보는 한국인 주인공을 등장시킨다는 점에서 다문화 영화의 새로운 차원을 제시한 것으로 평가되는 세 편의 영화를 분석하였다. 외국 이주민들이 우리와 함께 더불어 살아가는 세상이 현실로 다가온 이상, 언제까지 그들을 타자로 취급하고 그들이 우리의 문화에 동화하며 맞추어 살기를 기대할 것이 아니라 우리도 그들의 문화를 이해하고 존중하여 문화적인 융합과 소통을 달성하여 함께 공존하는 사회를 만들어 가야 할 것이다. 그것을 위하여 다문화 영화는 이방인들이 주류 문화에 들어와서 살아가는 과정에서 겪는 갈등과 고통뿐만 아니라 이방인 문화의 유입으로 더욱 풍성해지고 융합된 문화로 승화되는 주류사회의 변화 또한 형상화해야 할 것이다.

Ⅱ. 미국의 다문화 영화

1장 아프리카계 미국인

아프리카계 미국인의 스테레오타입

도널드 보글Donald Bogle은 저서《톰, 쿤, 물라토, 매미, 그리고 벅Tom, Coons, Mulattoes, Mammies, and Bucks》에서 미국영화에 나타난 흑인 스테레오타입을 시대별로 구분하고 있다. 백인 배우가 검은 칠을 하고 흑인 역할을 연기했던 민스트럴 쇼부터 덴젤 워싱턴, 우피 골드버그, 에디 머피 등 개성파 흑인 배우들이 연기력을 인정받는 오늘에 이르기까지 흑인 묘사의 변천사를 그리고 있는 이 저서는, 특히 벅이라는 스테레오타입에 대한 설명을 통해 왕성한 성적 능력을 가진 흑인 남성에 대한 백인들의 편견을 잘 보여 준다.

보글은 "성적으로 지나치게 왕성하고 야만적이며, 백인의 육체를 탐할 때 폭력적이고 광적이 되는"(14) 인물로 벅을 묘사하면서 〈국가의 탄생The Birth of a Nation〉을 감독한 D. W. 그리피스가 흑인의 과다한 섹슈얼리티에 관한 신화를 이용하여 모든 흑인 남자가 백인 여자를 원한다는 백인들의 공포를 표현했다고 설명한다. 흑인 남성이 백인 여성을 동경하는 이유 중에는 파워 심볼로서의 위치에 대한 이끌림에 그 원인이 있음에도 불구하고, 그리피스는 흑인 남성의 동물적인 특징에만 집중하여 관객의 분노를 자극했다는 것이다. 톰, 쿤, 물라토, 매미에 대해서도 흥미로운 혜안을 보여 주는 보글의 저서는 오늘날까지도 흑인 스테레오타입 연구의 교과서라고 할 정도로 많이 언급되고 있다.

특히 1950년대에 '통합주의자 영웅'으로 떠오른 시드니 포이티어Sidney Poitier의 사례는 우리의 관심을 끌기에 충분하다. 원초적인 남성성으로 백인의 순수성을 오염시킬 수 있는 위협적인 존재로 그려지던 흑인 남성 캐릭터는, 1960년대가 되면서 훨씬 더 순화된 캐릭터로 변화되기 시작했다. 1960년대에 들어서면서 영화 관객의 주류를 이루게 된 젊은 층이 여성운동, 청년운동, 민권운동 등의 문제에 더 열린 태도를 견지하게 되었고, 이들의 취향을 만족시킬 순화된 캐릭터로 시드니 포이티어라는 배우가 등장했다. 흑인운동의 기본 논리에 공감하는 진보적 백인들이 링컨기념관 앞에서 벌어진 유명한 민권운동 시위에 동참하는 등 1960년대의 지적이고 정치적인 분위기는 흑인 남성 주인공의 출현을 맞이할 정도로 무르익어 있었다. 바로 이때 등장한 배우가 시드니 포이티어이다.

존 벨튼John Belton은 "적절한 시기에 적절한 곳에 등장한" 그리고 "상당한 백인 관객을 모을 수 있는 최초의 흑인 스타"(127)로 시드니 포이티어를 평가하고 있다. 도널드 보글은 그를 "통합주의 시대의 영웅"(175)이라고 표현하면서, 교육을 받고 표준어를 사용하며 점잖은 복장을 한 매너 좋은 그가 백인에게도 위협적이지 않은 인물로 비쳤다는 사실에서 그의 성공 이유를 찾는다. 포이티어가 1967년에 출연한 세 편의 영화 〈밤의 열기 속에서In the Heat of the Night〉, 〈언제나 마음은 태양To Sir with Love〉, 〈초대받지 않은 손님Guess Who's Coming to Dinner?〉의 상업적 성공은 1960년대 초와 1970년대 초에 정기적으로 영화를 보러 가는 관객의 4분의 1을 차지했던 흑인들뿐 아니라 그에게서 위협을 느끼지 않는 백인 관객에게도 그가 어필했음을 보여 준다.

그가 맡았던 배역은 저널리스트(〈베드포드 사건〉), 의사(〈초대받지 않은 손님〉), 엔지니어/교사(〈언제나 마음은 태양〉), 강력계 형사(〈밤의 열기 속에서〉) 등 백인들이 무시할 수 없는 사회적 지위와 전문성을 갖춘 인물이면서 계층 상승을 꿈꾸는 모든 흑인들에게도 역할 모델이 되었다. 보글은 포이티어가 "점잖은 매너의 톰"(176)의 스테레오타입에 속한다고 규정하면서, 지적이고 인내심 많고 충동적인 행동을 절대로 하지 않는 타입의 인물로 그를 평가한다. 이처럼 교육 수준도 높고 전문성을 갖춘 인물로서 포이티어의 캐릭터는 처음에는 백인들에게 배척받지만 시간이 가면서 백인들도 하는 수 없이 그의 전문성을 인정하게 된다. 이는 〈언제나 마음은 태양〉, 〈밤의 열기 속에서〉 등의 남녀 관계를 다루지 않은 영화에서뿐 아니라 〈패치 오브 블루〉 〈초대받지 않은 손님〉에서도 마찬가지다.

그러나 오늘날에도 쿤, 매미, 물라토, 벅이라는 스테레오타입은 백인들이 만든 영화들에서 그 잔상을 찾을 수 있다.

흑인 남성성과 흑인 커뮤니티의 민낯 탐구: 〈보이즈 앤 후드〉

1960년대와 1970년대 후반에 등장한, 흑인이 만들고 흑인 관객을 겨냥한 흥행 위주의 영화를 '블랙스플로이테이션Blaxploitation 영화'

라고 부른다. 흔히 특정 관객을 겨냥해서 흥행을 목적으로 제작하는 '익스플로이테이션exploitation 영화'라는 용어에다 〈빌리지 보이스Village Voice〉의 비평가들이 앞에다 '블랙'이라는 말을 덧붙여서 새로운 용어를 만들어 낸 것이다.

이 시기의 블랙스플로이테이션 영화들은 민권운동의 여파로 흑인들의 지위가 개선되고 흑인들도 여흥과 오락을 즐길 여유가 생기면서 그들이 좋아할 수 있는 스테레오타입을 제시하여 인기를 모았다. 〈스윗스윗백의 배대스 송Sweet Sweetback's Badaaas Song〉을 비롯한 이 시기의 영화들은 폭력적인 영웅을 내세워 억압적인 백인 지배 사회에 시원한 복수를 시도하는 플롯을 특징으로 한다. 이 영화들은 흑인을 폭력적이고 성적인 스테레오타입으로 구축하고 영화 포뮬라와 장르적인 방식으로 스토리를 전개하여 많은 인기를 모았다. 그러나 한 세대가 지난 후 등장한 스파이크 리, 존 싱글턴과 같은 젊은 감독들은 흑인 감독이 바라보는 흑인 사회의 모순과 흑인들의 문제점을 강하게 비판하면서 흑인영화의 새로운 지평을 열었다.

존 싱글턴의 〈보이즈 앤 후드Boyz 'N' the Hood〉는 흑인의 시각으로 재현된 흑인 남성의 성장기다. 제목이 말해 주듯, 이 영화의 포커스는 '보이'와 '후드', 즉 흑인 남자와 흑인 커뮤니티이다. 싱글턴은 트레Tre라는 이름의 흑인 소년의 성장기를 통해 미국에서 흑인 남성으로 자라나는 것이 얼마나 많은 편견과 장애물과 싸워야 하는지를 신랄하게 보여 준다. 영화는 "흑인 미국 남성 21명 중 1명은 살아가는 중 살해를 당할 것이다. 이들 중 대부분이 다른 흑인 남성의 손에 죽을 것이다"라는 자막으로 시작한 후 '정지Stop' 도로 표시판을 들이댄다. 스파이크 리의 영화에서 트레이드마크로 사용된 도로 표지판을 영화의 서두에 제시함으로써 싱글턴은 이 모든 무분별한 살인이 멈춰져야 함을 영화의 메시지로 제시한다.

부모의 이혼 후 엄마와 함께 살아온 트레는 학교에서 말썽을 일으킨 후 아버지와 함께 살게 된다. 그가 학교에서 백인 여성 교사로부터 주의를 받고 그로 인해 교사가 엄마에게 전화로 상담하는 사건은 학교라는 교육 기관이 흑인 학생들을 대하는 태도의 단면을 잘 보여준다. 트레가 수업을 하고 있는 교실 장면에서 우리는 이 학교가 백인은 한 명도 없는 흑인들만이 다니는 학교라는 것을 알 수 있다. 교사는 추수감사절의 유래를 설명하던 중 "인디언"이라는 말을 했다가 그것이 정치적으로 올바른 표현이 아님을 깨닫고 "북미 원주민 Native Americans"라고 정정한다. 교사의 가르침에 불손한 태도로 임하던 트레는 앞에 나와서 한번 가르쳐 보라는 선생의 명령에 앞으로 나와서 모든 인간의 근원은 아프리카라고 말한다. 이 과정에서 다른 학생과 치고받는 싸움을 벌이게 되고, 이 일로 인해 교사는 엄마에게 전화를 하게 된다. 백인 교사는 트레의 엄마인 레바 스타일즈Reva Styles와의 대화에서 그녀가 평소에 가지고 있던 흑인 여성에 대한 편견을 그대로 내비친다. 백인 교사가 가진 편견은 첫째, 흑인 가족은 아버지가 가족을 버렸기 때문에 불안하다, 둘째, 흑인 어머니는 일도 하지 않고 교육도 받지 않고 성적으로 문란하다, 셋째, 흑인 어머니는 아이 아버지와 지속적인 관계를 유지하지 않는다는 것이다 (Lehman and Luhr 315). 이런 편견에 대해 레바는 조목조목 반박한다. 그녀는 직업이 있을 뿐 아니라 지금 석사 과정을 밟고 있으며, 아버지와 이 문제를 의논하겠다는 것이다. 이혼한 흑인 가정은 아버지와 단절되어 있다는 편견을 정면으로 반박한 것이다. 이를 계기로 트레는 아버지의 집으로 옮겨 가게 되고 이제 흑인 남성으로의 성장은 아버지인 퓨리어스 스타일즈가 맡게 된다.

남자가 되는 법

아들인 트레를 데려다 주면서 레바는 퓨리어스에게 나는 남자가되는 법how to be a man을 가르칠 수 없으니 이제 당신이 가르치라고 말한다. 이를 보여 주기라도 하듯이 퓨리어스는 이제 막 도착한 아들에게 낙엽을 다 치우라고 말한다. 화면은 시간의 경과를 서서히 보여주면서 밖이 어두워질 때까지 낙엽을 치우는 트레를 보여 준다. 저녁이 되어 욕실을 청소하고, 아버지의 방을 청소하고, 잔디에 물을 주는 등 다른 규칙들을 말하는 아버지에게 트레는 아버지는 하는 일이 뭐냐고 묻는다. 퓨리어스는 "내가 너무하는 것 같으냐"고 물은 뒤, 자신의 교육이 바로 책임지는 법을 가르치는 것임을 상기시킨다. 퓨리어스는 자신의 책임은 고지서 대금을 지불하고, 식탁에다 음식을 올리며, 트레의 몸에 옷을 입히는 것이라고 말한다. 가족의 생계를 책임지는 것은 미국에서 전통적으로 남자의 중요한 책무라고 여겨져 왔으며, 퓨리어스는 이 책임에 충실하려고 하는 것이다.

당연한 것처럼 여겨지는 이 책임이 이 영화에서 중요시되는 이유는, 너무나 많은 흑인 남성들이 이 책임을 다하지 않고 있기 때문이다. 영화의 서두에 제시된 글에서 볼 수 있듯이 흑인 남성들은 마약과 살인 등 쉽게 범죄에 휘말리며 그로 인해 감옥에 가거나 죽음으로써 가족들을 저버린다. 퓰리처상을 세 번이나 수상한 흑인 극작가 오거스트 윌슨August Wilson은 자신이 〈담장Fences〉이라는 극을 쓸 때 마음속에 떠오른 이미지가 바로 마당에서 아기를 안고 서 있는 남자의 모습이라고 했다.[1] 그는 가족들을 보살피지 않고 무책임한 인간으로 굳어진 흑인 남성의 스테레오타입을 불식시키기 위해서 이 작품을 썼다고 했다. 이 작품에서도 주인공인 트로이 맥슨은 자신을 왜 사랑하지 않느냐는 아들의 질문에 대해 다음과 같이 대답하다.

좋아한다고? 내가 아침마다 출근해서 매일 그 백인 놈들을 상대하며 뼈 빠지게 일하는 게 너를 사랑하기 때문이라고? 이런 바보 봤나? 그건 내 일이야. 내 의무라구! 알아들어? 남자는 가족을 돌봐야 하는 거야. 네가 내 집에서 살고 내 침대보에 네 엉덩이를 대고 자고 내 음식으로 배를 채우는 건 네가 내 아들이기 때문이야. 내 혈육이라구. 너를 좋아해서가 아냐! 너를 돌보는 것이 내 책임이라구!(38)

퓨리어스의 대답은 트로이 맥슨의 대사와 맥을 같이한다. 집세와 전기세 등 당연히 내야 할 세금을 지불하고, 의식주의 기본적인 조건을 제공하는 것은 성장하는 자녀들을 위해 아버지가 당연히 해야 할 의무인 것이다. 그런데 이것이 폭력과 범죄로 물든 흑인 커뮤니티에서는 찾아볼 수가 없는 것이다.

퓨리어스는 아들과 함께 간 낚시터에서 대화를 통해 계속해서 남성다움에 대한 교육을 한다. 그는 리더가 되기 위한 세가지 규칙을

---

1   이 작품은 퓰리처상 수상작으로 2016년에 덴젤 워싱턴이 감독하고 직접 주연하여 영화화하였다. 어머니 로즈 역을 한 바이올라 데이비스는 이 역할로 2017년도 아카데미 여우조연상을 수상하였다.

가르쳐 준다. 그것은 대화를 할 때 눈을 쳐다보라, 요구하기를 겁내지 마라, 나를 존중하지 않는 사람을 존중하지 말라는 것이다. 어릴 때부터 자신을 존중하는 법을 가르치고 자존감 있는 남자로 자라나기를 교육하는 것이다. 그는 부자간에 거북한 주제일 수가 있는 성교육도 과감하게 시도한다. 퓨리어스는 섹스에 대해서 아는 것이 뭐냐고 질문한 다음, 아기를 만드는 것은 어떤 바보라도 할 수 있지만 "진짜 남자real man"만이 아기를 키울 수 있다고 말한다. 그 역시 17세에 트레를 낳았지만 그를 버리지 않았고 책임지고 아들로 키웠다. 범죄에 가담하라는 친구들의 유혹을 받았을 때 그는 아들에게 존경받을 수 있는 아버지가 되기 위해 그 유혹을 이겨 냈다. 이처럼 아버지로부터 남자답게 사는 법에 대해 교육을 받고 돌아오는 트레의 눈에 도둑질을 해서 경찰에 체포되는 도우보이의 모습이 보인다.

퓨리어스가 사는 동네에서는 대부분의 가정에서 아버지를 볼 수 없고 싱글맘이 아이들을 양육한다. 그러나 엄마들은 마약 중독으로 자신의 쾌락만 좇으며 아이들이 어떻게 사는지에 관심이 없다. 특히 남자아이들은 롤 모델로 삼을 만한 어른이 없이 쉽게 범죄 세계에 발을 딛는다. 그들에게 남성다움이란 갱단에 들어가 폭력을 휘두르거나 총질을 하는 허황된 마초 놀음이다. 또한 여성을 "bitch"나 "whore" "hootchie"등 성적인 대상으로만 파악하여 서로 경쟁적으로 섹스에 탐닉하고 그것을 자랑거리로 삼는 것이 흑인 동네 남자아이들의 남성성이다. 이런 단어들은 "젊은 흑인 남성들이 자신의 진짜 남성다움authentic machismo을 과시하기 위해 사용하는 표준 언어들이다"(Dyson 220). 7년 동안 감옥에서 보낸 후 출소한 도우보이를 환영하기 위해 동네 사람들이 벌인 파티에서 남자들은 그곳에 모인 여자들을 보고 성적인 농담을 한다. 도우보이의 동생인 리키는 고등학생인데 벌써 아기를 낳았다. 음식이 준비되었을 때 서로 먹겠다고 몰려가자, 신사들처럼 숙녀에게 양보하면 어떻겠냐는 제안을 하는 것도 트레이다. 아버지 손에서 반듯하게 잘 양육된 트레의 선한 영향력을 신뢰하는 도우보이의 어머니 브렌다는 그에게 자기 아들에게 좋은 이야기를 좀 해 주라고 부탁한다. 신뢰할 만한 성인 남성성의 모델이 없는 도우보이에게 트레가 최소한 좋은 영향을 미칠 수 있을 것이라 생각했기 때문이다.

흑인 남자아이가 어린 시절로부터 사춘기를 거쳐 성인으로 성장해 가기까지의 성장기를 그리고 있는 이 영화에서 그 무엇보다 중요한 것은 마이클 다이슨Michael Dyson의 지적대로 "인관관계"이다. 다이슨은 스토리의 중심에 세가지 중요한 관계가 있다고 설명한다. "세명의 소년 간의 삼각관계, 소년과 아버지와의 관계, 두 소년과 어머니와의 관계"(214)가 그것이다. 트레와 아버지의 관계는 위에서 이미 살펴보았으므로 트레, 리키, 도우보이의 관계, 그리고 도우보이와 리키의 어머니와의 관계를 살펴보자.

도우보이와 리키는 둘 다 브렌다의 아들이지만 아버지가 다르다. 원래 이름이 다린Darin인 도우보이는 '뚱보Doughboy'라는 별명이 말해 주듯이 어릴 때부터 살이 쪘으며 어머니의 말을 듣지 않고 도둑질을 하다가 감방에 갔다가 나온다. 출옥 후 다시는 감옥에 가지 않겠다고 다짐하지만 주변 상황이 그를 가만두지 않는다. 어머니인 브렌다는 도우보이를 무시하고 박대하는 반면 리키는 애지중지한다. 어린 나이에 감옥까지 갔다 온 형과는 대조적으로 리키는 풋볼 선수로서 남가주대학교USC의 스카우트 제안을 받은 유망주이다. 다이슨은 그녀를 〈소피의 선택Sophie's Choice〉에 나오는 소피에 비유하면서 "한 아들을 희생함으로써 다른 아들을 구하기를 선택한다"(219)고 말한다. 그녀의 이런 차별은 그녀와 아이들의 아버지와의 관계를 반영한다. 도우보이에게 "너는 네 애비를 꼭 닮았어. 할 줄 아는 게 아무 것도 없고 인생을 망칠 거야"라고 하는 대사에서 이를 알 수 있다. 다이슨은 감독이 도우보이의 여성혐오misogyny를 어머니의 차별과 무시와 연관시키고 있다고 말한다. 그는 여자들을 "bitch"나 "whore"로 파악하고 성적인 욕망의 대상으로만 바라본다. 어머니로부터 계속 차별받고 무시당한 그는 리키에 대한 질투심과 어머니에 대한 반항심으로 범죄의 길로 빠지고, 마침내 리키를 반대편 갱들의 손에 죽게 만든다.

트레는 도우보이와 리키 두 형제 모두와 끈끈한 우정을 이어 간다. 리키가 살해당했을 때 그는 지금까지 받아 온 교육에 반하는 선택을 한다. 친구의 죽음에 복수해야 한다는 남성적 명예 코드를 따른 것이다. 권총을 들고 집을 나설 때 아버지의 만류에 주저앉는 듯 하던 그는 창문으로 뛰쳐나가 도우보이 일행과 합류한다. 그러나 그들이 세 시간에 걸쳐 복수할 대상을 찾는 동안 그는 이성을 되찾고 차에서 내리겠다고 결정한다. 도우보이도 그 결정을 존중한다. 도우보이가 복수를 실행한 그 다음 날 아침, 그는 도우보이와 만나 지난 밤 일에 대해 물어본다. 도우보이는 이제 "내게 동생이 없어. 엄마도 없어"라고 말한다. 이에 대해 트레는 "아직 동생이 한 명 남아 있잖아"라면서 형제애를 표시한다. 그러나 그 형제애도 도우보이가 2주 후 살해당하는 것을 막지 못한다.

이 영화는 마치즈모machismo(남자다움의 과시)와 성적인 능력에 기반을 둔 흑인 남성성 추구가 어떤 결과를 가져오는지를 잘 보여 준다.

특히 흑인들에게 바람직한 아버지라는 롤 모델이 얼마나 중요한지도 보여 준다. 진정한 남성성은 자신을 다스리고 자신의 행동에 책임을 지는 것이라는 것을 배운 트레만이 영화의 마지막에 대학에 들어가 범죄와 폭력으로 얼룩진 LA 사우스센트럴 지역을 탈출하고 계층 상승의 기회를 갖게 된다. 그러나 도우보이와 다른 흑인 소년들의 선택은 다른 대안이 없어 보인다. 왜냐하면 그들의 생각과 행동은 바로 그들이 거주하는 환경, 즉 그 지역사회의 영향을 받았기 때문이다. 그래서 싱글턴은 영화 제목에 "보이즈"와 함께 "후드"를 붙인 것이다.

흑인 커뮤니티

이 영화가 펼쳐질 극적 공간은 영화의 서두에 깔리는 배경 음향으로 설정된다. 흑인 남자들이 험한 욕설을 지껄이고 다급한 분위기가 형성된 후 총소리가 어지럽게 들린다. 이곳은 등하교 하는 아이들이 살해 현장에 쉽게 다가가고 총자국과 폴리스 라인과 핏자국을 볼 수 있는 지역이다. 시체를 보여 준다면서 다른 아이들을 데리고 가서 시체에서 나는 악취를 맡을 수 있는 곳이다. 밤마다 총소리가 들리고 총탄이 날아다니며, 하늘에는 헬리콥터가 늘 마을을 감시하는 곳이다.

이처럼 희망이 없어 보이는 곳에서는 자신을 발전시키고 진취적으로 삶을 영위하고자 하는 트레와 같은 젊은이가 살아 나가기 힘들다. 이곳은 경찰마저 포기한 곳으로, 범죄를 신고하더라도 경찰이 늑장을 부리며 미온적으로 반응하는 곳이다. 트레가 도착하던 첫날 밤, 강도가 집에 들어 퓨리어스가 권총을 쏘아 강도를 쫓아낸다. 그러나 신고를 한 지 한 시간이 지나서야 나타난 경찰은 너무나 일상이 되어 버린 강도 사건을 적극적으로 해결할 자세를 보이지 않는다. 더구나 흑인 경찰은 고자세를 취하며 강도를 쏘아서 맞히지 못한 퓨리어스를 놀리면서 "만약 맞혔더라면 신경 쓸 검둥이 한 명이 줄어들었을 텐데"라고 말한다. 그는 같은 흑인이면서 동족의 곤경에 공감을 표하지 못하고 오히려 "니거"라는 백인들이 흑인을 비하할 때 쓰는 표현을 쓰면서 빈정댄다. 아프리카계 문학작품이나 영화에서 흑인에 대한 탄압이 같은 흑인에 의해 벌어지는 경우가 비일비재한데, 이 영화에서도 싱글턴은 흑인에 의한 흑인 차별을 노골적으로 비판하고 있다.

이 흑인 경찰은 영화의 후반부에서도 총소리를 듣고 출동했을 때 트레의 얼굴에 총을 갖다대고 "니거"라는 표현을 쓰면서 위협한다. 그리고 이어서 "이것이 바로 경찰 노릇 하는 맛이지"라고 말한다. 자신에게 부여된 권력을 남용하여 동족을 협박하는 경찰의 처사에 트레는 그날 밤 일이 너무나 분하여 여자 친구인 브랜디를 찾아간다. 그는 눈물을 흘리고 주먹을 휘두르며 헬리콥터 소리와 총소리 듣는 것도 지긋지긋하다면서 울분을 터뜨린다. 자신도 어떻게 할 수 없는 환경에 좌절하는 트레의 모습을 보고 브랜디는 자신 앞에서는 울어도 된다면서 그를 감싸 준다. 트레가 심정적으로 어려울 때 그에 대해 브랜디가 공감을 하면서 두 사람은 그동안 여러 가지 이유로 스스로를 검열했던 성적인 욕망을 자유롭게 발산한다. 다이슨은 이 두 사람의 결합을 "영적이고 육체적인 절정의 진정성 있는 순간an authentic moment of spiritual and physical consummation"(222)라고 평가한다. 이것은 도우보이 일행이 여성을 한낱 성적인 대상이자 남성성 발휘의 대상으로만 보면서 맺는 관계와는 전혀 다른 관계이다.

이러한 흑인 지역사회의 실상을 가장 잘 깨닫고 있는 사람은 퓨리어스이다. 그는 아들과 리키를 콤튼이라는 동네에 데려가서 흑인들이 서로를 죽이고 두려워하는 상황에 대해 일깨워 준다. 그는 젠트리피케이션gentrification 현상을 설명하면서 흑인 지역사회가 공동화되고 거기에 거대 자본이 밀고 들어오면서 흑인들이 더욱더 설 자리가 없어지는 상황을 안타까워한다. 그들을 바라보고 있던 어떤 노인은 이 지역사회의 부동산 가격을 떨어뜨리는 것은 바로 흑인들이라고 하면서 흑인들이 이웃을 구해야 한다고 말한다. 흑인 동네에 마약 거래, 술 가게, 총기 가게가 많은 것은 흑인들이 서로에게 마약을 사고 팔고, 술에 취해서 살며, 총으로 서로 죽여 멸종시키게 하려는 백인들의 음모라고 말한다. 결국 죽어 나가는 것은 젊은 흑인들이다. 암울한 흑인 동네의 초상을 목격하고 온 트레가 크렌쇼에 가서 도우보이 일행을 만났을 때 마치 지금까지의 대화를 입증이라도 하듯이 기관총 소리가 들리며 총질이 시작된다. 이러한 상황에 염증이 난 트레는 이곳을 뜨겠다고 말한다.

트레가 리키의 복수를 하겠다고 도우보이와 함께 나섰다가 도중에 내려서 집으로 돌아온 그 다음 날 아침에 트레는 도우보이를 만난다. 도우보이는 트레에게 그의 입장을 이해한다면서 그가 올 자리가 아니었다고 말한다. 그는 이어서 아침에 TV를 보았더니 흑인 청년들이 몇 명이나 죽어 간 어젯밤 사건은 전혀 나오지 않고 외국의 풍물과 외국인의 삶에 대해 방송을 하더라고 말한다. 백인들은 흑인 이웃들에 대해서 아무런 관심이 없는 것이다. 자기네끼리 총질을 해서 몇 사람이 죽어 나가는 사건이 일어나도 그것은 텔레비전에 보도

될 뉴스거리도 되지 않는 것이다. 흑인들이 서로 죽고 죽이는 악순환 속에서 서서히 망해 가는 현실을 싱글턴은 고발하고 있다. 본인의 예언대로 도우보이가 2주 후 다른 흑인에게 살해당했다는 자막과 함께 트레가 가을에 조지아에 있는 대학에 입학했다는 자막이 영화의 마지막을 장식한다. 싱글턴의 메시지는 교훈적일 정도로 분명하다. 흑인 남자는 아버지의 역할 모델로부터 남성답게 자라는 법을 배워야 하며, 교육을 통한 계층 상승만이 범죄와 폭력의 악순환에 갇힌 흑인 커뮤니티로부터 벗어나는 길이다.

가정이 붕괴되고 싱글맘이 혼자서 힘들게 아이들을 키우며, 아이들이 롤 모델 없이 자라는 일반적인 흑인 커뮤니티에 대안이 될 만한 모델을 바로 트레의 부모인 퓨리어스와 레바가 제공한다. 이들은 비록 이혼을 했지만 트레의 교육에 대해서는 최대한 협조하면서 자신들의 상충되는 의견을 조정한다. 그들이 만나서 아들의 교육에 대해 의논하는 곳은 고급 식당이며, 그곳에서 두 사람은 에스프레소와 카페오레를 마신다. 엄마로서의 역할을 다한 레바는 사춘기가 된 트레가 남자가 되는 법에 대해 더 잘 배울 수 있는 곳이 아버지의 집인 것을 깨닫고 전 남편에게 교육을 맡긴다. 그리고 자신의 사랑을 표현하기 위해 신발을 사 주는 걸 비난하는 남편과 건전한 토론을 통해 의견 차이를 좁힌다. 여자 친구인 브랜디와 같이 살고 싶다는 트레의 의견에 대해서도 아빠는 이제 결정을 내릴 수 있는 나이라고 하는 반면, 엄마는 다른 의견을 표명한다. 그동안 그녀는 퓨리어스가 아빠로서 역할을 잘해 왔다고 인정하면서도 자신에게도 엄마로서의 권리가 있음을 당당히 밝힌다. 이처럼 서로 떨어져 살면서도 대화로 의견을 조정하여 자녀 양육에 책임을 지는 부모의 모습은 크렌쇼 동네의 대부분의 가정들과 큰 차이를 보이며 바로 이것이 싱글턴이 제시하는 모델이다.

영화평론가 로저 에버트Roger Ebert는 싱글턴을 한 영화에서 좀처럼 같이 찾아볼 수 없는 두 가지 속성을 동시에 구현한 감독으로 평했다. 그 두 가지 속성이란 제재와 스타일이다. 앞에서 살펴본 것처럼 싱글턴은 위험으로 가득 찬 흑인 지역사회에서 남자로서 성장하는 것이 어떤 것인가를 내부인의 눈으로 진솔하게 그려 냈다. 그는 또한 자신만의 독특한 영화적 스타일로 이를 재현했다. 이 스타일이 가장 잘 드러나는 것은 트레의 아버지 퓨리어스의 묘사이다. '퓨리어스 스타일즈'는 그 이름부터 상징성을 띤다. 그의 이름은 분노를 나타내며, 성은 문자 그대로 스타일을 의미한다. 그는 내면에 백인 위주 사회의 불의함과 흑인들의 자기파괴적 행태에 대한 분노를 품고 있다. 그러나 그는 그것을 품위 있게 표출한다. 레바가 처음 트레를 데리고 퓨리어스의 집에 도착했을 때, 그는 마당에서 낙엽을 쓸고 있다. 이것은 자신의 집을 가꾸고 근면하게 생활하는 남자의 공통적인 표상이다. 그는 이러한 삶을 아들에게도 물려주려고 하며 아들에게도 그 일을 하도록 명령한다. 그리고 자신은 왕이며 아들은 왕자라고 가르친다. 그는 강도가 들던 밤에 현장에 늦게 도착한 흑인 경찰에게도 뭐가 잘못된 것인지 모르냐고 그를 꾸짖는다.

리키와 도우보이의 엄마인 브렌다는 트레에게 네 아빠는 왜 우리랑 카드놀이를 하지 않느냐고 물으면서 관심을 표명하지만, 퓨리어스는 언제나 트레의 아빠라는 자신의 신분을 잊지 않고 쉬운 쾌락이나 마약에 빠지지 않는다. 그의 교육과 철학이 가장 큰 도전에 직면한 것은 트레가 리키에 대한 복수를 하겠다고 집을 뛰쳐나갔을 때이다. 이성적으로 생각하고 폭력에 빠지지 않고 도덕적인 사람이 되라고 가르친 그의 교육이 친구의 죽음이라는 극적인 상황이 일으킨 분노에 의해 무력화된 것이다. 총을 뺏고 트레를 겨우 방에 들여 앉히지만, 트레는 창문을 열고 뛰쳐나가 도우보이의 차에 올라탄다. 헬리콥터 소리가 들리고 밤이 깊어 갈 때, 그는 손으로 쇠구슬을 굴리며 두려움과 분노를 자제한다. 다이슨은 퓨리어스가 손에 넣고 굴리는 구슬을 "고환"(224)에 비유한다. 공격당하고, 움켜쥠을 당하는 고환은 남성성을 상징하며 그는 그것을 굴리면서 분노를 자제한다.

싱글턴은 오프스크린에서 들리는 갈등과 총소리로 영화를 시작한 것처럼, 영화 중간중간에 넌다이어제틱non-diegetic (등장인물이 들을 수 없는) 사운드와 이미지를 병치시켜 대조 혹은 아이러니를 창조한다. 트레가 학교에서 말썽을 일으키고 귀가할 때 오프스크린 사운드는 백인 여교사와 레바의 전화 대화를 들려준다. 그러나 우리가 보는 이미지는 하교하는 트레가 길에서 마주치는 자기 또래보다 큰 남자 아이들의 싸움 장면이다. 툭하면 벌어지는 폭력의 현장은 그가 자라나면서 늘상 마주쳐야 하는 삶의 일상임을 보여 주며, 이러한 현실을 극복하면서 살아나가기 위해서는 아버지의 양육이 필요함을 보여 준다.

코너를 돌면 마주치는 죽음은 첫 장면에서 트레가 하교하는 길에 신기한 것을 보여 준다는 어떤 아이의 인도를 따라 간 폴리스 라인이 쳐진 살해 현장에서 처음 발견된다. 벽에 붙어 있는 레이건 대통령의 포스터에는 총알 자국이 선명하고 바닥에는 피가 흐르고 있다. 트레가 퓨리어스의 집으로 이사 오고 나서도 환경은 변하지 않는다. 거기서도 아이들은 시체를 보여 준다면서 다른 아이들을 살해 현장으로 데려가고 거기서 악취로 코를 막는다. 싱글턴은 어린 시절 신기한 구경거리로 트레와 다른 소년들이 목격한 죽음이 이들에게 너무나 빨리 현실로 다가왔음을 보여 준다. 더구나 동네 슈퍼에 콘밀을 사러 트레와 함께 나간 리키가 시체가 되어 돌아오는 상황은 너무나 급작스럽고 당황스럽다. 그가 USC에 입학하기 위해 필요한 SAT 점수는 700점인데, 그가 죽은 후 도착한 성적표에 적혀 있는 710이라는 숫자는 그의 죽음을 더 안타깝게 만든다.

한 방울도 안 된다: 미국영화에서 인종 간 결혼이라는 문제

미국은 다문화 · 다인종 사회이지만, 역사와 문학적 · 문화적 텍스트들은 헤게모니를 잡은 백인들의 시각에서 기록되어 왔다. 미 대륙에 원래 거주해 온 북미 원주민, 노예라는 신분으로 미국으로 온 아프리카계 미국인, 이민으로 유입된 아시아계와 히스패닉계 유색인 및 백인들과의 인종 간 혼인interracial marriage은 평등한 형태이건 주종 간의 예속적인 형태이건 오랫동안 이루어져 왔지만, 그 존재에 대한 인정과 그 영향은 억압된 채 묵살되거나 백인들의 시각에서 기록되어 왔다. 그것은 '잡혼miscegenation'이라는 비하적인 용어로 표현되어 왔으며, 이 용어 자체에는 백인의 순수성이 다른 인종의 피에 의해 오염될 것이라는 우려가 암시적으로 깔려 있다. 토머스 제퍼슨의 잘 알려진 사례처럼, 만인이 평등함을 선언하는 독립선언서를 작성한 사람이 자신의 노예 출신 자식은 무시하는 이율배반적 태도는 백인들에게 거의 만연된 시각이었다.

디온 부시코Dion Boucicault의《옥토룬Octoroon》이라는 작품에서 볼 수 있듯이, 인종 간의 교잡 관계를 통해 탄생한 혼혈인의 이야기는 19세기 멜로드라마에서 충격적인 소재로 취급되었다. 종족 개념은 백인의 순수성의 가공적 구축과 타인종에 대한 배타성에 기초한다. 백인들이 그토록 백인성을 유지하고 싶어 하는 이유는, 백인이 우월하고 더 진화했다는 의식 때문이다. 그렇기 때문에 백인성의 순수함을 보호하기 위해서는 다른 인종과의 결혼을 금지해야 하고, 그래서 일명 '한 방울의 법칙one drop rule'이 생겨났다. 흑인의 피가 한 방울만 섞여 있어도 그는 더 이상 백인이 아닌 것이다. '한 방울 법칙'은 인종의 순수성을 재단하고 그것으로 주체와 타자의 경계선을 공고히 하려는 시도였다. 백인의 피가 흑인의 피에 의해 '오염contamination'되는 데 대한 우려는 흑백 잡혼에 대한 공포로 나타났다.

흑백의 관계는 백인 남성과 흑인 여성, 흑인 남성과 백인 여성의 관계로 나타날 수 있지만, 백인들의 의식 깊숙한 곳에 공포로 자리 잡고 있는 것은 흑인 남성과 백인 여성의 관계였다. 왜냐하면 백인 남자 노예 주인과 흑인 여자 노예 사이의 관계는 거의 공공연하게 인정되고 그로 인해 태어나는 아이는 재산 증식 수단으로 간주되었지만, 흑인 남성이 백인 여성과 갖는 관계는 엄격한 형벌로 처벌되고 금기로 여겨졌기 때문이다. D. W. 그리피스의 〈국가의 탄생〉은 백인들의 무의식 속에 깊숙이 자리 잡은 이러한 두려움을 공개적으로 다룬 영화라고 할 수 있다. 존 벨튼은 "이 영화가 엄청난 성공을 거둔 것은 인종적 순수성에 근거한 단순화된 미국적 정체성 개념과 순수한 과거로 돌아가고 싶은 1910년대와 1920년대 미국인의 욕구에 이 영화가 어느 정도 부응했음을 시사한다"고 주장한다(150).

이 영화에서 흑인이 백인 여성 모델이라고 할 수 있는 릴리언 기쉬Lillian Gish를 강간하려는 장면을 비롯하여 흑백의 잡혼을 다룬 장면이 영화 스크린이라는 공적인 공간에 투사되면서 이러한 두려움을 수면 위로 부상시켰고, 이로 인해 제작규정Production Code이라는 검열 수단이 탄생하게 되었다. 제작규정은 유성영화의 도입 이후 갈수록 외설적 내용을 담기 시작한 할리우드 영화들에 대해 1934년에 가톨릭 윤리위원회가 보이콧 운동을 벌이자, 할리우드 영화계가 스스로 만들어 발표한 자정 시도였다. 이때 영화에서 표현할 수 없는 절대 금지 항목에 '인종 간 결혼'이 있었다. 그러나 시간이 경과하면서 60년대 민권운동을 지나 문화다원주의적 관점이 확산하면서 영화 속의 흑백 관계 묘사는 변화를 겪었다.

〈정글 피버〉: 흑인 감독이 본 흑백결혼의 문제점

흰색과 검은색 손가락이 깍지를 낀 도발적인 이미지를 포스터로 내세운 스파이크 리의 〈정글 피버Jungle Fever〉는 포스터가 암시하는 만큼이나 적나라하게 흑인과 백인의 육체적 사랑 장면을 실제로 연출한다. 1991년 작으로 스파이크 리 자신이 제작 · 각본 · 감독 모두 맡은 이 영화는, 칸영화제에서 남우조연상과 심사위원상을 수상했으며, 황금종려상 후보에 올랐다.

이 영화는 제목이 암시하듯이 흑인과 백인 간의 성적인 이끌림을 하나의 '열병'이라고 표현하고 그 질병이 가져온 파급 효과의 심각성을 부각시킨 후 결국 흑인과 백인은 각자 자기 종족과 사는 것이 피차의 행복을 위해 바람직하다는 보수적인 결론을 내린다. 즉, 이

질병은 치료되어야 하며, 흑인은 흑인과, 백인은 백인과의 관계로 복귀하는 것이 바람직하다는 결론을 이 영화는 지지하고 있는 것이다. 에드 게레로Ed Guerrero는 스파이크 리가 이 영화에서 "타인종 간의 잡혼을 지배영화의 관점, 즉 전혀 바람직하지 않은 것으로 묘사한다"(174)고 주장한다.

할렘에 사는 건축 디자이너 플리퍼는 백인이 설립한 디자인 회사에서 백인 친구들과 거의 동업자 신분으로 성공적인 삶을 영위하고 있다. 아침에 그의 집에 배달되는 〈뉴욕 타임스〉로 미루어 보아 그는 상당한 지식층이며 높은 경제력을 지닌 상류층이다. 영화의 첫 장면에 소란스러운 부부 관계를 맺으면서 등장하는 그의 아내 드루는 거의 백인에 가까운 흑백 혼혈이다. 아름다운 아내와 아침마다 부부 관계를 하고 딸을 학교에 데려다 주는 모습은 그가 원만한 결혼 생활을 유지하고 있음을 보여 준다. 그러던 어느 날, 이탈리아계 백인 여성 앤지가 그의 비서로 오게 된다. 처음에 흑인을 배정해 주지 않은 데 항의하던 플리퍼는 곧 그녀와 좋은 관계를 유지하게 된다. 야근을 하면서 함께 저녁을 시켜 먹은 그들은 아직 서먹서먹한 상태에서 사무실에서 충동적인 육체관계를 갖게 된다. 처음 경험한 타인종과의 결합에 혼란을 느낀 두 사람은 각각 자신의 친한 친구들에게 비밀을 고백하는데, 이것이 순식간에 온 동네에 소문이 나면서 플리퍼는 아내로부터 쫓겨나고 앤지는 아버지에게 구타당한다. 그와 함께 이들의 가족과 친구들로부터 흑백 결합에 대한 담론들이 다성적으로 확산된다.

우발적이고 충동적인 성관계로 결합되는 두 사람에게 성적인 이끌림 외에 다른 동기는 찾아보기 힘들다. 흑인 남자는 돈 잘 버는 전문직(건축사)이고 백인 여성은 가난한 임시 사무직이라는 점에서 인종적 차이를 계급의 차이로 상쇄시키는 경향은 〈초대받지 않은 손님〉에서처럼 여기서도 뚜렷하게 나타난다. 이탈리아계인 앤지는 힘들게 직장 생활을 하고 나서도 퇴근하여 아버지와 남동생들을 위해 저녁을 준비해야 하는 고단한 삶을 살고 있다. 그렇지만 앤지가 플리퍼의 사회적 지위나 물질적 소유 때문에 그에게 이끌리는 것은 아니다. 그녀는 플리퍼가 유부남이라는 것도 알고 있으며, 백인 보스들의 부당한 대우로 플리퍼가 회사에 사표를 내고 난 이후에도 그 회사를 계속 다니면서 플리퍼와의 관계를 유지한다. 다시 말하면, 앤지는 부유한 흑인과의 결혼을 통해 가난한 환경과 계층으로부터 탈출하려고 하는 것이 아니다.

그렇다고 해서 이들이 서로를 사랑해서 육체관계를 갖는 것도 아니다. 이들은 아직 서로를 잘 알지 못하는 서먹서먹한 상태에서 저녁을 먹다가 우발적으로 관계를 갖는다. 이들이 육체적 관계를 갖기 전에 나누는 대화 내용 또한 다른 인종과의 성관계가 어떨까 호기심을 느껴 왔다는 내용이다. 또 두 사람의 관계가 폭로되어 곤경에 처한 후 앞으로의 계획을 이야기할 때에도 플리퍼는 직설적으로 자신은 앤지를 사랑하지 않는다고 말한다. 백인 여성은 흑인 남성의 성적인 위력에, 흑인 남성은 백인 여성의 아름다움에 매혹된다는 일반적인 편견을 영화는 영화적으로 재현하고, 감독이 이 편견을 믿고 있으며 고착시킨다는 인상을 준다. 감독은 두 사람의 관계를 인종의 정글에서 타인종의 성적 매력에 이끌려 이성적으로 통제 불가능한 질병에 걸린 것으로 보는 것이다.

이처럼 도발적인 흑백 결합 후 앤지 가족들의 폭행과 격렬한 반응, 이탈리아계 사람들의 인종 모독적인 발언, 플리퍼의 아내와 친구들의 흑백 관계 담론을 통해 스파이크 리는 미국 사회가 과거에 비해 다문화적으로 한층 열려 있지만 인종 문제만큼은 여전히 뿌리 깊은 편견과 신화의 지배를 받고 있음을 보여 준다. 특히 '전쟁위원회War Council'라는 이름으로 플리퍼의 아내와 친구들이 개최한 성토대회에서 흑인 여성들은 각자가 가지고 있는 흑백 관계의 두려움을 이야기한다. 흑인 남성들은 신분이나 지위가 올라갈수록 자기보다 피부 빛깔이 더 옅은 여성을 찾게 되고, 결국은 백인 여자를 파트너로 삼게 된다는 것이다. 백인과 흑인 사이에 태어난 드루는 플리퍼가 자신을 택한 이유가 피부가 희다는 데 있었는데 이제는 아예 백인 여자에게 갔다고 분함을 감추지 못한다. 그녀의 친구들은 백인 여자에게도 잘못을 돌린다. 백인 여자들은 흑인 남자의 성적인 왕성함에 대한 편견과 호기심으로 틈만 나면 흑인 남자를 유혹하려 한다는 것이다. 그래서 흑인 여자들은 남편들이 백인 여자에게 눈을 돌리지 못하도록 늘 전전긍긍하며 방어적이 될 수밖에 없다는 것이다.

플리퍼와 앤지 커플이 극복해야 할 장벽은 단지 플리퍼의 아내만이 아니다. 플리퍼가 앤지를 부모님에게 소개시키려고 찾아갔을 때 보수주의 기독교 목사인 그의 아버지는 조지아에서 살던 시절을 이야기하면서 혼혈아들이 태어나게 된 배경을 설명한다. 백인 노예주들이 흑인 노예들을 대상으로 성적인 욕망을 해소하는 과정에서 혼혈 아들이 태어났다는 것이다. 식탁을 앞에 놓고 대화를 하던 아버지는 "나는 창녀와 관계하는 사람과 같이 밥을 먹지 않는다I don't eat with whoremongers"라고 말하고 식탁을 떠난다.

한편, 앤지의 친구들은 흑인과 관계했다는 그녀의 이야기를 듣고 즉각적으로 "징그럽다disgusting", "역겹다gross" 등의 원색적인 반응을 보인다. 앤지가 속한 히스패닉 가정은 아버지와 남동생들로 구성된 매우 가부장적인 공간이다. 하루 종일 힘들게 일하고 온 앤지는 집에서 TV를 보고 있는 아버지와 오빠들을 위해 저녁 식사를 준비하는데, 그들은 앤지가 늦게 왔다고 투덜대며 엄마가 한 요리가 더 좋다고 말한다. 그들이 앤지의 일탈 소식을 들었을 때 어떤 반응을 보일지 충분히 예상할 수 있다. 앤지의 아버지는 허리띠로 딸을 채찍질하며 온 동네가 떠들썩하게 소란을 피우고, 앤지는 결국 친구네로 거처를 옮긴다.

성적인 욕망의 교환 외에는 그다지 나눌 것이 없는 찰나적이고 충동적인 흑백 결합의 말로는 그들이 잠시 거주하게 된 아파트의 텅 빈 공간이 잘 말해 준다. 침대 외에는 아무런 가구 없이 텅빈 공간은 이들 관계의 황폐함을 말해 주며, 흑백 결합에 대한 편견이 여전히 존재하는 미국 사회에서 강렬한 사랑이라는 동기도 없이 맺어진 두 사람의 미래가 승산이 없음을 상징적으로 보여 준다. 두 사람이 나누는 대사의 양 또한 남녀 관계 치고는 매우 한정되어 있으며 고갈되어 있다. 앤지는 "우리는 이제 어떻게 되는 거죠?" "흑인은 여성 상위를 싫어한다면서요?" 등 피상적인 질문을 하고, 플리퍼 또한 "그건 백인이 성기가 작다는 편견과 마찬가지로 신화에 지나지 않는다" 등의 답변을 한다.

단편적인 대화 외에 그들이 공유하는 것은 육체적인 부딪힘이다. 앤지의 집에 데려다 주러 가는 길에 두 사람이 장난으로 싸우는 시늉을 하다가 결국 경찰까지 출동한 사건은 흑백 관계가 갖는 한계를 보여 준다. 앤지와 플리퍼는 자기 인종 출신의 스포츠 스타들 이름을 거명하다가 권투 흉내를 내고 플리퍼가 앤지를 자동차 후드 위에 올려놓고 덮치는 듯한 자세를 취한다. 이것을 보고 흑인 남성이 백인 여성을 강간하는 것으로 오해한 이웃이 경찰에 신고를 하면서 경찰이 출동하여 플리퍼는 죄인처럼 벽에 손을 대고 심문을 당하는 수모를 겪는다. 플리퍼가 아무리 성공한 건축가이며 중상류층에 속한다 하더라도 밤거리에서 흑인 남성의 이미지는 범죄와 연관이 되는 태생적인 한계를 지닐 수밖에 없는 것이다.

첫 장면과 똑같이 플리퍼와 드루가 성관계를 갖는 모습을 보여 주면서 끝나는 엔딩은 희망적인 암시를 남긴다. 비록 드루가 눈물을 흘리고 있고 플리퍼를 다시 받아들일지의 여부도 확실치 않지만, 모진 시련을 겪은 플리퍼가 다시 가정으로 돌아올 것은 분명하다. 결국 이 영화는 흑인과 백인이 자기 인종의 영역에 머무는 것이 바람직하다는 분리주의적 입장을 지지한다. 그럼에도 불구하고 이 영화의 적나라한 흑백 육체관계 묘사는 1960년대의 점잖은 묘사와는 큰 거리가 있으며, 점점 증가하는 인종 간 결합의 세태를 반영하고 있다.

〈휴먼 스테인〉: 극복할 수 없는 오점

필립 로스Philip Roth의 원작을 로버트 벤튼Robert Benton 감독이 각색 및 연출한 2003년작 〈휴먼 스테인Human Stain〉은 명배우 앤서니 홉킨스와 니콜 키드먼을 캐스팅하여 흑인과 백인의 사랑을 둘러싼 복잡한 함의를 다룬다. 시대적 배경은 1998년으로 대학 구성원들의 대화에서, TV 화면을 통해 "정치적 정당성"이 또 하나의 매카시즘처럼 하나의 권력으로 맹위를 떨치던 당시의 시대적 맥락이 제시된다.

이 영화의 원작자인 필립 로스는 1998년을 "박해의 영이 최고의 맹위를 떨쳤던 해a great year for the persecuting spirit if ever there was one"(Harrell 재인용, 20)라고 말한다. 대학교수들은 클린턴과 모니카 르윈스키의 스캔들을 이야기하고, 방송에서는 클린턴 대통령이 자신의 행동을 해명하는 장면이 나온다. 공간적인 배경이 매사추세츠라는 점도 의미심장하다. 17세기 말 마녀사냥의 광풍으로 종교재판이 이루어지고 19명이 교수형을 당한 세일럼이 있는 주가 매사추세츠인 것이다.

매사추세츠주에 있는 아테나대학에서 학장 직을 맡고 있는 유대인 교수 실크 콜먼은 수업 시간에 나타나지 않는 학생을 "유령spook"이라고 불렀다고 해서 인종차별 혐의로 학교에서 쫓겨난다. 그는 학생들이 나타나지 않아 보이지 않는 "유령"인가 하고 질문한 것인데, 이 단어에 흑인을 비하하는 '니그로'라는 의미가 있다는 점 때문에 흑인에게 인종차별적 발언을 한 교수로 고발된다. 고전 전공 교수로 이 대학의 교육과정을 개편하여 일류 대학을 만든 공로가 있는 콜먼이지만, 무심결에 뱉은 이 단어로 인해 35년간 봉직한 학교에서 쫓겨난 것이다. 남편이 학교를 그만둔 충격으로 부인까지 사망하자, 그는 네이던 주커만이라는 작가를 찾아가 자신의 이야기를 소설로 써 달라고 부탁한다. 콜먼은 "그들이 정치적 정당성이라는 이름으로 내 아내를 죽였다"면서 인종, 젠더, 페미니즘 등의 이슈로 예민해진 사회 분위기의 희생양으로 자신을 바라본 것이다.

벨 해럴Belle Harrell은 "평화, 사랑, 이해에 기초를 둔 운동으로 1960년대에 시작한 다문화주의가 시간이 가면서 이 나라에서는 정치적 정당성이라는 극도로 과민한 현상으로 연결되었다"(20)고 지적한다. 이를 계기로 암 투병과 이혼으로 세상과 담을 쌓고 칩거하며 살던 주커만과 콜먼의 우정이 시작되면서 주커만은 콜먼이 자신을 다시 살렸다고 말한다. 이 영화는 주커만의 보이스오버로 서술되면서, 흑인의 피를 가지고 태어났지만 백인과 같은 외모를 가지고 평생 백인을 '사칭passing'하며 산 콜먼의 삶을 주커만의 시점으로 이야기한다.

제목에서 알 수 있듯이 콜먼의 몸속에 흐르고 있는 흑인의 피는 하나의 오점으로 그의 전 생애를 지배한다. 인간을 흑백으로 나누는 사회에서 인간 대접을 받기 위해 백인이 되기로 선택한 주인공은, 그 선택으로 인해 가족과 인연을 끊고 거짓된 삶을 살아간다. 흑인이면서 백인으로 '패싱'하는 것은 흑인의 자부심을 거부하는 비겁한 행동인가, 아니면 자신의 능력과 계층 상승을 위해 과거와의 고리를 끊는 결단력 있는 행동인가. 영화는 이 질문으로 평생 시달린 주인공의 고뇌를 보여 준다. 결국 학교에서 해고되는 사건이 발생했을 때 자신이 흑인임을 밝혔더라면 그 위기를 피해 갈 수 있었지만, 그는 끝까지 백인으로서의 정체성을 선택함으로써 비극적 주인공이 된다. 그가 이런 결정을 내릴 수밖에 없었던 이유는 플래시백으로 재현된 그의 과거사를 통해 밝혀진다.

권투를 했던 실크 콜먼은 흑인들이 다니는 하워드대학교에 가라는 가족들의 권유를 뿌리치고 권투 장학금으로 백인 대학에 갈 계획을 세운다. 해군에 입대할 때 인종을 표시하는 등록증에 잠시 망설이다가 백인으로 표시하면서 그는 백인의 정체성을 끌어안는다. 그가 결정적으로 백인으로 완전히 변신하기로 결심하게 된 계기는 백인 여성으로부터 거부당했던 트라우마 때문이다. 뉴욕대학교에 다닐 때 콜먼은 덴마크와 아이슬란드계 부모를 둔 미네소타 출신의 스티나 폴슨과 교제한다. 교제가 진행되어 어머니에게 소개시키러 스티나를 집에 데려갔을 때 어머니와 스티나 모두 충격을 받고, 돌아오는 기차에서 스티나는 흑인과 결혼할 수 없다며 기차에서 내린다. 자신이 흑인임을 밝히는 바람에 사랑하는 여성을 잃은 콜먼은, 나중에 그의 아내가 된 아이리스를 만났을 때 가족과 완전히 결별하기로 결정한다. 벨 해럴은 "콜먼이 백인으로 패싱하기로 결심한 것은 진정으로 개인적인 미국적 자유와 기회의 삶을 성취하기를 원했기 때문이다"(23)라고 지적한다. 콜먼은 다시 한 번 자신의 인종적 정체성 때문에 결정이 좌절되고 기회가 막히는 경험을 하고 싶지 않았던 것이다. 아이리스에게 자신의 부모님은 돌아가셨으며 형제도 없다고 거짓말을 한 그에게, 그의 어머니는 "너는 감옥에 갇혀 있어. 피부는 희지만 마음은 노예이다. 너는 날 죽였어"라고 말한다. 가족과 완전히 인연을 끊은 콜먼은 평생을 백인으로 살아왔으며, 그 선택을 끝까지 고수함으로써 직장과 아내를 잃는 비극을 겪는다.

인종 문제는 계층과 밀접한 관계가 있다. 이 영화의 또 다른 화두역시 계층이다. 콜먼이 교수라는 상류 계층으로 상승할 수 있었던 것은 바로 백인으로 "패싱"했기 때문이다. 영화평론가 로저 에버트는 이 영화에는 두 가지의 "패싱"이 있다고 지적한다. 하나는 인종의 경계선이고, 다른 하나는 계층의 경계선이다. 어느 것이 더 어려운가? 에버트가 보기에는 계층의 경계선을 넘는 것이 더 어렵다. 고전 전공 교수로서 교양과 품위를 겸비한 그가 포니아라는 하류 계층여성을 만나서 그녀를 사랑하고 이를 계기로 결국 죽음을 맞이하는 것은 아이러니한 일이다.

그는 우연히 가게에 들렀다가 포니아라는 여성을 만나고 자동차가 고장 난 그녀를 집까지 태워다 주면서 그녀와 관계를 맺게 된다. 부유층에 속했던 그녀는 부모가 이혼하고 계부가 자신을 성폭행하려고 하자 14세에 가출하여 잡초처럼 살아온 여자이다. 우체국, 학교에서 근무하면서 목장에서 젖을 짜는 일까지 세 가지 일을 하는 그녀는 바쁘면 잡념이 없어진다고 말한다. 콜먼과의 관계가 깊어지면서 그녀는 화재로 두 자녀를 잃었으며 그들의 유골을 침대 밑에 두고 있다고 말한다. 스스로를 창녀라고 비하하는 그녀는 콜먼과 함께 다니는 클래식 음악회와 고급 식당을 불편해하며 그로 인해 갈등이 생긴다. 계층이 다른 두 사람이 과연 그 차이를 극복하고 진정으로 인간적인 교감을 하는 것이 가능한가. 게다가 베트남 참전 용사인 전 남편 레스터가 둘의 관계를 위협한다. 포니아는 전 남편이 나타날 때마다 손을 떨 정도로 두려워한다. 콜먼 역시 딸 같은 여자와 놀아나는 사람으로 낙인찍히고 온갖 법적인 문제에 연루된다. 전에 그에게서 고전 수업을 들은 변호사는 포니아를 포기하라면서 "비아그라를 먹는 아킬레스"는 어울리지 않는다고 충고한다. 그러나 모든 것을 다 잃은 두 사람은 계층을 뛰어넘어 교감하며 자신들을 인종과 계층의 기준으로 재단하려는 사회에 반항한다. 그러나 그들이 마침내 서로에 대한 신뢰로 하나가 되어 차를 타고 갈 때 그들을 죽이려고 작정한 레스터가 그들의 차를 정면에서 충돌하면서 두 사람은 삶을 마감한다.

평생 동안 자신이 흑인이라는 사실을 숨기고 살던 콜먼이 주커만 외에 이 사실을 고백한 유일한 사람은 바로 포니아이다. 이 사실은 콜먼의 장례식에 참석한 그의 누이동생과 주커만의 대화에서 드러난다. 모든 가족과 인연을 끊었지만 끝까지 오빠와 연락을 하고 살았던 누이동생은 진실을 말하기만 했어도 해임되지 않았을 텐데 왜 끝까지 그 사실을 밝히지 않았는지 이해하지 못한다. 그러면서 과연 오빠가 평생 아무에게도 인종과 관계된 정체성을 말하지 않았을까 하고 질문하자, 주커만은 이 말할 수 없는 비밀을 공유한 한 사람이 있었다고 대답한다. 장면은 플래시백으로 콜먼과 포니아의 장면으로 이어지고, 콜먼은 자신이 감옥에 갇혔다고 하면서 아무에게도 말하지 않은 비밀을 말한다. 콜먼에게는 결국 자신의 비밀을 들어줄 수 있는 심우confidante가 필요했던 것이다. 로저 에버트는 그들이 "계시, 고백, 공감revelation, confession, empathy"를 통해 소통했다고 말한다. "삶에서 평가절하되어 온 콜먼과 포니아는 어떤 장벽도 뛰어넘는 공감의 스파크를 서로에게서 발견한다"(Ebert). 콜먼과 포니아는 모든 것을 잃었다는 점에서 공감대를 형성하고 아무에게도 말하지 않은 비밀을 공유함으로써 인종과 계층의 경계를 넘는다. 그들은 차이를 극복하고 각자의 비밀을 서로 공유함으로써 하나가 된다. 이들의 진짜 비극은 이들이 하나가 되는 순간 죽음을 맞이한다는 점이다.

〈크레이머 대 크레이머Kramer vs. Kramer〉, 〈마음의 고향Places in the Heart〉, 〈노스바스의 추억Nobody's Fool〉 등 휴머니티를 강조한 영화를 만들어 온 로버트 벤튼 감독은 인종이라는 굴레에 갇혀 평생 감옥에 산 한 인간의 이야기를 담기 위해 독특한 서사적 기법을 사용한다. 우선 그는 네이든 주커만의 보이스오버로 1인칭 화자 시점에서 영화를 서술함으로써 휴머니티를 주제로 한 이 영화가 감상에 빠지지 않도록 거리를 유지한다. 〈위대한 개츠비The Great Gatsby〉, 〈암흑의 심연Heart of Darkness〉과 같은 작품에서 화자와 주인공의 이중적 시점을 통해 주인공의 인생을 통한 화자의 성장을 다루는 것처럼, 이 작품도 실크 콜먼의 이야기이면서 동시에 네이든 주커만의 이야기다. 영화 제목인 〈휴먼 스테인〉은 네이든이 완성하려고 하는 콜먼 이야기의 제목이다. 또 다른 내러티브 상의 특징은 콜먼-포니아 커플이 탄 차가 레스터에 의해 자동차 사고를 당하는 장면이 영화의 처음과 끝을 장식하는 수미상관식 구조를 사용하고 있다는 점이다. 이 구조는 콜먼의 죽음을 전제로 그의 삶을 다시 전체적으로 되돌아보게 한다. 그가 현재에 겪는 어려움과 과거 경험과의 병치 또한 플래시백 장면들을 통해 재현된다. 현재의 콜먼과 과거의 콜먼과의 대조는 과거 장면으로 넘어갈 때의 디졸브를 통해 제시되며, 젊은 시절 사귀었던 스티나 폴슨의 벗은 몸은 현재 그가 사귀고 있는 포니아의 벗은 몸과 병치되면서 대조된다. 가장 치명적인 인종적 정체성에 대한 비밀은 영화의 중간에 가서야 플래시백으로 제시된다.

영화는 시종 일관 어두운 화면으로 진행된다. 극적인 배경은 매사추세츠주이며, 이곳은 유명한 마녀사냥이 있었던 곳이면서 동시에 호손과 소로우 등이 살았던 곳이다. 체제에 대한 개인의 저항의 본보기였던 소로우가 콩코드에 집을 짓고 살았던 곳인 것이다. 이러한 유서 깊은 지역의 대학에서 고전을 가르치는 교수가 무심결에 뱉은 한 마디로 인해 평생 헌신한 대학으로부터 해고되는 비합리적 현실을 이 영화는 거친 질감과 콘트라스트가 강한 화면, 로우키 조명으로 재현한다. 폭력을 휘두르는 남편이 주는 공포에 치를 떠는 포니아의 두려움은 그녀의 손 떨림으로 표현되며, 청소를 하며 살아가는 하류 계층의 신분은 손톱에 낀 때로 표현된다.

로저 에버트가 지적한 것처럼, 관객에게는 앤서니 홉킨스를 흑인으로 받아들여야 한다는 과제가 주어진다. 과연 작위를 받은 명배우 앤서니 홉킨스가 흑인처럼 보이는가. 또한 눈부신 아름다움을 뿜어내는 니콜 키드먼이 하류 계층으로 보이는가. 많은 비평가들은 두 사람이 잘못 캐스팅되었다고 비판하고 첫 주 박스오피스 수입이 실망스러운 원인을 두 사람에게 돌리지만, 감독인 벤튼은 "비평가들이 하고 있는 행위 자체가 일종의 진보적 인종차별주의"(Leland E1 재인용)라고 반박한다. 비평가들의 호평을 받은 사람은 실제로 혼혈인biracial 웬트워스 밀러Wentworth Miller였다. 우리나라에는 미국 드라마 〈프리즌 브레이크〉의 주인공으로 잘 알려진 그는, 인종적 정체성을 놓고 고민하는 젊은 시절의 실크 콜먼을 설득력 있게 연기했다. 그러나 그가 호평을 받은 것이 연기 때문인지 아니면 그의 인종성 때문인지 고민해 보아야 한다. 만약 그의 연기가 아니라 그의 인종성 때문이라면 "영화를 이런 관점에서 바라보는 것이 영화의 코스모폴리탄적이고 탈종족적인 미국식 메시지를 놓치는 것이기 때문miss its cosmopolitan postethnic American message"(Harrell 40)이다.

영화에서 콜먼과 주커만의 대화 장면에서 어빙 벌린Irving Berlin의 재즈 음악이 깔리고, 실제로 두 사람은 음악에 맞춰 춤을 추기도 한다. 유대계 재즈 음악가인 벌린은 원래 흑인을 희화화한 민스트럴과 랙타임ragtime 노래를 부르면서 음악 활동을 시작했다. 원작에는 없는 이 어빙 벌린과의 연관성에 대해 〈뉴욕 타임스〉의 존 리랜드John Leland는 다음과 같이 이야기한다.

실크와 벌린은 (그리고 존슨) 같은 이야기의 상반된 버전이라고 할 수 있다. 흑인음악 전통으로 자신을 재창조한 1세대 러시아 이민이었던 벌린은 유대계 미국인 성공담이 되었다. 백인과 유대인으로 완전히 자신을 재창조한 아프리카계 미국인인 실크는 자신의 인종적 정체성을 포기한 죄로 파멸을 맞는다. 잔인한 농담처럼 그는 인종차별주의자

라는 공격으로 망한다. 그는 자신의 비밀을 밝히는 대신 그것 때문에 경력을 끝내는 것을 선택한다.(E 1)

영원히 섞일 수 없는 피

〈정글 피버〉와 〈휴먼 스테인〉은 모두 미국 사회에서 흑인과 백인 간의 벽이 얼마나 높으며 두 인종의 혼합된 피는 영원히 낙인찍힐 수밖에 없음을 보여 준다. 흑백 혼혈 출신이 미국 대통령이 되고, 더 많은 인종적 다양성이 표준처럼 되어 가는 21세기에도 인종 간의 결합이 갖는 함의는 여전히 부정적이다.

흑인 남성의 야성적이고 왕성한 남성성이 주는 매력과 백인 여성의 흰 피부가 갖는 순수함과 계층 상승의 상징성이 찰나적인 열병으로 발화한 〈정글 피버〉의 경우, 두 캐릭터 모두 자신이 속한 인종 집단으로부터 배척을 받고 결국 헤어지는 귀결을 맞는다. 〈휴먼 스테인〉에서는 혼혈이라는 사실 때문에 사랑하는 여인으로부터 버림을 받은 아픈 기억이 평생을 쌓아 온 업적과 명예와 아내를 잃는 손실을 겪으면서도 자신의 흑인성을 결코 드러내지 않는 선택을 하게 만든다. 두 영화는 백인 주인과 흑인 노예들이 함께 살기 시작한 시점부터 발생할 수밖에 없었던 타인종 간 결합miscegenation의 위험성과 두려움이 오늘날까지도 지속되고 있음을 보여 주는 영화들이다.

2장 아시아계 미국인

아시아계 미국인의 스테레오타입

서구에서 흑인에 대한 묘사가 백인들이 흑인 분장을 하고 연기하던 민스트럴 쇼에서 시작된 것처럼, 초기 아시아계 미국인에 대한 묘사 또한 백인 배우들이 노란 분장을 하는 소위 '옐로우 페이스'로 시작되었다. 에드워드 사이드Edward Said의 《오리엔탈리즘》이 지적하듯, 서양인들의 동양에 대한 묘사는 유럽 중심적 사고관에 기초하며 당연히 '오리엔탈'이라는 단어는 부정적인 함의를 담고 있었다.

초기 무성영화 시절부터 백인 관객의 상상력을 사로잡았던 아시아계 미국인의 이미지는 범죄와 관련된 부정적인 스테레오타입이었다. 이민 초기에 미 대륙횡단철도 건설의 노동력으로 유입된 주로 중국계 이민들에게는 매우 불리한 법안들이 그들의 활동을 옥죄었다. 그들이 가질 수 있는 직업의 종류가 법으로 제한되었고, 아내와 가족들을 미국으로 데려올 수도 없었다. 샌프란시스코를 비롯한 차이나타운은 정상적인 상거래를 할 수 없는 중국계 미국인들의 집합소가 되어, 차이나타운이라는 말 자체가 범죄를 연상시키게 되었다.

밀수한 물품을 유통시키는 중국계 갱들에 대한 보도가 나돌면서 '황색 위협Yellow Peril'에 대한 공포가 확산되었다. 또한 인종 간 결혼에 대한 염려도 영화 속에 등장하는데, 특히 D. W. 그리피스의 〈떨어진 꽃잎Broken Blossom〉은 백인 여자를 사랑하는 아시아계 남자의 이야기다. 물론 이 스토리는 비극으로 끝나면서 인종 간 결혼의 위험성을 경고하는 도덕적 메시지를 전파한다.

고전 할리우드 영화 시대에 인기를 끌었던 아시아계 남성 스테레오타입은 찰리 챈Charlie Chan과 닥터 푸만추Dr. Fu Manchu이다. 찰리 챈은 호놀룰루 경찰의 중국계 미국인 형사로서 1926년에 처음 영화에 등장한 이래 수십 편의 영화에서 주인공을 맡았다. 그는 기지와 명석한 논리로 사건을 해결하는 데 두각을 나타내지만, 거의 항상 백인 배우가 그 배역을 맡았다. 영화 속에는 그는 고등교육을 받고 명석한 두뇌를 가진 사람으로 등장하지만, 자신의 출신을 나타내기 위해 영국식 영어를 사용하고 공자님 말씀 같은 대사를 던진다.

찰리 챈과 대척점에 있는 스테레오타입이 닥터 푸만추로, 그는 아시아계 악당을 대표한다. 그는 마술을 사용하여 모든 것을 자신의 욕심과 계획대로 추진시키는 신비에 쌓인 인물이다. 닥터 푸만추의 여성 버전이 바로 드래곤 레이디Dragon Lady이다. 그녀는 스파이이거나 범죄 세력의 배후에 있는 인물로 폭력뿐 아니라 성적인 간계로 백인 주인공을 덫에 걸리게 한다. 드래곤 레이디 역할을 맡은 중국계 여배우 중에는 안나 메이 웡Anna May Wong이 있다.

1950년대가 되면 〈일본 전쟁 신부Japanese War Bride〉(1952), 〈사요나라Sayonara〉(1957), 〈남태평양The South Pacific〉(1958)과 같은 영화에서 또다시 인종 간 결혼 문제가 대두된다. 1954년에 인종 간 결혼을 금지하는 법안이 폐지되면서 이 쟁점은 더욱더 빈번하게 영화에 대두된다. 대규모 스튜디오에서 만든 이 영화들은 강한 백인 남성 주인공을 부각시키면서 그를 따르는 순종적이고 얌전한 아시아계 여성을 등장시켜 백인 관객들의 구미에 맞추었다.

그러나 이런 영화들 중에는 백인 중심주의 시각이 너무 강해서 비판 받은 영화들이 꽤 있다. 가령 〈남태평양〉은 백인의 인종중심주의, 오리엔탈리즘, 타인종에 대한 편견 등이 비난을 받았다. 원시의 아름다움이 그대로 간직된 섬에서 이국적인 사람들과 아름다운 사랑을 나눈다는 판타지가 아름다운 음악과 함께 전개되는 이 작품은, 비판적인 눈으로 보면 백인들의 인종중심주의, 오리엔탈리즘, 인종적 편견 등이 가득 차 있어 무대 뮤지컬로 공연될 당시에도 일부 비평가들과 관객들에게 충격을 주었다. 특히 블러드 메리가 자기 딸을 케이블과 결혼시키기 위해 몰래 자리를 마련하고, 두 사람이 만나자마자 사랑을 나누는 장면은 지금 보아도 충격적이며 거부감이 들 정도이다. 어떤 비평가는 이 장면이 "미성년자 매춘"에 해당된다고 혹평했다. 더구나 탈식민주의 비평 등이 등장하면서 이 작품은 백인우월주의 이데올로기를 뮤지컬의 재미로 포장하여 내세운 대표적인 작품으로 공격을 받았다.

동성애 주제로 풀어낸 중국계 미국인의 세대 갈등:
〈결혼 피로연〉과 〈세이빙 페이스〉

19세기 중반 미 대륙횡단철도 건설 노동자로 처음 미국에 건너온 중국계 이민자들은 아시아계 이민 중 그 역사가 가장 오래되었다고 할 수 있다. 중국계 이민자들은 오랜 세월 여성 이민자를 받아들이지 않는다든지 시민권을 부여하지 않는 등 미국 정부의 차별을 감수해야 했지만, 이제 미국의 각 지역과 여러 분야에서 당당한 미국 시민으로 살아가고 있다. 아시아계 이민, 특히 중국계 이민이 다른 종족 그룹ethnic group과 구별되는 점 중의 하나는 오랜 디아스포라의 경험을 거치면서도 자신들만의 전통과 언어, 그리고 중국계 가족의 혈통을 보존해 왔다는 점이다. 차이나타운을 비롯한 중국계 이민 밀집 지역에서 자기들끼리 거래하고 모국어를 사용하며 가족 간의 결혼을 성사시키는 등 종족적 정체성을 유지하려고 노력해 왔다는 뜻이다. 그런데 시간이 가면서 이민 3세대, 4세대 등 자녀들이 성장하고, 또 미국에 잘 동화하는 신세대 이민들이 늘어나면서 신구 세대의 갈등이 점점 더 증폭되었다.

신구 세대의 갈등을 소재로 하여 거의 최초로 상업적 성공을 거둔 작품은 중국계 작가 C. Y. 리Lee의 동명 소설을 원작으로 뮤지컬과 영화로 제작된 〈플라워 드럼 송Flower Drum Song〉이라 할 수 있다. 이 작품에서 작가는 아시아계 이민이 낯선 땅에 정착해서 사는 것의 어려움, 구세대와 신세대의 갈등, 아시아계 미국인의 정체성 등 아시아계 문학에서 흔히 등장하는 주제들을 다룬다. 영화의 주인공은 왕 치양이라는 63세 노인으로서, 중국에서 건너온 그는 영어도 못하며 고질적인 기침을 앓고 있지만 서양 의학을 불신하여 병원에도 잘 가지 않는다. 그는 아들인 타Ta를 위해 전통적인 미덕을 갖춘 중국 여성을 '사진신부'(사진 교환으로 혼인하는 중매결혼의 한 형태)로 주문하지만, 아들은 자신이 좋아하는 여성이 따로 있어 이것이 갈등의 소재가 된다.

1990년대가 되면서는 동성애가 중국계 미국인의 신구 세대 갈등의 기폭제가 되는 작품들이 등장하기 시작했다. 1970년대 이후 미국 내에서 동성애에 대한 관심과 이슈가 문화예술 전반뿐 아니라 사회의 전 영역으로 확대되자, 중국계 미국인 동성애자가 주인공인 영화들이 등장한 것이다. 가부장적이고 이성애적인 동양의 전통으로는 도저히 받아들일 수 있는 동성애 성향을 자식이 갖게 될 때 세대 갈등은 해결이 불가능해 보였다. 이안 감독의 〈결혼 피로연The Wedding Banquet〉(1993)과 앨리스 우Alice Wu 감독의 〈세이빙 페이스Saving Face〉(2004)는 모두 중국계 미국인을 주인공으로 동성애 커플을 다룬다는 공통점이 있다.

〈인앤 아웃In and Out〉, 〈이브의 아름다운 키스Kissing Jessica Stein〉, 〈필라델피아Kissing Jessica Stein〉 등의 영화와 〈미국의 천사들Angels in America〉과 같은 연극의 사례에서 볼 수 있듯이, 이전까지 미국의 문학과 연극 및 영화에서 동성애는 서구 백인들의 전유물이자 대도시를 중심으로 주로 예술가나 전문직 종사자들 사이에 성행하는 것으로 묘사되었다. 그런데 이 두 영화는 그런 선입견에 도전하면서 중국계 미국인 동성애자를 묘사한다. 키준 한Qijun Han은 두 영화의 공통점이 미국 영화사가 제작하고 글로벌 관객을 겨냥한다는 점, "인종적/국가적 정체성과 게이/레즈비언 정체성을 화해"시키려고 한다는 점, "정적으로 보이는 전통의 이데올로기가 실제로 새로운 사회적 필요를 어떻게 수용할 것인가"를 보여 준다는 점에 있다고 지적한다(132-32).

두 영화의 차이점은 〈결혼 피로연〉이 게이 커플을 주인공으로 내세우는 반면, 〈세이빙 페이스〉에서는 레즈비언 커플이 주인공이라는 점, 감독도 각각 남성과 여성이라는 점이다. 따라서 〈세이빙 페이스〉에서는 페미니즘 메시지가 더 강하게 표현된다. 이러한 차이점에도 불구하고, 두 영화에서 묘사되는 갈등은 전통적인 가족관과 결혼관을 가진 부모와 그것에 맞서는 자녀 세대 간의 갈등이며, 이것이 동성애로 인해 더욱 심화되고 복잡해진다. 여기서는 두 영화가 신구세대 간의 갈등이라는 문제를 재현하는 데 동성애라는 주제가 어떤 역할을 하는지, 세대 간의 갈등을 조정하고 해결하는 데 할리우드 영화의 장르적 전통이 어떠한 역할을 하는지, 두 영화 사이의 공통점과 차이점은 무엇인지 살펴보겠다.

서구적 동성애 이미지의 전복

링 옌 추아Ling Yen Chua는 〈결혼 피로연〉에 나타난 아시아 동성애의 영화적 재현〉이라는 논문에서, 아시아계 동성애자를 다룬 영화가 적은 이유가 바로 "서양에는 아시아계 동성애자 자체가 적기 때문"(100)이라고 주장한다. 현대 서구 동성애 개념이 백인 주체에 의해 구축되었기 때문에 동성애자는 거의 항상 백인으로 묘사된다는 것이다. 추아의 주장처럼 동양에 동성애자 수가 더 적었는지 아니면 그들이 커밍아웃할 수 있는 환경이 되지 않았기 때문에 옷장 안에 있었는지는 논란거리가 될 수 있지만, 지금까지 영화적으로 재현된 동성애자들은 압도적으로 백인들이었다. 이처럼 지금까지 아시아계 동성애자를 다룬 영화들이 드물었기 때문에 〈결혼 피로연〉이 나왔을 때 센세이션을 불러일으켰던 것이다. 그렇다면 영화에 묘사된 중국계 미국인 동성애자의 이미지는 기존의 이미지와 어떻게 다른지 살펴보는 것이 필요할 것이다.

서구에서 구축된 게이의 스테레오타입은 예술을 하고 도시에 살며 여성적인 특질이 있는 인물이다. 〈렌트Rent〉, 〈미국의 천사들〉, 〈벨벳 골드마인Velvet Goldmine〉 등의 연극과 영화에서 도시에 사는 동성애자 혹은 동성애 예술가들은 사회에서 무시당하고 차별당하며 힘도 없는 존재들이다. 특히 수전 제포즈Susan Jeffords에 의하면, 신보수주의 기조의 레이건 행정부에서는 미국을 나약하게 만드는 "소프트바디"로 동성애자, 이민자, 마약중독자 등을 지목했는데(38), 특히 부정적 이미지로 비친 존재가 동성애자들이었다. 토니 커쉬너Tony Kushner의 퓰리처상 수상 드라마 〈미국의 천사들〉에 나오는 역사상 실존했던 인물인 로이 콘Roy Cohn은 자신과 같이 힘 있는 사람은 결코 동성애자가 될 수 없다며 다음과 같이 열변을 토한다. "동성애자는 다른 남자와 잠을 자는 남자들이 아니야. 그들은 15년간 애쓰고도 차별금지법을 시의회에서 통과시키지 못하는 작자들이야. 아무도 몰라 주고 아는 사람도 전혀 없는 존재들이야. 연줄이 전혀 없는 사람들이라고. 내가 바로 그런 사람 같은가?"(45)

그러나 이 글에서 분석하려는 〈결혼 피로연〉과 〈세이빙 페이스〉는 이러한 통념적인 스테레오타입을 전복시키면서 당당하게 자신의 정체성에 확신을 가지며 행복한 삶을 추구하는 동성애자들을 다룬다. 두 영화의 동성애자 주인공들은 전문직 직업을 가지고 사회에서 성공한 사람들이며 주체적인 삶을 살고 있다. 동양 문화권이라는 특수한 배경 때문에 결혼 문제에서 부모와 갈등을 겪지만, 부모의 이해를 얻어내는 데 성공하고 사랑하는 사람과의 결합도 이루어 낸다.

이안 감독의 〈결혼 피로연〉은 1994년도 아카데미 최우수외국어

영화상과 골든글로브 외국어영화상 후보에 올랐고, 베를린 국제영화제에서 황금곰상을 수상하는 등 상업적으로나 비평적으로 큰 성공을 거둔, 그의 이름을 세계에 본격적으로 알린 영화이다. 〈아이스스톰〉, 〈와호장룡〉, 〈센스 앤 센서빌리티〉, 〈헐크Hulk〉, 〈브로크백 마운틴〉, 〈라이프 오브 파이Life of Pi〉등으로 넓은 스펙트럼의 영화로 잘 알려진 이안 감독은 이 영화를 동성애자를 위한 독립영화나 예술영화가 아니라 주류 관객을 겨냥한 메이저급 영화로, 누구나 거부감 없이 볼 수 있는 영화로 만들었다.

영화의 주인공은 웨이텅Wei-Tung으로 그는 미국에 잘 적응하여 assimilated 사는 사업가이다. 영어를 유창하게 구사하며 적극적이고, 많은 장면에서 체육관에서 운동하는 모습으로 등장하는 웨이텅은 백인 남자인 사이먼과 동성애 커플로 살고 있다. 웨이텅이 보여 주는 근육질의 남성적인 특징은 "중국 남자에 대한 고전적인 할리우드 영화의 표현과는 구별"(Han 136)되는 것이다. 대개 서양/동양, 남성/여성 이분법에서 동양이 여성적으로 묘사되는 관념을 전복시키는 이 영화에서 카메라는 운동을 하고 있는 그의 팔다리 근육을 클로즈업하면서 그의 남성성을 강조한다. 오히려 다정다감하고 요리를 하는 등 여성적으로 묘사되는 캐릭터는 사이먼이다. 웨이텅을 결혼시키기 위해서 부모님이 직접 방문했을 때 부모님에게 요리를 해 드리고 세세하게 그들의 필요를 충족시키는 것도 사이먼이다.

이 영화에서 백인 남자와 동성애 관계를 맺고 있는 아들과, 전통적 가치관을 지닌 부모 사이에는 절대 극복될 수 없는 거리가 존재하는 것처럼 보인다. 웨이텅이 어머니에게 자신이 동성애자임을 밝혔을 때 그의 어머니는 아들이 잠시 미국 생활의 영향을 받아 일탈을 하고 있다고 생각한다. 즉, 아기를 낳고 정상적인 결혼 생활을 하면 이성애가 회복될 수 있다고 믿는다. 이에 대해 아들은 자신은 원래 이런 모습으로 태어났다고 주장한다. 소위 '본성 대 양육nature vs. nurture' 논쟁에서 아들은 동성애를 본성이라고 주장하고, 어머니는 양육의 영향이라고 주장한다. 중국 사람들에게 동성애는 "종족적이고 문화적인 관습"(Han 150)이다. 웨이텅은 부모를 속이기 위해서 잠시 위장결혼을 하지만, 그것은 모든 사람이 행복하지 못한 선택이다. 웨이텅은 애인인 사이먼을 두고 사랑하지도 않는 웨이웨이와 행복한 커플인 것처럼 연기를 해야 하고, 그것을 바라보아야만 하는 사이먼 또한 괴롭다. 이것이 이 영화의 세대 간 갈등의 핵심으로, 웨이텅은 어머니에게 커밍아웃함으로써 용기 있게 이 위기를 타개하려고 한다.

〈결혼 피로연〉이 나온 지 약 10년 후 개봉된 〈세이빙 페이스〉는 중국계 여자 감독 앨리스 우Alice Wu의 작품이다. 〈결혼 피로연〉이 주류 관객에게 널리 알려지고 주요 영화제에서 수상을 한 작품이라면, 이 영화는 일반 대중에게는 잘 알려지지 않은 독립영화 계열의 레즈비언 영화이다. 〈결혼 피로연〉에서는 웨이텅과 사이먼이 중국인과 백인 커플이었다면, 이 영화에 나오는 윌과 비비언은 둘 다 중국계 미국 여성이며 성공적인 직업인이다. 윌은 의사이고 비비언은 발레리나이며 둘 다 완벽한 영어를 구사하고 미국 사회에 잘 적응하고 있다. 사회의 주변부에서 힘없이 사는 약자가 아닌 것이다. 두 사람은 병원 자판기 앞에서 만나게 되는데, 알고 보니 비비언은 윌이 일하는 병원의 과장 딸이다. 윌은 일에 대한 성취욕과 의사로서의 업무 부담뿐만 아니라 어머니와 상사의 구속에 힘들어한다. 그런 상태에서 비비언과 사귀면서 전통적인 가치관의 압박과 주변의 시선을 극복해야 하는 부담을 안게 된다. 바쁜 의사로서의 일정과 어머니를 챙겨야 하는 일정 사이에서 비비언을 만나야 하는 월의 스케줄은 그녀를 지치게 한다.

월이 여전히 동양적 가치관에 지배를 받으며 비비언과의 레즈비언 관계에서도 미온적인 데 반해, 비비언은 훨씬 적극적이고 도발적이다. 비비언의 엄마 또한 아버지와 이혼한 상태로 더 자유로운 생활을 즐기고 딸의 동성애에도 더 관대하다. 반면 비비언의 아버지는 자신의 분야에서 성공하라는 압력으로 딸을 내몰면서 클래식 발레보다는 모던 댄스로 전환한 딸이 못마땅하다. 월과 비비언의 관계를 알게 된 월의 보스이자 비비언의 아버지인 과장은 비비언이 파리의 오페라 발레단으로 가는 일이 다시 얻기 힘든 귀한 기회이므로 그녀를 놓아주라고 월에게 충고한다. 월은 "이성애적인 결혼을 강요하는 중국인 어머니와 그녀가 옷장에서 나오기를 원하는 미국화된 애인이 상징하는 두 개의 다른 세계"(Han 144)를 함께 받아들여야 하는 처지다.

영화에서 월과 비비언 모두 일과 가족과 상대방에게 어떻게 시간을 배분해야 할지 고민한다. 결국 비비언은 항상 약속을 어기고 그녀를 기다리게 하는 월을 더 이상 견딜 수 없어 결별을 선언한다. 비비언이 파리로 떠날 때 월은 공항으로 그녀를 붙잡으러 가지만, 비비언은 공개적인 장소에서 키스를 해서 사랑을 증명하라고 요구한다. 월이 거기에 응하지 않자, 비비언이 프랑스로 떠나면서 남기는 대사는 "너의 엄마와 호출기 사이에 나의 자리는 없어"이다. 엄마가 상징하는 전통적인 가치관과 호출기가 의미하는 전문적 직업의 압력 속에서 레즈비언의 사랑은 고사하고 마는 것이다.

그러나 이 영화는 마지막 장면에서 두 사람의 갈등을 서둘러 봉합하고 해피엔딩을 만든다. 중국 사람들이 모여서 음식을 먹고 남녀가 따로 갈려서 수다를 떨며 춤을 추는 파티에서 윌은 비비언을 우연히 다시 만나게 된다. 이제 다시 비비언을 놓치지 않겠다고 결심한 윌은 가족을 비롯해 여러 사람이 보는 앞에서 비비언과 키스를 함으로써 더 이상 이성애적 사회의 제약에 따르지 않겠다는 것을 보여 준다. 윌이 마침내 옷장에서 나온 것이다.

동양적 가치관과 동성애의 충돌

〈결혼 피로연〉에서 서양적 가치관으로 서양적 삶을 살고 있는 웨이텅은 부모의 가부장적이고 전통적인 동양적 가치관에 원격으로 조종되고 있다. 전화로는 오래 이야기하지 못한다고 생각한 그의 어머니는 자기가 하고 싶은 말을 테이프에 녹음하여 아들에게 보내며, 웨이텅은 운동을 하면서 그 테이프를 듣는다. 부모의 가장 큰 관심은 결혼 적령기에 이른 아들이 좋은 규수를 만나서 결혼하여 가정을 이루는 것이다. 즉, 결혼을 통해 가정을 이루고 가문을 이어 갈 자녀를 생산하는 것이 부모가 대표하는 동양적 가치관의 핵심이다.

아들에게 전통적 가치관을 강요하는 부모의 노력은 결혼중매회사를 통해 아들을 맺어 주려고 하면서 강도를 더해 간다. 부모는 아들에게 원하는 신부감의 조건을 보내라고 요청하고, 웨이텅과 같이 살고 있는 사이먼은 도저히 만족시킬 수 없는 높은 조건을 들이대 보라고 조언한다. 그의 조언에 따라 웨이텅은 신부감이 박사학위 두 개에다 키가 174센티미터의 오페라 가수이면서 5개 국어 정도는 능통해야 한다고 써서 보낸다. 그런데 이 까다로운 조건에 상당히 근접한 아가씨가 등장한다. 박사학위가 하나 있고, 오페라 가수이며 5개 국어가 능통한 리틀 마오라는 아가씨다. 알고 보니 그 아가씨도 백인 남성과 사귀고 있지만 부모의 강요로 그 자리에 나온 것이다. 부모 세대에 의한 전통적 가치관 강요는 중국 가정의 보편적인 현상처럼 보인다. 백인 남성과 사귀고 있는 아가씨는 부모와의 화해 가능성이 웨이텅보다 훨씬 더 희박하다. 왜냐하면 "가족의 대를 이어 갈 용인된 (중국계) 후세를 생산하지 못한다는 점에서 타인종과의 이성애적 관계는 동성애 관계만큼이나 금기"(Chua 108)이기 때문이다.

녹음테이프와 결혼중매회사를 통해 원격으로 아들을 조종하던 웨이텅의 부모가 직접 미국을 방문하여 자신들의 목적을 이루려고 하면서 웨이텅-사이먼 커플은 위기에 봉착한다. 웨이텅은 자신의 부동산회사에서 관리하는 집에서 집세를 내지 못하고 어렵게 살아가는 웨이웨이라는 불법체류자 신분의 화가를 알게 되면서 사이먼의 제안을 따라 그녀와 임시 위장결혼을 시도한다. 사이먼과의 다정하고 에로틱한 순간들을 담은 사진들로 장식되어 있던 웨이텅의 집은 전통적인 족자와 장식으로 장식된 중국풍 집으로 변모한다. 그런데 웨이웨이를 처음 대한 부모는 아이를 잘 낳게 생겼다면서 만족해한다. 웨이텅의 어머니 미세스 가오는 중국 전통에서 시어머니가 며느리에게 주는 빨간 봉투와 진주, 산호 등의 보석을 웨이웨이에게 주면서 가문의 전통을 이어 갈 것을 부탁한다.

부모가 등장하는 장면에서 웨이텅의 아버지는 전통적인 가부장으로서 권력을 지닌 인물로 묘사된다. 식사 장면에서도 항상 중심에 위치한 숏으로 잡히며 그의 파워를 보여 준다. 비록 많은 말을 하지는 않지만 그의 존재에서는 권위가 뿜어져 나온다. 한때 수천 명을 지휘했던 군인이었던 그의 권위는 꼿꼿한 자세에서뿐 아니라 절제력 있는 말투와 그를 받드는 과거 부하의 태도에서도 드러난다. 웨이텅이 이처럼 강한 파워를 지닌 인물로 설정된 아버지의 권위를 거스르고 서양 백인 남자와 동성애 관계를 유지하는 것은 거의 불가능해 보인다.

아들이 시청에서 약식으로 결혼 선서를 하는 것으로 결혼식을 끝내자, 부모는 실망한 기색이 역력하다. 우연히 들른 중국식당에서 옛날에 미스터 가오의 운전기사였던 사람이 그 식당의 사장이 되어 옛 상관을 알아보고 반가워한다. 옛 상관 아들의 결혼식 소식을 들은 첸 사장은 성대한 중국식 결혼식을 올려 주겠다고 호의를 베풀고, 이를 계기로 영화의 제목에 등장하는 결혼 피로연이 상당히 많은 러닝타임을 차지하면서 진행된다. 이 영화에서 동양적 가치관은 단지 부모의 결혼관뿐만 아니라 호화로운 결혼 피로연과 중국식 결혼 풍속 장면을 통해 도저히 거스를 수 없는 장벽처럼 설정된다. 신부 화장을 할 때 시아버지 되는 미스터 가오가 성장 배경이 다르지만 운명적인 만남이므로 차이점을 극복하고 서로를 이해하며 살라고 조언하자, 감동을 받은 웨이웨이는 눈물을 흘리고 주변 사람들은 화장이 망가진다고 난리법석을 떤다. 중국식 결혼 풍습과 여러 가지 의식 등이 진행되고, 마침내 신랑 신부가 방으로 왔을 때 친구들이 들이닥치면서 장난을 벌인 후, 신랑 신부가 완전히 옷을 벗고 이불 속에 들어간 것을 확인한 후 돌아간다.

이 사건을 계기로 웨이웨이가 우발적인 임신을 하게 되면서 웨이텅은 애인인 사이먼과 웨이웨이 두 사람 모두에게서 추궁을 당한다. 화가 난 사이먼은 다른 미국 여자와 나가고, 그 다음 날 들어오자마자 웨이텅과 사이먼은 크게 말다툼을 한다. 영어를 알아듣지 못하는 부모는 자신들이 너무 오래 머물러서 그것이 싸움의 원인이 되었다고 생각하고 걱정한다. 그 와중에 아버지가 뇌졸중으로 쓰러져 입원하자, 웨이텅은 어렵게 어머니에게 커밍아웃을 한다. 믿지 못하는 어머니는 그가 미국에 오래 살아서, 또 사이먼의 영향 때문에 잠시 혼란이 생긴 것이라고 무마시키려 한다. 웨이텅은 이성애 커플들도 많이 이혼을 하는데 사랑하는 사람끼리 살면 왜 안 되냐고 항변한다. 웨이웨이가 받은 선물을 모두 돌려주려고 하자, 웨이텅의 어머니는 손주가 필요하다고 매달리면서 애원한다.

다음 날 낙태를 하러 병원에 가던 웨이텅과 웨이웨이는 웨이웨이가 햄버거를 먹고 싶다고 해서 잠시 차를 멈추고, 웨이웨이는 햄버거를 먹으면서 마음이 바뀌어 아기를 낳겠다고 결심한다. 사이먼도 아기의 아빠가 되어 주기로 결심하면서 세 사람은 같이 살기로 결정한다. 부모님이 떠나는 날, 공항에서 미스터 가오는 사이먼에게 아들을 돌봐 줘서 고맙다고 말하고 웨이웨이에게는 우리 집안 사람이 되어 줘서 고맙다고 말한다. 결국 이 영화에서 나타난 중국 전통문화의 핵심은 결혼을 통한 자녀 생산과 가족의 대를 이어 가는 것이고, 이 동양적인 가치관은 부모와 자식 양측의 양보를 통해 변형된 가족의 형태로 지속된다.

〈결혼 피로연〉에서처럼 〈세이빙 페이스〉의 윌과 비비언도 부모 세대로부터 전통적인 가치관의 압박을 받는다. 여기서는 기성세대가 모두 미국에 이민 온 1세대 혹은 2세대 중국계 미국인들이다. 미국 사회에서도 그들은 자신들만의 독특한 가부장적 문화를 유지하면서 전통적인 방식으로 자녀들을 결혼시키려 한다. 〈결혼 피로연〉에서처럼 자녀들은 부모의 강요로 댄스파티에서 모르는 상대와 만나 춤을 춘다. 윌은 댄스파티에 나가 엄마가 짝 지워 준 남자와 춤을 추는데, 그 남자도 엄마가 20달러를 주면서 윌과 춤추라고 했다고 말한다.

이 영화는 조부모-엄마-윌로 이루어진 윌의 집안에 좀 더 초점을 맞춘다. 그중에서 엄마인 마Ma는 조부모의 딸이면서 윌의 엄마로서의 역할을 수행한다. 키준 한에 의하면, 그녀는 희생자victim이면서 남을 희생시키는 자victimizer, 진보적이면서 동시에 전통적인 인물이다(147). 그녀는 자신이 부모로부터 받은 것과 비슷한 방식으로 딸을 억압한다. 마는 딸에게 결혼을 강요하지만, 정작 본인이 아버지를 밝힐 수 없는 아이를 임신하면서 집안을 발칵 뒤집어 놓고 중국계 커뮤니티에도 충격을 준다. 전직 교수 출신으로 체면을 중시하는 할아버지는 아기 아빠와 결혼하기 전까지는 집에 들어오지 말라면서 딸을 내쫓는다. 48세인 마의 임신은 집안을 쑥대밭으로 만들고, 중국계 커뮤니티에서는 아기 아버지에 대한 관심이 증폭된다.

부모의 집에서 쫓겨난 마는 맨해튼에 있는 딸의 집에 빌붙어 살면서 그동안 하고 싶었던 일을 하며 오히려 자유롭게 지낸다. 바쁜 병원 스케줄에다 엄마라는 짐까지 떠안은 윌은 엄마가 소개해 주는 남자와 선을 보면서, 다른 한편으로는 아기의 아버지가 누구인지 알아내는 임무를 부여받게 된다. 동시에 엄마에게 좋은 신랑을 소개시켜 주어 엄마가 아빠 없는 아기를 낳게 되는 신세를 면하게 해야 한다. 이 모든 일이 영화의 제목인 '체면saving face'을 세우기 위해서이다.

윌은 결국 그동안 엄마를 사모해 온 주 선생이라는 남자와 엄마를 만나게 해 결혼시키는 데 성공한다. 주 선생은 할아버지도 인정하는 사람이며, 마를 15년 동안 사모해 온 사람이다. 마는 아버지의 체면을 세워 주고 동양적 가치관에 정면으로 도전하지 않기 위해 마음에도 없는 사람과 결혼식을 감행한다. 그러나 결혼식 당일, 윌은 그동안 샤오유라는 청년이 한의사인 아버지의 심부름으로 엄마에게 전해 주던 한약 봉투가 찢어진 것을 우연히 보고 아기의 아빠가 샤오유라는 것을 알게 된다. 결혼식이 진행되는 도중 난입한 윌은 엄마에게 "그 사람과 결혼하지 말아요. 사랑하는 사람과 해요"라고 말하고, 엄마도 주 선생에게 "당신을 사랑하지 않아요"라고 말한 뒤 나간다. 할아버지는 "내가 평생 쌓은 것을 네가 무너뜨리는구나"라고 한탄한다.

이처럼 전통에 도전하고 파격적인 임신을 감행하는 마이지만, 딸의 동성애에는 관대할 수가 없다. 파리로 떠나는 비비언과 이별하고 집에 온 윌이 "엄마를 사랑해요. 그리고 저는 동성애자에요I love you and I am gay"라고 고백할 때, 마는 어떻게 두 가지를 한꺼번에 말할 수 있느냐고 반문한다. 엄마를 사랑한다고 하는 전통적인 효성과 전통에 정면으로 맞서는 동성애를 어떻게 한 사람이 동시에 포용할 수 있는가 하는 질문이다.

전통과 혁신의 경계에 선 존재들

어떤 의미에서 아시아계 이민은 세대와 국적을 막론하고 "사이에 낀" 존재라고 할 수 있다. 그들은 이민자, 이민자의 자녀, 입양아, 혹은 국제결혼 커플, 혼혈아 등 여러 가지 방식으로 미국 땅에서 살게 되었지만, 미국 주류 사회에 속하지도 못하고 아시아 쪽 뿌리로부터도 단절된 '사이에 낀 존재'이다. 미샤 버슨Misha Berson은 아시아계 미국 극작가의 작품을 수록한 선집의 제목을 '두 세계 사이에서Between Worlds'라고 붙이고, 그들이 "본국과 선택한 조국, 결혼과 이혼, 삶과 죽음, 전쟁과 평화 사이에서 매달린suspended between countries of origin and adopted homelands, between marriage and divorce, between life and death, between war and peace, ix" 상태에서 살아간다고 지적한다.

동양의 전통적인 가치관과 동성애를 추구하는 자녀들의 욕구가 충돌하는 영화에서는 그 어느 곳에도 끼지 못하는 존재들이 등장한다. 〈결혼 피로연〉에서는 웨이웨이가 바로 그러한 존재이다. 웨이웨이는 이 영화에서 가장 주변부에 있는 타자이다. 그녀는 여성에다가 불법이민자이자 가난한 예술가이다. 삼중고의 어려움 속에서도 자신의 예술혼을 살리기 위해서 매진해 온 웨이웨이는 동성애자 커플의 권유로 위장결혼을 하지만 자신이 전혀 통제할 수 없는 상황으로 점점 떠밀려 간다. 자신을 진짜 며느리로 알고 환대하는 시부모에게 미안함을 느낄 뿐 아니라, 자신의 마음이 웨이팅에게 자꾸만 쏠리는 것을 억제하기가 힘들다. 그녀는 결혼 첫날밤에 짓궂은 친구들의 장난으로 이불 속에서 벗은 몸이 되자, "당신을 가질 거예요"라며 웨이팅에게 적극적인 공세를 편다. 웨이웨이가 수동적인 희생자에서 적극적인 삶의 주체자로 돌아선 것은, 임신 사실을 알고 낙태를 해야 하는 기로에서 섰을 때이다. 그녀는 아기를 지키겠다고 결정한다. 자신의 몸이 주변 상황에 떠밀린 수동적인 대상으로 전락되는 것을 막고 자기 몸에 대한 주권을 선언함으로써 그녀는 삶의 주체가 된다. 아이러니하게도 이러한 결정은 모두를 행복하게 하는 결정이 되며, 전통적인 가정은 아니지만 변형된 형태의 가족이 탄생하는 계기가 된다. 영화 속에서 웨이텅을 중심으로 양쪽에 사이먼과 웨이웨이가 서 있는 마지막 숏은 새로운 가족의 탄생을 알린다.

또 한명의 "낀" 존재는 사이먼이다. 그는 "결혼 예식 의례에서 문화적 · 성적 · 인종적 타자가 된다"(Han 134). 동양 남자와 동성애 관계에 있는 백인 남자 사이먼은 애인이 위기를 모면하게끔 다른 여자와의 위장결혼도 적극적으로 주선하고 기꺼이 침실도 양보한다. 애인의 부모님이 오셨을 때에도 적극적으로 대접하며 요리가 서툰 웨이웨이 대신에 요리도 한다. 키준 한은 이것을 중국의 전통 사회에서 첫째 부인이 아들을 낳지 못할 때 남편이 첩이나 둘째 부인을 얻는 것이 사회적으로 용인되는 것에 비유한다(134). 그는 중국식 며느리인 셈이다. 결혼은 하지 않았지만 동성애 커플로서 웨이텅과 사이먼의 관계는 침대에 옷을 벗고 나란히 누워 있는 장면이라든가, 집이 빈 틈을 타서 두 사람이 옷을 벗으며 이층으로 올라가는 장면에서 잘 드러난다. 그러나 실수로 웨이웨이가 임신을 하고 아기를 낳게 되면서, 웨이텅의 애인으로서 사이먼의 위치가 흔들린다. 그는 정신적으로나 육체적으로 희생을 감수하면서 이 사태가 무사히 넘어가기를 바랐는데 생각보다 더 큰 위기가 현실로 다가온 것이다. 가부장적인 문화를 강조하고 남성성을 강조하는 동양인들 틈에서 백인 동성애자 사이먼의 위상은 어정쩡하다. 그러나 그는 웨이웨이가 또 한 명의 아버지가 되어 주겠느냐고 제안하자 이를 기꺼이 받아들이며 가족의 일원이 된다. 웨이텅과는 여전히 연인 사이이면서 아기에게는 공통의 아버지가 되고, 애인의 부모님에게는 또 다른 아들 역할을 하는 것이다.

〈세이빙 페이스〉에서 중간에 "낀" 존재는 마이다. 그녀는 특히 딸에게는 매우 가부장적이고 전통적이다. 옆집에 사는 윌의 흑인 친구인 제이가 방문했을 때에도 중국어로 인종차별적인 표현을 하고, 비비언이 방문했을 때에도 그들의 레즈비언 관계를 모르는 듯 질문을 한다. 다시 말하자면, 그녀에게 흑인인 제이는 "인종적 타자"인 것이고, 딸의 레즈비언 연인인 비비언은 "성적인 타자"(Han 149)인 것이다. 그녀는 식사에 초대된 제이가 간장을 많이 사용하자, 딸에게 간장을 많이 먹으면 제이처럼 피부가 검게 된다고 딸을 말린다. 또한, 발레를 하는 비비언의 직업을 "댄서"라고 고의로 곡해함으로써 비비언이 연예계나 매춘업에 종사하는 것처럼 깎아내리려 한다. 마는 〈결혼 피로연〉에서의 미세스 가오가 그렇듯이 동성애는 치료될 수 있는 병이라고 생각하고, 제이와 비비언을 연결시켜 줌으로써 딸을 비비언과의 동성애 관계에서 구출하려고 한다.

이처럼 가부장적인 가치가 몸에 밴 그녀이지만, 그 자신이 일탈의 존재가 된다. 남편이 죽고 오랜 세월 동안 홀로 딸을 키우며 부모님을 모셔 온 그녀는, 아무도 몰래 거의 자식뻘인 청년과 사랑을 하고 임신까지 한다. 아비 없는 자식을 임신했다는 오명으로 집에서 쫓겨나는 신세가 되지만, 마는 이를 이를 오히려 자신의 자주성을 찾는 기회로 삼는다. 그녀가 임신한 후 아기의 아빠를 밝히지 않는 행동은 가부장제에 정면으로 맞서면서 전통적인 통념을 전복하고 자신의 몸에 대한 주권을 되찾는 행동이다. 그녀의 행동은 영화의 제목이 된 아버지의 '체면'을 무참하게 깎아내린다. 여기에 그치지 않고 그녀는 딸의 집으로 간 뒤 더 자유로운 인생을 산다. 그녀의 여가 생활에서 가장 눈을 끄는 점은 포르노 비디오를 빌려서 시청하는 것이다. 포르노영화는 대개 남성의 시각적 쾌락을 위해 제작되는데, 마는 젊은 남자와의 관계에서 임신을 하는 것을 넘어 남성의 전유물이라고 여겨져 온 시선을 자신의 것으로 탈취함으로써 자유롭게 남성적 쾌락을 즐긴다. 키준 한은 성적인 영화 장면을 시청함으로써 그녀가 "자신의 몸에 대한 자주성을 되찾아온다"(152)고 주장한다.

여성 감독의 영화답게 이 영화에서는 페미니즘 메시지들이 여러 장면에서 표현된다. 특히 몸과 관련된 이슈들이 여성 캐릭터를 통해 부각된다. 자주성autonomy 못지않게 여성 간의 유대female bonding는 페미니즘 연극과 영화에서 가장 중요한 주제 중 하나이다. 각각 의사와 발레리나인 윌과 비비언은 둘 다 몸과 관계된 직업을 가지고 있다. 각자의 직업에 영향을 받은 윌과 비비언은 몸에 대해 서로 다른 견해를 보인다. 윌과 달리 비비언은 덜 보수적인 집안 출신이어서 자신의 성적 정체성에 더 열려 있다. 반면에 윌은 감히 박차고 나오지 못하는 가부장적 상징계에 묶여 있다. 자판기 앞에서 그들이 처음 대화를 나눌 때 무엇을 고를까 망설이는 윌에게 비비언은 "가끔은 네가 원하는 것을 몸이 알지"라고 말하는데, 이것은 상징적으로도 해석될 수 있는 대사이다.

윌과 비비언이 친밀감을 느끼게 된 계기는 다치지 않고 쓰러지는 법을 비비언이 윌에게 가르쳐 주는 장면이다. 몸을 바닥에 쓰러뜨리는 동작을 통해 두 사람은 육체적으로 가까워지고 친밀한 장면으로 연결된다. 두 사람은 서로의 배에다 귀를 대고 뱃속의 소리를 듣는다. 노출이 상당히 심한 두 사람의 성애 장면 또한 여성의 몸이 남성의 시선에 의해 대상화되기보다는 서로에 대한 존중과 이해가 바탕에 깔렸다는 느낌이 더욱 강하다. 두 사람이 침대에 같이 있을 때 비비언의 엄마에게 전화가 오는데, 비비언의 엄마는 두 사람의 관계와 어느 정도로 깊은 관계인지까지 알고 있다. 이 장면은 윌의 엄마가 포르노를 보는 장면과 크로스커팅crosscutting으로 연결된다. 카메라는 두 사람이 키스하며 고조되는 장면을 보여 주다가, 바로 이어서 윌의 엄마가 보는 포르노 장면으로 크로스커팅한다. 다이어제틱 사운드로 들리는 성적인 신음 소리를 관객은 윌과 비비언이 내는 소리로 오해하지만, 사실 그것은 엄마가 보는 포르노 테이프에서 흘러나오는 소리다. 두 장면의 병치와 크로스커팅을 통해 앨리스 우 감독은 자신의 몸에 대한 주권을 되찾아오는 인물로서 엄마를 설정할 뿐만 아니라, 자유롭게 동성의 몸에서 쾌락을 취하는 레즈비언 커플을 묘사한다.

이 영화에서 여성들의 교감이 이루어지는 장소는 미용실이다. 윌의 엄마의 원래 직업은 미용사이며, 이것 또한 몸을 다루는 직업이다. 영국의 극작가 넬 던Nell Dunn의 연극 〈스티밍Steaming〉의 무대가 여자들의 목욕탕이듯, 미용실 또한 여자들만의 수다와 소통이 이루어지는 곳이다. 이곳에서 여자들은 남편 흉을 보고 자식 걱정을 하고 고민을 나눈다.

갈등 해결의 열쇠

두 영화 모두에서 부모 세대가 대표하는 동양적 가치관과 자녀 세대의 동성애는 많은 부분 기성세대의 이해와 양보를 통해 화해한다. 키준 한은 "결국, 동성애와 가족의 연속성은 이 가족 멜로드라마에서 화해가 되고, 이것이 어쩌면 〈결혼 피로연〉이 거둔 비평적 성공의 원인일 것이다[133]고 지적한다.

이안 감독은 이성애적 사회에서 관객들이 불편하게 느낄 수 있는 동성애라는 주제를 코미디라는 장르에 담아 주류 관객들이 거북함을 느끼지 않고 볼 수 있는 영화로 만들었고, 그 과정에서 전통적 가치관과 새로운 세대의 가치관이 충돌 – 갈등 – 화해 – 조정되는 모습을 보여 준다. 어쩌면 작위적으로 보일 수도 있는 해피엔딩을 위해서는 관용적인 기성세대로서의 부모 캐릭터가 필요하다. 특히 미스터 가오는 자신 또한 젊은 시절에 결혼하라는 아버지의 명령에 순종하기 싫어서 입대했던 기억을 아들에게 들려준다. 그는 돌아가는 상황을 다 알면서도 그것을 강압적으로 중지시키거나 억압하지 않고 나중에 사이먼과 단 둘이 있는 장면에서 자신의 속내를 드러내 보인다. 미스터 가오는 사이먼과 단 둘이 이야기하면서 자신이 영어를 구사할 줄 알며 그동안 두 사람이 부모를 속여야 했던 사정을 모두 알고 있음을 실토한다. 두 사람이 등만 보이면서 주고 받는 이 장면은 교감과 소통을 주제로 하는 이 영화에서 가장 통할 것 같지 않은 두 사람의 소통을 보여 주는 장면이다. 전통적인 가부장적 권위의 상징인 중국인 아버지와 성적 타자인 백인 남자 친구가 속을 터놓고 이야기하는 것이다. 비행기를 타러 가면서 아버지는 보안 검색을 통과할 때 손을 번쩍 드는데, 이것이 보안 검색을 위함인지 아니면 새로운 가족의 탄생을 환영하는 표시인지 분명하지 않다. 크리스 베리 Chris Berry는 "중국 가부장이 손을 드는 정지 화면으로 끝날 때 이것은 항복을 의미하는가 아니면 승리를 의미하는가?"[33]라고 질문한다. 영화 내내 근엄한 표정과 행동을 보이던 아버지의 이런 제스처

는 행복한 느낌으로 영화를 결말짓는 이미지라 할 수 있다.

　〈세이빙 페이스〉에서도 할아버지와 마의 갈등은 할아버지의 이해와 관용으로 결국 해피엔딩을 맞이한다. 엔딩 크레딧에서 샤오유와 마가 태어날 아기 이야기를 하자, 할아버지는 아기가 태어나면 "너희 모녀 밑에서는 어떻게 자랄지 모르니까" 매일 와서 감시를 해야겠다고 말한다. 윌과 비비언의 사랑은 일반적인 로맨틱 코미디 영화의 공식, 즉 남자가 여자를 만나다 – 남자가 여자를 잃다 – 남자가 여자와 결혼하다Boy Meets Girl – Boy Loses Girl – Boy Gets Girl의 공식대로 진행된다. 따라서 어느 정도 해피엔딩이 예견되어 있다. 묘사되는 커플의 성이 이성애가 아니라 동성애라는 점만 다를 뿐 두 사람의 만남, 사랑의 부침, 헤어짐, 그리고 재회의 과정들이 로맨틱 코미디의 공식을 그대로 따른다. 두 사람이 공원에서 만나는 장면에는 아름다운 배경 음악이 깔리고 카메라는 두 사람을 아름답게 잡는다. 여성의 몸에 대한 자신감과 주체성을 표현하고자 하는 여성 감독의 의도인지는 확실치 않으나, 이 영화에는 두 여성이 벌이는 에로틱한 장면이 대담하게 노출된다. 공항에서의 가슴 아픈 이별이 있은 후 윌은 괴로워하면서 엄마에게 커밍아웃을 하고 비비언이 없는 시간을 보낸다. 영화의 플롯은 마의 결혼과 아기 아버지의 정체성에 대한 이야기를 풀어내다가 갑자기 파티에서 월과 비비언이 극적으로 다시 만나는 장면으로 넘어간다. 할리우드의 멜로드라마적인 공식을 따르면서 구체적인 동기와 동인이 없이 어느 날 파티에 비비언이 다시 나타나서 두 사람이 극적인 재회 끝에 키스하는 것으로 영화는 매듭지어진다. 앞서 언급한 엔딩 크레딧에서 태어날 아기 이야기를 하면서, 마는 비비언과 월에게 "나는 언제 외손자를 볼 수 있니?"라는 기습질문을 함으로써 웃음을 유발한다. 〈결혼 피로연〉에서 웨이팅과 웨이웨이 사이에서 태어나는 중국계 자손이 가족의 대를 이어 가는 것으로 해피엔딩을 맞이했다면, 〈세이빙 페이스〉에서는 중국계 자손이 마와 샤오유 사이에서 태어난다. 자기 행복에 겨운 마는 딸이 행복한 레즈비언 관계로 살아가는 것을 용인한다.

　동성애라는 주제를 다루고 있음에도 두 영화가 주류영화 시장뿐 아니라 관객들에게 어필한 데에는 변화하는 감수성이 크게 기여했음을 부인할 수 없다. 링 옌 추아는 동성애자를 보는 사람들의 시각도 변하고 취향 또한 학습될 수 있다면서 "욕망은 교육될 수 있다. 영화 재현에 대한 취향도 주류영화 시장에서 개봉되는 것에 따라 학습될 수 있다"(110)고 주장한다. 이와 비슷한 주장은 비평가 J. 바부시오Babuscio에게서도 발견된다. 그는 〈캠프와 게이 센서빌리티〉에서 게이 이데올로기와 게이 센서빌리티gay sensibility를 구분한다. 게이 이데올로기가 "사회와 문화가 가정과 영화 같은 예술품을 통해 옳은 성적 행동이라고 간주하는 것에 대한 특정한 견해를 강요하는 것"이라면, 게이 센서빌리티는 "성적 다양성에 대한 발달된 의식이다. 게이에 대한 주제와 이슈를 제시하고 이해하기 위해 감독이나 관객이 게이나 레즈비언이 되어야 함을 의미하는 것이 아니라, 이러한 의식이 풍부한 창조적 가능성을 열어 놓을 수 있다는 것이다"(40).

미국 사회가 인종적 · 성적 다양성을 인정하고 문화적 다양성을 표현할 수 있는 사회로 발전함에 따라, 할리우드도 그에 따른 다양한 인물을 표현할 필요를 느끼게 되었다. 앞에서 말한 것처럼 감독이나 배우가 반드시 게이가 아니라 하더라도 그런 차이를 지닌 인물들을 이해하고 표현함으로써 풍부한 창조적 가능성을 모색하고자 한 것이다. 관객 또한 게이나 레즈비언이 아니어도 그들을 사회의 일원으로 인정하고 그들의 삶의 방식에 대한 이해의 폭을 넓혀야 할 필요성이 대두된 것이다. 영화 〈결혼 피로연〉는 동성애자가 아닌 감독이 인종적 다양성을 가진 일반 관객들이 즐길 수 있는 영화를 만들었다는 점에서 '게이 센서빌리티'에 해당하는 영화라 할 수 있다. 영화의 해피엔딩은 완고한 기성세대가 '게이 센서빌리티'로 새로운 세대의 동성애를 수용함으로써 가능해진다. 레즈비언으로서 자신의 커밍아웃 경험을 바탕으로 영화를 만든 앨리스 우의 〈세이빙 페이스〉의 경우에도 할아버지의 관용이 문제 해결을 가능하게 한다.

〈결혼 피로연〉과 〈세이빙 페이스〉는 동성애 영화라는 특징 외에도 신세대와 구세대의 갈등을 중국계 미국 이민 사회라는 특정한 세팅에서 연출하고 있다는 점에서 획기적이고 일탈적인 작품이다. 두 작품의 차이는 감독의 성향에서 비롯된다.

대만 출신인 이안 감독은 중국을 배경으로 한 〈와호장룡〉에서부터 영국 고전소설을 각색한 〈센스 앤 센서빌리티〉, 1970년대 미국 가정의 몰락을 그린 〈아이스 스톰〉, 카우보이 동성애 영화인 〈브로크백 마운틴〉까지 그 관심 범위가 타의 추종을 불허할 정도로 다양하다. 주류 관객에게 거의 첫 선을 보인 것이나 다름없는 〈결혼 피로연)에서 우리는 후속 영화에서 거장 감독으로 발전할 씨앗을 볼 수 있다. 중국어가 거의 대부분의 대사를 차지하고 중국식 결혼 문화와 가족 제도를 보여 줌에도 불구하고 서양 관객에게 긍정적인 반응을 이끌어 낸 이 영화의 매력은 그의 다른 영화가 그렇듯이 보편성에 있다. 자식을 빨리 결혼시켜 손주를 보고 싶은 부모의 마음, 부모님의 영향을 벗어나 독자적인 삶을 살고 싶은 자식의 마음은 동서를 막론하고 어느 가정에나 있을 법한 이야기이며 그 점으로 인해 이 영화는 관객의 성적 지향성에 상관없이 누구나 거부감 없이 볼 수 있는 영화가 되었다.

〈세이빙 페이스〉 또한 부모 자식 간의 갈등이라는 같은 주제를 다루고 있지만, 여성적 시각에서 이 문제를 다루고자 하는 여성 감독의 철학으로 인해 좀 더 대담하고 파격적이다. 그러나 이 영화 또한 레즈비언 관계에서 로맨틱 코미디라는 공식을 사용한다는 점, 신구세대 갈등의 해결을 작위적인 해피엔딩 짜맞추기에 의존한다는 점에서 기존의 영화 관습에 기대고 있다는 점에서 아쉬움을 보인다.

잃어버린 기회: 일본계 미국영화에 재현된 강제억류 경험

일본계 미국인이 미국 땅에 정착하여 살아오면서 다른 아시아계 미국인과 다르게 경험한 사실이 있다면, 그것은 바로 제2차 세계대전 중에 강제수용소[2]에서 약 5년 동안 감금된 역사적 사건이다. '일

2　'강제억류internment'라는 미화된 표현 대신 '포로수용소concentration camp'라는 현실적인

본인 재배치Japanese Relocation', 혹은 '강제억류internment'라는 이름으로 불리는 이 역사적 사건은 1941년에 미국이 일본으로부터 진주만 공격을 받고 난 직후 취해진 조치이다. 이것은 일본군이 미국 태평양 연안에 상륙할 경우 그곳에 살고 있던 일본계 미국인들이 일본군에게 협조하면서 미국에 위협을 가할 것이라는 가상적인 시나리오를 바탕으로 내려진 판단이다.

일본과의 전쟁이 시작되면서 일본계 미국인은 잠재적인 적, 스파이 혹은 일본 동조론자로 의심을 받았고, 미국 서해안에서 1세대, 2세대, 3세대에 이르기까지 미국인으로서 뿌리 내리는 데 모든 것을 바쳐 왔던 그들은 하루아침에 가는 곳마다 의심의 눈길을 받게 되었다. 1942년 3월부터 약 11만 명 이상의 일본계 미국인들이 애리조나, 유타, 콜로라도, 아칸소 등지에 위치한 강제수용소에서 길게는 1946년까지 강제로 억류되어야만 했다. 이들 중 약 8만 명은 미국에서 태어난 2세 혹은 3세였고, 나머지는 1세였다. 약 5년간의 강제이주로 인해 이들은 그들이 수십 년 동안 일구어 온 생업과 농토, 비즈니스를 잃게 되었고, 다시 낯선 환경에 적응해야 하는 신세가 되었다.

이러한 역사적 경험이 일본계 미국인의 정체성 형성에 치명적인 영향을 미쳤고, 그들을 다른 아시아계 미국인과 구분시키는 요인이 되었다는 것은 의심의 여지가 없는 사실이다. 그러나 역사는 언제

용어를 사용해야 한다고 주장하는 학자들이 많이 있다. 전쟁 중 미국 정부는 '재배치 캠프relocation camp'와 '포로수용소'를 같이 사용했으나, 1980년대에 '재배치 캠프'가 채택되었다. 여전히 용어에 대한 논란이 있으며 에릭 야마모토Erik Yamamoto 등의 학자들은 '강제억류수용소internment camp'라는 용어를 사용한 반면, 역사학자들은 '포로수용소'라는 용어를 사용하는 경향이 있다(Banks 769)

나 승자의 기록이기 때문에 이 사건은 북미 원주민의 학살처럼 역사적으로 망각되거나 숨겨졌고 역사책에서도 다루어지지 않았으며, 1988년에 '시민자유법Civil Liberties Act'이 통과되고 나서야 대중들에게 부각되고 알려지게 되었다.[3]

자신의 집과, 직업과, 농장에서 뿌리가 뽑혀 황량한 '포로수용소'로 강제이주된 경험은 너무나 외상적인traumatic 경험이어서 몇 십 년이 지나서야 후대 일본계 작가의 작품에서 이런 악몽이 극화되기 시작했다. 역사학자와 정치학계에서 이 문제가 학문적으로 연구되고 다루어지기는 했지만, 작품의 소재가 된 것은 비교적 최근의 일이다. 스탠 요기Stan Yogi는 "대부분의 3세들은 수용소 시절에 아직 태어나지 않았지만, 전쟁 기간 중의 합병증과 트라우마에 대해 1세와 2세가 견지하는 침묵을 통해 그 사건은 이들에게 정신적으로 영향을 끼쳤다"(126)라고 지적한다.

수용소 관련 영화는 미국 전쟁정보국OWI이 제2차 세계대전 중에 만든 프로파간다 영화로 시작되었다. 이런 종류의 영화들은 충성스러운 일본계 미국인들이 자발적으로 수용소에 들어갔으며, 수용소 생활을 "필요한 희생necessary sacrifice"(Banks 770)으로 간주하는 것으로 선전했다. 그 후 왜곡된 수용소 묘사를 바로잡으려는 일부 동정적인 백인들이 만든 영화들이 있었지만 대중에 널리 알려진 영화는 없었다.

---

3 3세 운동가들의 활동 덕분에 미국 의회는 1980년에 민간인의 전쟁 기간 재배치와 강제구금에 관한 위원회the Commission on Wartime Relocation and Internment of Civilians를 설치하고 750명의 증인으로부터 증언을 듣는 청문회를 열었다. 이를 계기로 1988년에 시행된 시민자유법의 목적 중 하나는 "강제구금에 대해 대중들에게 알리고 … 비슷한 사태의 재발을 막을 수 있는 교육 프로젝트의 기금을" 마련하는 것이었다 (Banks 779).

상업적이고 예술적인 완숙미로 수용소 경험을 본격적으로 대중들에게 알린 작품은 데이비드 거터슨David Guterson의 원작 소설을 바탕으로 스콧 힉스Scott Hicks 감독이 만든 〈삼나무에 내리는 눈Snow Falling on Cedars〉(1999)이다. 에단 호크Ethan Hawk와 막스 폰 시도우Max von Sidow 등 호화 배역들이 등장하는 이 영화에서 일본계 미국인들이 짐을 싸고 수용소행 선박에 오르는 장면은 〈쉰들러 리스트Schindler's List〉(1993) 등에서 아우슈비츠와 다른 수용소로 향하던 유대인들의 홀로코스트를 연상시키면서 관객들에게 충격적인 자각을 일으켰다. 그럼에도 불구하고 이 영화는 백인 남성과 동양 여성의 로맨스를 주축으로 동양 여성을 구하는 백인 남성의 영웅적 행동에 초점을 맞추었다는 한계를 지니고 있다. 일본계 미국인 감독인 데스몬드 나카노Desmond Nakano의 〈미국식 오락American Pastime〉(2007)은 철조망, 서치라이트, 무장 경비원 등이 나오는 사실적인 수용소 장면을 그려서 일본계 미국인의 실제 경험을 더 진정성 있게 다루었다는 평가를 받았다.

이 장에서는 수용소 경험이 일본계 미국인의 정체성 형성에 어떠한 영향을 미쳤으며, 그것이 미국 내에서 타자로서 그들이 살아가는데 어떠한 걸림돌이 되었는지를 일본계 미국 감독의 영화 〈미국식 오락〉을 통해 살펴보려고 한다. 비록 일본계 감독의 작품은 아니지만 〈미국식 오락〉과의 비교 연구를 위해 〈삼나무에 내리는 눈〉도 다루겠다.

〈삼나무에 내리는 눈〉

일본계 미국인의 강제억류는 미국 정부에 의해 홍보 목적으로 일찍부터 영화화되었다. 이러한 다큐멘터리들은 일본인의 수용소 감금을 정당화하고, 이 프로그램에 기꺼이 가담하는 모범적 소수민족 model minority으로서 일본계 미국인의 이미지를 묘사하려는 프로파간 다였다. 일본계 미국인에 의한 진정성 있는 영화는 몇 십 년을 기다린 후 1988년 법안이 통과된 다음에야 현실화되었다.

　전쟁영화라는 장르의 틀에서 제2차 세계대전 참전 연합군을 선으로, 나치와 일본군을 악으로 구축하는 내러티브 공식이 수십 년 동안 자리 잡아 왔기 때문에 이것을 전복하는 영화들의 등장은 최근에 와서야 가능해졌다.[4] 〈쉰들러 리스트〉, 〈피아니스트〉 등에서 볼 수 있듯이, 유럽 전역에서 유대인들을 모두 색출하여 아우슈비츠 등의 포로수용소로 강제 이동시키는 영상은 제2차 세계대전 관련 영화와 연관된 가장 친숙한 이미지가 되었다. 그런데 바로 그러한 일을 미국 정부가 저질렀다는 역사적 사실은 최근까지도 미국 국민들에게 잘 알려지지 않았고, 이 사실을 미국 국민들에게 교육시키고자 한 법안이 통과된 후에도 부끄러운 미국 역사의 한 페이지로 숨겨진 채 남아 있었다. 로저 에버트는 〈삼나무에 내리는 눈〉에 대한 리뷰에서 "우리는 홀로코스트에 대한 영화나 미국이 전체주의 국가가 되는 미래의 우화에서 이와 같은 장면을 본 적이 있다. 실제로 이런 일이 미국에서 일어났다는 사실을 깨닫는 관객은 많지 않다"고 지적한다.

4　태평양전쟁의 가장 유명한 전투였던 유황도 전투는 〈유황도의 모래The Sands of Iwo Jima〉(1949)라는 존 웨인 주연의 영화로 유명하다. 그러나 최근에 클린트 이스트우 드Clint Eastwood 감독은 〈아버지의 깃발Flags of Our Fathers〉(2006)과 〈이오지마에서 온 편지Letters from Iwo Jima〉(2006)라는 영화를 통해 미국과 일본 양쪽 시각에서 본 전투 상황을 영화화하였다.

〈삼나무에 내리는 눈〉은 이 역사적 사건을 영화라는 대중적 매체를 통해 미국 국민들에게 알린 작품이다. 데이비드 거터슨의 원작을 스콧 힉스가 감독한 이 영화는 아름다운 영상미로 2000년 아카데미 촬영상 후보에 올랐다. 로맨틱한 스토리와 '후더닛whodunit'스토리를 혼합하고 대중들에게 잘 알려진 에단 호크 등 호화 배역을 내세운 이 영화는 상업적으로도 어필할 만한 요소가 많다. 영화는 카알 하이네Carl Heine라는 어부가 얼굴에 자상을 입은 시체로 발견되자, 그의 어린 시절 친구였다가 지금은 토지 문제로 갈등을 빚고 있는 카즈오 미야모토Kazuo Miyamoto라는 일본계 미국인이 용의자로 체포되면서 시작된다. 이 사건을 취재하는 신문사 기자 이슈마엘은 제3자의 입장에서 사건을 공정하게 취재하려고 하면서도 한때 연인 관계였던 카즈오의 부인 하츠에Hatzue와의 어린 시절 기억 때문에 마음이 흔들린다. 아름다운 풍광을 배경으로 사춘기 남녀가 벌이는 사랑의 장면은 플래시백으로 인서트insert된다. 백인 남자와 동양 여자의 인종 간 사랑과 살인 사건을 풀어나가는 추리 과정이 영화의 흥미와 흥행성을 더한다. 영화는 결국 이슈마엘이 등대로 가서 당시 근처를 지나던 배의 항적을 조사하면서 카즈오의 혐의가 벗겨지고 카즈오와 하츠에 부부가 소중한 가정으로 돌아가는 것으로 끝난다. 결국 소수민족 이야기를 매개로 또 한 명의 백인을 영웅으로 그리는 영웅담이라는 비판도 있지만, 영화를 전개하는 과정에서 일본인 강제억류의 야만성과 일본계 미국인에 대한 뿌리 깊은 편견을 고발했다는 점에서 이 영화의 의미를 찾을 수 있다.

　어린 시절의 친구를 갈등 관계로 내몬 것은 일본계 미국인이 토지를 소유하지 못하게 한 법이었다. 카알 하이네 시니어Carl Heine Sr.는 전쟁이 일어나기 전 이러한 법제도에도 불구하고 카즈오의 아버지에게 땅값을 할부로 팔기로 약속했고 두 집안은 그 정도로 사이가 좋았었다. 그러나 전쟁이 일어나 카즈오 가족이 수용소로 가게 되면서, 두 번의 할부금이 남은 상태에서 카즈오의 아버지가 일회분 할부금을 가져와 갚으면서 마지막 할부금은 딸기를 팔아서 가지라고 부탁한다. 강제이주 명령이 너무나 급작스럽게 내려왔기 때문에 재산을 정리하지 못하고 캠프로 떠나야 했던 것은 일본계 미국인들의 공통적인 운명이었다. 그런데 전쟁 중 카알 하이네 시니어는 죽고 하이네 부인은 그 땅을 팔아 버린다. 카즈오가 땅을 찾으러 왔을 때 그녀는 자기 아들이 일본군과 싸우고 있다면서, 땅을 매각했으니 지금의 땅 주인에게 말하라고 한다.[5] 전쟁이 끝나고 카즈오가 7에이커를 되사기로 한 후 카알이 죽는 사건이 발생한다. 두 집안의 갈등이 남아 있는 상태에서 카알 하이네가 죽자 카즈오가 용의자로 지목되는 것은 당연한 귀결이다. 더구나 검사는 일본군의 총검에 의한 상처를 많이 본 적이 있는 의사의 증언을 통해 카알 하이네의 머리에 난 상처가 칼에 의한 것이라고 추정한다. 그는 법정에서 카즈오의 찢어진 눈을 강조하는 등 그의 동양인의 외모와 표정으로 범죄를 단정한다. 그가 "그의 얼굴을 보십시오"라며 배심원들을 선동하자, 판사는 "부끄러운 줄 아시오Shame on you"라고 하면서 그의 인종차별적

---

5 카알 하이네가 태평양 전쟁에서 일본군과 싸웠다면, 카즈오 또한 미국 군인으로서 유럽 전선에서 생명을 걸고 싸웠다. 카메라는 로우 앵글로 소위 계급장과 훈장을 단 카즈오의 모습과 수류탄을 던져 독일군을 몰살시키는 용맹한 그의 전투 장면을 슬로우 모션으로 보여 준다. 수용소에 수용되었던 많은 일본계 미국인 남성들은 미국에 대한 자신의 충성심을 보여 주고 미국인으로서의 정체성을 증명하기 위해서 자발적으로 참전하였다.

인 편견을 제지한다.[6] 막스 폰 시도우가 분한 변호사는 검사의 편견에 맞서서 "인간성이 지금 재판을 받고 있는 것입니다. 인간의 이름으로 본분을 다하십시오Humanity is on trial. In the name of humanity do your duty" 라고 배심원에 호소한다.

반일본인 정서가 단지 검사와 하이네 부인만이 아니라 그 지역 사회에 만연했으며, 진주만 폭격으로 인해 그것이 심화되었음을 이 영화는 말하고 있다. 스쿨버스 속에서 FBI가 일본군 첩자들을 이미 체포했고 이 속에 위험인물이 있을지도 모른다고 아이들을 선동하는 운전수를 비롯해서, 일본계 미국인에게 동정적인 기사를 쓰는 이슈마엘의 아버지(극작가 샘 셰퍼드 분)에게 전화해서 신문 구독과 광고를 끊겠다고 위협하고 신변에 위험이 닥칠 수도 있다고 경고하는 주민들은 바로 겉보기에 아름다운 바다와 숲을 배경으로 사는 작은 마을의 민낯이다. 그렇기 때문에 주민들의 위협에도 불구하고 계속 신문을 내는 이슈마엘의 아버지와, 사랑했던 여자의 남편이지만 그의 누명을 풀어 주려고 애쓰는 이슈마엘의 행동이 더욱 고귀해 보인다.

수용소 감금과 관련한 장면들은 어쩌면 타자의 억울함을 풀어 주고 정의 구현을 위해 애쓰는 백인 주인공의 영웅적 행동을 위한 '백드롭backdrop'(배경)에 지나지 않아 보인다. 실제로 수용소에 감금되었던 사람들은 엑스트라로 다루어지고 있다고 할 수도 있다. 그러나 오스카 촬영상을 수상한 카메라 감독의 영상미는 '러닝타임' 상으로 길지 않은 몇 장면을 통해 일본인 강제억류의 비인간성과 야만성을

---

6 카즈오 역을 맡은 한국계 배우 릭윤Rick Yune은 날카로운 눈매와 꽉 다문 입으로 동양적 남성성을 설득력 있게 연기한다.

충분히 고발한다. 암울한 음악이 깔리는 가운데 군대의 트럭이 항구에 도착하면 집과 재산을 포기하고 트렁크 몇 개만 챙긴 일본인들이 총검을 꽂은 군인들 사이로 걸음을 재촉하여 배에 오른다. 카메라는 노쇠한 어른들, 여자들, 짐 사이로 천진난만하게 뛰어다니는 어린이들을 차례로 보여 주면서 삶이 송두리째 흔들린 이들의 험악한 현실을 담담하게 제시한다. 먼지가 풀풀 날리는 사막을 달리던 버스가 철조망이 쳐지고 '포로수용소concentration camp'라는 팻말이 붙은 수용소에 도착하면 군인들이 총을 들고 감시를 하고 있다. 이들이 떠나온 촉촉하고 푸른 삼나무 숲과 현실로 닥친 삭막한 사막의 대조는 재배치relocation의 충격이 얼마나 크게 다가왔을지 무언으로 강조한다. 일본인들은 넓은 텐트 안에서 여러 가족이 공동으로 거주하면서 사생활 같은 건 없는 삶을 살아야 했다. 카즈오가 유럽의 전쟁터로 떠나기 전 하츠에와 일본식 결혼식을 올린 후 이 텐트 안에서 첫날밤을 보내는 장면은 열악했던 수용소 생활을 단적으로 보여 준다.

수용소 감금은 기회의 상실을 의미한다. 단 한 번의 할부금 납부만을 남기고 수용소로 향해야 했던 카즈오의 아버지는 딸기 수확으로 마지막 할부금을 갚으려고 하면서 농장에 대한 애착을 보인다. 리처드 드리넌Richard Drinnon은 "수용소로 이주된 일본계 미국인들은 자신의 사업이나 재산을 처분할 여유를 가지지 못했으며, 수용소로 이주된 뒤에 그들의 재산은 분실되거나 도둑맞거나 매각되거나 혹은 몰수되었다"고 말한다(송원문 80 재인용). 전쟁은 그 계약을 무효로 만들고 일본계 미국인에게 큰 자부심이었던 농장은 결국 카즈오의 눈앞에서 사라진다. 목숨을 걸고 자신이 미국인임을 입증했던 많은 일본계 미국인처럼 카즈오도 전장에서 살아 돌아왔지만, 결국 농장이 남의 손에 넘어갔다는 소식을 듣게 된다.

일본계 미국인이 아니라 호주 출신 감독이 연출하고, 사랑했던 일본계 여성을 위한 백인 남자의 영웅적 행동을 그리는 것이 주된 플롯 라인이지만, 그 과정에서 역사적 배경이 되는 강제억류 사건을 영화 속에 삽입하여 일반 관객들에게 그동안 숨겨졌던 역사적 사실을 일깨웠다는 사실이 이 영화의 긍정적인 면이라 할 수 있다. 〈삼나무에 내리는 눈〉은 아무리 강력한 메시지라도 그것이 대중들에게 먹힐 수 있는 서사적 재미와 뛰어난 영상미가 없다면 원래의 의도가 관철되지 않을 수 있음을 보여 주는 영화이다.

〈미국식 오락〉

데스몬드 나카노의 〈미국식 오락〉은 철조망, 서치라이트, 무장 군인 등이 나오는 '포로수용소' 등 사실적인 세부 묘사로 관심을 끈다. 실제 다큐멘터리 영화로부터 따온 몇몇 장면을 삽입하면서 이 영화는 거친 화면과 황량한 사막 등 진정성을 강조한다. 정부 홍보 영화들은 "수용소 사람들이 '기독교적인 양심'으로 대접을 받고 있다고 비일본계 관객들을 안심시켰지만"(Banks 774), 〈미국식 오락〉은 수용소에 수감된 일본계 가족들이 사생활의 부재, 불편한 주거 환경, 포로 취급 등으로 고통 받았을 뿐 아니라 이웃 백인 주민들로부터 인종차별적 대접을 받았음을 보여 준다.

영화는 삶의 극적인 고비를 경험하고 있는 일본계 미국인들의 대표적인 사례로 노무라 가정에 초점을 맞춘다. 아버지인 카즈오 노무라Kazuo Nomura는 두 아들의 역할 모델이면서 동시에 커뮤니티의 지도자로서 동료 수감자들에게 이 상황을 잘 견디어 나가자고 독려한다. 영화에는 같은 상황을 놓고 다르게 반응하는 두 아들이 등장한다. 맏아들인 레인Lane은 "어느 누구보다도 속속들이 미국인이라는 사실을 증명"하기 위해서 입대한다. 하지만 그가 부상을 당하여 상이군인으로 돌아오자, 동네의 이발소 주인은 그의 머리를 깎기를 거부한다. 둘째 아들 라일Lyle은 전쟁 때문에 야구 장학생으로 대학에 갈 기회를 상실하자 이에 반발하면서 밀주를 만들고 도박을 하는 등 수용소 내에서 말썽을 일으킨다. 잃어버린 기회는 이 영화에서도 일본계 미국인들의 좌절의 원인이 된다. 그는 색소폰을 연주하는 데서 위안을 찾고, 피아노를 연주하는 케이티Katie라는 백인 여자를 통해 절망으로부터 일어선다.

〈삼나무에 내리는 눈〉에서처럼 이 영화에서도 인종 간의 로맨틱한 관계가 이루어지고 이것이 메인 플롯과 나란히 또 다른 중요한 서사의 가닥이 된다. 그러나 〈삼나무에 내리는 눈〉과 달리 이번에는 그 관계가 백인 여성과 일본계 남성이다. 케이티의 아버지 빌리 뷰렐Billy Burrell 상사는 전형적인 로맨틱 코미디에서처럼 사랑을 가로막는 캐릭터blocking character 역할을 하는데, 그 행동의 주된 동기는 일본계 미국인에 대한 인종차별적 사고방식이다. 아들을 전쟁에 보낸 그는, 백인의 아들들은 목숨을 바쳐 일본군과 싸우고 있는데 일본계 미국인들은 마치 피크닉이라도 온 것처럼 댄스를 하고 야구를 한다는 사실에 울분을 터뜨린다. 그리고 자신이 그들을 돌보는 베이비시터 역할을 한다는 것이 못내 못마땅하다. 비록 이 영화는 일본계 미국인 감독에 의해 연출되긴 했지만, 노무라 가족만큼이나 뷰렐 가족에게 비중을 두어 백인 관객에게도 어필하도록 하면서 일본계 미국인의 고통을 대변하려는 메시지는 희석된다. 이 점에 대해 뱅크스는 "감독이 두 관객, 즉 지배문화와 일본계 미국인 모두에게 동시에 어필하려고 한다"(782)고 지적한다.

우리는 이 영화가 기회의 상실을 다루고 있고 그것은 일본계 미국인뿐만 아니라 뷰렐 가족에게도 해당된다는 이야기라는 느낌을 받는다. 라일이 전쟁 때문에 야구선수의 꿈을 상실한 것처럼, 빌리 뷰렐도 군대에 징집되면서 메이저 리그에 스카웃되려는 꿈을 접게 된다. 많은 일본계 미국인들이 재산, 농장, 사업, 그리고 아들을 전쟁에서 잃은 것처럼 그도 아들을 전쟁에서 잃는다. 빌리 아들의 전사 소식이 전해질 때 빌리 뷰렐이 그동안 어떠한 아버지였는지 밝혀진다. 관대하고, 이해심 많고, 지지해 주고, 용서하는 사람으로 묘사된 카즈오와 달리, 빌리는 지배적이고 가부장적이고 전제적인 아버지였던 것으로 드러난다. 빌리가 일본계 미국인들 때문에 아들이 죽었다고 비난하자, 딸 케이티는 다음과 같이 아빠를 비난한다.

그 오랜 세월 동안 아빠는 오빠가 자기를 좋아하도록 만들려고 애쓰셨죠. 아빠를 닮도록. 억지로 야구를 시키고. 몇 시간 동안 연습하도록 만들고 … 오빠는 그걸 싫어했어요. 더 이상 여기서 견디기 힘들어서 해군으로 도망친 거예요. 그래서 전쟁에 나간 거라구요. 그래서 전사했어요. 아빠 때문이에요. 아빠가 오빠를 죽였어요.

빌리 아들의 전사 소식이 전해지면서 라일과 케이티의 사랑도 위기를 맞이한다. 한편, 수용소 재소자들과 마을 사람들 간의 갈등도 고조되어 마침내 두 그룹 간의 야구 시합으로 결판을 내게 된다. 카즈오는 "이것은 우리 자신을 증명할 기회입니다. 오늘 이 경기는 자존심이 걸린 일입니다Today is about dignity"라고 말하며 토파즈 수용소 팀을 독려한다. 경기를 중계하는 아나운서는 토파즈 팀을 "잽Jap", "난장이midget"이라고 부르며 인종차별적인 태도를 노골적으로 표출한다. 수용소 팀은 442보병 연대의 모토였던 "모든 것을 바쳐라!Go for Broke!"를 외치며 선수들을 응원한다. 게임은 빌리 뷰렐의 양심선언 덕분에 토파즈 팀의 승리로 끝난다. 그는 자신의 독선을 극복하고 홈에서 라일을 태그할 때 공을 놓쳤다는 것을 인정함으로써 '영웅적 백인 주인공' 역할을 수행한다. 그리하여 일본계 미국인 감독이 연출한 이 영화는 "진주만과 관련된 자신의 편견을 극복하고 일본계 미국인 편을 들어주는"(783) 백인 남성을 제시하면서 일본계 미국인 관객뿐 아니라 백인 관객에게도 어필한다.

해피엔딩으로 결말을 내리면서 백인과 일본계 미국인 관객 모두에게 어필하는 이 영화는, 그럼에도 불구하고 교훈적인 메시지가 섬세하지 않고 생경하게 제시되어 "멜로드라마틱하고 뻔하다"(Cracknell)는 평을 받았다. 형제 간의 경쟁심, 백인과 유색인의 사랑, 아버지의 꿈과 아들의 꿈 등 "가능한 한 모든 진부함을 다루려는 이야기"(Cornelius)라는 지적도 나왔다. 다큐멘터리는 아니지만 영화의 크레딧이 올라가기 전 자막을 통해 역사적인 사실을 제시하면서 영화의 교훈적인 의도는 더욱더 강화된다. 자막에서는 수용소에 간 사람이 12만 명이며, 1946년 3월 20일에 10개의 수용소 중 마지막 수용소가 문을 닫음으로써 4년간의 수용소 생활이 끝났다고 말한다. 그리고 442연대는 9,486명이 전사할 정도로 가장 큰 희생을 치르고 가장 많은 훈장을 받았으며 제2차 세계대전 중 일본계 미국인이 저지른 스파이 행위는 한 건도 없었다는 내용으로 마무리한다.

〈삼나무에 내리는 눈〉과 〈미국식 오락〉은 강제억류로 인해 일본계 미국인이 겪어야 했던 가장 큰 트라우마가 '잃어버린 기회'였음을 보여 준다. 〈삼나무에 내리는 눈〉의 카즈오 미야모토는 거의 소유했을 뻔한 농장을 수용소 재배치로 포기해야 했으며, 〈미국식 오락〉의 라일 노무라는 야구를 통해 대학에 가려는 꿈을 잃어버렸다. 백인의 인종차별을 받을수록 미국인으로서의 자신의 정체성을 더욱 더 부각시키려는 모델 마이너리티의 방어기제는 두 편의 영화에서 아들이 최전선으로 입대를 결정함으로써 표현된다. 카즈오는 유럽 전선에서 혁혁한 공을 세우고 돌아오며, 레인 노무라는 전쟁에 나가 다리를 잃고 돌아온다.

〈삼나무에 내리는 눈〉과 〈미국식 오락〉은 영화라는 매체가 가지는 장점을 충분히 발휘하여 실제 강제수용소 경험이 어떠했는지를 사실적인 디테일로 묘사하여 미국 역사의 수치스러운 한 페이지를 대중들에게 일깨웠다는 공로를 인정받을 수 있다. 그러나 영화라는 매체의 한계는, 그 안에 아무리 급진적인 메시지가 있더라도 그것이 이미 구축된 장르 영화의 틀 속에 들어가게 될 때 장르의 공식formula과 관행에 함몰된다는 것이다. 인종 간의 사랑과 백인 주인공의 영웅적이고 자기희생적인 활약에 포커스를 맞춘 〈삼나무의 눈〉에서 일본계 미국인의 수용소 경험은 하나의 배경으로 밀려난다. 일본계 미국인이 감독한 〈미국식 오락〉이 일본계 가족을 주인공으로 하여 그들이 겪은 인종차별과 굴욕의 경험을 더 비중 있게 다루었다고 평가할 수 있지만, 백인 연인과의 로맨틱한 관계를 수용소 경험과 거의 동등하게 다룸으로써 할리우드 로맨틱 코미디의 공식에 기댄다는 사실은 정치적인 메시지를 약화시키는 결과를 낳았다.

역사는 승리한 자에 의해 기록된다는 명제가 미국 역사에서만큼 두드러진 예는 찾아보기 드물 것이다. 건국 초기 백인들의 서진 운동의 걸림돌이 되었던 북미 원주민 학살의 역사가 그러하고, 20세기에 들어와서 일본계 미국인을 강제이주시킨 사건 또한 여기에 해당된다. 주로 태평양 연안에 모여 살던 일본계 미국인들은 자신들의 문화적 유산과 떠나온 모국과의 인연을 소중하게 생각하던 사람들이었다. 와카코 야마우치Wakako Yamauchi의 희곡 작품 〈그리고 영혼은 춤추리And the Soul Shall Dance〉에서 볼 수 있듯이 1세 이민의 꿈은 미국에서 성공해서 다시 일본으로 돌아가는 것이었다. 그런데 진주만 폭격이 일어나면서 이러한 일본계 미국인의 성향은 미국 정부와 국민들에게 우려의 대상이 되었다. 자유와 평등, 그리고 민의를 중시하던 민주주의의 모범 국가에서 대통령령으로 자국의 국민을 강제이주하도록 명령을 내린 것이다.

여기서는 이러한 외상이 일본계 미국인의 정체성과 삶에 미친 영향을 살펴보았다. 먼저 갑작스러운 이주 명령은 삶의 터전을 정리할 시간조차 주지 않고 많은 이들이 집과 비즈니스와 농토를 버려 두고 떠나도록 만들었다. 그들이 세웠던 미래의 계획과 꿈도 버려야만 했다. 따라서 이 글에서 논의한 영화에서는 '잃어버린 기회'가 공통적인 이슈로 등장한다. 〈삼나무에 내리는 눈〉에서는 그것이 땅의 상실을 의미했고, 〈미국식 오락〉에서는 장학금과 대학 진학 기회의 포기였다. 국가에 의해 호명되고 통제받고 봉사하도록 강제된 일본계 미국인은 수용소의 삶이 끝난 후에도 계속해서 백인 위주의 사회에서 그들에게 향해진 의혹의 눈초리와 편견에 위축된 삶을 살아야했다. 〈삼나무에 내리는 눈〉에서는 카알 하이네를 도와주었던 카즈오가 혹시 의심을 받을까 봐 배터리 교체 사실까지 숨긴다.

1988년 시민자유법의 발효 이후 이 역사적 사건을 후대에게 교육시켜야 할 의무가 부각되면서 대중적인 파급 효과가 매체를 통해 강제억류를 더 진솔하게 다룬 영화를 나오게 되었다. 황량한 사막 한 가운데 세워진 캠프의 열악한 환경을 사실적인 디테일로 보여 주는 영화들은 제2차 세계대전의 유대인 수용소 이미지를 떠올리게 하면서 강제이주의 비인간성을 고발하는 데 효과적이다. 〈삼나무에 내리는 눈〉은 수용소 장면을 많은 비중으로 다루지는 않지만 삼나무가 우거진 친환경적인 삼림지대와 사막을 대비시키면서 일본계 미국인의 고통을 부각시킨다. 〈미국식 오락〉은 일본계 미국인이 감독하고 주로 일본계 미국인들을 등장시킨다는 점에서 좀 더 진정성 있어 보이지만, 두 영화 모두 장르의 공식으로부터 자유롭지 않고, 인종 간의 사랑을 매개로 백인 주인공의 영웅적 행위를 플롯에 중심에 둔다는 면에서 원래의 메시지를 희석한다는 단점을 드러낸다.

3장 라틴계 미국인

라틴계 미국인의 스테레오타입

미국과 국경을 맞대고 있는 멕시코를 비롯하여 중남미의 국가들은 오랫동안 미국과 관계를 맺어 왔다. 사실상 미국은 서부 개척 과정에서 원래 멕시코의 땅이었던 여러 지역을 전쟁을 통해 빼앗았을 뿐만 아니라, '아메리칸'이라는 이름까지 미국 시민에만 적용하도록 빼앗았다(Benshoff and Griffin 135).

1848년 미국과 멕시코 전쟁에서 미국이 승리함으로써 과거 멕시코 땅이었던 지역이 미국 땅이 되었고, 라틴 아메리카 출신 미국인을 일컫는 '라티노'들이 처음으로 미국 영토에 살게 되었다. 두 번째 라티노 또한 미국과 스페인 전쟁의 결과였다. 1898년에 미국-스페인 전쟁에서 미국이 승리함에 따라 당시 스페인 식민지였던 푸에르토리코, 괌, 필리핀, 쿠바가 독립했다. 그러나 미국은 푸에르토리코, 괌, 필리핀은 미국령으로 만들었고, 쿠바를 반식민지화했다(임상래 62). 1917년의 존스 법에 의해 푸에르토리코인은 미국 시민이 되었고, 약 5만 명의 푸에르토리코인이 미국으로 이주하였다. 미소 냉전이 시작되면서 공산주의의 영향을 받은 쿠바는 공산국가가 되었고, 거기에 반발한 쿠바인들이 상당수 미국으로 이주해 왔다. 1970년대에는 엘살바도르나 다른 남미 국가들도 친미 성향의 정부에서 공산주의 정권으로 넘어갔다. 그때마다 미국은 영향력을 발휘하여 니카라과의 경우 콘트라 반군이라는 게릴라를 지원하여 산디니스타 정권을 무너뜨리려고 했다. 이러한 불안한 정치 상황과 독재 정부로 인해 중남미의 많은 국가들은 가난을 면치 못했으며, 지역적으로 가까운 미국으로 합법적이거나 불법적인 이주를 시작했다. 멕시코와 국경이 맞닿은 지역에서는 아직까지도 불법이민을 하려는 사람들과 국경수비대의 쫓고 쫓기는 싸움이 계속되고 있다. 또, 중남미는 마약 공급자 이미지를 가지고 있다. 최근에 개봉한 〈시카리오: 암살자의 도시Sicario〉(2015)와 〈시카리오: 데이 오브 솔다도〉(2018) 같은 영화들은 계속해서 마약과 범죄가 판치는 세계로 중남미의 이미지를 우리에게 각인시킨다.

미국에 사는 라틴 아메리카 출신 혹은 그 후손들을 그동안 '라티노' 혹은 '히스패닉'이라고 불러 왔는데, 넓은 의미에서 "라티노 또는 히스패닉은 미국에서 사는 라틴 아메리카 이민자와 그 후손을 말한다"(임상래 9). 라티노 혹은 히스패닉이라는 말이 공식적으로 사용된 것은 닉슨 대통령 때부터로, 라티노는 남성형 '라티노'와 여성형 '라티나'를 구분하는 데 혼란을 야기할 수 있어서 미국인들은 '히스패닉'이라는 말을 더 선호한다고 한다(Ramos 141-142). 라티노를 출신 국가별로 구분할 때 가장 많은 비율을 차지하는 사람들은 멕시코 출신이며, 이들은 '치카노Chicano'라는 이름으로 불린다. 아무래도 멕시코가 지리적으로 미국의 남서부와 인접한 곳이기 때문에 합법적이든 불법적이든 기회의 땅인 미국에 많이 유입되었을 것이다. 그 다음으로 많은 그룹은 쿠바계인데, 이들은 멕시코 출신들과 달리 정치적인 동기로 미국에 건너왔다. 쿠바가 카스트로에 의해 공산화되자 그에 반발하여 많은 쿠바인들이 미국으로 이주하였다. 멕시코 이민들과 달리, 쿠바 이민자들은 미국 정부의 지원을 받아 경제적으로 안정되고 학력 수준도 상대적으로 높다고 할 수 있다.

히스패닉 혹은 라티노라는 명칭은 사실상 그 이름 속에 포함된 각기 다른 역사와 문화를 가지는 광범위한 사람들을 포괄적으로 용해하면서 각 민족과 국가가 가지는 특수성을 단순화시켜 버리는 경향이 있다. 같은 라티노라 하더라도 이주 시기에 따라, 미국문화에 동화된 정도에 따라, 시민권 유무에 따라, 경제적 계층에 따라, 원래의 출신 국가에 따라 매우 다른 특징을 가질 수 있는 것이다. 그런데도 이들을 라티노라는 하나의 단어로 뭉뚱그려서 말할 수 있는 것은 이들이 공유하는 공통점이 있기 때문이다. 그것은 첫째, 그들이 사용하는 스페인어라는 언어이다. 브라질을 제외한 중남미 모든 국가들이 스페인어를 사용하기 때문에 그것만으로도 의사소통이 되고 동질감을 느낄 수 있다. 또 다른 공통점은, 스페인의 영향을 받아 이들이 모두 가톨릭을 믿는다는 점이다. 이런 공통점으로 인해 미국 내 라티노의 파워는 점점 더 강해지고 있고, 인구 상으로도 2002년 미국 인구조사에 의하면 라티노가 흑인을 제치고 처음으로 백인 다음가는 가장 큰 인구 집단이 되었다.

다른 다문화 종족들의 경우처럼 영화 속 라틴계 이민자들의 이미지도 부정적인 스테레오타입으로 구축되었다. 마약 거래를 하는 갱단, 폭력을 사용하는 산적, 빈민가에서 교육 받지 못하고 막노동을 하는 일꾼의 이미지가 백인 위주의 영화에서 주변인으로 굳어진 라틴계 미국인의 이미지이다. 그런가 하면 '그리저greaser'와 '라틴계 연인'과 같은 스테레오타입도 영화에서 생겨났다. 그리저는 이름이 말해 주듯이 기름기가 번지르르하게 흐르는 성적으로 왕성한 라틴 남자를 말한다. 이에 반해 라틴 연인은 피부가 좀 더 희고 정열적인 연인으로서 백인으로 편입될 가능성이 많은 남자이다. 여기서도 백인성의 우월성은 강조된다. 많은 라틴계 출신 미국 배우들은 이름을 미국식으로 바꿈으로써 라틴계 신분을 세탁하는 경향이 있다. 마가리타 칸지노Margarita Cansino의 경우 컬럼비아 영화사와 계약을 맺고 난 뒤 이름을 리타 헤이워드Rita Hayworth으로 바꾸고 머리도 금발로 염색하는 등 자신의 라틴계 특징을 지워 버림으로써 할리우드 여배우로서 스타덤에 올랐다. 마틴 신Martin Sheen 또한 라몬 에스테베즈Ramon Estevez라는 라틴 이름을 미국화함으로써 미국영화계에 자리 잡았다. 최근에 와서는 오히려 라틴성을 드러냄으로써 당당하게 라틴계 유산을 자랑하며 성공한 배우들도 있다. 안토니오 반데라스Antonio Banderas와 제니퍼 로페즈Jeffifer Lopez가 바로 그러한 인물이라 할 수 있다(Benshoff).

미국 내 라틴계 이민의 숫자가 점점 늘어나면서 할리우드는 이들을 겨냥한 영화의 상업적인 가능성을 알아보고 미국 팝 음악계에서 인기를 모았던 가수들의 삶을 전기영화처럼 만드는 작업을 시작했다. 라틴계 배우들을 기용한 영화로는 뮤지컬 〈웨스트사이드 스토리West Side Story〉와 같은 사례가 있었지만, 이들이 본격적으로 주인공을 등장한 것은 1980년대 음악영화의 부상과 연관이 있다. 1980년대는 〈자유의 댄스Footloose〉, 〈플래시댄스Flash Dance〉, 〈퍼플 레인Purple Rain〉,

〈탑건Top Gun〉과 같은 영화들이 음악과 함께 성공하면서 영화를 통해 동시에 레코드 판매까지 성공을 거두는 전략이 자리 잡았던 시기다. 여기에다 MTV의 등장으로 비디오까지 합세하면서 1984년 중반까지는 "movies + soundtracks + video = $$$"(Denisoff and Plasketes 257)라는 공식이 자리를 잡았다. 이러한 열풍의 한가운데서 미국 영화산업과 레코드산업은 라틴계 이민들이 영화를 매우 즐긴다는 점에 착안하여 그들을 겨냥한 영화를 만들기 시작했다. 당시 시장 조사는 2천 5백만 라틴계 중 10퍼센트가 영화광heavy film goers임을 보여 준다 (Denisoff and Plasketes 265).

〈라밤바〉와 〈셀레나〉는 실제로 짧은 인생을 불꽃처럼 살다 간 라틴계 가수의 삶을 그리면서 상업적으로 성공했을 뿐만 아니라 미국 내 소수민족으로서 라틴계 이민자들이 안고 있는 문제들을 생각하게 한다. 1987년에 개봉된 〈라 밤바La Bamba〉는 짧은 인기를 누리다가 비행기 사고로 불의의 죽음을 맞은 라틴음악의 스타 리치 밸런스Ritchie Valens의 삶을 다루고 있다. 티화나로 여행을 갔다가 우연히 음악을 접하게 된 그가 얼마나 음악에 몰두했는지, 짧은 삶 속에 음악에 대한 열정을 얼마나 불태웠는지, 그리고 그를 지지하던 어머니와 형이 그에게 얼마나 큰 존재였는지를 이 영화는 보여 준다. 인기 가수였다가 불의의 사고로 죽음을 맞는 또 한 명의 라틴계 스타의 이야기는 〈셀레나Selena〉(1997)에서도 반복된다. 라틴계 미국영화는 불법이민, 갱스터, 가난 문제, 가족이라는 우선적인 주제를 다루며 미국에 태어났든 다른 곳에서 태어났든 그들의 기회는 제한적이며 그들의 전통적인 문화적 가치가 도전받고 있음을 보여 준다.

라틴음악을 통한 히스패닉 정체성의 재현:

〈셀레나〉와 〈라밤바〉

〈셀레나〉

〈셀레나〉는 1971년에 태어나 1995년에 사망한 전설적인 가수 셀레나 킨타니야Selena Quintanilla의 삶을 다루면서 히스패닉 아메리칸의 다문화적 삶의 명암을 그리고 있다. 그녀는 제임스 딘, 말콤 엑스, 존 레논처럼 불의의 사고로 죽음으로써 더 유명해진 실존 유명인의 반열에 속하지만 23살이라는 어린 나이에 전설적인 성공을 거두고 불꽃 같이 타올랐다가 예기치 않게 세상을 등졌다는 사실로 인해 더욱더 안타까움을 안겨주었다.

장르적 관점

장르 면에서 볼 때 이 영화는 역사적인 인물에 대한 전기영화인 '바이오픽biopic' 장르와 '음악영화'라는 장르의 두 가지 측면에서 살펴볼 수 있다.

우선 바이오픽으로 이 영화를 평가할 때 영화의 진정성이 영화를 평가하는 척도가 된다. 사실에 근거해서 보았을 때 주인공에 대한 평가가 미화나 과장된 것은 없는가, 어떤 면이 강조되고 어떤 면이 왜곡되었는가 등을 영화 내러티브에서 찾아낼 수 있다. 이 영화는 우선 셀레나의 아버지가 제작자라는 면에서 진정성의 측면에서는 흠잡을 데가 없어 보인다. 탄생부터 어린 시절을 거쳐 그녀가 가수가 되기까지 가장 핵심적인 역할을 한 사람이 바로 아버지이기 때문이다. 영화가 그녀가 죽은 지 2년 만에 나왔다는 점을 생각해 볼 때 이 영화는 그녀에 대한 아쉬움과 기억, 아픔이 아직 생생할 때 제작한 영화라고 할 수 있다.

영화의 내러티브는 셀레나의 가수로서의 경력이 최고점에 올랐을 때인 1995년 2월 26일에 있었던 텍사스 휴스턴 공연 실황으로부터 시작한다. 그녀가 사망하기 한 달 전에 있었던 이 공연에서 그녀는 마차를 타고 등장하여 스타디움에 모인 수많은 관중들 앞에서 거의 여신처럼 등장하여 상의를 벗어 던지고 춤을 추면서 공연을 시작한다. 변화무쌍한 카메라 편집, 로우 앵글과 하이 앵글, 환호하는 관객, 조명 등 이 모든 것이 현란하게 펼쳐진 후 '블루 문'이라는 음악과 함께 영화는 그녀의 어린 시절로 플래시백한다. 평론가 로저 에버트는 요절한 가수의 비극적 삶을 조명한다고 해서 그녀의 죽음이 영화의 전체 이야기를 지배하지 않도록 한 점이 서사의 뛰어난 점이라고 지적하며, 제임스 베라디넬리 James Berardinelli 또한 "이것은 여러 세대의 이야기로서 셀레나의 꿈의 성취뿐 아니라 그녀의 성취를 꿈꾸었던 아버지의 비전의 중요성을 다룬다"고 말하고 있다.

음악영화로서 이 영화를 평가할 때 가장 중요한 척도는 음악이 내러티브에 얼마나 잘 녹아드는가이다. 종종 음악영화에서 음악이 내러티브를 압도하여 음악이 주가 되는 경우가 있고, 아니면 음악이 분위기를 적절히 조성하면서 내러티브를 연결하는 브리지 역할을 하는 경우가 있다. 이 영화에서는 〈블루문〉과 같은 셀레나의 핵심적인 히트곡들이 내러티브 전개의 중요한 지점에서 내러티브를 이끌어 가는 역할을 한다. 어린 시절 달을 쳐다보면서 가수가 될 꿈을 꾸었던 그녀가 가수로서 성공한 다음 다시 달을 바라보며 성공을 만끽

하면서 그것을 관객과 함께 공유하는 장면은 음악이 적절한 라이트 모티프Leitmotiv가 된 경우이다.

음악영화로서 이 영화에 가장 중요한 구성 요소는 바로 주인공 역할을 맡은 제니퍼 로페즈라는 배우이다. 〈셀레나〉에서 '테하나Tejana'라는 텍사스–멕시코 음악을 부른 셀레나의 삶을 브롱스 출신의 뉴요리칸Nuyorican인 제니퍼 로페즈가 연기한다는 것은 논란의 여지가 있다. 이 문제에 대해서는 추후에 자세히 논하기로 하고 이 영화의 성공에는 제니퍼 로페즈가 많은 부분을 차지한다는 것은 틀림이 없는 사실이다. 영화에서는 셀레나의 오리지널 음악을 사용하고 로페즈가 립싱크를 하도록 했는데, 로페즈는 마치 셀레나가 살아서 돌아온 것처럼 그녀의 의상과 메이크업, 동작, 춤, 연기 등을 탁월하게 구현했다. 이 점은 그녀가 살해된 후 애도하는 팬들을 보여 주면서 나오는 셀레나의 실제 모습에서 확인된다. 영화의 말미에 장례식 장면과 함께 교차 편집된 셀레나 생존 시 촬영한 영상에서 우리는 로페즈와 셀레나가 구분하지 못할 정도로 닮았음을 확인할 수 있으며, 이것은 로페즈가 자신의 역할을 얼마나 탁월하게 수행했는지를 입증한다.

영화 속에 나오는 공연 장면은 뮤지컬처럼 내러티브를 중단하고 셀레나(로페즈)의 퍼포먼스를 감상할 기회를 준다. 영화는 셀레나의 원곡의 아름다움과 로페즈의 댄스와 연기가 어우러져서 음악영화로서의 매력을 즐길 수 있도록 구성되었다. 카메라워크와 편집 또한 화려하고 박진감 있는 그녀의 음악에 걸맞게 롱 숏과 클로즈업, 하이 앵글과 로우 앵글, 무대 장면과 객석 장면을 교차 편집하여 마치 뮤직비디오를 보는 것과 같은 재미를 준다. 그러나 로저 에버트를 비롯한 많은 비평가들은 2중 혹은 3중의 분리화면split screen이나 공연장의 배경 변화를 긍정적으로 평가하지 않는다. 음악은 끊기지 않고 계속되는데 셀레나의 의상과 공연장은 계속 바뀜으로써 오히려 집중도를 떨어뜨리고 음악의 파워를 경감시키는 결과를 낳았다는 것이다. 멕시코에서 열린 첫 공연에 몰려든 관객들이 폭동을 일으킬 만큼 흥분했을 때 그녀가 〈Como La Flor〉를 불러서 진정시키는 장면은 그녀의 존재와 음악성이 가진 힘을 보여 준다.

라틴 아메리칸 영화로서의 관점

다른 소수민족처럼 라틴 아메리카의 혈통을 물려받은 사람들도 오랜 역사를 통해 백인 위주의 사회에서 차별과 정체성 갈등을 겪어 왔다. 특히 멕시코계인 치카나는 미국에서 태어나서 미국 시민으로 살지만 멕시코와 미국 어느 곳에도 속하지 않는, 아니면 두 곳 모두에 충성심을 느끼는 이중적 정체성에 갈등한다.

이 영화가 가진 라티나 영화로서의 주제는 이 영화의 제작자이기도 한 셀레나의 아버지 아브라함으로부터 나온다. 그는 젊은 시절 텍사스주의 코퍼스 크리스티에서 '디노스'라는 남자 그룹을 만들어 가수로서의 꿈을 꾼다. 과거 장면의 첫 장면은 오디션을 제안 받고 연습한 그들이 나이트클럽에 가서 거절당하는 굴욕적인 모습이다. 백인 고객 위주의 그 클럽에서는 이들이 이탈리아계 그룹인 줄 알고 불렀는데 멕시코인이라 쓸 수 없다고 한다. 다시 새로운 그룹을 만들어 백인 음악을 연주하던 아브라함은 이번에는 멕시코 음악을 들려 달라는 손님들의 난동 때문에 음악을 중단하고 쫓겨난다. 결국 음악을 포기하고 아이들을 키우며 가장 역할에 충실하던 그는, 아이들이 자라자 젊은 시절의 꿈을 자식들을 통해 성취하고자 한다. '셀레나와 디노스'라는 식당을 열고 셀레나에게 노래를 시켜 좋은 반응을 얻자, 그는 직장까지 그만두고 본격적으로 딸을 가수로 성공시킬 계획을 실천한다.

처음에는 영화 〈오즈의 마법사〉를 통해 유명해진 〈무지개 저편 Somewhere over the Rainbow〉을 불러서 인기를 얻은 셀레나는 도나 서머를 모델 삼아 자신에게 스페인 노래를 가르치려는 아버지에게 반발한다. 이때 아브라함의 정치적 메시지가 셀레나에게 주입된다. "너는 원래의 자신이 되어야 돼You gotta be who you are." 그는 미국인이면서 동시에 멕시칸인 셀레나가 영혼 깊숙한 곳에서deep inside from your soul 우러나오는 노래를 해야 한다고 가르친다. 처음 공연에서 미온적인 관객의 반응 때문에 실망한 셀레나에게 그는 반드시 성공할 것이라고 용기를 준다.

아역 배우가 맡아서 하던 셀레나 역을 제니퍼 로페즈가 성인 역으로 출연하는 첫 장면은 1989년 엘파소에서 한 공연이다. 엄마에게서 쿰비아 댄스를 배우고 능숙한 스페인어로 관객들에게 노래하는 셀레나는 윗도리를 벗어젖히고 부스티에라는 옷으로 가슴만 가린 채 노래한다. 바로 이 멕시코 공연을 통해 셀레나는 가수로서 새로운 차원으로 도약한다. 멕시코 공연을 앞두고 아브라함은 어정쩡한 정체성 때문에 완전한 실패를 맛볼 수도 있다며 두려워한다. 그는 "멕시칸 아메리칸으로 살아가는 건 힘든 일이야Being Mexican-American is tough"라면서 양쪽에서 다 잘해야 한다고 강조한다. 그는 멕시칸 아메리칸과 일본, 독일, 이탈리아인 등 미국의 다른 종족 이민과 비교하며 자신들이 수백 년을 미국 땅에서 살아왔지만 여전히 이방인 취급을 당한다고 개탄한다. 다른 종족들은 바다를 건너왔으나 자신들은 바로 국경을 마주한 이웃인데도 양쪽에서 이방인 취급을 받는다는 것이다. 멕시코인에게는 자신들이 멕시코인임을, 미국인에게는 자신들이 미국인임을 증명해야 하기 때문에 "멕시코인보다 더 멕시코인답게, 미국인보다 더 미국인답게" 살아야 하는 삶이 힘들다는 것이다. 멕시코 공연을 앞두고 기자회견을 할 때 프로듀서는 셀레나의 서툰 스페인어를 걱정하지만, 셀레나는 스페인어로 대답을 하다가 말문이 막히자 "exciting"이라는 영어로 위기를 넘긴다.

미국으로 이민 온 다른 소수민족들이 그렇듯이 멕시칸 아메리칸도 성공하여 미국 땅에 정착하고 물질적으로 풍요로운 삶을 누리는 것을 꿈꾼다. 어린 셀레나에게는 그것이 디즈니월드에 가는 것이었다. 정말 짧은 시간에 순식간에 스타로 도약한 셀레나는 그의 아버지의 표현대로 "모든 장벽을 없는 듯이 지나간" 스타였다. 그녀는 텍사스 멕시칸 커뮤니티의 문화적 영웅이 되고, 수많은 소녀들의 롤모델이 된다. 프랜시스 아프리시오Frances Aparicio에 의하면, 셀레나의 역할은 첫째로 남성 주도의 텍스-멕스 음악계에서 판매 기록을 깨뜨린 최초의 여성이라는 역할, 둘째로는 죽고 나서 그녀가 성취한 순교자와 성자, 치유자라는 역할이다. 그녀가 성자 취급을 받는 것은, 그녀가 어린 나이에 죽었고 힘이 없는 커뮤니티에 희망을 준 그 파워와 매력적인 인간성 때문이다(95).

페미니즘의 관점

짧은 생을 살다 간 셀레나가 극복해야 했던 또 하나의 장벽은 바로 가부장적 편견이었다. 성인으로서 처음 성공적인 공연을 했던 1989년 엘파소 공연에서 관중들의 환호를 받았음에도 불구하고 공연 관계자는 그녀가 여자라는 이유로 공연료로 단지 620달러만 지불한다. 셀레나의 어머니인 마르셀라 또한 남편이 딸을 음악 세계로 끌어들이려고 할 때 바로 이러한 이유로 반대한다. 그녀는 테하노 음악은 남자들의 음악이기 때문에 딸이 차별을 받고 힘든 삶을 살 것이라고 주장한다. 이러한 아내의 반대에도 불구하고 딸에게서 가수로서의 가능성을 보고 자신이 젊은 시절 이루지 못한 가수로서의 꿈을 딸을 통해 성취하려고 하는 아브라함 또한 딸을 자신의 가치관 속에 가둔다. 엘파소 공연에서 셀레나가 윗도리를 벗어던지고 거의 속옷 스타일의 부스티에를 입고 공연하자, 그는 절대 그런 옷을 입고 공연을 할 수 없다고 금지령을 내린다.

셀레나에게 힘이 되어 준 사람은, 딸의 여성다움을 돋보이게 하고 항상 지지해 준 어머니 마르셀라이다. 라티노의 강한 특징 중 하나가 가족 간의 끈끈한 정과 결속력이지만, 셀레나의 삶에서 힘을 발휘한 것은 모녀 간의 유대감mother-daughter bonding이다. 어린 시절 디즈니월드에 가는 꿈을 꿀 때 바닷가에서 쿰비아라는 라틴댄스를 가르쳐 줌으로써 노래와 음악을 결합하도록 한 것도 바로 어머니 마르셀라이다. 둔부를 흔들면서 관능미를 강조한 이 춤은 나중에 성인이 된 셀레나가 폭발적인 인기를 얻게 된 주요 요인이 된다. 아브라함은 부스티에를 착용함으로써 딸의 몸이 남성 관객의 관음증 대상이 되는 것을 염려하지만, 마르셀라는 오히려 그녀의 여성성을 드러냄으로써 그것을 당당하게 자신감의 표현으로 이용하도록 한다.

그러나 셀레나가 성공할수록, 또 성인이 될수록 아브라함은 딸이 자신의 통제로부터 멀어져 간다고 느끼며 딸을 놓아주기 힘들어한다("I don't know how to let you go"). 특히 크리스라는 기타리스트가 등장하면서 아브라함의 불안감은 더 커진다. 셀레나가 그를 좋아하는 감정을 엄마에게 고백했을 때 마르셀라는 딸을 지지하고 비밀을 지켜주는 반면, 이 사실을 알게 된 아브라함은 밴드를 해체하겠다면서 둘의 사랑을 시샘한다. 그동안 가족의 굴레 안에서 음악만을 하면서 살아온 셀레나는 자신의 꿈과 소망을 털어놓고 말할 수 있는 상대를 발견하고 아버지의 반대를 무릅쓰고 결혼을 강행한다. 마침내 크리스를 가족으로 받아들이게 된 아브라함은 딸의 결혼을 기뻐하며 딸을 포기하기 힘들었던 자신의 심정을 고백한다.

이 영화가 셀레나라는 순교자적인 죽음을 맞이한 가수의 삶을 조명함으로써 라티노들의 자긍심을 고양하고 어린 라티나들에게 롤모델을 제시했다는 사실은 부정할 수 없다. 푸에르토리코 출신 영화제작자이자 작가인 프랜시스 네그론–먼태너Frances Negrón-Muntaner는 "셀레나의 예외성은 마약 거래에 실패해서 살해당하는 사람들과 달리, 젊어서 죽었다는 이유뿐 아니라 많은 이들이 열망하는 곳, 이른바 아메리칸 드림을 향해 가던 중에 그렇게 되었다는 점에서 성녀적 의미에 도달했다는 데 있다"(99)라고 평가한다. 그리고 이러한 영화적 영향력에 제니퍼 로페즈가 크게 기여했다는 점 또한 엄연한 사실이다. 그러나 처음 그녀가 셀레나 역에 캐스팅이 되었을 때에는 그녀의 푸에르토리코 배경을 문제 삼아 멕시코계 미국인들이 항의하였다. 제니퍼 로페즈는 자신이 '국가적' 출신을 넘어선 일종의 종족적 정체성을 공유하고 있다는 주장으로 이 위기를 넘겼다. 즉, 식민화된 주체로서 비슷한 역사적 경험을 공유한 "공적으로 연기를 하는 라티나의 몸"(Apricio 94)이라는 사실을 앞세운 것이다. 게다가 제니퍼 로페즈는 셀레나와 신체적으로도 많이 비슷해 의상을 담당했던 사람들의 증언에 의하면 몸의 치수도 같다고 한다.

아프리시오에 의하면, 셀레나의 몸은 사용가치use value와 교환가치 exchange value를 동시에 가졌다. 그녀는 커뮤니티 사람들이 동일시할 수 있는 문화적 영웅이면서, 주류 관객의 욕망의 대상으로서 자신의 섹슈얼리티를 이용한 미디어의 영웅이었던 것이다. 특히 셀레나와 로페즈는 둘 다 백인들의 기준으로는 천박한 쪽에 가까운 굴곡 진 몸매, 두꺼운 입술, 가무잡잡한 피부, 그리고 엉덩이를 "육체적 아름 다움과 가치의 헤게모니적 개념이 시험되고 검증되는 장소"(Apricio 99) 로 만들었다. 제니퍼 로페즈는 그녀의 엉덩이를 가리켜 "그것이 전 부 당신 거예요?"라고 묻는 기자의 질문에, 기분 나빠 하기는커녕 오 히려 웃으면서 360도 회전을 한 후 엉덩이를 툭툭 때리면서 자신감 있게 "모두 내 거예요."라고 대답했다(네그론-먼태너 105).

〈라 밤바〉

이 영화는 또 한 명의 요절한 멕시칸 아메리칸 가수인 리치 밸런 스Ritchie Valens의 삶을 다루고 있다. 1941년 5월 13일 리카르도 발렌 수엘라Ricardo Valenzuela라는 이름으로 출생한 그는, 캘리포니아 농장 지대에서 수확기에 이리저리 농장을 옮겨 다니는 가난한 농장 노동 자의 가정에서 태어났다. 이러한 배경을 가진 그는 일약 록큰롤 스 타로 부상하여 인기를 누린 지 채 8개월이 안 되어 비행기 사고로 사망했다. 1959년 2월 3일 사망할 때의 나이가 채 18세도 되지 않아 서 가족과 팬들의 안타까움을 더욱 컸다. 그는 스페인어를 전혀 하 지 못하는 3세대 멕시칸 아메리칸이었지만, 그가 스페인어로 부른

'라 밤바'라는 곡으로 영원히 사람들의 기억에 남게 되었고 동명의 영화까지 만들어졌다. 리치 밸런스라는 이름은 레코딩 당시 그의 멕시코식 이름이 주는 거부감을 없애기 위해 영어식 개명을 권한 레코드 회사의 제안에 따른 것이었다.

〈라밤바〉를 감독한 루이스 발데즈Luis Valdez는 1960년대부터 치카노 문화혁명을 주도해 온 인물이다. 밸런스와 마찬가지로 어린 시절 농장에서 일한 경험을 바탕으로 극작을 시작한 그는, 1965년에 농장 노동자들과 학생들을 모아서 '농장 노동자들의 극단'이라는 뜻의 엘 떼아뜨로 캄페시노El Teatro Campesino를 창설했다. 주로 유머를 가미한 사회적 비평을 작품화하여 무대에 올리던 이 극단의 대표작은 1940년대의 인종 폭동을 다룬 〈주트 수트Zoot Suit〉로, 발데즈는 이 작품을 1979년 브로드웨이에서 공연함으로써 브로드웨이에 작품을 올린 첫 번째 치카노 작가가 되었다. 이 작품은 1981년에 영화화되기도 했다. 채 피지도 못하고 진 치카노 가수의 삶을 영화로 만드는 것은 발데즈가 좋아할 만한 프로젝트였다. 그러나 18년도 채 살지 않은 가수의 전기적 사실에서 뽑아 낼 만한 자료가 많지 않아서, 발데즈는 영화의 내러티브를 그를 스타로 성공시킨 주변 인물들의 이야기로 채웠다. 로저 에버트는 "이 영화의 가장 큰 장점은 예기치 않은 것들로 일상생활, 사랑하는 어머니, 그를 사랑하면서도 시기하는 형, 자라서 유명세를 맛보고 바로 죽음으로써 주변 사람을 충격에 빠뜨리는 주인공의 묘사가 바로 그것이다"라고 말한다. 가난, 우호적이지 않은 환경, 인종차별, 이복형의 질시와 같은 외적인 장벽에도 불구하고, 리치 밸런스는 가장 어린 나이에 스타덤에 올랐고 자신의 말대로 떨어지지 않는 별이 되었다.

미국에서 멕시칸 아메리칸으로 산다는 것

그의 가족은 과일 수확 시기에 맞춰 이리저리 일거리를 찾아다니는 농장 노동자이다. 첫 장면에서 오렌지를 수확하여 트럭에 싣는 노동을 하면서도 명랑함을 잃지 않는 주인공을 보여 줌으로써 영화는 그가 이러한 환경에 쉽게 절망하지 않고 역경을 낙관적으로 헤쳐 나가고 있음을 보여 준다. 살구를 통조림하기 위해 씨를 빼는 작업을 하는 여자들 사이에서는 그의 어머니인 코니가 농담을 하면서 좌중을 압도한다. 이윽고 감옥에서 출옥한 리치의 형이 오토바이를 타고 등장하면서 형제는 반가운 재회를 한다. 둘이 언덕 위에 올라 대화를 나누는 장면에서 관객은 리치에게 록큰롤 음악은 꿈이면서 동시에 살아가는 이유가 된다는 것을 알게 된다. 리치의 형인 밥Bob이 가져온 돈으로 먼지가 풀풀 풍기는 열악한 노동자 캠프에서 탈출하여 산 페르난도로 이주하게 되면서 리치는 고등학교도 다니고 꿈을 실현할 기회를 갖게 된다.

가난, 교육 기회와 일자리의 제한, 마약과 범죄의 유혹 등 멕시칸 아메리칸의 열악한 환경에 가장 크게 영향을 받는 인물은 리치의 이복형인 밥이다. 이 가정의 모습은 전형적인 멕시칸 아메리칸의 삶의 단면을 보여 준다. 코니의 두 번째 남편이었던 리치의 아버지 스티브가 술집에서 술을 먹다가 사망하면서 모든 육아와 가족 부양의 책임을 코니가 떠맡게 된다. 계부인 스티브가 리치만을 편애한다고 생각한 밥은 빗나가기 시작해서 결국 감옥에 가는 신세가 된다. 출옥하자마자 그는 리치의 친구인 로지를 만나고, 그녀를 거의 성폭행해서 임신시킨 후 아기가 태어나자 아버지로서의 책임은 회피한다. 임신했다는 소식을 들었을 때 그가 로지에게 하는 말은 "이번이 처음이 아니야, 마지막도 아니고(It's not my first. Or my last)"라고 한다. 로지가 아기를 출산하는 날 티화나에 가서 술에 취해 있던 그는, 자신을 꾸짖는 엄마에게 "내 아버지도 내가 태어날 때 옆에 없었다"고 말한다. 그는 쓰레기를 치우는 일을 하면서 술과 마약에 탐닉하고 술에 취할 때마다 동생만을 좋아하는 어머니와 주변 사람들에게 행패를 부린다. 리치를 사랑하고 중요한 때에 힘이 되어 주기도 하지만, 연주장에 난입하여 난동을 벌이는 등 예측할 수 없는 밥의 행동은 리치를 힘들게 하는 요인이 된다. 그가 이렇게 된 데에는 멕시칸 아메리칸에게 주어진 사회적·경제적 제약의 영향이 크다. 영화는 주인공과 대조적 성격의 인물character foil로서 밥을 제시함으로써 이러한 어려운 환경을 극복하고 스타가 된 리치 밸런스의 위대성을 강조한다.

백인 여성 도나Donna와의 사랑은 리치 밸런스가 직접 체험한 인종차별 경험이다. 새로 전학 온 도나에게 한눈에 반한 리치는 그녀에게 접근하고 두 사람은 서로 이끌려 시간을 같이 보낸다. 집에 데려다 주는 과정에서 처음으로 도나의 아버지를 만난 리치는 도나 아버지의 쌀쌀한 냉대를 경험한다. 그 후 데이트에 가지 못하게 하고 전화도 바꿔 주지 않는 도나의 부모에게서 좌절을 느낀 밸런스는, 그녀에 대한 사랑을 '도나'라는 노래로 표현하고 이 노래는 그의 최고 히트곡 중 하나가 된다. 이 에피소드는 라틴 아메리칸으로서 겪는 인종차별을 노래로 승화시킨 밸런스의 집념을 보여 준다.

델파이 레코드사와 할리우드에서 녹음을 한 뒤 레코드 회사의 사장인 밥은 리치에게 이름을 리치 밸런스로 바꾸라고 제안한다. 리카르도 발렌수엘라라는 멕시칸 이름이 그를 미국 팬들에게 알리는 데 걸림돌이 될 것을 우려해 미국식 이름으로 바꾸라고 한 것이다. 리치 밸런스로 이름이 바뀜으로써 라티노로서 그의 정체성도 이름과 함께 사라진다. 사실 리치 밸런스는 스페인어를 전혀 못하고 멕시코 전통과 유산에 전혀 관심이 없는 3세대 치카노이다. 그는 남부 캘리포니아에 살며 록큰롤을 좋아하는 전형적인 미국 사춘기 소년인 것이다. 밥은 세상물정도 모르고 여자와 술도 경험한 적 없는 그를 티화나에 데려간다. "아무도 네가 멕시칸인 줄 모를 거야." 그런데 이 여행은 리치가 멕시코 전통과 만나는 계기가 된다.

여자들이 있는 술집의 무대에서 밴드가 연주하는 음악에 마법처럼 홀려 다가간 리치는, 그들이 연주하는 '라 밤바'라는 노래를 기타로 따라하면서 전통적인 멕시코의 포크음악에 심취한다. 그는 이 노래를 스페인어로 불러서 녹음하겠다고 제안한다. 그가 미쳤다고 하는 사장에게, 리치는 냇킹콜도 스페인어로 노래하지 않았느냐는 황당한 논리를 편다. 결국 이 결정은 노래 〈라 밤바〉를 통해 그를 알리는 브랜드 역할을 했고, 그가 죽은 후에도 이 곡명을 딴 영화가 제작되게 만들었다. 티화나에서 리치는 멕시코 주술사와도 만나는데, 노인은 그에게 "뱀은 허물을 벗는다. 꿈처럼" "사는 것은 잠자는 것이다" "죽는 것은 깨어나는 것이다"와 같은 예언적인 말들을 한다. 그리고 그의 꿈을 성취하는 데 도움이 될 부적을 선물한다.

가족의 중요성

또 다른 라틴 아메리칸 스타 셀레나의 성공 뒤에 헌신적인 아버지가 있었던 것처럼, 리치 밸런스가 스타가 되는 데에도 어머니의 헌신이 크게 기여했다. 리치의 어머니 코니는 남편이 없는 가운데 밥과 리치, 그리고 어린 자녀들까지 키우면서 오로지 리치의 성공을 위해 농장 일부터 식당 일에 이르기까지 궂은일을 마다하지 않는다. 전 남편에게 얻은 첫째 아들 밥은 사고를 치고 감옥에 들어가고 로지를 임신시켜 아기를 낳은 후 돌보지 않는 등 그녀에게 고민과 아픔을 안겨 준다. 반면에 가수를 꿈꾸는 둘째 아들 리치는 이 모든 고통을 상쇄하고도 남을 기쁨을 준다. 그녀는 리치의 매니저를 자처하면서 카우보이 팰리스라는 술집의 주인을 설득하여 미성년자인 리치가 무대에 설 수 있도록 하고, 참전 용사 홀의 연주장을 마련하고, 홍보를 위해 포스터를 만들고, 연주장을 장식한다. 자신을 믿어 주는 어머니의 헌신적인 뒷받침에 리치는 "엄마는 내가 스타가 될 거래. 스타는 하늘에서 떨어지지 않잖아My mom reckons I'm going to be a star. And stars don't fall from the sky"라고 말한다. 리치는 어머니에게 성공하면 집을 사 주겠다고 약속하고 결국 그 약속을 지킨다.

리치의 가정은 성경을 비롯해 많은 문학작품에서 볼 수 있는 원형적 가족 구조를 가지고 있다. 아담과 이브의 가정에서 아벨이 사랑받고 카인은 하나님의 미움을 사는 것처럼, 또 유진 오닐의 가정에서 둘째 아들이 편애를 받는 것처럼, 이 가정에서도 부모의 모든 관심은 리치에게 쏠린다. 밥은 "아버지는 네가 언젠가는 대단한 존재가 될 거라고 말씀하셨고 나도 그걸 믿었지. 스티브가 원한다면 그렇게 되는 게 당연하니까"라고 말한다. 나중에 스티브가 의붓아버지라는 것을 알고 사랑받는 동생에 대한 시기로 인해 삐뚤게 나가기 시작한 그는, 결국 전과자가 되고 쓰레기를 치우는 신세가 된다. 그는 동생을 사랑하면서도 술에 취하기만 하면 엄마가 항상 동생만 챙긴다고 주정을 부린다. 리치에게 음악적 재능이 있다면 밥에게는 미술적 재능이 있다. 그는 리치의 콘서트 포스터를 그리면서 자기에게 그런 재능이 있음을 발견하고, 우연히 영화사 쓰레기를 치우다가 카툰 캐릭터를 그리면서 혼자서 재능을 키운다. 그는 아트 콘테스트에 출품해서 500달러라는 상금도 타지만, 아무도 이를 기뻐해 주지 않는다. 심지어 그의 아내인 로지조차 그의 꿈을 인정하지 않는다.

애증 관계에 있는 형제는 리치가 필라델피아로 떠나기 전 크게 싸우는데, 이때 티화나에서 산 리치의 부적 목걸이가 떨어진다. 불길한 징조로 복선을 깐 상태에서 리치는 공연을 마친 후 어머니에게 전화를 하고 마침 그 전화를 밥이 받는다. 그는 형에게 시카고로 오라고 한 후 "우리는 그래도 형제잖아We're still brothers, aren't we?"라면서 눈물을 글썽인다. 밥은 리치가 목에 걸던 부러진 부적을 자기 딸에게 보여 준다. 비행기를 타기 전 동전으로 비행기 탈 사람을 정한 뒤 리치는 "스타가 있을 곳은 하늘이지Stars belong to the sky"라고 하면서 비행기를 탄다. 그리고 그는 영원한 스타가 된다.

멕시칸 아메리칸들에게 가족의 강한 유대감은 큰 의미를 지닌다. 〈셀레나〉에서처럼 리치의 성공 배경에도 가족이 있다. 레코드 회사 사장인 밥이 레코드 취입을 제안할 때 그의 밴드 중에는 쓸 만한 사람이 없으니 친구와 음악 중 하나를 선택해야 할 것이라고 하자("You're gonna have to ask yourself what's more important, your friends . . . or your music"), 리치는 "나의 가족my family"이라고 대답하여 가족의 중요성을 강조한다.

내러티브

〈셀레나〉의 경우처럼 〈라밤바〉에서도 우리는 주인공의 최후를 이미 잘 알고 있다. 그러나 라틴계 가수들의 삶을 다룬 두 영화는 그 접근 방법에서 차이를 보인다. 우선 〈셀레나〉의 경우, "요절한 가수의 비극적 삶을 조명한다고 해서 그녀의 죽음이 영화의 전체 이야기를 지배하지 않도록 한 점이 서사의 뛰어난 점"이라고 한 로저 에버트의 말처럼 그녀의 죽음이 큰 비중을 차지하지 않는다. 오히려 영화는 셀레나의 성장과 꿈의 성취에 더 초점을 맞춘다. 이에 반해 〈라밤바〉는 비행기 폭발 장면을 처음에 보여 줄 뿐만 아니라, 비운의 죽음을 맞이한 그의 마지막을 아는 상태에서 관객이 영화를 보도록 종용한다. 첫 장면에서 아이들이 농구를 하고 있는 운동장에서 멀리 큰 비행기가 날고 있는 모습이 잡히고 이어서 작은 경비행기가 접근하여 서로 충돌하는 이미지를 아이들의 쾌활한 놀이와 대조되도록 제시한다. 그렇게 시작한 영화는 그 비행기 사고의 결과가 어떠했는지를 파편적으로 악몽 형태로 삽입한다. 비행기 파편이 하늘에 쏟아져 내리면서 그 잔해 밑에 친구가 깔려 죽는 장면을 잘라서 영화의 중요한 순간에 리치의 악몽으로 제시한다. 로저 에버트는 "이건 〈라밤바〉를 시작하는 옳은 방법이 아니다. 그 효과는 구름이 영화 전체를 드리우는 효과, 임박한 죽음을 안다는 사실이 영화를 짓누르는 결과를 낳는다"라고 평가한다. 그래서 영화적인 재미가 많이 사라졌다는 것이다. 리치는 도나에게 자신이 악몽을 꾸는 이유를 말한다. 그날 할아버지의 장례식에 간 바람에 죽음을 모면한 그는 "그의 죽음이 나를 살렸어"라면서 친구의 죽음에 빚진 심정을 가지고 있음을 토로한다. 그러면서 "스타는 하늘에서 안 떨어진다"는 말로 록큰롤 스타가 될 거라는 꿈을 이야기한다.

〈셀레나〉와 〈라밤바〉의 두 번째 차이는 제작 연대의 차이다. 〈셀레나〉가 가수가 죽은 지 불과 2년 만에 나온 영화인 반면, 〈라밤바〉는 리치 밸런스가 죽은 지 거의 30년 뒤에 만들어진 영화이다. 리치는 이미 전설이 되었고 많은 미국인들에게 잊혀진 존재였다. 그러나 MTV가 등장하고 1980년대에 음악영화의 전성기가 도래하면서 미국 인구의 많은 부분을 차지하고 영화 보기를 좋아하는 라틴 관객을 겨냥한 영화가 만들어진 것이다. 영화의 마케팅은 여피, 십대들, 히스패닉을 겨냥했다. 마켓 리서치에 따르면, 당시 2,500만이던 라티노 인구 중 10퍼센트가 영화광이었다고 한다. 이 영화가 나온 1987년은 〈더티 댄싱Dirty Dancing〉이 히트한 해로, 그 분위기에서 〈라밤바〉가 개봉되었다. 컬럼비아영화사 사장인 데이비드 피커는 "우리가 〈라밤바〉를 만드는 이유는 지금까지 제대로 관심과 주의를 기울이지 못했던 시장이 있기 때문이다. … 이 영화는 앞으로 우리의 마케팅 방법, 영화 내용, 히스패닉 이야기와 배우들을 기용하는 방법을 바꿀 것이다. 우리가 알게 된 것을 이용하지 않는다면 우리는 바보다"(Denisoff and Plasketes 265-66 재인용)라고 말하였다.

4장 북미 원주민

역사적 배경

처음 콜럼버스가 미 대륙을 발견했을 때 이미 그곳에는 오랫동안 살아온 원주민들이 있었다. 지리적 감각이 없던 콜럼버스는 자신이 인도에 온 줄 알고 그들을 "인디언"이라고 불렀고, 이 잘못된 이름은 최근에 벌어진 정치적 정당성 운동으로 "북미 원주민"으로 바뀌었다.

미국 대륙을 하나님이 자신들에게 부여한 선물이라고 믿은 백인들은 서쪽에 있는 황량한 땅과 그곳에 거주하는 원주민들을 문명화 civilize하는 것이 자신들의 자명한 사명Manifest Destiny라고 여겼다. 백인들의 시각으로 보기에 원주민들은 무지하고 야만적인 생활을 하고 있기 때문에 그들을 그 상태에서 구제하고, 글을 가르쳐 교육시키고, 기독교도로 개종시키는 것이 하나님으로부터 부여받은 사명이라고 생각한 것이다. 물론 이런 표면적인 이유 아래 깔린 진짜 이유는, 원주민들이 거주하는 방대한 땅을 차지하고, 그곳에 묻혀 있는 지하자원들을 침탈하여 물질적인 이익을 챙기려는 것이었다. 이러한 목적을 이루는 데 원주민들은 제거되어야 할 장애물에 지나지 않았다.

　백인들은 인도적인 목적에서 원주민들을 도와주는 척하며 천연두가 감염된 담요를 공급하여 종족을 말살시키거나 원주민의 식량원인 아메리카 들소buffalo의 씨를 말려 이들을 기아에 허덕이도록 압박했다. 1830년에 미국 의회는 인디언 이주 법안Indian Removal Act를 통과시켜 대부분의 원주민들을 미국 정부가 정한 인디언 보호구역으로 강제이주시켰다. 이를 거부하는 부족들을 상대로는 대대적인 소탕작전을 벌였다. 명예와 조상의 전통을 중요하게 여기는 인디언 부족들은 백인 기병대에 대항했고, 1876년에는 전설적인 커스터 장군이 전사하는 리틀 빅 혼Little Big Horn 전투에서 승리하면서 기세를 떨쳤다. 그러나 이후 각 부족의 저항이 힘을 잃고, 마지막까지 저항하던 시팅 불Sitting Bull 추장마저 파인 릿지 인디언 보호구역으로 들어가면서 백인과 인디언 간의 긴 전투는 막을 내리게 된다.

　백인이 쓴 인디언 이야기는 백인의 서부 개척사만큼이나 긴 역사를 가지고 있다. 백인과 인디언 사이를 오가며 척후병과 중간자 역할을 하던 윌리엄 코디William Cody라는 인물은 들소를 너무나 많이 죽여 '버팔로 빌Buffalo Bill'이라는 별명을 얻었고, 그의 화려한 서부 이야기는 네드 번틀라인Ned Buntline이라는 다임 소설dime novel 작가에 의해 픽션화되어 동부의 독자들에게 전달되었다. 시리즈를 이어 가며 인기를 끌던 소설은 서부의 이국적인 스토리를 갈망하던 동부 사람들에게 '와일드 웨스트 쇼'라는 오락으로 변신하여 순회공연을 하게 된다. 버팔로 빌은 이 쇼에 기상천외한 총 솜씨를 뽐내던 애니 오클리Annie Oakley, 와일드 빌 히콕Wild Bill Hicock을 출연시켰을 뿐 아니라, 시팅 불까지 출연시켜 굴욕적인 항복 장면을 재연하게 만들었다. 이처럼 백인들의 입맛에 맞춘 왜곡된 서부 이미지는 영화가 발명되면서 스테레오타입화된 인디언 이미지로 전개된다.

영화에 재현된 스테레오타입: 야만인과 숭고한 인간

마이클 힐거Michael Hilger의 《야만인에서 숭고한 인간까지: 영화에서 북미 원주민 이미지From Savage to Nobleman: Images of Native Americans in Film》는 무성영화시대부터 오늘날에 이르기까지 영화에 나타난 북미 원주민의 이미지를 체계적으로 정리분류한 독보적인 저서이다. 그는 각 시대별로 야만인에 속한 묘사와 숭고한 인간의 묘사를 분류한 후 야만인의 경우 "포장마차에 대한 공격", "기병대와 요새 군인에 대한 공격", "기차와 역마차에 대한 공격", "정착민에 대한 공격" 등으로 세분하고, 숭고한 인간의 경우 "우정과 충성심", "평화를 사랑하는 추장", "북미 원주민 여성과 백인 남성 간의 로맨스", "희생자로서의 북미 원주민" 등으로 분류했다.

주류 할리우드에서 제작한 영화들은 서부 개척시대부터 고착화되어 온 스테레오타입을 더욱 공고히 하는 역할을 해 왔다. 1930년대부터 1960년대까지는 미국 서부영화의 전성기였다. 영화사가 존 벨튼에 따르면, 1926년부터 1967년까지 할리우드에서 제작된 영화의 약 4분의 1이 서부영화였다(243). 고전 서부영화시대에는 "영웅적인 상징이나 힘 있는 인물로 인정받은 대다수의 인디언 역할을 주로 백인들이 맡았다"(257). 버트 랭카스터, 록 허드슨, 헨리 브랜든이 그 예라고 할 수 있다. 토마호크 도끼를 휘두르고 얼굴에 워 페인트war paint를 칠하고 괴성을 지르는 장면이나, 백인 여자를 납치하고 머리 가죽을 벗기고 마을을 약탈하는 인디언의 모습은 인디언의 야만적인 스테레오타입을 강화하는 장치였다.

1960년대가 되면서 기존의 선악 이분법이 무너지고 인디언을 무찌르던 기병대가 반드시 굿가이good guy가 아니었다는 내용이 서부극에 등장하기 시작했다. 과거 미국 역사를 비판적으로 바라보면서, 학살을 감행한 것은 야만적인 인디언이 아니라 백인들이었고, 백인들이야말로 진정으로 야만적이었음이 드러나면서 이런 인식이 서부영화에 반영되기 시작했다. 때마침 베트남에 파병된 미군들이 민간인 마을에 들어가 민간인들을 학살하는 사건이 보도되면서 미국이 과거 역사에서 교훈을 배우지 못하고 과거에 저질렀던 실수를 오늘날에도 남의 나라 땅에 가서 저지르고 있다는 비난이 지식인들을 중심으로 대학가, 연극계, 문화계 전반에서 대두되었다. 연극계에서는 아서 코핏Arthur Kopit이 버팔로 빌의 이야기를 소재로 하여 '인디언Indians'이라는 작품을 씀으로써 서부 개척 시대에 백인들이 인디언들을 상대로 저지른 만행을 고발했다. 시인 로버트 블라이Robert Bly는 베트남과 인디언에 대한 미국의 태도를 다음과 같이 신랄하게 비난했다.

나는 베트남전이 우리가 인디언을 죽였다는 사실과 연관이 된다고 생각한다. 베트남 사람들은 우리의 인디언이다. 우리는 이 전쟁을 끝내기를 원치 않는다. 우리는 인디언 살육을 멈추고 싶지 않았지만 더 죽일 인디언이 없었다. 모두 보호구역에 있었던 것이다.(Bigsby 319 재인용)

영화계에서는 〈리틀 빅 맨Little Big Man〉과 〈솔저 블루Soldier Blue〉와

같은 영화들이 백인 기병대의 인디언 마을 습격과 민간인 학살을 적나라하게 보여 주었다. 특히 〈솔저 블루〉와 같은 영화에서는 미군 기병대원들의 부녀자 강간, 어린아이 학살, 참수와 같은 장면을 그대로 재현하여 지금 보기에도 섬뜩한 이미지를 제시하였다.

〈나의 심장을 운디드니에 묻어주오〉

2007년 HBO에서 제작된 텔레비전 영화인 〈나의 심장을 운디드니에 묻어주오Bury My Heart at Wounded Knee〉는 1970년에 디 브라운Dee Brown이 쓴 원작을 각색한 영화이다. 디 브라운의 원작은 1850년부터 1890년까지 백인과 인디언 사이에 벌어진 전쟁을 다룬 '백인이 쓴 인디언 멸망사'라고 할 수 있는데, 영화는 그중 1876년 리틀 빅혼 전투부터 1890년 시팅 불이 사망한 운디드니 학살까지를 소재로 하고 있다. 이브 시몬느Yves Simoneau가 감독한 이 영화는 에미상 17개 부문의 후보로 올라 6개 부문을 수상하는 성과를 얻었다. 이 영화는 거대 자본을 투자할 수 있는 HBO라는 메이저 케이블 채널에서나 할 수 있는 방대한 프로젝트로서 텔레비전 영화보다는 시리즈가 더 어울릴 정도로 스케일이 크고 역사적 사건을 자세히 다루고 있다. 특히 주로 캐나다의 알버타Alberta 지역에서 로케이션 촬영한 이 영화의 화면은 아름다운 영상미와 역동적인 편집과 카메라워크를 자랑한다. 특히 운디드니 학살 사건이 있던 다음 날 갑자기 기온이 내려가면서 눈밭에 얼어붙은 빅 풋Big Foot 추장의 시체를 사진 찍는 장면은 압권이라 할 수 있다.

세 명의 주인공이 이끌어 가는 서사

영화의 서사 구조는 전투로 시작해서 전투로 끝나는 수미상관의 구조를 취하고 있다. 커스터 장군과 그 부대원이 몰살한 1876년의 리틀 빅 혼 전투에서 시작하여 1890년 사우스 다코타의 파인 릿지 보호구역에서 시팅 불과 그 부족이 살해되는 운디드니 학살 사건으로 종결되는 것이다. 이 방대한 역사적 궤적을 꿰뚫는 세 개의 서사 갈래는 시팅 불, 헨리 도스 상원의원, 그리고 찰스 이스트만이 이끌어 나간다. 각각의 인물들은 백인과 인디언이 미국이라는 대륙에서 함께 살아가는 방법에 대한 각각 다른 시각, 정치적 입장, 철학을 대표한다.

백인의 압박과 침략에 대해 인디언 지도자들이 취할 수 있는 입장은 두 가지였다. 하나는 레드 클라우드Red Cloud처럼 일찌감치 인디언 보호구역으로 이주하기로 결정하는 것이다. 이러한 결정은 다른 추장들로부터 비겁하고 겁쟁이라는 비난을 받는다. 또 하나의 입장은 시팅 불과 크레이지 호스가 그러했듯이 백인들을 상대로 투쟁을 계속하면서 항거하는 것이었다.

시팅 불

크레이지 호스가 주축이 되어 기병대를 상대로 승리를 거둔 리틀 빅혼 전투에서 시팅 불이 담당한 역할에 대해서는 논란이 있지만, 그는 '살아 있는 가장 위대한 인디언'이라는 칭호로 불리었다. 마일즈 대령이 이끄는 군대가 들어오자 시팅 불이 담요를 깔고 그와 담판을 하는 장면은 백인에게 끝내 굴복하지 않겠다는 추장의 자부심과 권위를 잘 보여 준다. 그는 백인들이 원래 있던 곳으로 철수하기를 단호하게 요구하고, 마일즈 대령이 그 제안을 거절하면서 전투가 시작된다. 그러나 대포와 최신 무기로 무장한 백인들과의 싸움에서 인디언들은 상대가 되지 않았고, 결국 시팅 불은 부족을 이끌고 캐나다로 넘어간다.

캐나다에서 혹독한 겨울을 지내면서 어린이를 비롯한 부족원들이 하나 둘씩 죽고 대열을 이탈하는 부족원들이 생기면서, 그는 하는 수 없이 백인들에게 항복하고 보호구역으로 들어온다. 부족원을 사랑하는 시팅 불은 더 이상의 희생이 생기는 것을 볼 수가 없어 자존심을 버리고 백인들의 통치 하에 들어간 것이다. 특히 추운 겨울 밤 아이가 기침을 하는 가운데 불 주위에 둘러앉은 가족들이 기어가는 쥐를 프라이팬으로 쳐서 잡아 끓는 냄비에 집어넣는 장면은 그들이 얼마나 큰 고난을 겪고 있는지를 잘 말해 준다. 냄비를 열었을 때 그 속에는 쥐들이 삶아지고 있고 그 위에 죽은 아이의 얼굴이 오버랩된다.

보호구역에 들어간 그는 맥클라렌 행정관에게 총을 주면서 "내가 총을 내려놓는 마지막 추장이다"라고 말한다. 아담 아스노^{Adam Arseneau}는 자기 캐릭터에 대해 "자신의 격렬한 자존심과 부족의 복지를 놓고 씨름하는 노인"이라고 평한다. 시팅 불은 보호구역에 와서도 자신이 이곳에서 왕이며, 배급표를 받지 않을 것이라고 말한다. 이때 시팅 불을 비추는 카메라는 로우 앵글 숏으로 그의 위엄과 자존심을 강조한다. 이 영화에서 보이스오버 내레이션의 목소리는 찰스의 아내가 된 일레인의 목소리로, 그녀는 이 장면에서 "그의 눈에는 슬픔이 가득하다(sorrow in his eyes)"라고 묘사한다. 그가 배급소에서 이름이 불려도 반응하지 않자, 그가 가장 기본적인 물품마저 받지 못할 것을 우려한 일레인이 대신 나서서 그의 물건을 받는다. 그러나 아무리 그가 자존심을 내세운다 해도 인디언들은 울타리에 갇힌 들소 신세이다. 먼저 보호구역에 들어와 경찰이 된 그의 아들은 이제 들소 사냥을 해도 좋다는 허락을 받았다면서 울타리에 들어가 그 속에 갇힌 들소를 쏘고 자랑스럽게 괴성을 지르며 총을 흔든다. 용감하게 아메리카의 평원을 달리며 들소를 사냥하던 인디언의 모습은 이제 울타리 속 사냥으로 희화화되는 신세가 된 것이다. 시팅 불은 옥수수 농사를 지으라는 행정관의 말에, 옥수수는 메뚜기나 먹는 것이라면서 거부한다.

한때 시팅 불은 버팔로 빌의 와일드 웨스트 쇼에 출연하여 돈을 벌기도 한다. 백인의 시각에서 서부 정복의 화려한 이야기를 인디언을 제물 삼아 들려주는 쇼에서 자신이 항복하는 굴욕적인 장면을 연출한 것이다. 영화에서도 시팅 불이 사진사 앞에서 멋진 복장을 차려입고 포즈를 잡으며 사진을 찍는 장면이 나온다. 그는 사진 모델이 되는 대가로 돈을 받으며 사진에 서명을 해 달라는 요청에 추가 비용을 요구한다. 노력 없이 과거의 명성으로 돈을 버는 재미에 빠진 영웅으로 전락한 듯하다. 행정관인 맥클라렌은 그에게 와서 돈을 낭비한다는 이야기를 들었다면서 추장인 당신이 나쁜 본보기를 보이고 있다고 경고한다. 맥클라렌은 후에 다른 인디언을 매수하여 시팅 불이 리틀 빅혼에서 보인 무공이 모두 거짓말이며, 전투 때 겁이 나서 숨어 있었다는 헛소문을 퍼뜨려 이간질시킨다. 미국이 자기들 말을 듣지 않는 나라의 지도자를 국민들 눈에 부정적으로 보이게 할 때 사용하는 악독한 선전 공세이다. 맥클라렌은 울타리에 있는 들소를 사냥하여 고기를 받으러 온 시팅 불에게 "살아 있는 가장 위대한 인디언이시군. 자, 고기를 받으시오greatest living Indian. Get your meat"이라고 빈정댄다.

시팅 불은 결국 그의 영향력을 두려워한 미국 정부의 개입으로 죽음을 맞이한다. 인디언 보호구역에서 더 이상 사냥도 할 수 없고 배급으로만 살아가며 질병에 무방비로 노출된 인디언들은 자신들의 절망과 아픔을 이해해 줄 우보카Wovoka라는 주술사가 등장하자 그에게서 위안을 찾는다. 그는 그들에게 슬퍼하지 말라면서 자신이 가르쳐 주는 춤을 추면 자녀들과 들소들이 돌아올 것이라고, 영원히 살 것이라고, 옛날처럼 자유롭게 될 것이라고 선동한다. 사랑하는 사람들이 죽고 현실에 희망이 보이지 않는 인디언들은 그의 설교에 매료되고 그를 따라 고스트 댄스Ghost Dance를 춘다. 인디언들이 불을 피워 놓고 밤 늦게까지 춤을 추자, 백인 행정관은 시팅 불의 허락 하에 그들이 춤을 추고 있다고 생각하고 시팅 불을 잡으러 보낸다. 경찰과 군인들이 출동하고 그를 연행해 가려는 과정에서 우발적으로 인디언이 경찰을 쏘고 경찰은 시팅 불을 쏘면서 그의 아들을 비롯한 가족들도 몰살된다. 운디드니 크리크에 끌려간 사람들과 군인들 사이에 대치가 벌어지고 무기를 반납하는 과정에서 귀먹은 인디언이 무기 반납을 거부하면서 서로 총격이 벌어진다. 결국 150명이 사살되고 151명의 어린이와 여성이 부상당하는 미 역사상 최악의 학살 사태가 발생한다. 어떤 추산에 의하면 사망자가 300명에 이른다.

헨리 도스

이 영화의 서사를 이끌어 가는 또 한 명의 중요한 인물은 헨리 도스 상원의원이다. 그가 추진하는 정책은 인디언의 동화주의 정책이다. 인디언들이 보호구역으로 들어와서 과거의 야만적인 생활 방식을 버리고, 백인들처럼 농사를 짓고 아이들을 학교에 보내면 행복하게 살 수 있을 것이라고 생각한다. 헨리 도스 의원은 오히에사라는 인디언 신분에서 찰스 이스트만으로 이름을 바꾸고 다트머스와 보스턴 의대에서 공부한 후 의사가 된 찰스 이스트만을 동화주의 정책의 모델로 내세우면서 의회에서 자신의 정책을 추진한다.

영화는 그가 의회와 인디언들 사이를 왕래하면서 양쪽을 설득하고 협상하는 장면을 번갈아 보여 주면서 진행된다. 그는 다코타 지역에 6개의 보호구역을 설정하고(Pine Ridge, Rosebud, Cheyenne River, Standing Rock, Crow Creek, Brule), 도스 개별 토지 소유법Dawes General Allotment Act을 제정하자고 의원들에게 설득한다. 의원들에게 개별 토지 소유법의 필요성을 설득할 때 동원되는 것이 바로 찰스 이스트만이다. 그는 인디언들이 각자 토지를 소유하고, 농사를 짓고, 아이들을 학교에 보내면 자연스럽게 미국 시민이 될 것이라고 설득한다. 인디언들에게 불하되고 남은 나머지 땅은 백인 정착자들에게 불하되고 그러면 인디언과 백인이 나란히 이웃으로서, 친구로서, 동업자로서 지내게 될 것이고, 부설된 철도는 인디언을 더 넓은 세상으로 노출시켜 결국 이들을 문명화시킬 것이라는 논리다.

하지만 땅을 소유한다는 개념을 이해하지 못하는 인디언들에게는 돈으로 땅을 사겠다는 그의 감언이설이 먹히지 않는다. 마침 블랙 힐스Black Hills 지역에 금이 있다는 소문이 1876년에 공식적으로 확인되면서 그 일대에 금광 광산촌이 우후죽순으로 생겨나게 된다. 금광으로 연결하는 철도를 건설하기 위해 인디언들의 땅이 절실히 필요했던 미국 정부로서는 인디언들을 보호구역으로 몰아넣고 나머지 땅을 차지하는 것이 절대적인 가치로 다가온다. 원래 인디언들을 위한다는 좋은 의도를 가지고 접근했던 헨리 도스 의원도 경제적인 논리에 좌우되게 되고, 소위 인디언들을 위한다는 그의 명분은 빛이 바래게 된다.

찰스 이스트만

영화는 앳된 모습의 인디언 소년 오히에사가 역사적인 전투인 리틀 빅혼 전투에 휘말리게 되는 장면으로 시작한다. 시냇가에서 친구와 놀고 있던 그에게 백인 군인들이 들이닥치고 같이 도망치던 친구가 백인의 총에 맞아 죽는 가운데 그는 전투의 한가운데 뛰어들게 된다. 칼로 적을 죽이는 무공을 세운 대가로 깃털을 선물 받은 그는 기독교도가 된 아버지가 그를 데리러 오면서 고향을 등진다. 아버지를 따라간 후 그는 차츰 인디언으로서의 정체성을 버리고 동화된 백인으로서의 정체성을 취한다.

우선 그는 머리를 자르고 백인 여선생님에게서 수업을 받는다. 그가 머리를 자르고 백인의 이름을 취하는 이미지는 영화에서 서로 연관되어 제시된다. 그가 추장의 이름을 틀리게 부르는 여선생의 오류를 잡으려 하지만, 여선생은 백인의 이름을 취하지 않는다며 그에게 기회를 주지 않는다. 그가 찰스라는 이름을 선택하는 순간, 그의 머리에서 많은 머리카락이 떨어지는 이미지가 병치된다. 찰스라는 이름을 택한 그는 그제서야 백인 여선생이 설명하는 추장의 이름이 "점박이 꼬리Spotted Tail"이 아니라 "작은 까마귀Little Crow"라고 지적하면서 오류를 바로잡는다. 수업을 마치자 아버지는 그를 더 큰 세상으로 데려갈 사람과 같이 들어오고, 가기 싫다는 그에게 아버지는 십자가 목걸이를 걸어 주면서 "백인들의 세상이다. 꼭 가야 한다"고 설득한다. 기차를 타고 창밖을 바라보는 오히에사의 눈에 눈물이 맺히고 그의 손에는 깃털이 들려 있다.

도스 상원의원과 마찬가지로 찰스 이스트만의 정체성 변신과 의사로서의 커리어 추구는 자신의 동족을 위한다는 고귀한 목적 때문이었다. 기차를 타고 고향과 눈물의 이별을 했지만 다음 장면에서 그는 양복을 입고 도스의 정치적 선동에 동원된다. 그는 의원들 앞에서 "말해 주세요. 보여 주세요. 그러면 배우겠습니다Tell me. Show me. I'll learn"라는 말로 적극적인 동화주의자로서의 모습을 보인다.

그러나 막상 아이들이 전염병으로 죽어 가는 보호구역 현장의 참상을 접한 그는 자신이 백인들의 통제에 휘둘리고 있음을 깨닫는다. 그는 도스 의원에게 인디언 말에는 "땅을 소유한다"는 단어가 없다고 항변하면서 땅에 집착하는 그를 비판하고 인디언의 땅을 차지하려는 야욕을 버리라고 한다. 그에 대해 도스 의원은 단어가 없다면 "단어를 새로 만들게invent one"라고 말한다. 전염병이 돌고 아이들이 죽어 나가고 기독교식 장례는 인디언들에게 아무런 위안이 되지 않지만, 행정관의 보고서에는 이런 내용들이 하나도 포함되지 않는다. 도스의 관심은 오로지 땅에만 있다. 그는 인디언들에게 최후통첩을 제시한다. 에이커당 1달러 25센트로 팔지 않으면 강제로 빼앗겠다고 말하는 그에게 찰스가 다가가서 "위협하는 겁니까? 당신의 계획을 위해서?"라고 묻자, 도스 의원은 "우리의 계획이겠지Our plan"라면서 찰스 또한 이러한 일에 연루되어 있음을 지적한다. 또 다른 장면에서 도스 의원이 "무엇이 진정으로 그들을 위하는 것인지 아는가?"라고 질문하자, 찰스는 "그럼요. 제가 그들 중 한 사람이니까요Yes. I'm one of them"이라고 대답한다. 여기에 대해 도스는 "내가 수족이 아니 듯이 자네도 더 이상 수족이 아니야You are no more Sioux than I am"라면서 그의 정체성 변신을 지적한다.

그가 더 이상 인디언이 아니라는 말은 백인인 도스 의원만 하는 것이 아니다. 그의 동족이 보기에도 찰스는 더 이상 인디언이 아니 다. 인디언들이 춤추는 현장에 가서 찰스가 춤을 추고 있는 친구에 게 뭐하는 거냐고, 당신은 크리스천이 아니냐고, 정말 저런 것을 믿 느냐고 묻자, 그에게 돌아오는 대답은 "그럼 뭘 믿어야 하는데, 백인 의사 양반Tell me what to believe, white medicine man"이다. 인디언들의 눈에 그는 백인들의 이익을 대변하고 그들을 위해 일하는 백인 의사일 뿐 이다. 그는 자신이 절대로 백인이 될 수 없으며 그들에게 이용만 될 뿐이라는 사실을 너무 늦게 깨닫는다. 이처럼 어디에도 속하지 못하 는 분열된 정체성은 찰스를 악몽에 시달리게 한다. 여러 장면에서 그는 질주하는 기차의 모습과 소음에 소스라쳐 깨어 일어난다. 마지 막에 수백명의 인디언들이 각자 자기 이름으로 땅을 등록하도록 하 기 위해서 그들의 이름을 짓는 작업에 동원된 찰스는 울분을 참지 못하고 폭발한다. 그러다가 '크리스천 이름의 역사'라는 책에서 어 린 시절 자기가 얻었던 깃털을 발견한다. 소리를 듣고 놀라서 내려 온 아내 엘렌에게 그는 "그때 기차에서 뛰어내렸어야 했어"라고 말 한다. 그랬더라면 레드 리버에 있는 내 집을 찾아갔을 것이라는 찰 스의 회상이 있고 난 다음 장면에서 우리는 실제로 레드 리버에 도 착한 그를 만난다. 그는 보자기를 펼쳐들고 그 속에는 깃털과 십자 가가 들어 있다. 그의 인디언으로서의 정체성과 크리스천으로서의 정체성을 상징하는 물건이 같이 들어 있는 것이다. 그는 그것을 강물에 버리려고 하다가 다시 꼭 움켜쥐고 호주머니에 넣는다. 양쪽에 걸린 자신의 정체성이 그를 괴롭히지만 여전히 그것을 끌어안을 수밖에 없는 제스처로 해석된다.

영화 마지막 장면에서는 자막으로 그와 그의 아내가 어떤 일을 했는지 설명한다. 그리고 레드클라우드와 시팅 불의 생애와 그 의미, 그리고 블랙 힐스 강탈의 불법성을 판결한 1980년의 판결에 대해서도 관객에게 말해 준다.

역사영화로서 의미와 한계

이 영화는 '역사영화'라는 장르에 속한다. 역사적 사실을 바탕으로 상상력과 허구를 첨가하여 만든 것이다. 이 경우 어디에 더 초점을 맞추는가, 누구의 시점에서 묘사되는가가 중요한 문제가 된다. 인디언의 역사는 그동안 백인들의 시각으로만 작성되어 왔으며, 영화를 비롯한 문학작품도 인디언들을 교화되고 문명화되어야 할 야만인으로 묘사해 왔다. 그러나 1960년대 이후 수정주의 역사와 영화들이 등장하면서 그들에 대한 재해석이 내려진다. 2007년에 제작된 이 영화는 분명히 1980년의 대법원 판결과 그 이후의 사태 전개를 염두에 두고 제작되었을 것이다. 시팅 불의 죽음과 운디드니 학살 사건에 대해서는 역사적인 기록이나 정황이 정확하게 일치되지 않는 부분이 있으나, 분명한 것은 이 사건을 통해 시팅 불과 수백명의 인디언이 학살을 당했으며 이것이 금광이 발견된 지역의 토지를 강점하려는 백인들의 야욕을 확실하게 보여 주는 상징적 사건이라는 점이다.

실제 역사의 기록이라는 인상을 더욱 더 강조하기 위해 영화는 각

인물을 소개할 때 그들의 초상을 흑백 사진으로 제시하여 마치 그 사진이 실제 시팅 불, 도스, 찰스 이스트만의 사진인 듯한 인상을 전달한다. 〈미국식 오락〉의 경우에도 그랬듯이 비록 이 영화는 컬러 영화이지만 영화를 보고 나면 흑백영화로 기억된다. 특히 시팅 불이 살해되는 장면에서 컬러에서 흑백으로 전환되는 등 마치 옛날 다큐멘터리를 보는 듯한 인상을 준다. 영화의 끝에 자막이 올라가면서 역사적 서술을 보충하는 것 또한 〈미국식 오락〉과 닮았다.

이 영화에서 중요한 점은 내레이터가 누구인가 하는 것이다. 주관적 시점의 제시가 힘든 영화라는 예술에서 주인공의 내면의 목소리를 들려줄 수 있는 중요한 장치가 바로 보이스오버 내레이션이다. 이것은 특히 느와르 영화에서 주인공이 과거로 플래시백하여 과거의 사건을 서술할 때 많이 사용된다. 그렇다면 이 영화에서도 서술자의 목소리가 누구인가에 따라 누구의 시점에서 서술되었는지를 가늠할 수 있을 것이다. 특이하게도 영화의 시작과 끝에 나오는 내레이션은 바로 엘렌의 목소리다. "인디언 속담이 있습니다There's an Indian proverb"로 시작되는 엘렌의 보이스오버 내레이션은 강가에서 놀고 있는 어린 오히에사와 그 친구의 이미지와 병치되어 제시된다. 영화 마지막에 운디드니 학살 후 찰스에게 닥친 어려움도 엘렌의 목소리를 통해 서술된다. 결국 엘렌이 영화의 시작과 마지막의 목소리를 갖게 함으로써 이 영화는 인디언과 결혼한 동정적인 백인 여성의 목소리를 통해 역사상 가장 처절한 학살 사건을 말하고 있다. 그리고 그 이야기는 인디언들의 육성과 분명 차이가 있을 것이다. HBO가 왜 이러한 선택을 했는지는 좋은 토론 소재가 될 것이다.

⟨스모크 시그널Smoke Signals⟩

북미 원주민 출신 작가 셔먼 알렉시Sherman Alexie의 《로운 레인저와 톤토가 천국에서 주먹다짐을 하다The Lone Ranger and Tonto Fistfight in Heaven》를 원작으로 원작자가 직접 대본을 쓰고 크리스 에어Chris Eyre가 감독하여 제작한 ⟨스모크 시그널Smoke Signals⟩(1998)은 북미 원주민이 대본과 감독과 제작과 주연을 담당한 최초의 영화이다. 이 영화는 1998년 선댄스 영화제에서 관객상과 감독상을 수상하였다. 인디언 보호구역으로 내몰려서 거의 사라질 위기를 겪고 있는 북미 원주민의 눈으로 변화하는 20세기 미국에서의 그들의 위치와 정체성과 현실을 묘사한 이 영화는, 그렇다고 해서 비관적이거나 자조적이지 않다. 뛰어난 두 배우의 연기 덕에 자칫 음울해질 수 있는 주제들이 재치와 패러디로 변주되어 영화 내내 보는 즐거움을 선사한다. 서부영화 속에서 스테레오타입으로 묘사된 자신들의 이미지를 알기 때문에 이 주인공들은 끊임없이 서부영화 전통과의 상호텍스트적인 유희를 벌이고 기존의 백인 위주 이데올로기를 전복한다.

영화의 장르: 로드무비와 버디무비

주인공인 빅터가 친구 토마스와 함께 아버지의 유골을 되찾으러 가는 여정을 그린 이 영화는 로드무비Road Movie와 버디무비Buddy Movie의 성격을 동시에 가지고 있다. 어느 날 빅터 조셉은 가족을 버리고 집을 나간 아버지가 사망했으니 유골을 가져가라는 통보를 받는다. 직업도 없이 세월을 허송하는 빈털터리인 그는 어머니에게서

40달러를 받지만 그것은 여행 경비로는 턱없이 부족한 금액이다. 그의 친구인 토마스는 자신이 그동안 병에 모은 돈을 줄 테니 자신도 데려가라고 제안한다. 다른 대안이 없는 빅터는 토마스와 함께 여행을 떠나고, 결국 아버지의 유골을 찾아 집으로 돌아오는 목표를 달성한다. 로드무비답게 두 사람은 여정을 통해 많은 깨달음에 이르고 정신적으로 성장하며, 더 현명한 사람이 되어 목적지에 도달한다.

평생을 같은 보호구역에서 살아온 빅터와 토마스는 외모만큼이나 성격에서도 대조를 보인다. 이러한 대조와 차이에도 불구하고 두 사람은 완벽한 버디로서 아이다호로부터 애리조나 피닉스까지의 먼 여정을 같이한다. 그리고 길에서 겪는 어려움과 난관을 잘 극복하고 그동안 자신들이 가지고 있는 의문을 해결한 후 자신에 대한 더 깊은 이해에 도달한다.

사실 두 사람은 갓난아기 때부터 깊은 인연으로 연결되어 있다. 1976년 독립기념일에 폭죽을 터뜨리며 파티를 하던 코르 달린Coeur d'Alene 주민들은 술에 취해 깊이 잠들고 그 사이에 화재가 발생한다. 화재로 인해 토마스의 부모는 불에 타죽고, 토마스는 빅터의 아버지인 아놀드가 창밖으로 던진 덕에 목숨을 구한다. 토마스는 아놀드를 생명의 은인으로 여기고 아놀드 또한 토마스를 아들처럼 대하며 좋은 기억들을 함께한다. 그 화재 사건 이후 평생 아파하며 술에 절어서 살던 아놀드는 어느 날 부인과 싸운 뒤 집을 나간다. 빅터는 이해할 수 없는 아버지의 부재 가운데 어머니와 살면서 불만에 차고 직업도 가지지 못한 채 무의미한 하루하루를 보낸다.

한편, 부모 없이 할머니와 함께 사는 토마스는 키가 작고 항상 머리를 땋고 다니는 우스꽝스러운 모습에 쉴 새 없이 떠벌이는 밝은 성격의 소유자이다. 그와 대조적으로 빅터는 아버지를 닮아서 몸집이 크고 전형적인 인디언의 모습을 하고 있으며 과묵하다. 그는 쉴 새 없이 떠벌이는 토마스에게 무서운 표정을 지어야 백인들에게 무시당하지 않는다고 충고한다. 그는 아버지의 유골을 가지러 가는 이 여정에 토마스가 동행하는 것을 못마땅해하지만 경제적인 도움을 받기 위해 하는 수 없이 동행을 허락하면서 세 가지 조건을 내세운다. 첫째 양복을 입지 마라, 둘째, 실없는 이야기를 하지 마라, 셋째 피닉스에 갔다가 바로 돌아온다. 토마스는 도중에 양복을 벗고 티셔츠를 입으며, 피닉스에서 유골을 찾은 후 곧바로 돌아오지만, 쉴 새 없이 떠벌이는 이야기만은 멈추지 않는다.

버디로서 로드무비의 여정을 함께하면서 두 사람은 버스 안에서 올림픽 체조선수도 만나고, 카우보이들에게 자리도 뺏기며, 피닉스에서 먼 길을 걸어서 트레일러로 가는 등 역경을 겪는다. 마치 성배를 찾듯 아버지의 유골을 들고 돌아오는 과정에서 그들은 교통사고를 겪고, 범죄 혐의로 경찰의 조사를 받기도 하지만 무사히 집으로 돌아온다. 존 워렌 길로이Jhon Warren Gilroy는 이 영화가 백인 관객에게도 어필한 이유가 캐릭터의 목표, 연속 편집, 종결감 있는 엔딩 등 주류 관객들이 익숙한 내러티브 기법을 사용하기 때문이라고 주장한다. 동시에 이 영화의 차별성이 "대사 위주의 버디/로드 무비의 성격"(30)을 통해 관객이 스토리 서술 방식에 집중하게 하면서 동시에 "내러티브의 표층 레벨을 넘어 깊은 철학적 의미까지 보게 한다는 데 있다"(31)고 지적한다.

토마스와 빅터는 돌아가는 길에 언쟁을 벌이다가 교통사고에 휘말리게 되는데, 거기서 위기에 처한 부인과 딸을 폭력적인 남편으로부터 구해 낸다. 빅터는 상처를 입은 딸을 구하기 위해 20마일을 달려가 도움을 청한 후 쓰러진다. 두 사람이 다시 병원을 찾았을 때 그들에게 고마운 마음을 표시하는 부인은 그들을 "로운 레인저와 톤토Lone Ranger and Tonto"라고 부른다. 이에 대해 토마스는 자신들은 "톤토와 톤토"라고 대답한다. 바로 이 점이 이 영화가 할리우드 로드무비의 스테레오타입을 전복하는 방식이다. 인기 서부영화였던 〈로운 레인저와 톤토〉에서는 백인이 주인공이고 인디언인 톤토가 조연이었던 데 반해, 이 영화는 주연과 조연이 모두 인디언인 것이다. 이 영화는 백인의 조연으로서가 아니라 주인공으로 인디언을 기용함으로써 이 영화 형식을 자성적으로 보게 한다. 대개 로드무비에 등장하는 여성 인물 또한 이 영화에는 없을 뿐 아니라 등장하는 여성들 또한 사랑의 관심love interest를 불러일으키기보다는 토마스 부자의 관계를 부각시키는 역할을 한다.

내러티브: 이야기하기와 보여 주기 telling and showing

보여 줄 것인가 아니면 들려줄 것인가의 문제는 아리스토텔레스 이래로 서양의 문학비평을 관통하는 중요한 이슈이다. 고전 희랍 극이나 신고전주의 극에서는 3일치를 주장하면서 무대 밖에서 일어나는 일을 직접 보여 주기보다는 보고report를 통해 관객에게 전달해야 한다는 입장을 취했다. 영화 내러티브에서도 시간과 공간은 중요한 요소로 내러티브를 일어난 시간적 순서대로chronologically 전개시킬 것인지, 아니면 플래시백을 통해 재현할 것인지, 누구의 시점으로 무엇을 얼마만큼 보여 줄 것인지의 문제는 중요한 이론적 쟁점이다.

영화는 토마스의 보이스오버로 시작하고 끝난다. 따라서 이 영화가 토마스의 회상이라는 인상을 준다. 그러나 그의 기억이 재현되는 과정에서 기존에 알고 있던 사실과 진실이 충돌하며, 고정관념이 도전받아 수정된다. 자신과 다른 사람에 대해서, 부모에 대해서, 인디언 부족에 대해서, 백인에 대해서 가지고 있던 통념들이 도전받고 재해석되는 것이다. 많은 경우 인디언과 연관된 통념과 스테레오타입은 텔레비전과 영화 등의 매체에서 생산된 것이다. 토마스 자신은 그 사실을 잘 알고 있고 의식적으로 그것을 들추어 내어 유희한다.

토마스의 스토리텔링은 인디언의 구전 전통에 뿌리를 둔 것으로서 그들이 진실에 접근하고 오해를 불식하는 통로가 된다. 그는 직면하기 껄끄러운 주제조차도 스스럼없이 거론하며 단도직입적으로 직면하게 함으로써 빅터에게 도전을 준다. 가령 아놀드가 떠나고 난 후 토마스는 빅터에게 와서 "아버지가 왜 떠났어? 네가 미워서 떠났어?"라는 질문으로 가뜩이나 슬퍼하는 빅터를 힘들게 하여 그에게 매를 맞는다. 그는 또 빅터의 아버지가 절대로 돌아오지 않을 거라고 단언하여 빅터를 절망시킨다. 그들이 처음으로 보호구역을 벗어나 그레이하운드를 타러 갈 때 루시에게서 차를 얻어 타는 에피소드에서 인디언들이 구전 전통을 자랑스럽게 여기고 있음을 알 수 있다. 후진만 할 수 있는 자동차를 운전하는 루시는 재미있는 이야기를 해 주면 태워 주겠다고 말하고, 토마스는 아놀드가 1960년대에 반전시위 하던 이야기, 타임지에 사진이 실렸던 이야기, 군인을 때려눕히고 2년간 복역했던 이야기를 들려준다. 루시는 "구전 전통의 훌륭한 사례a fine example of oral tradition"라고 평가하고 그들을 차에 태워 준다.

토마스가 너무나 많이 반복하여 빅터가 염증을 느끼는 이야기에는 열두 살 때 아놀드가 토마스를 스포케인 폭포에 있는 데니스라는 식당에 데려간 이야기가 있다. 빅터는 그 이야기를 천 번도 더했다고 그만하라고 한다. 이제는 돌아가신 아버지에 대해 애증의 감정이 교차하는 빅터는 그 이야기에 염증을 느낀다. 토마스는 빅터에게 아버지에 대해 기억나는 것이 무엇이 있냐고 물은 후 자신은 아놀드가 프라이브레드 먹기 대회에서 열다섯 개 먹은 것이 기억난다고 한다. 빅터는 헛소리 좀 그만하고 "정상적인 대화"를 하라고 화를 낸다. 독립기념일 화재에 관한 이야기, 스포케인의 폭포 이야기, 프라이브레드 이야기, 아놀드가 떠난 이야기 등은 과연 어느 것이 진실이며 어느 것이 거짓말인가에 대한 주제와 중요한 연관성이 있다.

이 모든 스토리를 꿰뚫는 중심적인 주제는 바로 아놀드와 빅터의 부자 관계이다. 아버지가 홀연히 떠난 후 빅터는 과연 아버지가 나를 사랑했는지, 왜 떠났는지, 나에 대해 다른 사람들에게 이야기를 했는지, 했다면 어떤 이야기를 했는지에 대한 궁금증을 해결하지 못해 전전긍긍하며 하루하루를 허송한다. 친구이기는 하지만 스포케인 폭포의 데니스 식당에서 자기 아버지가 토마스에게 아침 식사를 사 주었다는 이야기도 못내 질투가 나는 사실이며, 그렇기 때문에 토마스가 그 이야기를 꺼낼 때마다 그에게 화를 내며 때려 주고 싶다. 더구나 아버지가 자신을 싫어해서 떠났을 것이라는 말은 견디기 힘든 모욕이다. 빅터의 기억 속 아버지는 때로 다정하지만 폭력적인 아버지이다. 그를 데리고 농구도 하고 마술 이야기도 하며 다정스럽게 대하다가도 맥주를 건네 주는 과정에서 빅터가 실수로 맥주를 쏟자 바로 폭력을 휘두른 사람이다. 늘 농담처럼 언젠가는 사라지겠다고 말하다가 그것을 실행에 옮긴 사람이다. 아들을 사랑하고 아들이 보고 싶다면 절대로 하지 않았을 행동을 한 사람이다. 그러나 아버지에 대한 그의 인식은 아버지와 잠시 살았고 그가 죽었을 때 연락을 취한 수지라는 여인을 통해 도전받고 수정된다.

빅터는 수지를 만나자마자 아버지가 자신에 대해서 이야기했는지를 묻는다. 거기에 대해 수지는 과거에 두 명의 예수회 신부들과 농구하던 이야기를 했다고 한다. 열두 살 때 신들린 것처럼 농구를 잘했던 빅터는 날개가 달린 천사처럼 날았고, 그날만큼은 인디언과 크리스천의 싸움에서 인디언이 이겼다는 것이다. 이에 대해 빅터는 그날 자신이 골을 넣지 못했다고 고백하면서 아버지가 아름다운 그림으로 아들과의 과거를 윤색하려 했음을 깨닫는다.

수지와의 대화를 통해 밝혀진 아놀드의 치명적인 진실은, 그가 빅터를 세상 어떤 아버지보다 사랑했다는 사실이다. 1976년에 화재가 났을 때 사람들은 아놀드가 토마스를 구해서 창밖으로 던지는 바람에 토마스를 살렸다고 알고 있지만 실제로 불을 낸 사람은 바로 아놀드 자신이었다. 사람들이 모두 잠들었을 때 그는 폭죽을 가지고 집 안으로 들어 왔고 그것이 화재의 원인이었던 것이다. 그리고 불길에 뛰어든 이유 또한 자신의 아들인 빅터를 살리기 위함이었다. 수지를 만나서 아버지의 유골을 받고 집으로 돌아가는 길에 교통사고를 목격한 후 빅터가 도움을 청하러 20마일을 달려갈 때 그의 귀에 쟁쟁하게 들리는 수지의 말은 "아버지가 잘한 일 중 하나는 너를 구하러 간 거야He did one good thing. He went back for you"라는 말이다.

아놀드가 집을 떠난 진짜 이유도 수지를 통해 밝혀진다. 수지와 "지금까지 한 일 중 가장 나쁜 짓What's the worst thing you ever did?"을 서로 고백하는 자리에서, 아놀드는 "나도 세 명의 마음을 아프게 했다 I broke three hearts too"고 고백한다. 그 누구에게도 말할 수 없는 비밀을 서로 털어놓는 사이We kept each other's secrets가 된 수지에게 아놀드는 화재를 내서 토마스의 부모를 죽게 한 그 사건을 날마다 이야기했으며, 과거를 되돌리고 싶었다고 말했다. 그리고 빅터가 아는 것처럼 그를 미워해서 떠난 것이 아니라 그를 너무나 사랑했으며 집에 가고 싶어했다. 처음에 그녀의 말을 믿지 않던 빅터는 아버지의 유품을 정리하는 과정에서 아놀드의 지갑에서 가족사진과 그 뒤에 적힌 집 home이라는 글자를 발견하고 주머니칼로 자신의 머리를 자른다. 화재 사건이 있고 나서 애도mourning의 마음으로 머리를 잘랐던 아버지처럼 자신도 아버지의 죽음을 애도하여 머리를 자른 것이다.

수지에게 아들 자랑을 했던 아놀드는 토마스에게도 아들 자랑을 했던 것이 밝혀진다. 아놀드가 스포케인 폭포에서 토마스를 만나서 아침 식사를 사 주었다는 이야기는 수백 번도 넘게 한 이야기지만, 여정에서 돌아오는 길에 토마스는 아놀드가 빅터 자랑을 많이 했다고 이야기한다. 빅터가 농구를 잘한다는 자랑을 했다고 하자, 빅터는 "너 우리 아버지 잘 아는 것처럼 이야기하는데 너는 전혀 모르잖아"라고 말한다. 거기에 대한 토마스의 대답은 "너도 너 자신이 누군지 몰라You don't know who you are"이다. 떠날 때보다 훌쩍 더 성장해서 집에 돌아온 두 사람은 아놀드의 유골 가루를 나눠 가지며 언젠가 폭포에 가서 재를 뿌릴 거라고 이야기한다. 이때 토마스가 "네 아빠가 떠난 진짜 이유를 아냐?"고 묻자, 빅터는 "원래 떠날 생각이 아니었어He didn't mean to"라는 말로 아버지에 대해 새롭게 보기 시작했음을 보여 준다. 마지막 장면에서 그는 스포케인 폭포 다리 위에서 아버지의 재를 뿌리고, 연어처럼 솟아오를 아버지를 생각하며 기쁨의 탄성을 지른다. 배경으로 인디언들의 축제 노래 소리가 들린다.

대중 매체에 의한 스테레오타입 해체

이 영화는 현대 미국 사회를 살아가는 북미 원주민의 시각에서 서술되는 북미 원주민의 이야기이다. 특히 서부영화를 통해 수없이 구축된 원시적이고 악마적인 스테레오타입과 숭고한 야만인의 스테레오타입이 더 이상 통용되지 않음을 자기희화적인 터치로 영화 곳곳에서 그려 낸다. 그들이 사는 공간과 삶의 방식은 이제 멸종 위기에 처한 들소처럼 낯설고 생경하며 영화 전반적으로 깔리는 톤은 아이러니다. 존 길로이는 "유럽 아메리칸 관객에게 인디언 보호구역의 삶의 타자성the Otherness of reservation life to a Euramerican viewer"(32)을 보여주어 "인디언성Indianness"에 대한 주류의 인식에 도전하는 것이 이 영화의 특징이라고 말한다. 토마스의 보이스오버로 시작하는 이 영화에서 주류 관객은 아웃사이더로 자리잡게 되고 그러한 위치에 혼동을 느낄 수 있다.

우선 주인공들이 사는 보호구역은 하루 종일 차가 한두 대 지나갈까 말까 하는 한적하고 저개발된 마을이다. 유일한 라디오방송국에서는 1972년부터 네거리에 망가진 상태로 방치된 자동차 위에서 교통 상황을 방송하고, 루시의 자동차는 변속기어가 망가져 후진으로만 운행한다. 눈이 핑핑 돌 만큼 빠른 속도로 발전하는 외부 세계와 달리, 이곳은 발전이 정체되어 있거나 도리어 퇴보하고 있음을 상징적으로 보여 준다. 미국 내에 존재하지만 외국이나 마찬가지고, 영화의 주인공들은 이곳을 떠나 다른 지역으로 갈 때에는 여권과 예방접종카드를 챙겨야 하는 거 아니냐는 자조 섞인 농담을 한다. 가장 가까운 그레이하운드 정류장까지의 교통수단도 없어서 빅터와 토마스는 루시의 후진 자동차를 타야만 한다.

영화 속 서사의 단초가 된 사건, 즉 독립기념일에 일어난 화재 사건 또한 아이러니하다. 백인들의 독립기념일을 축하하기 위해 인디언들이 모였고 그것을 축하하다가 인디언들이 불에 타죽는 어처구니없는 일이 벌어졌기 때문이다. 미국은 영국으로부터 독립을 성취했을지 모르나, 백인들이 북미 대륙에 이주함으로써 원주민들은 자신들의 땅에서 쫓겨났다. 그러한 역사적 의미도 망각한 채 단지 술에 취하기 위해 파티를 벌이고 불꽃놀이를 하는 인디언들의 역사적 건망증을 이 영화는 꼬집고 있다. 또 한심한 인디언의 모습은 토마스의 대사를 통해 제시된다. 수지의 집에 도착했을 때 마침 텔레비전에서는 인디언이 등장하는 서부영화가 방송되고 있다. 그것을 보고 토마스는 "텔레비전에 나오는 인디언보다 더 한심한pathetic 것이 뭔지 알아? 그걸 보고 있는 인디언이야"라고 말한다. 인디언이 서부개척 신화와 인디언을 희생시키는 백인 영웅을 보여 주는 영화를 그대로 용납하는 것은 한심하다는 것이다.

왜냐하면 그렇게 날조된 서부 신화들은 모두 거짓말이기 때문이다. 서부영화에서 인디언은 얼굴 없는 포악한 야만인으로 묘사되며, 백인들을 잡아서 머리 가죽을 벗기고 마을을 불태우는 존재들이다. 인디언을 호의적으로 그린 영화들에서 그들은 고귀한 야만인Noble Savage로 묘사되지만, 오늘날의 인디언들은 용맹스럽지도 않고 승리하지도 않는다. 빅터는 쉴 새 없이 떠벌이는 토마스에게 입 좀 닥치라고 하면서, 인디언이 백인에게 무시당하지 않으려면 바보처럼 웃지 말고 사나운 표정을 지어야 한다고 말한다. 막 버팔로를 잡고 온 전사처럼 근엄한 표정을 지으라고 하자, 토마스는 우리 조상은 어부였으니 "연어와 함께 춤을Dances with Salmon"이라고 해야 하냐고 묻는다. 그의 충고를 따라 우스꽝스러운 양복을 벗고 땋은 머리를 풀고 현대적인 티셔츠 복장으로 다시 버스로 돌아왔을 때, 그들의 자리에서 기다리는 것은 덩치가 좋은 막무가내 백인들이다. 그들은 아무소리 못하고 자리를 빼앗긴 채 다른 곳으로 가서 앉는다. 토마스는 전사와 같은 표정이 아무 쓸모가 없었다면서 "카우보이가 언제나 이긴다"고 말한다. 그리고 그런 카우보이의 원형인 존 웨인을 소재로 노래를 부른다. 인디언의 토속적인 톤으로 그들이 "존 웨인의 이빨"에 대한 노래를 부를 때 실제로 "그들은 어쩌면 이 상황에서 승리를 거두게 된다. 자리를 빼앗겼을지는 모르지만 존엄성을 잃지는 않았다Victor and Thomas do, in a sense, get the last word. They may have lost their seats, but not their dignity(Gilroy 36). 그들은 버스에서 내려 수지의 집까지 걸어가면서도 커스터 장군, 트루먼 대통령, 닐 암스트롱, 슈퍼맨, 배트맨, 원더 우먼, 찰스 브론슨에 이르기까지 실제로 존재했거나 만화와 영화에 나왔던 미국의 영웅들을 거론하면서 아무도 우리를 도와줄 수 없다고 말한다.

인디언들이 과거 백인들에게 착취당하고 속임을 당한 역사는 빅터가 떠날 때 어머니 알린과 나누는 대화에서도 드러난다. 알린은 토마스와 가도 되는지를 묻는 빅터의 질문에, 가도 되지만 꼭 돌아온다고 약속하라고 다그친다. 빅터가 "계약서라도 쓸까요?"라고 하자, 그녀는 "계약서 쓰는 거 인디언들이 안 좋아하는 거 알잖아You know how Indians feel about signing papers"라고 대답한다. 이는 역사적으로 백인들이 인디언 부족들과 무수한 계약과 조약을 맺었지만 자신들이 유리한 쪽으로 항상 해석하면서 갚아야 할 땅 대금을 갚지 않고, 하기로 한 금전적 · 환경적 배상도 하지 않은 것에 대한 신랄한 비판이다.

자기 땅에서 유배당한 타자의 이야기

백인들이 건너오기 전부터 수많은 세월을 자신의 땅에서 자연과 화합하며 살아오던 북미 원주민은 자기 땅에서 유배당한 타자들이다. 서쪽으로 거친 황야를 정복하며 그곳을 문명화시키는 것을 하나님의 자명한 사명이라고 믿는 백인들에게 원주민들은 단지 제거되어야 할 장애물일 뿐이었다. 전사의 용기와 명예를 생명처럼 여기며 자기 땅을 지키려던 원주민은 백인들의 학살과 정치적 계략에 희생되어 멸종되어 버린 아메리카 들소처럼 추위에 얼어 죽고 사냥되고 자기 땅에서 쫓겨났다. 영화를 비롯한 대중 매체에서 전사와 숭고한 야만인의 두 얼굴로 스테레오타입화된 원주민들은 북미 대륙에서 오늘날까지도 이해되지 못한 타자로 존재해 왔다. 그렇기 때문에 원주민 작가와 감독이 만든 〈스모크 시그널〉은 그들의 시각에서 본 원주민의 처지와 역경, 어려움을 묘사했다는 점에서 주목받을 만하다. 크리스 에어 감독은 고전 영화 내러티브와 유머를 사용하여 주류 관객의 기대를 전복하면서 동시에 현대 미국을 살아가는 원주민들의 삶에 깊은 이해를 제공한다.

5장 동성애자

동성애 재현의 역사

1969년 스톤월Stonewall 폭동 이후 게이해방전선Gay Liberation Front 등 동성애자들의 권리 쟁탈 운동이 지속되면서 미국 사회에서도 동성애자 인식 및 활동에 많은 변화가 있었다. 그러나 보수적인 레이건 정권이 들어서면서 동성애자들은 소위 '소프트 바디soft body'의 하나로 지목되면서 또다시 박해와 차별의 대상이 되었다. 그동안 연극과 영화 등 대중 매체에서도 동성애자들을 재현해 왔지만, 그중 가장 대중적이고 보수적이라 할 수 있는 할리우드 영화는 동성애자 재현에 매우 억압적인 양상을 보여 왔다.

동성애자의 재현이 본격적으로 이루어진 것은 먼저 연극 무대였다. 왜냐하면 영화와 달리 연극은 소수의 교육 수준이 높은 엘리트 관객을 대상으로 공연이 이루어지고, 동성애 문제에 좀 더 관용적인 관객이 자신들의 선택으로 연극을 보러 오기 때문이다. 토니 커쉬너가 1993년에 〈미국의 천사들Angels in America〉로 퓰리처상을 수상한 것은 그동안 자신들의 올바른 재현을 위해 애써 온 동성애자들이 퓰리처상이라는 제도권 상을 수상함으로써 그간의 노력을 인정받게 되었다는 것을 의미한다. 그리고 이제 대중들도 무대에서 표현된 동성애에 대해 좀 더 관용적인 태도를 갖게 되었다. 1996년에는 뉴욕에 사는 보헤미안의 삶을 다룬 〈렌트Rent〉도 동성애자들의 고충을 표현하면서 연극 무대에서 동성애 재현은 더 힘을 얻게 되었다. 〈렌트〉 또한 퓰리처상을 수상했다.

스크린에서 동성애자의 삶의 재현에 대해 미온적이고 소극적이었던 할리우드 영화도 1990년대 후반과 2000년대에 들어서 대중들에게 반감을 주지 않으면서 그들을 따뜻한 눈으로 바라보도록 대중들의 감수성에 호소하는 영화들이 나오게 되었다. 데브라 모델목Debra Moddelmog은 게이와 레즈비언 로맨틱 코미디라고 간주될 수 있는 영화들의 등장에 대해 "지난 15년간 사실상의 폭발a virtual explosion of films in the past fifteen years"(164)이 일어났다고 진단한다. 〈아이다호My Own Private Idaho〉(1991) 등에서 단편적으로 동성애가 소개되기는 했지만, 본격적으로 동성애 자체를 주제로 대중적 성공을 거둔 영화에는 〈인 앤 아웃In and Out〉(1997)과 〈이브의 아름다운 키스Kissing Jessica Stein〉(2001)가 있다. 케빈 클라인Kevin Kline 등 인기 배우를 앞세워 코믹한 요소들을 가미한 〈인 앤 아웃〉은 자신의 동성애 성향을 알아가면서 마침내 커밍아웃을 하는 인물을 다루고 있다. 〈이브의 아름다운 키스〉는 남성과의 관계에서 연속적으로 실패하는 결벽증 이성애 여성이 바이섹슈얼 여성을 만나서 시험적인 동성애 관계를 진행하는 이야기를 거부감 없이 다루고 있어 맛깔스러운 동성애 영화로 환영 받았다. 동성애 영화가 가장 큰 인정과 대중적 성공을 거둔 작품은 2006년에 아카데미상 8개 부문 후보에 오르고 3개 부문에서 수상한 〈브로크백 마운틴〉이다. 광활한 서부의 산악지역을 배경으로 두 명의 미남 배우가 펼치는 남성 간의 사랑 이야기는 동성애자나 이성애자를 막론하고 관객에게 많은 감동을 주었고, 영화 비평계에서도 많은 논란의 소재가 되었다.

아시아계 다문화영화 사례로 〈결혼 피로연〉과 〈세이빙 페이스〉를 논의하면서 게이 이데올로기와 게이 센서빌리티에 대한 바부시오 Babuscio의 구분을 소개했다. 이전까지 게이와 레즈비언 자신들이 인디영화 포맷으로 메시지가 강한 작품들을 제작해 오다가, 1990년대 말부터는 주류 할리우드 영화가 대중적으로 잘 알려진 배우들을 통해서 동성애 관계를 표현하기 시작했고, 이 영화들은 게이 센서빌리티를 가진 관객들에게 거부감 없이 받아들여졌다. 이후 앞에서 데브라 모델목이 지적한 것처럼 거의 15년간 게이 레즈비언 로맨틱 코미디의 폭발적인 성장이 이루어졌다. 이중에서 〈고 피시Go Fish〉(1994), 〈사랑에 빠진 두 소녀의 엄청나게 진실한 모험The Incredibly True Adventure of Two Girls in Love〉(1995), 〈인 앤 아웃〉(1997), 〈이브의 아름다운 키스〉(2001) 등은 학계와 일반 관객들에게 잘 알려진 사례들이다. 그러나 이런 영화들은 상업적인 일반 극장보다는 예술 전용 극장에서 상영되었으며, 설사 상업 극장에서 상영한다 하더라도 영화 내용이 완전히 코믹하거나 완전히 비극적이거나, 성적인 내용이 거의 없거나, 주인공이 모두 백인인 경우가 많았다. 모델목은 주류 상업 극장에서 상영되는 동성애 영화는 백인 배우가 주연을 맡거나, 성적 욕망이 거의 없는 것으로 묘사되거나, 둘 중 한 사람이 죽는 내용을 다루어야 된다고 말한다(164). 대중적인 인기에 좋은 평판까지 얻은 〈인 앤 아웃〉, 〈이브의 아름다운 키스〉, 〈브로크백 마운틴〉은 바로 이러한 사례라고 할 수 있다.

〈인 앤 아웃〉에서 영어 교사로 근무하는 하워드는 영화배우가 된 제자가 아카데미 시상식장에서 스승인 자신을 동성애자로 폭로하면서 어려움에 말려들게 된다. 학생들을 비롯한 모든 주변 사람들이 그를 이상한 눈으로 바라보게 되고 일주일 앞으로 다가온 결혼도 위기를 맞게 된다. 그러면서 그가 3년 동안이나 약혼녀와 교제해 오면서 한 번도 성적인 접촉을 하지 않는 등 동성애 성향이 있었음이 드러나게 된다. 그를 취재하러 온 게이 기자의 도전과 권유로 그는 자신의 내면에 숨어 있는 동성애 성향을 직면하고 마침내 그것을 받아들인다. 결혼식으로 마지막 장면을 장식하는 이 영화는 전형적인 로맨틱 코미디의 공식을 따라가는 것처럼 보인다. 그러나 그것은 하워드의 결혼식이 아니라 그의 부모님의 결혼 42주년 결혼기념식이라는 반전이 숨어 있다.

〈이브의 아름다운 키스〉의 제시카는 결벽증을 가진 유대계 여성으로 출판사 편집자로 일한다. 남자들과의 관계에서 만족을 얻지 못하는 그녀는 레즈비언 파트너를 찾는 신문 광고에 장난 삼아 응하면서 헬렌이라는 큐레이터와 만나게 된다. 자신의 실수를 깨닫고 돌이키려 하지만, 두 사람은 공통의 관심과 감수성에 이끌려 교제를 시작한다. 양성애자인 헬렌은 과감하고 모험적인 섹스를 시도하려 하지만, 동성애자가 아닌 제시카는 적극적인 헬렌의 공세를 매번 막아내면서 헬렌을 애타게 만든다. 전통적인 로맨틱 코미디를 전복한 여성들 간의 사랑 이야기는 이들이 만나고 헤어졌다가 다시 만나는 공식을 그대로 따라간다. 동거를 시작하여 몇 개월을 보냈음에도 궁극적으로 동성애자가 될 수 없었던 제시카는 헬렌과 헤어져 친구로 남고, 마지막 장면에 옛 애인이었던 조슈아를 다시 만남으로써 이성애 사랑의 가능성을 열어 두면서 영화가 끝난다. 이 두 편의 영화는 동성애 관계를 재현하기는 하지만 이들의 관계가 사회 전체에 위협이나 도전을 가하지는 않는다.

대중성을 통한 게이 센서빌리티: 〈브로크백 마운틴〉

〈브로크백 마운틴〉은 동양계의 이안 감독이 연출하여 아카데미 감독상 · 음악상 · 각본상 · 촬영상 · 최우수작품상 · 남우주연상 · 남우조연상 · 여우조연상 등 8개 부문 후보에 올라 감독상 · 음악상 · 각본상 3개 부문을 수상하였다. 비록 최우수작품상에서 〈크래시 Crash〉에 밀리기는 했지만, 동성애라는 논란이 많은 주제를 다룬 영화로는 괄목할 만한 성공이라고 할 수 있다.

〈필름 퀴털리 Film Quarterly〉는 대중적 견해에 주요한 영향을 미친 영화로 1979년에 〈디어 헌터 The Deer Hunter〉, 1991년에 〈델마와 루이스 Thelma and Louise〉를 특집호로 다룬 것처럼 2007년에는 〈브로크백 마운틴〉 특집호를 만들었다. 이 저널이 주목한 것은 이 영화가 독립영화나 저예산 영화가 아니라 할리우드에서 일반 관객을 겨냥해 만든 주류 영화라는 사실이었고, 로빈 우드 Robin Wood는 "〈브로크백 마운틴〉은 오늘날 주류 관객을 위한 이상적 영화, 특히 일반 관객이 수용하고 볼 준비가 된 게이 남자들에 대한 영화이다"[28]라고 평가했다.

이 영화는 세계적으로 각광을 받는 동시에 평단에서도 논란을 불러일으켰다. 동양계 감독이 서부영화를 만들었다는 사실, 또 미국의 국가적 아이콘인 카우보이 이미지에 거북한 주제인 동성애를 접목시킨 점, 도회지가 아니라 시골을 배경으로 동성애 영화를 만들었다는 점, 그러면서도 대형 스튜디오에서 제작하여 비평적·상업적 성공을 모두 성취했다는 점 등이 논란의 이유였다. 이안 감독은 동성애라는 불편한 주제를 이성애자 관객들도 감동을 가지고 볼 수 있는 영화로 만들었지만 이러한 성공 뒤에 이것이 실제로 동성애자들의 실제적인 현실을 반영한 영화인가, 오히려 보편성을 빌미로 리얼리티를 왜곡한 것이 아닌가 하는 반론들이 쏟아졌다.

그렇다면 동성애 영화임에도 불구하고 이 영화가 주류 대중을 상대로 한 상업영화관에서 크게 흥행에 성공하고 아카데미상이라는 제도권의 인정까지 받은 요인은 무엇인가? 첫 번째 이유는 이 영화가 주인공인 에니스 델마와 잭 트위스트의 사랑 이야기를 보편적인 러브 스토리로 승화시켰다는 데에 있다. 대만 출신의 이안 감독은 매우 다양한 작품 세계를 추구하는 다재다능한 감독이지만, 작가auteur로서 그의 작품 전체를 꿰뚫는 특징은 주류에서 밀려난 아웃사이더 "캐릭터에 대한 감독의 따뜻한 애정과 동정"(Wood 30)이다. 닐 캠벨Neil Campbell 또한 이안 감독의 영화를 관통하는 주제를 "대안적 힘들이 대항하는 사회적 통제와 사회적 관습에 대한 연구, 고통 받는 다양한 아웃사이더들, 자연과 사랑과 충성심의 힘에 대한 연구"(210)라고 보고 있다. 사회 관습과 규범 때문에 사랑을 이루지 못하는 비극적 사랑 이야기는 〈로미오와 줄리엣〉, 〈워더링 하이츠〉, 〈트리스탄과 이졸데〉 등의 고전에서 볼 수 있으며 실제로 많은 평자들은 이 영화를 이런 작품들에 비유했다(Cooper and Pease 257).

로빈 우드는 이 영화를 고전적 의미에서 이안 감독 최초의 비극이라면서 주인공들의 비극적 결함을 다음과 같이 정의한다.

첫 번째는 게이를 여전히 역겹고, 변태적이고, 비겁하고, 경멸스러운 존재로 보는 문화적 상황과 시점(1963)에 살고 있는 게이라는 점. 두 번째는 그들이 사회의 비난에 반발하면서도 둘 다 그것을 어느 정도 내면화했다는 점(결과는 다르지만)이다. (31)

카우보이는 전통적으로 미국 남성성의 상징이며 강인함과 독립심이 강한 인물상이지만, 이 영화에 등장하는 두 명의 카우보이는 사회 주변부에서 척박한 삶을 근근이 이어 나가는 아웃사이더에 지나지 않는다. 에니스와 잭은 한 철 양치기 일을 얻기 위해서 아귀레의 사무실에서 처음으로 조우한다. 양치기라는 직업은 카우보이들 사이에서도 가장 비천한 일거리로 취급받는 일이며 "두 명의 쪼다들 a pair of deuces"이라고 그들을 부르는 아귀레의 호칭에서도 이들에 대한 경멸이 묻어난다. 그들은 문명과 떨어져서 추위와 배고픔을 이겨 내면서 코요테로부터 양을 지키며 노동을 파는 대가로 품삯을 받는 하층 노동자이다. 추위를 이겨 내기 위해 좁은 텐트 속에서 함께 밤을 보내던 두 남자는 우발적으로 성행위를 갖게 되지만, 다음 날 "이런 일은 다시 없을 거야This is one shot thing we got going on here", "나는 게이가 아니야You know I ain't queer" "나도 아니야Me neither"라는 대화를 주고받으면서 서로에 대한 이끌림을 애써 외면한다. 두 사람은 각자의 길을 가고 각각 결혼도 하지만 4년 만에 만나자마자 서로 끌어안고 격렬하게 키스하며 이 모습을 에니스의 아내인 앨마가 창문을 통해 지켜본다. 그로부터 몇 년 동안 그들은 캠핑 여행을 자주 다니며 동성애 관계를 계속 유지한다. 생활고와 에니스의 일탈 행동을 견디다 못한 앨마는 결국 이혼을 요구하고, 이혼 소식을 들은 잭이 반가워하면서 달려오지만 에니스는 잭과의 결혼 생활을 원하지 않는다. 잭은 에니스에게 둘이서 목장을 얻어서 같이 살자고 제안하지만, 에니스는 잭과 이따금 성적인 만남을 갖는 데 만족하며 결혼이라는 속박에 억지로 얽매이고 싶지 않다.

리처드 러시튼Richard Rushton과 게리 베틴슨Gary Bettinson은 "잭이 에니스와 게이 결혼과 비슷한 것을 원하는 사람인 반면, 에니스는 방랑과 목동으로서의 일과 결혼한 상태"(110)라는 히람 페레즈Hiram Perez의 주장을 인용한다. 몇 년 후 잭에게 보낸 카드에 "사망"이라는 글자가 찍혀서 돌아오자, 에니스는 잭의 아내에게 전화를 걸고 그가 타이어를 갈다가 사고로 사망했다는 소식을 듣는다. 그러나 그의 눈앞에는 잭이 동성애 혐오자들에 의해 잔인하게 살해되는 이미지가 재현된다. 에니스는 잭의 부모 집을 방문하고 잭의 방에서 둘이 헤어질 때 주먹다짐을 하면서 피가 묻었던 셔츠를 발견한다. 잭은 그것을 집으로 가져오고 결혼 소식을 전하러 온 딸을 배웅한 뒤 그 셔츠를 바라보면서 잭에 대한 그리움에 눈물짓는다.

이 영화에는 서로를 사랑하지만 사회 규범과 주변 사람들의 시선 때문에 마음껏 그 사랑을 꽃피울 수 없는 비운의 사랑 이야기가 펼쳐져 있다. 비록 감정적인 표현이 어색하고 어울리지 않는 통명스러운 카우보이들 사이의 못다 이룬 사랑일지라도 그것은 여전히 관객에게 강한 감동을 주며 눈물짓게 한다. 사회의 규제를 뛰어넘으려는 주인공의 일탈과 시도는 전통적으로 미국의 가족 멜로드라마의 단골 소재였다. 그리하여 이 작품을 멜로드라마와 연관시켜 읽으려는 시도들이 있었는데, 짐 키세스Jim Kitses는 유명한 더글러스 서크 Douglas Sirk 감독의 영화 제목을 패러디한 논문 〈브로크백이 허락한 모든 것All That Brokeback Allows〉에서 "카우보이들이 자신들에게 폭풍처럼 휘몰아치는 경험을 통제하기는커녕 이해하거나 표현조차도 못하는 불쌍함이 바로 이 영화가 주는 정서적 충격"(25)이라고 주장한다. 그는 계속해서 사랑의 배경은 탁 트인 서부의 아름다운 산악지역이지만, 이들의 가장 힘든 싸움은 가족들과 부엌과 식당과 서로와 벌이는 싸움이라고 주장한다.

크리스 베리Chris Berry는 이안 감독이 대만 출신임에 착안하여 이 영화가 중국식 멜로드라마 형식을 차용한다고 주장한다. 특히 중국의 가족윤리 영화family ethics film가 유교적 가치관으로 인해 개인의 의무감과 개인적 욕망 사이에서 갈등하는 주인공을 다루며 결국 개인의 희생이라는 비극으로 끝나게 됨을 지적한다. 이런 관점에서 보자면 에니스는 딸들에 대한 의무감 때문에 잭을 돌려보내며, 결국 가족에 대한 의무 때문에 사랑을 희생하는 사람이 된다. 1950년대의 미국 할리우드 멜로드라마가 가족과 사회에 대한 의무와 자신의 욕망과 사랑 사이에서 갈등해야 했던 주인공에 대한 동정심을 불러일으켰다면, 〈브로크백 마운틴〉은 가족이라는 제도와 이성애적 사회 규범 때문에 꽃피우지 못하고 비극적으로 끝나 버린 사랑 이야기를 다룸으로써 관객들의 눈물샘을 공격한 영화라고 할 수 있다.

이 영화는 로맨틱 코미디의 형식도 사용한다. 대개 "소년 소녀를 만나다—소년 소녀를 잃다—소년 소녀를 다시 얻다"라는 공식으로 진행되는 로맨틱 코미디에서는 남녀가 갈등 때문에 이별을 한 뒤에는 각자가 서로를 그리워하며 아픈 현실 생활을 견뎌 나가는 모습을 크로스커팅으로 보여 준다. 마찬가지로 브로크백에서의 첫 만남 이후 헤어진 4년 동안 영화는 에니스와 잭의 삶을 번갈아 오가며 두 사람이 각자 아내를 얻어 가장으로 자리를 잡는 모습을 보여 준다. 그러나 그 삶은 에니스의 경우 부부가 미친 듯이 일하여 두 딸을 키 워야 하는 경제적으로 척박한 현실적 삶이며, 잭의 경우 장인의 가 부장적 파워에 압도되어 머슴처럼 사는 삶이다. 영화는 4년 만의 해 후 이후에도 이들이 떨어져 지내는 삶을 계속 번갈아 보여 주면서 이들이 서로의 존재가 결핍된 힘든 삶을 살고 있음을 보여 준다. 로 맨틱 코미디에서 이성의 연인들 사이에 벌어지는 사건들을 교차 편 집으로 보여 주는 메커니즘을 이 영화는 동성 간의 사랑에 적용하고 있고, 이것도 이러한 공식에 익숙한 관객들에게 공감을 끌어내는 요 소로 작용한다.

이 영화가 성공을 거둔 두 번째 요인은 이안 감독의 탁월한 연출 력과 짜임새 있는 구성, 아름다운 미장센이다. 이안 감독 자신은 동 성애자가 아님에도 불구하고 동성애자에 대한 편견이 있는 사회에 서 살아가는 것의 어려움, 사회의 주류 계층에 속하지 못하고 감정 의 표현도 마음대로 하지 못하는 자들의 고통을 절제된 연출력으 로 표현했다. 에니스 델마 역의 히스 레저Heath Ledger와 잭 트위스트 역의 제이크 질렌할Jake Gyllenhaal이라는 두 명의 미남 배우를 캐스팅 한 것도 영화의 인기 요인이지만, 이들로부터 최고의 연기를 끌어 낸 것은 바로 감독의 실력이라고 할 수 있을 것이다. 원래 미국 남성 성의 상징인 카우보이는 과묵하고 무뚝뚝하며 감정 표현에 익숙하 지 않지만, 이들의 마음속에서 폭풍우 치는 격한 감정을 절제된 연 기력으로 표현한 것은 배우들과 감독 모두의 탁월함 덕분이다. 에니스와 잭은 아귀레의 사무실 밖에서 처음 조우하며 사무실에 들어가서 지시를 받고 나올 때까지 한마디도 주고받지 않는다. 두 주인공 중에서 특히 에니스 델마의 경우 이러한 감정 표현의 어눌함 때문에 내면화한 갈등으로 인해 겪는 고통이 더 심하다. 에니스는 말을 할 때 입을 다문 채 이를 악물 듯이 말을 해서, 그의 대사는 배우지 못한 사람 특유의 영어 표현과 함께 알아듣기가 무척 힘들다. 산에 올라가서 처음으로 개인적인 삶을 이야기하면서 그는 1년 치 할 말을 그날 다 했다고 이야기한다. 브로크백에서의 일을 다 마치고 헤어질 때도 "또 보자 guess I'll see you around"라고 말한 뒤 악수도 없이 헤어진다. 4년 뒤 잭에게서 방문하겠다는 엽서를 처음 받았을 때에도 속으로는 기쁨을 감출 수 없으면서도 "당연하지You bet"라는 한마디 답장으로 말뿐만 아니라 글에서도 과묵함을 드러낸다. 그에 비해 잭 트위스트는 에니스보다 더 적극적으로 감정을 표현하며, 크리스 베리의 표현에 의하면 "남자를 의무로부터 유혹하는 여성the woman who tempts a man from his duty"(33)의 역할을 맡는다. 게이 비평가 로빈 우드는 두 사람이 트럭을 타고 와서 애콰이어의 사무실 밖에서 처음 조우할 때의 장면을 여덟 개의 샷으로 나누어 묘사한다. 잭을 적극적으로, 에니스를 수동적으로 설정하는 첫 번째 샷에서부터 미러를 보고 면도를 하는 잭의 이미지까지를 두 사람의 게이가 서로를 조심스럽게 탐색해 나가는 과정으로 보면서, 로빈 우드는 "두 사람의 엇갈린 운명의 씨앗이 이 여덟 개의 샷 속에 이미 심겨졌다"(31)고 분석하고 이 장면에서 드러난 이안 감독의 탁월한 연출력을 평가한다.

이처럼 과묵한 카우보이들이 눈물짓는 장면은 이 영화의 가장 감동적인 장면이면서 관객 또한 눈물 흘리게 만드는 장면이다. 첫 번째 장면은 잭이 에니스를 만나러 왔다가 헛걸음하고 돌아가는 상황이다. 에니스가 이혼했다는 소식을 듣고 휘파람과 노래를 부르며 14시간을 한걸음에 운전하여 달려온 잭은, 에니스의 이혼이 자신과 살기 위한 목적이라고 넘겨짚는다. 그러나 에니스가 주말을 딸들과 같이 지내야 하니 돌아가라고 하자, 그는 쿨하게 돌아서지만 다시 14시간을 운전하여 텍사스로 돌아가는 차 속에서 눈물을 흘린다. 두 번째 장면은 에니스가 딸을 돌려보내고 셔츠를 보며 눈물짓는 마지막 장면이다. 브로크백 마운틴에서 일할 때 우발적인 주먹다짐으로 서로 피를 흘린 두 사람은 옷에 피를 묻히게 되는데, 그때 에니스는 밝은 색 체크 셔츠를 산에 두고 내려온다. 잭이 죽은 후 에니스는 잭의 집을 방문하여 그의 방에서 자신의 셔츠가 잭의 청색 셔츠 밑에 함께 걸려 있는 것을 발견하고 집으로 가지고 온다. 결혼 소식을 전하러 온 딸이 옷을 두고 떠나자 그것을 옷장에 걸어 두려다가 다시 자신들의 셔츠를 발견한 에니스는 그것을 끌어안고 눈물짓는다. 닐 캠벨은 다중의 프레임 속에 정교한 샷을 구성한 이안 감독의 연출력을 높이 평가한다.

영화는 에니스가 [잭의 집에서] 돌아와서 브로크백 마운틴 그림엽서와 옷장에 걸린 두 벌의 셔츠(겉과 속이 뒤바뀐)로 창조한 비밀스러운 "성소"에 더 집중한다. 영화가 끝날 때, 이안 감독은 다중의 액자로 구성된 정교한 샷을 구성한다. 옷장 문은 성소를 담고 있는 액자이며, 엽서는 산의 모습을 담은 액자, 트레일러의 창문은 바깥세상을 담고 있는 액자, 영화의 스크린 자체는 이 모든 이미지를 관객을 위해 담고 있는 액자이다. (217-18)

원작인 애니 프루의 소설에서는 잭의 옷장에서 발견한 두 벌의 셔츠를 "하나의 셔츠가 다른 셔츠 안에 들어가서 두 개의 피부가 하나로 합쳐진 것 같은 한 쌍의 셔츠the pair like two skins, one inside the other, two in one"(Campbell 316 재인용)라고 표현한다. 잭의 옷장에서는 잭의 셔츠가 겉에서 에니스의 셔츠를 감싸고 있지만, 마지막 장면에서는 에니스의 옷이 잭의 옷 위에 걸려 있다. 이것은 두 사람이 산에서 마지막으로 모닥불 앞에서 다정한 시간을 보낼 때 에니스가 잭을 등 뒤에서 끌어안고 있는 모습을 상기시킨다. 이 두 장면은 에니스와 잭의 비운의 사랑 이야기를 가장 감동적으로 연출한 장면이고, 두 배우의 훌륭한 연기와 이들의 연기를 끌어낸 감독의 연출력이 돋보이는 장면이다.

우호적이지 않은 환경에서 타인에 의해 정체성이 설정되는 고통은 이 영화에서 응시라는 장치를 통해 표현된다. 로라 멀비Laura Mulvey의 유명한 글 〈시각적 쾌락과 서사 영화Visual Pleasure and the Narrative Cinema〉를 통해 잘 알려졌듯이, '응시gaze'라는 개념은 주류 영화에서 여성을 성적인 존재로 대상화하는 메커니즘을 설명하는 개념이다. 이성애적 가부장제 사회에서 자신의 감정에 충실할 수 없는 게이들은 언제나 가부장적 시선에 의해 대상화되며 수동적 존재로 살 수밖에 없다. 이들에게는 늘 따라다니는 가부장적 존재가 있다. 에니스에게는 어릴 때 동성애자들의 죽음을 보여 주며 결코 동성애자로 살면 안 된다고 경고한 아버지가 있다. 잭 또한 자신이 로데오를 했으면서도 비법을 가르쳐 주지도 않고 그의 경기를 보러 오지도 않은 아버지가 있다. 잭의 아버지는 잭이 죽은 후 브로크백 마운틴에 묻히고 싶다는 아들의 소원을 거부하고 아들을 가족묘지에 가두는 인물이다. 잭을 옭죄는 또 한 명의 가부장적 존재는 그의 장인이다. 잭의 아들이 태어났을 때 그는 손자가 자신을 닮았다고 하면서 잭에게는 차에 가서 분유나 꺼내 오라고 하인처럼 부리는 인물이다. 추수감사절 만찬에서도 집주인이 칠면조 고기를 잘라서 손님에게 주는 전통을 무시하고 자신이 나서서 고기를 자르려 하며, 잭이 아들에게 식사를 하고 나서 풋볼을 보라고 교육하자, 남자란 풋볼을 봐야 한다고 부추기며 사위를 무시한다.

이처럼 이성애적 가부장제 사회에서 수동적 존재로 살아야 하는 이들이 가부장적 응시에 의해 대상화되는 세 개의 장면이 있다. 우선, 비록 응시로 표현되지는 않지만 에니스를 언제나 따라다니며 그를 구속하는 응시는 어릴 적 아버지가 보여 주었던 살해당한 두 게이의 죽음이다. 어린 시절부터 절대로 동성애자를 용인하지 않는 이성애적 사회의 호모포비아homophobia를 내면화한 에니스는, 잭과의 대화에서 마을 사람들이 자신에 대해 다 알고 있는 듯한 느낌을 늘 갖는다고 말한다. 이들이 타인의 시선에 의해 대상화되는 두 번째 장면은, 산에서 웃통을 벗고 장난치는 모습을 아귀레가 멀리서 쌍안경으로 지켜보는 장면이다. 처음부터 그들을 탐탁치 않게 보았던 아귀레는 이듬해 잭이 일거리를 찾으러 가자 "너희들이 산에서 사랑

놀음이나 하라고 돈 주는 거 아니다"("You guys wasn't paid to leave the dogs baby-sit the sheep while you stemmed the rose")라고 빈정댄다. 에니스와 잭이 타인의 시선의 대상이 되는 세 번째 장면은, 4년 만에 조우한 그들이 골목에서 열정적인 키스를 나누고 있는 모습을 앨마가 창밖으로 응시하는 장면이다. 닐 캠벨은 원작자인 애니 프루와 이안 감독이 "모든 것을 보는 '사회적' 눈이라는 유사한 역할을 앨마에게 부여함으로써 아귀레의 패놉틱panoptic한 판단과 가정적 규범의 연결점을 강조한다"(216)고 주장한다. 이 시선은 이혼 후에도 두 딸의 존재로 에니스를 따라다니며 그를 구속한다.

로라 멀비가 영화에서 작용하는 시선으로 카메라의 시선, 캐릭터의 시선, 관객의 시선을 열거했듯이, 주인공들을 바라보는 또 하나의 시선으로 관객의 시선을 들 수 있다. D. A. 밀러Miller는 논문 〈브로크백 마운틴의 보편성에 대해서On the Universality of Brokeback Mountain〉에서, 관객인 우리도 그들을 대상화하는 데 공조하여 가부장적 시선으로 바라본다고 주장한다. 즉, 이 영화의 보편성은 관객을 서사 밖의 편안한 구역에 위치시켜 "들키지 않고 볼 수 있도록 하는"(55) 장치에서 나온다는 말이다. "에니스는 편집증 환자이다. 누군가 그를 매처럼 항상 관찰하고 있다. 잭 혹은 조 아귀레, 혹은 앨마가 아니라면, 그들의 것을 합친 것보다 훨씬 더 연속적인 감시 행위를 하는 우리 관객에 의해 관찰되고 있다"(58)라고 그는 지적한다. 잭과 에니스는 앨마와 아귀레의 시선의 대상이 될 뿐만 아니라 관객인 우리의 시선의 대상이 되는 것이다.

이 영화가 대중들을 감동시킨 또 하나의 특징은 바로 미장센이다. 에니스와 잭이 아귀레로부터 작업 지시를 받은 후 양떼를 몰고 브로크백 마운틴을 올라갈 때부터 이안 감독은 롱샷과 클로즈업을 번 갈아 가면서 사용하여 아름다운 산, 계곡, 구릉지, 시냇물 등 숨 막힐 듯 아름다운 풍광을 서정적으로 보여 준다. 2006년에 〈브로크백 마운틴〉, 2007년에 〈바벨Babel〉로 2년 연속 아카데미 음악상을 수상한 구스타보 산타올라야Gustavo Santaolalla의 기타 음악이 배경 음악으로 흐르는 가운데 이안 감독은 클로즈업으로 양의 모습, 계곡의 시냇물 을 보여 주다가 롱샷으로 양떼 무리, 구름 낀 산등성 등 그림엽서에 나 나올 법한 이미지를 보여 준다. 서부영화에서는 프런티어frontier의 모습 자체가 하나의 캐릭터라고 할 수 있다는 말이 이 영화에서도 그대로 적용된다. 만약에 이 영화에 아름다운 자연의 모습을 보여 주는 미장센이 없었더라면 과연 이 영화가 그토록 감동적일 수 있을 까 하는 의문이 생길 정도이다.

자연은 에니스와 잭이 사회의 규제로부터 벗어나 마음 놓고 사 랑을 펼칠 수 있는 공간이다. 이곳에서 그들은 양을 지키고, 모닥불 에 음식을 요리하고, 설거지와 빨래도 하고, 목욕도 하고, 나체로 물 에 뛰어들며, 사랑도 한다. 그러나 일단 산을 떠나게 되면 그들은 폐 쇄공포증을 불러일으키는 규율과 규범의 공간으로 돌아와야 한다. 앨마는 아이들이 "당신이 그랬던 것처럼" 외롭게 자라지 않도록 같 이 놀아 줄 아이들이 있는 시내의 집으로 이사하자고 조른다. 세탁 소 위에 있는 그 집은 아이들이 울어 대고 부엌과 방과 거실이 모두 좁은 답답한 공간이다. 결국 이혼 후 에니스가 정착하게 되는 곳도 거실과 침실과 옷장이 한 공간에 있는 좁은 트레일러이다. 잭은 부 잣집 사위로 들어가지만, 그의 아내 로린은 항상 전화통에 매달려서 돈을 버는 데 혈안이다. 추수감사절 파티에서조차 잭은 가장 노릇을 하지 못하고 장인의 숨 막히는 간섭에 옥죄인다. 잭은 죽어서도 브로크백 마운틴의 광활한 자연의 품으로 돌아가고 싶다는 소망을 거부당한 채 가족묘지에 갇히고, 그가 남긴 셔츠는 에니스의 트레일러 옷장 속에 갇힌다. 캠벨의 말대로 영화는 "자연의 세계와 아래에 있는 사회적 세계의 어두운 실내와 좁은 공간을 대조"(216)한다.

이처럼 감동적인 러브 스토리로 보편화되었지만, 〈브로크백 마운틴〉은 관객이 누구냐에 따라 반감을 불러일으킬 수 있다. 특히 카우보이들은 모욕감을 느꼈으며, 어떤 평자는 "할리우드가 말보로맨을 강간했다(Hollywood has now raped the Marlboro Man)"라는 격앙된 평을 썼다(Kupelian, Campbell 250 재인용). 사실 게이 카우보이라는 말은 그 자체가 모순어법oxymoron일 수가 있다. 미국적 남성성의 상징인 카우보이가 게이라는 것이 말이 되지 않는 것이다. 게이와 퀴어 커뮤니티에서도 의견이 엇갈렸다. 어떤 동성애자가 보기에 "이 영화는 미국에서 게이로 산다는 것의 어려움을 절제된 뉘앙스와 감동적인 묘사로 표현한 작품"(Rushton and Bettinson 107)이었고, 다른 동성애자가 보기에는 충분히 퀴어하지 못했다. 원작자인 애니 프루는 "이것은 파괴적인 농촌 호모포비아의 이야기"(130, Campbell 256 재인용)라며, 그녀가 이 단편소설을 쓴 의도 또한 "게이들을 벽장 속에 가두고 차이가 잔인한 결과를 가져올 수 있는 잔인한 문화를 폭로"(Campbell 256)하는 것이었다.

그러나 앞에서 살펴보았듯이, 이 영화는 게이의 사랑 이야기를 할리우드의 영화 제작 스타일로 주류 관객이 감동할 만한 테크닉과 요소들을 사용하여 보편적 러브 스토리로 만든 결과, 비평적·상업적 성공을 거두었다. 이를 페미니즘 연극이나 영화와 연관시켜 생각해 볼 수 있다. 1960년대 제도권에 대한 여러 대항 운동이 폭발했을 때 시작된 실험적 페미니즘 연극 운동은 가부장제에 대한 도전과 여성 권익 옹호 등의 메시지를 실험적이고 파격적인 연극 형식으로 전달했다. 그러나 그 파장과 영향력은 소수 엘리트 진보적 여성들에게만 전달되었다. 1970년대 후반부터 1980년대에 좀 더 전통적이고 사실적인 형식으로 여성의 일상적 삶을 다룬 베스 헨리Beth Henley의 〈마음의 범죄Crimes of the Heart〉와 마샤 노먼Marsha Norman의 〈잘 자요 엄마'night, Mother〉는 1981년과 1983년에 각각 퓰리처상을 수상하면서 대중들의 사랑을 받고 오랫동안 공연되는 작품이 되었다. 모녀와 자매들의 관계와 같은 시공을 초월한 보편성을 익숙한 형식에 담아 표현한 것이 성공 요인이었던 것이다. 〈브로크백 마운틴〉도 일부 동성애자들에게는 퀴어성을 억압하고 대중성에 영합한 영화로 비칠 수 있지만, 게이가 아닌 일반 관객에게도 그들의 어려움과 고통에 대한 이해의 폭을 넓힌, 즉 게이 센서빌리티를 갖도록 한 영화라고 평가할 수 있을 것이다.

〈브로크백 마운틴〉은 영화가 시작된 지 28분 만에 잘생긴 미남 배우 둘이 항문섹스를 하는 파격적인 장면이 있음에도 불구하고, 동성애자 간의 사랑을 보편적인 사랑 이야기로 승화시키는 할리우드 장르영화 제작 시스템 덕분에 성적 지향성sexual orientation과 상관없이 많은 관객과 비평가들에게 호평을 받았다. 이것은 동성애 재현에 대해 지금까지 미온적이거나 거부감을 보이던 할리우드 영화 산업이 변화하는 관객 구성의 다양성과 성적 지향성 변화에 열린 태도로 접근한 결과라고 여겨진다. 〈브로크백 마운틴〉이 동성애 극작가들의 작품들처럼 무대 위에서 강렬한 메시지를 설파하지는 않았지만, 시대의 변화에 따라 게이 센서빌리티가 있는 관객들에게 타자에 대한 수용성과 감수성을 고양시킨 것은 분명하다. 영화의 감동은 상처받고 소외당한 외로운 영혼들의 아픔을 아름다운 화면과 영화적 문법으로 풀어낸 이안 감독의 기량에 크게 빚지고 있다. 서부영화, 로맨틱 코미디, 멜로드라마 등 할리우드 영화의 기본을 이루는 장르들을 융합하여 동성애 커플의 이야기를 한 편의 러브 스토리로 승화시킨 〈브로크백마운틴〉은 게이 센서빌리티에 호소함으로써 이 시대의 사랑받는 영화가 되었다.

6장 타민족의 이해와 백인 남성성

　국내나 국외에서 타자의 억압과 폄하에 앞장선 미국 사람들은 백인 남성들이었다. 미국 개척시대에 북미 원주민을 정복하고 학살하며 처녀지 개척이라는 미명 하에 프론티어를 유린한 주체들은 총과 말을 앞세운 기병대와 마초 카우보이들이었다. '위대한 국가' 건설 과정에서 백인 남성들로 이루어진 제도권 역사와 권력은 인종적·성적 타자들을 억압하고 차별했다. 북미 원주민 학살의 역사는 1960년대 베트남전 참전으로 먼 이국땅의 베트남 국민들을 상대로 그대로 되풀이되었다. 1960년대에 반전운동, 페미니즘 운동, 반문화운동, 민권운동으로 한때 궁지에 몰렸던 보수적인 주체들은 1980년대 레이건 정부의 신보수주의 등장으로 다시 한 번 위협받는 남성성을 회복하고 건국 이념과 핵가족주의 및 보수적 가치관으로의 회귀를 시도한다. 그러나 인종적·성적 타자에 대한 차별이 정치적으로 올바르지 않음을 이미 깨닫게 된 미국의 지식인들과 여성들은 변화된 시각으로 세상을 바라보았고, 이러한 가치관은 보수적인 남성들에게도 영향을 끼쳐 자성의 시각으로 스스로를 반성하도록 자극하였다.

　이 장에서는 마초 남성성이 최대치로 발휘되는 전쟁터에서 인종적·성적 타자를 이해하는 새로운 영웅이 탄생하는 것을 보여 주는 〈전쟁의 사상자들Casualties of War〉(1989)과, 한국전 참전 용사로 홀로 여생을 보내는 마초 전쟁영웅이 이웃에 사는 몽족 소년과 접촉하면서 어떻게 다문화를 수용해 나가는지를 보여 주는 〈그랜 토리노〉, 다문화적 주체의 충돌을 보여 주는 〈크래시〉를 살펴보려고 한다.

인종적·성적·정치적 타자의 삭제를 통한 미국 남성성의 회복: 〈전쟁의 사상자들〉

베트남전은 미국이 참전했던 다른 전쟁과 많은 면에서 구별된다. 제1차 세계대전, 제2차 세계대전, 한국전과 달리, 베트남전은 명분이 없는 전쟁이었다. 베트남 국민들 대부분이 국부인 호치민을 존경하고 미국의 지원을 받는 타락한 남베트남 정부에 반감을 갖는 상태에서, 미국은 오로지 베트남이 공산주의에 넘어가면 말레이시아, 태국, 인도네시아까지 공산화될 것이라는 도미노 이론에 근거해 미군을 파병하였고, 군인들은 싸울 만한 아무런 도덕적·양심적 명분도 없는 상태에서 정글에 투입되었다. 따라서 국내에서는 격렬한 반전운동이 일어나고 양심적 병역거부자conscientious objector들이 발생했고, 베트남에 파병된 군인들은 오로지 살아남겠다는 일념으로 하루하루를 버터 나갔다. 군인들의 사기는 바닥으로 떨어져 부대 내에서도 마약을 소비하는 일이 잦았으며, 전투 현장에서 우군에 의한 사상friendly casualties 혹은 상관을 쏘는 하극상도 많이 일어났다. 그중 대표적인 것이 '프래깅fragging'이었는데, 그것은 "계속 위험한 수색정찰 임무로 내모는 호전적인 장교나 하사관의 숙소에 폭탄을 던져 넣는 행위"(닐 227)였다.

전형적인 미국 가정에서 자라난 젊은이들에게 베트남에서의 경험은 미국과 자신에 대해 가지고 있던 생각을 산산조각 내는 충격적인 경험이었다. 당시 참전했던 미국 병사들이 공통적으로 느낀 딜레마에 대해 바바라 허렐Barbara Hurrell은 "자신이 믿으면서 자라난 미국의 이미지와 자신이 베트남에서 발견한 현실과의 관계가 일으킨 혼돈은 종종 평범한 군인의 자아상을 만신창이로 만들었다"(100)고 말한다. 그래서 많은 병사들에게 싸워야 할 유일한 동기는 살아남는 것이었다. 케네디 대통령 때 시작된 파병은 존슨 대통령 때 절정에 달했고, 닉슨 대통령은 더 이상 미군을 파병하지 않는다는 '닉슨 독트린'으로 선거에서 승리했다.

베트남전쟁은 전선이 따로 없는 전쟁이었다. 민간인과 적을 구분하기가 쉽지 않았으며, 전방과 후방이 따로 없었다. 따라서 미군은 아군의 피해를 최소화하기 위해 의심이 가는 대상은 우선 공격해서 위험 요소를 제거하는 전략을 사용했고, 이로 인해 민간인 피해가 다른 전쟁에 비해 막대했다. 미군 폭격에 의한 민간인 희생자도 많았지만, 미군이 민간인 마을에 들어가 민간인을 학살하는 일이 비일비재했다. 그중 가장 유명한 사건이 바로 미라이My Lai 마을에서 일어난 양민 학살 사건이다.

1968년 3월 16일, 미군 20사단 제1대대 C중대의 윌리엄 캘리William Calley 중위가 이끄는 소대원들이 미라이 마을에 들어가 노인과 여성, 아동 등 347명에서 504명으로 추산되는 베트남 양민을 학살했다. 그들은 아기를 몸으로 덮고 있는 여인을 제치고 아기를 쏘았으며, 베트남 여성들을 강간하고 난자하였다. 지원을 나왔던 헬리콥터 조종사 휴 톰슨Hugh Thompson은 학살 현장을 목격하고 부상당한 베트남 여성과 아이들을 헬기에 실어 병원으로 후송했다. 그는 후에 이 사건을 상부에 보고했고, 그의 보고를 통해 진상조사위원회가 꾸려지면서 이 사건은 미국 전역에 파문을 일으키는 큰 사건이 되었고 종전을 압박하는 계기가 되었다. 그 과정에서 군법회의에 회부된 캘리 중위만이 유죄 판결을 받았고 3년간 가택연금이라는 경미한 처벌만 받은 후 대통령 사면으로 풀려났다.

브라이언 드 팔마Brian de Palma 감독의 〈전쟁의 사상자들〉(1989)도 실제 사건을 토대로 만들어진 영화이다. 원래 이 영화는 데이비드 랭David Lang이 〈뉴요커New Yorker〉지에 기고한 기사에 바탕을 둔 영화로서, 데이비드 랭은 실제 사건의 주인공인 스벤 에릭슨Sven Erikssen(물론 가명을 사용하였다)을 미네소타의 집에까지 가서 인터뷰하여 베트남에서 일어났던 베트남 여성 납치, 강간, 살해의 이야기를 생생하게 증언했다. 시나리오는 '베트남 삼부작Vietnam Trilogy'으로 잘 알려진 극작가 데이비드 레이브David Rabe가 썼다. 직접 베트남전에 참가하기도 했던 레이브의 각색이었기에 각본이 더 생생한 진정성으로 재탄생되었다는 평가를 받는다.

이 장에서는 베트남전 영화를 논의할 때 거의 항상 거론될 정도로 중요한 영화가 된 〈전쟁의 사상자들〉이 베트남전 당시에 민간인들을 대상으로 자행되었던 미군의 만행을 고발하면서 그와 함께 보수적인 미국의 남성성과 영웅주의의 민낯을 드러내고 있음을 밝히려고 한다. 동시에 에릭슨이라는 새로운 영웅의 탄생이 베트남 소녀라는 인종적 · 성적 · 정치적 타자의 삭제를 통해 이루어지고 있음도 살펴보고자 한다.

전쟁을 다룬 영화들을 분석하면서 트레버 맥크리스켄Trevor McCrisken과 앤드류 페퍼Andrew Pepper는 미국이 참전했던 전쟁을 "좋은 전쟁the good war"과 "나쁜 전쟁the bad war"으로 나눈다. "미국을 글로벌 슈퍼파워로 부상시키고 경제공황 시절로부터 회복시키는 것을 공고히 했다는 점에서 제2차 세계대전은 미국에게 '좋은 전쟁'이었다"(91)고 맥크리스켄과 페퍼는 말한다. 물론 제2차 세계대전 중에도 미국이 저지른 인종차별주의나 일본계 미국인의 캠프 수용Japanese Internment과 같은 나쁜 행위들이 있었지만, 이 전쟁을 미국에 좋은 전쟁으로 만든 장본인은 바로 할리우드 영화였다. 할리우드 영화가 전하는 메시지는 "제2차 세계대전은 위대한 미국의 영웅주의와 애국심이 발휘된 시기였으며, 그 전쟁에서 미국은 '잔인하고, 교활하고, 원칙이 없는' 적들을 무찔렀다"(92)는 것이다. 이에 반해 미국이 최초의 패배를 겪은 베트남전쟁은 '나쁜 전쟁'이었다. 제2차 세계대전을 통해 그려진 승리와 영웅주의는 불안하고, 회의적이고, 정신분열증적인 반영웅으로 대체되었다.

베트남전은 미국 국민들에게 너무나 큰 트라우마를 안겨 준 전쟁이어서 전쟁이 진행되고 있던 당시에는 그다지 많은 영화들이 제작되지 않았다. 베트남전이 최고조에 달했던 1968년에 발표된 존 웨인 주연의 〈그린베레The Green Berets〉(1968)는 정부 홍보용 영화라고 해도 좋을 만큼 보수적인 이데올로기로 포장되어서 참전의 정당성과 그린베레의 활약상을 미화한 작품이었다. 이 영화에 대한 냉정한 성찰과 재상상re-imagining은 전쟁이 끝난 지 거의 10년이 지난 뒤 거리를 두고 전쟁을 바라볼 수 있을 때가 되어서야 비로소 가능해졌다.

베트남전을 다룬 미국영화는 두 가지 경향을 띤다. 첫째는 패전의 아픔과 트라우마를 판타지 속에서나마 달래고 위로하려는 경향이다. 이 부류에 속하는 영화는 〈람보Rambo〉 시리즈와 〈대특명Missing in Action〉 시리즈이다. '퍼스트 블러드First Blood'라는 제목으로 1982년에 처음 등장한 람보 영화는 1편에서는 월남전 참전 용사의 사회복귀의 어려움과 고엽제 피해 등 중요한 이슈들을 다루었다. 친구를 만나러 온 존 람보는 친구가 고엽제 후유증으로 사망했음을 알게 되고 쓸쓸히 발길을 돌리던 중 그를 수상히 여긴 보안관에게 체포되어 고초를 당한다. 생명의 위협을 느끼고 경찰서를 탈출한 그는 산속으로 들어가 게릴라전을 벌이며 혼자서 보안관, 경찰, 국가방위군을 압도한다. 제대한 지 10년이 지난 군인 한 사람을 당하지 못하는 국가방위 체계를 비난하면서 미국이 이 지경이 된 것이 바로 미국을 방어하는 중추적 병력의 나약한 몸 때문임을 이 영화는 고발하고 있다. 〈람보 2편Rambo: First Blood Part II〉(1985)에서는 미군 포로가 수용되어 있다고 추정되는 곳으로 비밀리에 파견된 람보가 그곳에서 일당 천의 솜씨로 북베트남군을 무찌르고 미군 포로를 구해 내는 만화 같은 이야기를 다룬다. 〈람보 3편Rambo III〉(1988)은 아프가니스탄으로 무대를 옮겨 람보와 소련군과의 전투를 그린다. 람보 시리즈는 1988년까지 1, 2, 3편이 나올 정도로 1980년대를 지배했던 전쟁영화이다. 그 인기는 미국 국민의 정서에 트라우마로 자리잡고 있는 패전의 상처가 얼마나 깊으며, 그들이 얼마나 치유되기를 갈망했는지를 잘 입증한다. 〈대특명〉 또한 1984년부터 1988년까지 1, 2, 3편이 모두 개봉되었다. 세계 가라데 챔피언이었던 척 노리스Chuck Norris를 주인공으로 내세운 이 영화 또한 베트남으로 잠입하여 포로들을 구해 내는 만화 같은 영웅의 이야기를 다루고 있다.

　베트남전을 재현하는 두 번째 패턴은 비판적으로 베트남전을 되

돌아보고 냉정한 성찰을 촉구하는 영화들이다. 올리버 스톤Oliver Stone 감독의 베트남전 삼부작인 〈플래툰Platoon〉(1986), 〈7월 4일 생Born on the Fourth of July〉(1989), 〈하늘과 땅Heaven and Earth〉(1993)이 바로 여기에 속한다. 이 영화들은 베트남전쟁 중에 일어났던 미군의 민간인 학살과 부녀자 강간, 아군에 의한 전사와 하극상, 단지 살아남기 위해 마약과 쾌락에 탐닉하는 미군의 모습을 정직하게 묘사한다. 그뿐 아니라 이들이 귀환했을 때 이들을 기다리고 있는 싸늘한 시선과 이들의 사회 부적응도 그린다. 스탠리 큐브릭Stanley Kubrick 감독의 〈풀 메탈 재킷Full Metal Jacket〉(1987)도 여기에 속한다고 볼 수 있으며 이 영화의 전반부는 훈련병을 '살인기계'로 만들어 버리는 기초군사훈련소의 비인간성을 다루고, 후반부는 실제 전쟁터에서의 전투 장면, 여자 저격수 살해 장면 등을 담고 있다. 〈전쟁의 사상자〉 또한 바로 이 두 번째 패턴에 속한다고 볼 수 있으며 세상에 알리기 부끄러운 미국의 치부를 정직하게 파헤치고 있다.

하드 바디 남성성과 그에 맞서는 새로운 백인 영웅

수전 제포즈는 〈하드 바디: 레이건 시대의 할리우드 남성성Hard Bodies: Hollywood Masculinity in the Reagan Era〉에서 레이건 시대의 신보수주의 이데올로기가 할리우드의 영화에서 강한 몸을 가진 남성 주인공의 등장으로 재현되었다고 주장한다. 워터게이트 사건, 닉슨 대통령의 사임, 베트남전 패전, 카터 행정부의 유약한 대외정책, 레바논 인질 사건 등 1970년대를 점철했던 수치스러운 미국의 역사가 '소프트 바디'에 그 원인이 있다면서 강한 미국을 설파하고 나섰던 레이건 대통령은 그 자신이 강인한 남성성의 화신으로서 〈타임〉지 표지 모델로 등장하는 등 새로운 미국에 대한 희망을 불 지폈다. 더구나 암살 시도를 딛고 살아난 레이건의 모습은 미국이 다시 강력한 수퍼파워로서 세계를 지배할 수 있다는 희망적인 메시지로 해석되었다. 제포즈는 1980년대에 〈다이하드Die Hard〉(1988), 〈람보〉, 〈로보캅Robocop〉(1987) 등 강인한 남성의 몸이 등장하는 영화들이 바로 이 시대 미국 국민의 열망과 신보수주의를 대변하고 있다고 보았다.

수전 제포즈에 의하면, 〈람보〉와 같은 영화가 육체적이고 무력적인 힘을 강조했다면, 〈전쟁의 사상자들〉은 도덕적 힘을 사용하여 폭력적인 남성성을 고발하고 유색인과 여성을 보호하려는 새로운 영웅상을 보여' 준다. 제포즈는 "〈람보〉가 람보의 힘과 전투 능력이 베트남군보다 월등히 낫다는 것을 보여 주기 위해 베트남으로 돌아간 반면, 〈전쟁의 사상자들〉은 결국 미국의 '약점'의 증거를 관객에게 보여 줄 하드 바디 이슈가 아니라 행동, 도덕성, 성격의 이슈에 집중했다"(118)고 지적한다. 즉 몸집도 작고, 전투 경험도 별로 없는 에릭슨과 같은 인물이 산전수전 다 겪은 토니 미저브Meserve 중사의 폭력적 남성성과 그로부터 파생한 범죄에 맞서기 위해서는 사법제도와 도덕률이라는 도움이 필요하다는 것이다. 이를 통해 1980년대 후반에 "베트남전쟁에서 저질러진 전쟁범죄를 막지 못했던 법 제도에 대한 믿음을 부활"(124)시키기 위해서는 에릭슨과 같은 새로운 백인 영웅의 등장이 필요했던 것이다. "백인 남자들이 옳은 것과 그른 것을 구별하는 자신들의 능력과 정의감을 상실하는 것처럼 보였기 때문에" "유색인 여성을 위해 싸우고, 백인 남성의 강압에 항거하는 유색인 남자 디아즈를 기꺼이 지지하는"(124) 에릭슨만이 백인 남자로서 이들과 맞서 싸우면서 정의 시스템을 회복시킬 수 있다는 말이다.

그렇다면 군대영화 혹은 전쟁영화에서 그동안 찬양되고 용인되어오던 남성성의 실체부터 살펴보는 것이 중요하다. 군대는 여성이 배제된 사회이다. 모든 남성에게 선천적으로 남성성과 여성성이 혼재한다면, 군대의 신병 훈련소는 모든 군인이 '살인병기killing machine'가 되기 위해 여성성을 억압하도록 훈련받는다. 영화나 드라마에서 신병 훈련소를 다루는 장면들은 교관이 신병들을 "레이디"라고 부르며 그들이 아직 진정한 남성으로 변신하지 않았음을 강조한다. 베트남전을 소재로 한 스탠리 큐브릭 감독의 영화 〈풀 메탈 재킷〉에서도 잠자리에 든 신병들을 점검한 교관이 방을 나가면서 "굿 나잇 레이디즈"라고 말한다. 매우 인상적인 한 장면에서 교관과 신병들은 어깨총을 한 상태에서 행진하면서 자신의 사타구니를 붙잡고 "이것은 나의 총. 싸우기 위한 것. 이것은 나의 총. 재미를 위한 것This is my rifle. This is for fighting. This is my gun. This is for fun"이라는 구호를 외치면서 총과 성기를 동일시한다.

동일한 구호가 〈전쟁의 사상자들〉에서 베트남 여자를 윤간하러 들어가는 미저브의 입에서도 발화된다. 그는 윤간에 가담하지 않겠다는 에릭슨에게 "호모"라고 굴욕감을 준 뒤 보란 듯이 이 구호를 외치면서 자신의 욕망을 채우기 위해 베트남 여성에게 다가간다. 〈전쟁의 사상자들〉의 대본을 쓴 데이비드 레이브의 '베트남 삼부작' 중 하나인 〈파블로 허믈의 기초군사훈련The Basic Training of Pavlo Hummel〉에서도 훈련 교관은 신병들이 진정한 남성이 되려면 여성성을 억압해야 한다고 가르친다. 그는 "너희들은 사타구니에 고환이 달린 존재야With balls between you legs! You have balls! No slits! But Balls"(15)라는 사실을 강조하며 남성성을 강화하는 데 몰두하도록 강요한다.

〈전쟁의 사상자들〉에서도 베트남에 갓 투입된 신병인 에릭슨에게 하루빨리 남성성을 획득하고 진정한 남자로 거듭날 것을 강요하는 상황들이 벌어진다. 처음 매복을 나간 에릭슨은 박격포가 터지면서 몸이 땅굴 밑으로 반쯤 파묻혀 공중에서 다리를 버둥거리는 상황에 처한다. 그가 다급하게 도움을 요청하는 동안 베트콩 한 명이 그 소리를 듣고 땅굴 안에서 입에 칼을 물고 포복으로 그에게 다가간다. 남근을 상징하는 베트콩의 칼이 에릭슨의 사타구니를 공격하여 그의 남성성이 말살되는 위기가 닥친 것이다. 이때 관록 있는 미저브 중사가 상황을 파악하고 그를 구한 뒤 베트콩에게 총탄을 퍼붓는다. 구사일생으로 목숨을 건진 그에게 귀국을 얼마 남겨 놓지 않은 브라운은 자신의 무용담을 늘어놓는다. 그러나 베트남 마을에 들어서서 양민들과 다정하게 대화를 나누던 그들에게 총탄이 날아들고 브라운은 그 자리에서 쓰러진다. 피투성이가 되어 헬리콥터로 후송되면서 브라운은 "나는 갑옷을 입은 개자식이야I am an armor-plated motherfucker"라는 말을 스스로에게 외치면서 살고자 하는 의지를 보인다. 갑옷을 입고 있어서 어떤 총탄도 막아 낼 수 있다고 믿는 남성다움은 결국 허상이었음이 드러나고 후송된 그가 결국 사망했다는 소식이 들려온다.

브라운이 총에 맞기 전 귀국을 앞둔 병사로서 미저브에게 남기는 충고는 베트남 여자들과 더 이상 관계를 하지 말라는 것이다. 이제 자신의 파견 일정tour of duty을 마감하는 시점에서 브라운은 "이제 눈이 찢어진 계집들과 놀아나는 것을 그만둘 때가 되었어. 안 그러면 병에 걸릴지도 몰라"라고 미저브에게 충고한다. 브라운은 성병에 대한 경고와 함께 베트남 여자들을 성욕 해소의 대상으로만 이용했던 자신의 과오를 뉘우치면서 이러한 충고를 하는 것이다. 그러나 비극적 주인공의 경우 늘 그렇듯이 깨달음은 너무 늦게 도달하고, 그는 깨달음의 순간에 죽음을 맞이한다. 헬리콥터에 탄 채 후송되는 그가 마지막으로 남기는 말은 "Shit"이라는 욕설이다. 이 영화의 각본을 쓴 데이비드 레이브의 〈파블로 허믈의 기초군사훈련〉에서도 비슷한 대사를 볼 수 있다. 베트남 창녀를 두고 미국 상사와 다투다가 상사가 던진 수류탄으로 죽게 되는 파블로 또한 죽으면서 "It all shit!"이라는 말을 남긴다. 베트남에서 왜곡된 남성성 발현의 대상으로 베트남 여성을 유린했던 미군들은 자신들이 자랑으로 삼았던 남성성이 하나의 허상에 지나지 않음을 자각하는 순간 죽음을 맞이한다.

앞서 살펴보았듯이 브라이언 드 팔마 감독은 람보처럼 총에 맞아도 죽지 않고 수천의 적들을 혼자 상대하는 비현실적인 만화적 캐릭터가 아니라 각종 위협에 직면한 남성 주인공을 제시한다. 이 영화에서 남성의 몸은 "베트콩 남자에 의한 거세에 무방비 상태이며, 베트남 여자로부터의 감염에 노출되고, 보이지 않는 적에 의한 죽음에 취약한"(Jeffords 119) 것으로 묘사된다. 이처럼 위협에 직면한 남성들이 이 상황에서 할 수 있는 최선의 자구책은 서로에게 의존하고 남성 간의 유대로 똘똘 뭉치는 것이다. 산전수전 다 겪은 투사인 미저브는 많은 무공을 세운 훌륭한 병사로, 동료를 구하기 위해서는 자신의 목숨을 바칠 정도로 의리가 강하다. 에릭슨이 구덩이에 빠졌을 때에도 그는 서슴치 않고 달려들어 그의 생명을 구한다. 그가 베트남 소녀를 납치하여 데리고 갈 계획을 세운 것도 외출이 금지된 상태에서 성적 욕망이 좌절된 병사들의 "사기를 북돋우기 위해서keep the morale"이다. 베트남 소녀 오안을 강간하기 전 에릭슨을 동참시키려고 설득할 때 그가 내세우는 이유는 동료애이다. "베트콩들이 우리를 죽이려고 나무에 주렁주렁 매달려 있는" 이 상황에서 "우리는 믿을 게 서로밖에 없다we have nothing but each other"라면서 동료의식을 강조한다. 존 벨튼은 "미군 정찰대 대원들이 베트남 여자를 납치하여 윤간하는 것은 전쟁영화에서 남성 관계가 꽤 복잡하게 동사회적homosocial 욕망 개념과 얽혀 있음을 잔인하게 보여 주는 예"라고 지적하고 "여기서도 윤간의 희생자는 남성 간의 성적 교환의 수단—그들이 모두 공유하고 그들의 관계를 더욱 돈독하게 만들어 주는 유대—의 역할을 한다"(200)라고 주장한다.

그와 함께 베트남 여성의 납치와 강간에 적극성을 보인 클라크 상병과 해처 일병 또한 그와 비슷한 남성적인 사고방식으로 베트남에서의 생존을 영위해 나간다. 정찰을 나갈 때 "행운의 물건good luck stuff"을 챙기라는 미저브의 충고에 클라크는 "람보 나이프"로 잘 알려진 칼을 챙긴다. 남근을 상징하는 그 칼을 줄곧 만지작거리는 그는 그 칼로 강간에 동참할 것을 거부하는 에릭슨을 위협하고, 나중에 결국 오안의 몸에 칼을 꽂는다. 칼로 사슴을 죽여 본 적이 있다는 그는 그녀를 두 번 이상 찌르고도 죽이지 못하고 결국 총으로 그녀를 사살한다. 해처 또한 남성성의 상징인 미저브를 존경해 마지않는다. 그는 여자 납치를 미저브가 제안하자, "왜 그 생각을 미리 하지 못했을까"라며 미저브를 칭기즈 칸 같은 영웅으로 숭배한다.

그렇기 때문에 이 세 사람은 베트남 소녀 오안을 성폭행하는 데 아무런 거리낌이나 죄의식이 없다. 미군들의 베트남 여자 강간에 대해 캐스린 맥마혼Kathryn McMahon은 〈전쟁의 사상자들〉: 역사, 리얼리즘, 그리고 배제의 한계⟨Casualties of War: History, Realism, and the Limits of Exclusion⟩에서 "폭력적인 섹슈얼리티가 권력에 대한 지식을 나타내기 때문에, 여성의 몸이 차이와 섹스 모두를 대표하기 때문에, 전쟁영화에서 여성의 상징적 파괴는 타자(인종, 국가, 민족)와의 관계에서의 허구적 권력을 상징한다"(19)고 주장한다. 베트남 소녀를 성폭행하기 전 그녀의 손을 묶고 있는 미저브에게 에릭슨이 이의를 제기하자, 그는 그녀가 베트콩이며 "죄수를 심문interrogate the prisoner"하려고한다고 자신의 행동을 정당화한다. 그는 윤간에 동참하지 않으려는 에릭슨의 문제가 무엇이냐며 혹시 그가 "베트콩 동조자VC sympathizer" 혹은 동성연애자가 아니냐고 질문한다. 백인 남성의 폭력적인 남성성의 발휘에 방해가 되는 남자는 인종적 타자가 아니면 성적 타자로 규정되는 것이다.

이들에 비해 에릭슨은 남성답지 못한 남자로 묘사된다. 몸집이 작은 마이클 제이 폭스Michael J. Fox를 에릭슨으로 캐스팅한 드 팔마 감독은 우락부락한 남성들 사이에서 신사적이고 예의 바른 남자로 그를 묘사한다. 미저브가 불과 스무 살에 불과하고 정신적으로 미성숙한 모습을 보이는 데 반해, 에릭슨은 결혼하여 딸까지 있는 가장이다. 그는 자신이 베트남에 온 목적이 베트남 사람들을 돕는 데 있다고 생각한다. 구멍에 빠졌다가 구사일생으로 살아난 뒤 방문한 베트남 마을에서 그는 그곳 아이들과 어울리며 그들에게 초콜릿도 권하고 그들에게서 과일도 받아든다. 그는 베트남 농부와 함께 논에 들어가 쟁기질을 배우며 즐거운 시간을 보낸다. 이렇게 순진한 그를 보고 해처나 클라크는 과일 속에 면도날이 들어 있을지 모르니 조심하라고 충고하고, 베트남의 농사법을 비하하는 발언을 한다. 이들의 충고를 뒷받침이라도 하듯이 베트콩들이 습격하고 브라운이 죽는 사태가 벌어진다.

한 가지 흥미로운 것은, 전투 장면에서조차 에릭슨은 철모를 좀처럼 쓰지 않는다는 점이다. 군인 치고는 머리카락이 긴 마이클 제이 폭스의 앳된 얼굴을 부각하기 위함인지 그의 순진함을 강조하기 위함인지는 모르나, 이 장면뿐 아니라 다른 장면에서도 거의 철모를 쓰지 않는 그의 순진한 모습은 우락부락하고 폭력적인 남성들과 대조된다. 막사로 돌아와 휴식을 하는 병사들이 맥주를 마시면서 베트남이라는 지긋지긋한 곳에 대해 이야기할 때, 그는 오레오 쿠키를 먹는다. 술을 마시지 못하고 과자를 먹는 그가 어쩌면 아직 남성성이 완전히 성숙되지 않았음을 암시하는지도 모른다.

베트남 여자 오안을 대하는 태도에서도 에릭슨은 다른 병사들과 차이를 보인다. 병사들이 마을에 들어가 밤에 자고 있는 소녀를 납치하여 끌고 갈 때 온 가족이 나와 매달리자, 미저브와 클라크는 그들을 폭력으로 제압하고 오안을 번쩍 안고 데리고 간다. 집 밖까지 나와서 울부짖는 어머니는 딸에게 스카프를 가지고 가라고 건네고, 이때 에릭슨은 자신의 동료가 아니라 오안의 부모 옆에 서서 "미안합니다"라는 말을 계속해서 한다. 목적지로 가면서도 그는 미저브와 클라크에게 이건 분명히 납치이며 지금은 원시시대가 아니라 20세기이며, 우리는 이 사람들을 도와주러 온 것이라고 설득하려 한다. 미저브와 클라크는 감기로 기침을 하며 고열에 시달리는 여자에게 그들의 짐을 지우고 맨발로 걸어가게 한다. 결국 이런 노동은 그녀의 등에 큰 상처를 남겨 핏자국이 옷 밖으로 배어 나오자, 동료들이 잠시 주변을 정찰하러 간 사이 에릭슨은 그 상처를 돌본다. 성폭행이 있고 난 다음 날, 다른 병사들이 베트콩을 정찰하러 가고 또 혼자서 그녀를 돌보게 된 에릭슨은 폭행으로 만신창이가 된 여자에게 다가가 결박을 풀어 주고 물과 비스킷을 주어 정신을 차리게 만든다. 그녀를 구하려는 욕심에 그녀를 데리고 도망치려는 극단적인 행동을 실행에 옮기려던 에릭슨은, 자신의 행동이 결국 탈영에 해당된다는 사실을 깨닫고 망설이던 중 클라크가 오면서 제지당하게 된다.

폭력적인 남성들의 무리에 속하지 않았으나 압력에 의해 하는 수 없이 윤간에 동참하게 된 디아즈 일병은 히스패닉계 병사이다. 에릭슨처럼 신병인 그는 미저브 일당들의 윤간 모의를 알게 되면서 자신은 절대로 가담하지 않겠다고 말한다. 이런 행위가 명백한 범죄 행위임을 인식한 두 사람은 윤간에 참여하지 않기로 한 자신의 결정을 서로 지지해 주기로 약속한다. 그러나 "디아즈와 오안 모두 스스로의 힘으로는 이 하드 바디 남자들을 당해 낼 수 없음이 판명된다"(Jeffords 124). 미저브가 위협적인 제스처로 에릭슨을 다그치고 디아즈에게도 지금 자신들이 하려고 하는 일에 이의가 있느냐고 묻자, 디아즈는 "없습니다, 중사님Hell, no. Sarge"라고 대답한다. 공범의식을 통해 단합을 다지려는 미저브는 윤간에서 자신의 다음 순서로 디아즈를 지명하고 그는 마지못해 성폭행을 실행에 옮긴다.

그렇다면 군대 경험도 일천하고 몸집도 작으며 힘이 없는 에릭슨은 어떻게 해서 새로운 시대의 영웅으로 탄생하는가. 그것은 그가 처음부터 견지하던 도덕성과 정의라는 가치에 대한 헌신 덕분이다. 그는 자신이 "베트남 사람들을 도와주러 왔다"는 생각을 굽히지 않으며, 미저브와 클라크의 위협에도 끝까지 윤간에 가담하지 않는다. 윤간이 끝나고 와서 미저브는 불침번을 서고 있는 에릭슨에게 다가와 "너는 군대가 좋은가 봐"라고 하자, 에릭슨은 "이건 군대가 아닙니다This ain't the army"라고 대답한다. 베트남전에서 양민 학살과 부녀자 강간이라는 범죄를 용인할 정도로 잘못된 길로 일탈한 미국 군대는 이제 더 이상 군대가 아닌 것이다. 오염되고 타락하기 이전의 군대라는 시스템에 대한 믿음을 견지하고 있는 에릭슨은 정찰에서 돌아와 소대장과 중대장에게 그 사건을 보고하지만 그가 듣는 답변은 전쟁터에서 벌어진 일에 대해서는 묻지 않는다는 답변뿐이다. 흑인 소대장인 라일리는 출산하러 간 아내가 흑인이라는 이유로 병원에서 거부당하자 난동을 피우고 감옥에 들어갔던 경험을 이야기하면서 "원래 그런 거야"라는 말로 시스템에 반기를 들지 말 것을 명령한다. 이에 굴하지 않고 에릭슨이 중대장인 힐 대위를 찾아가지만, 중대장은 세 가지 이유를 들어 그의 요구를 묵살한다. 첫째, 그들을 고소한다고 죽은 여자가 살아 돌아오지 않는다. 둘째, 군법회의는 관대하여 그들이 실형을 살더라도 곧 풀려나고 그들은 결국 너에게 복수할 것이다. 셋째, 미저브는 너의 생명을 구한 은인이다. 은인의 앞길을 망칠 것인가. 결국 에릭슨의 고소는 우연히 바에서 만난 군목을 통해 상부에 전달되고 군법회의라는 군대 제도의 도움을 통해 그들을 막을 수 있게 된다. 수전 제포즈는 '영화는 어 퓨 굿 화이트 맨을 찾고 있다'라는 제목의 챕터에서 "베트남전쟁에서도 선한 백인 남자들이 있었으며, 단지 관객들이 그들에 대한 이야기를 듣지 못했을 뿐임을 보여 주면서 백인 남자들에 의해 베트남전의 명예를 회복"(124)한다고 평가한다.

인종적 · 성적 · 정치적 타자의 희생을 통한 영웅의 탄생

위에서 살펴본 것처럼 〈전쟁의 사상자들〉은 베트남전쟁 기간 중 미군이 저지른 전쟁범죄를 직시하고 군대 내에서 벌어진 수치스러운 베트남 민간인 성폭행 사건과 사건 은폐 시도를 용기 있게 다루고 있다. 전투 중에 벌어진 일은 그것이 도덕률과 법을 어긴다 할지라도 용납될 수 있다는 하급 장교들의 조직적이고 뻔뻔한 은폐 시도와, 내부 고발자까지 살해하려고 하는 범죄 당사자의 이야기는 베트남전 중 실제로 벌어진 많은 사건 중 하나에 지나지 않을지 모른다. 브라이언 드 팔마 감독은 실제 사건을 영화화함으로써 역사를 현실로 끌어오면서 보수적인 하드 바디 남성성의 민낯을 들춰 낸다. 그와 동시에 군 사법제도에 의존하여 이들을 마침내 응징한 새로운 영웅상을 통해 비록 몇몇 일탈과 타락들이 존재하기는 하지만 인간애와 정의를 옹호하는 미국의 가치는 여전히 유효하다는 것을 보여 준다.

그러나 그럼에도 불구하고 영화는 개운치 못한 뒷맛을 남긴다. 이런 새로운 영웅상의 탄생이 인종적 · 성적 · 정치적 타자의 폄하와 궁극적인 제거를 통하여 이루어지기 때문이다. 베트남전을 다룬 많은 영화에서 재현된 베트남인의 스테레오타입, 즉 몸집이 작지만 땅굴을 파고 정글을 누비며 대나무창과 소똥으로 만든 부비트랩으로 미군을 잔인하게 학살하는 베트콩, 농촌 마을에서 가난과 무지로 많은 세월을 살아온 촌로와 아녀자들, 미군들에게 약탈, 성폭행당하는 여성들 등은 이 영화에서도 예외가 아니다. 미군들이 이들을 대하는 기본적인 태도에는 의심이 깔려 있으며, 따라서 그들은 불가해한 언어로 그들을 혼란시키고 속이는 베트남인들을 없애 버려야 하는

"바퀴벌레"로 지칭한다. 베트남인 한두 명을 없애는waste 것은 그다지 큰 문제가 아니며, 이들은 클라크가 말하듯이 "미안해"라고 한마디 하면 그뿐인 존재들이다.

타자에 대한 에릭슨의 태도가 아무리 인간적이라 하더라도 영화에 재현된 타자인 오안 역시 인간적인 주체로 묘사되지 않는다. 우선 그녀에게는 언어를 통한 커뮤니케이션이 허락되지 않는다. 울음섞인 그녀의 호소는 동물의 울음소리처럼 들리며, 영화에서 유일하게 인간적인 대화가 이루어지는 에릭슨과의 장면에서도 영화는 영어로 번역된 자막을 허용하지 않음으로써 그녀를 여전히 타자로 규정한다. 에릭슨이 성폭행 후유증을 처음으로 목격한 것은 베트콩과의 조우가 일어난 후 그가 연막탄을 가지러 다시 오두막에 갔을 때이다. 클라크는 자신의 역할이 겨우 여자를 베이비시팅하는 것이냐고 투덜대다가 에릭슨이 오자 그에게 오안의 감시를 맡기고 매복지로 떠난다. 클라크가 탄약을 가지고 오두막을 떠났을 때에야 비로소 에릭슨은 폭행당한 여자의 모습을 자세히 살필 기회를 갖게 된다. 옷이 찢어져서 허벅지를 드러낸 여자는 에릭슨이 다가가자 성폭행 피해자들이 전형적으로 반응하듯이 그의 접근을 본능적으로 두려워한다. 그를 처음으로 정면으로 쳐다보는 오안의 얼굴은 폭행으로 멍이 들고 피가 흐르고 만신창이가 된 상태여서 관객들이 눈을 돌리고 싶을 정도로 추한 모습이다. 그녀가 전혀 이해하지 못할 울부짖음blubbering으로 말하는 베트남어는 에릭슨에게 안타까움만 안겨 주며, 그는 "못 알아듣겠어I don't understand"라고 반응한다. 너무나 굶주린 나머지 에릭슨이 주는 비스킷을 허겁지겁 받아먹으며 물을 마시다가 사레가 들려 기침을 하는 그녀는 학대를 당한 동물의 모습이다.

그녀를 데리고 도망치려는 에릭슨의 시도가 클라크에게 발각되면서 그들은 매복 상태로 베트콩과 대치하고 있는 다른 병사들과 합류한다. 그녀의 기침 때문에 위치가 탄로날 것을 우려한 미저브는 에릭슨에게 그녀를 죽이라고 명령한다. 에릭슨이 거부하자 그 명령은 해처를 거쳐 디아즈에게 넘어가고, 디아즈가 그녀에게 다가갈 때 에릭슨은 그것을 막기 위해 베트콩을 향하여 발포한다. 이어서 교전이 벌어지고 사격을 하는 에릭슨의 뒤에서 클라크가 여자를 찌르는 모습이 보인다. 두 번이나 찔렀다고 외치는 클라크의 말에도 불구하고 그녀는 죽지 않고 공포영화의 좀비처럼 다시 피를 흘리며 일어나 철길을 따라 걸어가고, 공포에 질린 병사들은 그녀를 향해 일제히 사격한다. 그녀는 절벽 밑으로 떨어지고 만신창이가 된 여자의 모습은 에릭슨의 시점으로 오랫동안 화면에 제시된다.

그러나 이것이 그녀의 마지막 모습이 아니다. 에릭슨의 고발이 군목을 통해 상부에 정식으로 접수된 후 본격적인 조사가 이루어지고, 힐 대위와 에릭슨이 다시 현장을 찾았을 때 참혹하게 부패되어 가는 그녀의 시체는 다시 한 번 카메라에 의해 기록되고 사진에 담긴다. 맥마혼은 "그녀의 몸은 죽은 자의 의미를 소유하는 합법적인 군 당국에 의해 사진 찍히고, 대상화되고, 전유된다. 베트남에서의 미

군 개입에 대해 이념적으로 구축된 도덕적 목적은 이처럼 물적으로 실체화된다"[19]라고 말한다. 에릭슨을 영웅으로 만드는 과정에서 인종적·성적·정치적 타자인 그녀는 살아 있을 때에는 불가해한 대상으로, 병사들이 바퀴벌레나 짐승으로 폄하하는 존재로, 의미 있는 대화가 불가능한 타자로 재현된다. 두 번이나 죽어야 했던 그녀의 몸 또한 혐오스러운 대상으로 재현되고 기록되고 제거되어야 한 것이다. 맥마혼의 주장대로 "두 번이나 살해된 후 오안은 죽지만, 부패한 몸으로 서사에 다시 등장하여 새로운 의미화와 오안이라는 이름과, 전기biography와 군형법 내에서의 변호 권리를 부여받는다"[20].

미군의 명예를 회복하고 새로운 영웅으로 귀환한 에릭슨은 전쟁이 끝난 후에도 타자를 무의식 속에서 제거하지 못한다. 이 영화는 에릭슨이 전차를 타고 가다가 우연히 오안과 닮은 동양 여자를 보고 베트남에서의 악몽과 같은 과거를 떠올리는 회상 형식으로 시작된다. 에릭슨의 무의식 깊숙이 자리 잡은 트라우마가 악몽으로 재현된 것이다. 영화 전체는 에릭슨이 베트남에서 겪었던 기억의 재현이다. 성폭행에 가담한 네 명의 병사들이 군법회의에서 유죄 판결을 받는 것으로 결론이 난 베트남에서의 기억은 에릭슨이 잠에서 깨어나면서 종결된다. 수미상관식 내러티브 구조를 가진 이 영화에서 오안과 닮은 여자를 보고 과거의 기억을 떠올린 에릭슨은 그녀와의 대화를 통해 악몽을 떨치게 된다. 즉, 아이러니하게도 그의 트라우마를 어루만지고 위로하고 잠재우는 것 또한 오안과 닮은 아시아계 여성의 몫이다. 악몽에서 깨어난 에릭슨 앞에는 살해당한 오안을 닮았지만 무지와 가난의 흔적을 말끔히 지워 내고 세련된 옷차림과 지성으로 재단장하여 타자의 흔적을 말끔히 제거한 전차 속의 여성이 서 있다. 그녀가 스카프를 놓고 내리자 에릭슨은 그것을 건네 주려고 그녀를 따라 내린다. 그 여성은 에릭슨을 보며 유창한 영어로 "악몽을 꾸셨나 봐요. 이제 다 끝났어요"라고 최종적인 종결을 제공한다. 그 여성에게는 에릭슨이 베트남에서 마주쳤던 인종적 · 성적 · 정치적 타자의 모습은 흔적조차 없다. 이 마지막 장면에 대해 맥마혼은 "베트남인을 부재로 창조함으로써 〈전쟁의 사상자들〉은 이념적 종결을 시도한다"[20]고 지적한다.

〈전쟁의 사상자들〉은 1993년에 나온 올리버 스톤의 〈하늘과 땅〉과 함께 베트남전에 대한 자성적인 입장을 보이는 영화들의 거의 마지막 작품이라고 할 수 있다. 2002년에 〈위 워 솔저스We Were Soldiers〉가 나오기는 했지만, 1990년대는 걸프전 발발로 인해 〈커리지 언더 파이어Courage Under Fire〉(1996) 〈쓰리 킹즈Three Kings〉(1999)와 같은 걸프전 영화들과 〈라이언 일병 구하기Saving Private Ryan〉(1998), 〈씬 레드 라인Thin Red Line〉(1998) 등의 제2차 세계대전 영화들이 세기가 바뀌기 전에 다시 한 번 영화시장에 등장했기 때문이다. 〈전쟁의 사상자들〉은 인간애와 정의, 자유 민주주의를 표방하며 세계의 경찰 노릇을 자처해 온 미국이 저질렀던 역사의 수치스러운 한 장을 관객으로 하여금 군이 대면하게 하는 영화이다. 과거 북미 원주민 마을을 습격하여 부녀자들을 성폭행하고 학살했던 선조들의 악행을 미국이 베트남전에서 되풀이했다는 점을 보여 줌으로써 이 영화는 미국이라는 나라가 역사로부터 교훈을 배우지 못하는 국가임을 말하고 있다. 그러나 마초적인 외모와 남성다움은 없지만 도덕적인 원칙과 법치 시스템에 대한 신뢰로 미국 군대의 명예를 회복하는 새로운 영웅상을 제시함으로써 이 영화는 이제 시대가 바뀌었으며 남성성의 재정의가 필요함을 보여 준다.

에릭슨 일병은 비록 몸집도 작고 전쟁 경험은 일천하지만 무엇이 옳고 그른지에 대한 판단력이 흐려지지 않았고, 자신에게 미칠 불이익과 위험에도 불구하고 그것을 끝까지 관철시키는 선한 미국 남자로 그려진다. 그의 용기 있는 행동이 비록 오안의 죽음을 막지는 못했지만, 그녀의 죽음이 역사의 망각 속에 묻히는 것을 구했다. 그의 활약으로 오안의 죽음은 기록되고 유통되고 보존된다. 아이러니한 것은 이처럼 겉 보기에 베트남 사람 편에서 그들의 입장에서 그들을 위하는 영웅을 그리는 영화에서조차 베트남 사람은 인격을 갖춘 동등한 인간이기보다는 지적이고 이성적인 대화가 불가능한 타자로 폄하된다는 사실이다. 선의의 입장을 가지고 베트남전에서 미군이 벌인 악행을 고발하는 이 영화에서조차 미국적 영웅의 새로운 탄생은 인종적 · 성적 · 정치적 타자의 삭제라는 기반 위에서 이루어진 것이다.

백인 남성성의 변화와 다문화 수용: 〈그랜 토리노〉의 정치성

영화배우와 감독으로서 클린트 이스트우드Clint Eastwood의 경력은 현대 미국의 정치 이데올로기의 궤적을 함축적으로 담고 있다. 50년대 후반 〈로하이드Rawhide〉라는 텔레비전 시리즈에 등장하면서 두각을 나타내기 시작한 그는, 세르지오 레오네Sergio Leone의 스파게티 웨스턴 삼부작의 주인공으로 출연하면서 할리우드 스타로 급격히 부상했다. 60년대에 들어서면서 오랜 역사를 자랑하는 할리우드 장르

영화의 대들보 격인 서부영화가 더 이상 미국 관객들의 관심을 사로 잡지 못할 때 등장한 스파게티 웨스턴은, 파격적인 미장센과 예측을 뛰어넘는 서사 구조, 등장인물의 선악 구도, 전통적인 주제로부터의 일탈 등으로 제도권 이데올로기에 반항하던 반문화와 청년문화 세대의 감수성과 맞아떨어졌다.

이에 반해, 배우로서 이스트우드의 제2기에 해당하는 영화들은 황야의 응징자에서 도시의 범죄자들에게 법을 집행하는 경찰관으로서 변신한 그의 모습을 보여 준다. 〈더티해리Dirty Harry〉 시리즈에서 그는 목숨을 걸고 체포한 범인들이 교묘하게 법망을 빠져나가는 것을 좌시하지 않고 직접 응징하는 경찰관 캘라한 역할을 한다. 제3기에 들어서면서 이스트우드는 배우보다는 감독으로서 진가를 드러내고, 몇몇 영화에는 직접 출연하기도 한다. 이 시기에 그는 그동안 자신의 영화에서 자랑스럽게 지지를 받던 영웅주의와 남성성 찬양에서 한 발 뒤로 물러난 모습을 보인다. 그는 〈이오지마에서 온 편지 Letters from Iwo Jima〉, 〈아버지의 깃발Flags of Our Fathers〉에서는 전쟁터에서의 남성성 발휘와 영웅주의에 회의적인 입장을 내비치고, 〈용서받지 못한 자Unforgiven〉에서는 멋지고 남성성 넘치는 총잡이가 아니라 노쇠하고 말도 잘 타지 못하는 은퇴한 총잡이를 연기한다. 이러한 백인 남성성에 대한 자성적이고 회의적인 태도는 〈밀리언 달러 베이비Million Dollar Baby〉와 〈그랜 토리노Gran Torino〉로 이어진다.

여기서는 일생의 영화 경력을 통해 미국의 백인 보수주의 이데올로기를 대변했던 이스트우드가 자신의 영화 경력의 총결산이라고 할 수 있는 〈그랜 토리노〉에서 어떠한 변화를 보여 주고 있으며, 이웃에 사는 몽Hmong족 가정과의 관계를 통해 다문화 사회가 된 미국 사회를 어떻게 수용하고 있는지 살펴보려고 한다.

미국적 남성성의 아이콘

서부영화라는 장르는 서부 개척시대에 백인들이 서쪽으로 이동하면서 맞닥뜨렸던 척박한 환경과 북미 원주민을 정복해 가는 역사를 기록하고 있다. 북미 원주민과 서부 정착자들 간의 갈등, 기병대와 북미 원주민의 싸움, 서부의 외딴 마을과 무법적인 주변 환경의 갈등을 다룬 서브 장르로 분화되면서, 서부영화는 영화 발생 초기부터 단연코 미국적인 영화 장르가 되었다. 그 중심에는 야만적인 요소들을 힘과 기술로 정복하는 보안관과 총잡이 등 백인 남성성의 대표자들이 있다. 그들은 뛰어난 총 솜씨와 힘, 그리고 문명이라는 이데올로기로 무장하여 서부를 정복하여 프런티어를 확장하는 역할을 하였다. 클린트 이스트우드는 이러한 정통 서부영화가 수정주의 서부영화로 전환하는 시기에 텔레비전 시리즈와 스파게티 웨스턴에 등장하여 이름을 알렸다.

1960년대의 수정주의 서부영화는 당시 맹위를 떨치던 반전운동을 과거 미국인들의 북미 원주민 학살에 대한 은유로 풀어낸 〈리틀 빅 맨Little Big Man〉과 〈솔저 블루Soldier Blue〉에서 그 예를 볼 수 있다. 역사로부터 교훈을 배우지 못한 미국인들이 과거에 북미 원주민을 학살했던 것처럼 이제는 남의 땅에 가서 양민을 학살한다는 사실을 우화로 제시했던 것이다. 수정주의 웨스턴의 또 다른 축은 스파게티 웨스턴이다. 주로 이탈리아에서 제작되어 이런 이름이 붙은 이 장르의 주역은 세르지오 레오네였고, 클린트 이스트우드는 그가 만든 〈황야의 무법자A Fistful of Dollars〉(1964), 〈석양의 건맨For a Few Dollars More〉(1965), 〈석양의 무법자The Good, The Bad, The Ugly〉(1966) 세 편의 명작에 출연함으로써 명성을 얻었다. 선악 구분이 분명하고 정의감과 윤리의식이 분명한 정통 서부극과 달리, 스파게티 웨스턴에서는 제목에서 알 수 있듯이 돈을 위해서라면 속임수와 배신을 서슴지 않는 주인공이 등장한다. 이스트우드가 분한 "이름 없는 사나이"는 "한 치의 망설임도 없이 악인을 처단"하며 "그가 서 있는 곳이 어쩌다 보니 '법과 질서'의 편일 뿐 그는 자신의 목적에만 충실할 뿐이다. 그가 받는 보상은 한 줌의 지폐와 귀중한 '지명수배자' 시신이 실린 수레 아니면 훔친 금화로 가득 찬 관이다"(휴스 50).

스파게티 웨스턴 다음으로 백인 남성성의 화신으로 이스트우드의 명성을 확립한 영화 시리즈는 바로 〈더티 해리Dirty Harry〉 시리즈이다. 서부의 황야에서 무법자들을 향해 총 솜씨를 발휘하던 이스트우드가 이번에는 서부의 도시에서 캘라한Callahan 경사라는 캐릭터로 거대한 매그넘 포스 권총을 휘두르며 범죄자들을 무자비하게 응징한다. '더티'라는 그의 별명은 법망을 교묘하게 빠져나가는 범죄자들을 규정을 어겨 가면서까지 끝까지 추적하여 끝장내는 그의 수사 방식과 행동에서 기인한다. 1971년에 1편이 나온 이 영화는 그 후 〈더티 해리 2: 이것이 법이다Magnum Force〉(1973), 〈더티 해리 3: 집행자The Enforcer〉(1976), 〈더티 해리 4: 서든 임팩트Sudden Impact〉(1983), 〈더티 해리 5: 추적자The Dead Pool〉(1988)에 이르기까지 속편까지 만들어 내며 인기를 끌었다. 이 영화는 베트남전 패배 이후 새롭고 강한 미국을 건설하려는 레이건 행정부의 신보수주의 노선과 맥을 같이하면서 "할 테면 해봐Make my day"라는 대사가 레이건의 선거 캠페인에 사용될 정도로 호응을 얻었다. 드루실라 코넬Drucilla Cornell은 이스트우드의 이미지를 다음과 같이 요약한다.

더티 해리 영화에서의 강력한 이미지를 생각할 때 배우로서의 이스트우드를 여성들의 가정적 세계에는 결코 발을 들여놓지 않을 무법자-영웅의 남근적 파워와 무자비한 남성성의 완벽한 이미지로 비평가들이 동일시하는 것이 전혀 놀랍지 않다. (2)

그러나 본인이 처음으로 감독, 주인공, 제작자를 겸하며 제작에서 촬영까지 전부 개입한 〈어둠 속에 벨이 울릴 때Play Misty for Me〉(1971)에서 우리는 이스트우드의 후기 작품에 등장하게 될 남성성의 미묘한 변화를 보게 된다. 드루실라 코넬은 무자비하게 적들을 제압하는 그의 마초와 같은 남성성 밑에 숨어 있는 이런 변화가 바로 그의 감독 데뷔 때부터 시작되었다고 보면서 "우리는 이스트우드의 감독으로서의 커리어의 시작부터 그의 남성성 표현에 가책, 후회, 도덕적 회복이 있음을 보아 왔다"(3)라고 말한다. 수전 제포즈 또한 "〈용서받지 못한 자〉의 가장 흥미로운 점 중 하나는 이 영화가 마초 행위에 가까운 하드 바디 남성성을 제시하면서 동시에 그것을 비판한다는 것"이며, 이 영화가 "서부 영화 전체의 마초 컬트에 대한 전면적인 공격"(186)이라고 평가한다.

〈용서받지 못한 자〉, 〈밀리언달러 베이비〉를 거쳐 〈그랜 토리노〉에서 완성되는 이 새로운 남성성은 영화 속에서 그에게 영향을 주고 변화시키는 여성 캐릭터와 연관이 있다. 〈용서받지 못한 자〉의 서두에서 빌 머니Bill Munny는 장래가 촉망되는 젊고 아름다운 여성이었던 아내를 무덤에 묻으면서 그녀가 "유명한 도적이자 살인자이며 사악하고 과격한 성격으로 악명 높은" 자신과 결혼했으며, 자신의 "음주벽과 사악함을 고쳐 주었다"고 말한다. 노쇠하여 총도 쏘지 못하며 말도 잘 타지 못하는 그는 창녀들이 내건 현상금을 타기 위해 친구와 함께 리틀 빌Little Bill이 보안관으로 있는 마을로 간다. 그는 오히려 구타를 당하고 거의 죽을 뻔하지만, 친구 네드 로건Ned Logan 의 죽음을 보고 악의 응징자라는 과거의 모습으로 귀환하여 악의 세력들을 모두 죽인다. 그는 창녀들의 얼굴에 칼질을 하지 말 것과 네드 로건을 잘 묻어 줄 것을 명령하면서 그렇지 않았다가는 돌아와서 다 죽여 버릴 것이라고 경고하며 떠난다. 그가 비록 현상금을 위해 총을 뽑은 것은 사실이지만, 창녀들의 딱한 처지를 동정하여 그들로 인해 심한 상실감을 느끼는 것 또한 분명한 사실이다.

상처 받은 여성에 대한 안타까움은 〈밀리언 달러 베이비〉에서도 나타난다. 전직 복서이자 트레이너인 프랭키 던Frankie Dunn은 여성을 훈련생으로 받지 않는다는 자신의 원칙을 깨뜨리고 매기Maggie라는 여성 복서를 훈련시키기 시작한다. 딸과의 관계가 단절된 그는 매기를 거의 딸처럼 여기며 그녀에게 모든 희망과 열정을 쏟는다. 그러나 챔피언십이 걸린 경기에서 매기는 상대편 선수의 거친 경기로 부상을 당해 거의 식물인간이 된다. 더 이상 희망이 없다는 사실을 깨달은 매기는 생명 연장 장치를 꺼 달라고 프랭키에게 부탁하고, 자살을 인정하지 않는 가톨릭 신자임에도 불구하고 프랭키는 그 부탁을 들어준다. 그녀는 죽음을 통해 하늘나라에 갔을지 모르지만 프랭키는 그녀를 희생시켰다는 죄책감을 안고 평생 살아가야 한다.

두 영화에서 공통적으로 볼 수 있는 특징은 그가 가족 관계로부터 겪은 회한과 아픔이 있다는 것이다. 안톤 칼 코즐로비치Anton Karl Kozlovic는 "이스트우드가 만능 해결사인 착한 아버지의 스테레오타입을 버리고 대신 과거 잘못을 사죄함으로써 헤어진 가족과 재결합하기를 간절히 바라는 부적절한 아버지상을 택했다"(122)고 말한다. 클린트 이스트우드는 〈용서받지 못한 자〉에서는 아내를 일찍 보내야 했던 캐릭터로, 〈밀리언 달러 베이비〉에서는 딸에게 보낸 편지들이 몇 년째 뜯지도 않은 채 반송되어 오는 가족 관계의 아픔을 가진 캐릭터로 그려진다. 또 다른 특징은 그가 힘이 없는 자들의 아픔과 상실을 자기 것인 양 동일시한다는 것이다. 〈용서받지 못한 자〉에서는 얼굴에 자상을 입은 매춘부와, 〈밀리언 달러 베이비〉에서는 치유 불가능의 상처를 입은 매기와 동일시하면서 클린트 이스트우드 캐릭터는 그것을 자신의 것으로 받아들인다. 이런 경향은 〈그랜 토리노〉에서도 수Sue가 갱들에게 구타당하고 성폭행당하고 돌아왔을 때 그것이 마치 자신의 아픔이라도 되는 것처럼 자신의 손에 피를 내서 그 아픔을 동일시하는 월트에게서 볼 수 있다. 코넬의 지적처럼 감독 커리어를 시작할 때부터 기미를 보였던 회한, 후회, 도덕적 개선의 경향들이 이스트우드의 남성성 변화의 단초가 되었는지를 〈그랜 토리노〉의 분석을 통해 알아보려 한다.

〈그랜 토리노〉: 남성성의 변화와 다문화 수용

〈밀리언달러 베이비〉가 나온 지 4년 후 78세의 나이로 이스트우드는 인생 최대의 역작 〈그랜 토리노〉를 내놓았다. 인터뷰를 통해 자신이 배우로 출연하는 마지막 영화가 될 것이라고 밝힌 이 영화에서, 그는 서부영화로부터 현재까지 그의 전 영화 인생을 결산하는 듯한 스토리를 관객에게 선보인다. 총을 뽑자마자 서너 명의 악당들을 고꾸라지게 만들던 서부의 총잡이가 이제 악당들 앞에 서서 빈손으로 총을 쏘는 제스처만을 보인 후 수십 발의 총탄을 맞으며 십자가형을 받는 그리스도의 자세로 평온하게 눈을 감는다. 그가 쓰러질 때 우리는 그가 치렀던 수많은 결투들을 생각하며, 지금 전혀 예기치 않은 방식으로 자신의 인생을 결산하는 월트 코왈스키Walt Kowalski 의 모습에서 클린트 이스트우드를 본다.

겉으로 보기에 월트는 이스트우드의 전작에 출연했던 주인공들과 남성적인 면과 보수적 태도에서 전혀 달라 보이지 않는다. 짧은 스포츠머리에 매와 같은 눈을 한 시니컬한 표정의 월트는 한국전에 참전했고, 평생을 포드 자동차 회사의 어셈블리 라인에서 일하다가 은퇴했으며, 그 어느 누구의 허튼짓도 용납하지 않는다. 그리스 비극의 주인공을 연상시키는 이 남자에게서 우리는 그가 평생을 통해 지켜 온 나름대로의 윤리와 철학, 그리고 그 어떤 대가를 치르고서라도 그것을 지켜 내려는 존엄성dignity을 본다. 그러나 다른 비극의 주인공처럼 그는 비극적 결함tragic flaw을 가지고 있고 그것이 그를 돌이킬 수 없는 폭력의 소용돌이로 밀어 넣는다. 그를 파멸로 이끄는 결함은 바로 불의를 보면 참지 못하고 그것을 해결해야만 직성이 풀리는 성격이며, 이것은 그의 고귀한 점이기도 하다.

자신만의 보수적인 행동 규범과 삶의 원칙을 고집하는 그는 가족을 포함한 주변 사람들을 냉소적인 시각으로 바라본다. 높은 도덕적 좌대 위에서 자신이 정한 기준에 못 미치는 인간들을 깔보는 태도로 내려다보는 것이다. 아내의 장례식 예배로 시작하는 이 영화에서 그는 스마트폰을 하다가 배꼽티 차림으로 관 앞에 와서 조문을 하는 손녀 애슐리, 기도 대신 불경스러운 농담을 지껄이는 손자, 삶과 죽음에 대해 설교를 하는 애송이 신부 등 모든 사람이 못마땅하다. "할머니들의 손을 잡고 영생이나 약속하는 과도한 교육을 받은 27세의 숫총각" 신부가 자신을 "월트"라고 부르는 것도 못마땅하며 그에게 위로를 받고 싶지 않다. 한국전에 참전해서 훈장을 타고 그 후 포드 자동차 회사에서 일하다가 은퇴한 그에게는 일본 자동차 판매를 하는 아들도 마음에 들지 않는다. 블루컬러 노동계층이 살았던 백인 거주 구역은 이제 아시아계 이민들이 우글거리는 동네로 바뀌었고 그는 피해의식에 사로잡힌 채 마지막 남은 자신의 존엄성과 자신의 재산/구역을 외부의 침입으로부터 막아 내려고 작심한다.

구세대 보수주의자인 월트의 집과 이웃에 사는 몽족 가족은 영화의 서두부터 강한 대조를 보인다. 프란체스카 토그네티Francesca Tognetti는 첫 장면에서 두 집이 서로 비춰 주는 "거울looking glass" 역할을 하며 "타자와의 접촉과 경험을 통한 자신과 타자의 발견 the discovery of the Other and the discovery of the Self through the contact and the experience of the Other"(379)이라는 감독의 의도를 잘 전달한다고 지적한다. 월트의 집은 아내의 장례식을 마치고 온 조문객들이 음식을 먹은 후 하나 둘씩 떠나가고, 몽족의 집은 가족의 생일을 맞아 많은 수의 친척들이 들어온다. 한 집은 한 생명이 떠나가고 가족들마저 가버린 쓸쓸한 공간이며, 다른 집은 생명의 탄생을 축하하며 사람들이 몰려오는 공간이다. 군대 스타일의 짧은 머리에다 깐깐한 성격의 월트는 그토록 많은 사람들이 한 집에 몰려 들어가는 것을 보고 "한 집에 늪지대 쥐swamp rats가 몇 마리나 들어가는 거야?"라는 인종차별적인 발언을 한다. 그는 옆집에 사는 몽족 사람들뿐 아니라 자기 주변의 모든 사람들에게 인종차별적인 명칭racial epithet을 붙이는 것을 서슴지 않는다. 옆집에 사는 타오Thao와 그의 가족들에게는 "국gook" "칭크chink" "지퍼헤드zipperhead"라는 명칭을 사용하며, 이탈리아계 이발사 친구는 "대고dago," 건설 현장에 있는 아일랜드계 친구는 "믹mick", 길거리에서 타오의 누나 수를 희롱하는 흑인 청년들은 "스푸크spook"라고 부른다. 이에 맞서서 이발사 친구인 마틴Martin 또한 폴란드계인 월트를 "폴락Pollack"이라고 부른다.

특히 월트는 자기 집과 경계를 맞대고 살게 된 몽족 가족에 대해 평소 자신이 가지고 있던 아시아계 이민에 대한 편견을 그대로 내뱉는다. 자신이 기르고 있는 애완견 데이지를 잡아먹지 말라고 한다든가("well just keep your hands off my dog"), 흑인에게 곤욕을 치를 뻔한 수에게 "아시아 여자들은 원래 똑똑한 거 아니냐?"라고 한다든가, 수를 '드래곤 레이디dragon lady'라고 부르는 것 등은 백인우월주의자인 월트가 아시아계 이민에 대해 가지고 있던 선입견을 그대로 표현한 것이라 할 수 있다. 타니아 모드레스키Tania Modleski는 이 영화를 "남자 멜로드라마male weepie"라고 부르면서 "본격적인 남성 최루성 영화들이 남성성이 특히 위기에 처할 때 등장했다"(138)라고 주장한다. 〈폴링다운Falling Down〉과 〈그랜 토리노〉를 예로 들면서 그녀는 이런 영화들이 9·11 이후 미국의 경제적인 하락, 슈퍼 파워로서의 영향력 약화 등에 대한 멜랑콜리한 감정을 표현한다고 말한다. 아내가 죽고, 자신의 몸은 노쇠해 가며, 아들은 일본산 자동차 판매를 하고 있고, 한때 백인들이 살던 동네에는 아시아계·아프리카계·라틴계 이민들이 살고 있는 환경에서 월트가 느끼는 위기감과 우울함은 이들에 대한 욕설과 반감으로 표현된다.

자신을 옥죄는 환경에 대한 극한 역겨움을 월트는 침을 뱉는 행동으로 표현한다. 첫 번째는 장례식 내내 떫은 표정을 하고 있던 월트가 옆집 생일 파티에 많은 사람들이 음식을 들고 들어갈 때 "늪지대 쥐"라는 표현을 쓰면서 침을 뱉는 장면이다. 두 번째 장면은 손녀 애슐리가 할아버지가 돌아가시면 그랜 토리노 자동차를 어떻게 할 거냐고 물은 후, 내년에 대학에 가는데 할아버지의 멋진 소파를 기숙사에 갖다 놓으면 좋겠다고 말할 때인데, 그는 아무 말 없이 침을 뱉는 것으로 대답을 대신한다. 세 번째는 수가 흑인 깡패들에게 둘러싸여 봉변을 당하고 있을 때 그들에게 다가가서 "나 같은 사람을 건드리지 말아야 돼"라고 말하고 침을 뱉는 장면이다. 이어서 옆집의 가모장matriarch인 할머니가 현관에 나와 앉아 있을 때 월트는 밀려드는 아시아 이민에 대해 욕을 하고, 할머니는 자기 나라 말로 "다들 떠난 마당에 저 노인네는 왜 남아 있나" 하고 욕을 한다. 서로 알아들을 수 없는 말로 비난을 퍼부은 후 월트가 먼저 침을 뱉자, 몽족 할머니 또한 과도한 분량의 타액을 쏟아 놓는다.

이처럼 타자와 이방인의 침입에 대한 예민함과 경계심이 극도에 달해 있는 상태에서 몽족 갱들에 의해 강제로 편입된 타오가 통과 의례 과제로 그랜 토리노를 훔치려고 들어온다. 한국전쟁 때 사용했던 엠원(M1) 소총을 들고 침입자를 물리치기 위해 등장한 월트는 〈황야의 무법자〉 시리즈의 무명의 총잡이나 〈더티 해리〉 시리즈의 관용을 모르는 캘라한 형사가 부활한 듯한 모습을 보인다. 그가 또다시 소총을 들고 등장하는 것은 몽족 갱들이 타오를 데려가려고 왔을 때이다. 온 가족이 나와서 그들로부터 타오를 떼어 놓으려고 애쓰고 그 과정에서 월트의 잔디밭을 밟는다. 그는 다시 총을 겨누면서 몽족 갱들에게 "한국에서 너 같은 놈들을 5피트 높이로 쌓아 놓고 샌드백으로 사용했지We used to stack fucks like you five feet high in Korea... use ya for sandbags." 라고 말한다. 그들이 물러나고 난 다음 수와 타오의 엄마가 와서 그에게 감사하며, 수가 그를 영웅이라고 말하자 "나는 영웅이 아니야. 나는 단지 시끄러운 되놈들을 내 잔디에서 몰아내려고 했을 뿐이야 I'm no hero. I was just trying to get that babbling gook off my lawn!"라고 답한다.

인종차별적 독설을 날리며 이웃을 경멸해 마지 않던 월트 코왈스키는 어떻게 해서 몽족 가족을 사랑하고 용납하게 되었을까. 그는 자신의 가족과도 사실상 인연을 끊은 지 오래인 노인이다. 그의 두 아들은 장례식에서 아버지를 부양해야 할 책임이 행여 자기에게 떨어질까 서로 떠넘기며, 장례 리셉션이 끝나자마자 부리나케 뒤도 돌아보지 않고 도망친다. 손녀는 할아버지가 돌아가시면 그의 그랜 토리노와 소파를 가져갈 생각을 하고, 며느리는 장례식 때 와서 시어머니의 보석함을 뒤져 값진 것들은 이미 털어 갔다. 아들이 모처럼 그에게 전화했을 때 아들의 숨은 의도는 아버지를 통해 라이언즈 시즌 티켓을 구할 수 있을까 문의하기 위해서이다. 그의 자식들은 그를 이용 대상으로만 생각한다. 생일 때 케이크와 선물을 가지고 온 아들과 며느리의 속셈은 그를 시니어 빌리지 같은 곳으로 옮겨서 자신들의 죄책감을 누그러뜨리기 위해서이다. 월트에게 정말 가족과의 대화가 필요한 시점에, 즉 기침이 너무 심해져서 병원 검진을 받고 심각한 상태라는 진단 결과를 가지고 상의하려고 아들에게 전화했을 때, 아들은 바쁘다면서 빨리 전화를 끊으라고 한다.

이처럼 철저하게 붕괴된 가족 관계 속에서 애완견 데이지와 대화하며 육포와 케이크로 식사를 때우는 그에게 수와 타오가 초대의 손길을 내밀 때 그는 마지못해 자신과 이웃의 경계선을 넘는다. 이 초청을 받아들임으로써 그는 마침내 토그네티가 말했듯이 "타자와의 경험을 통해 타자와 자신을 발견"(379)할 수 있는 기회를 갖게 된다. 이 가정에서는 가모장인 할머니가 어른 대접을 받으며 존경을 받는다. 이곳에는 담배와 맥주와 육포가 전부인 월트의 식사와 대조되는 풍성한 음식이 있다. 몽족 무당은 그가 한국전에서 얻은 마음의 트라우마와 외로움에 대해서 알아맞히며, 그가 기침을 하며 객혈을 하자 수와 타오는 진정으로 그를 걱정한다. 화장실로 달려간 그는 거울을 보며 "어째서 내 콩가루 집안보다 이 동양 놈들이 나를 더 잘 이해하는가"라고 말한 뒤 자신에게 "해피 버스데이"라고 말한다. 그는 자신이 한국전 때 맞서 싸웠던 "국gook"을 상기시키는 사람들에게서 가족을 발견한다. 따라서 이 경험은 타오와 월트 모두에게 상호교육의 기회가 된다. 그는 그동안 소홀했던 아버지로서의 역할, 세상과 인간에 문을 여는 법, 이국적인 음식을 즐기는 법, 항상 총을 겨누고 바라보았던 아시아 문화의 방식과 관습을 존중하는 것을 배운다. 그럼으로써 "자신이 전에 결코 경험하지 못했던 것—진솔한 감정, 진정성 있는 관계, 아무 조건 없이 서로 베푸는 곳으로서의 가족"(Curi 533)을 발견한다.

처음에 자신의 집에 침투하여 애지중지하는 자동차를 훔치려고 했던 타오에게서 월트는 친아들에게서 받지 못한 존경과 교감을 경험한다. 절도 시도에 대한 참회로 어머니와 누나에게 끌려와 월트의 지시를 받으며 일하게 된 타오는 성실한 태도로 월트의 마음을 산다. 새의 수를 세어 보라는 어처구니없는 월트의 지시를 그대로 이

행한다든가, 비를 맞으면서도 열심히 일하는 모습에 그의 마음이 돌아선다. 월트가 타오를 좋아하게 된 것을 간파한 수가 완고하고 보수적인 아버지에게서는 배울 것이 없으니 당신이 타오의 롤 모델이 되어 달라고 하자, 월트는 자신도 보수적이라고 대답한다. 이에 대해 수는 "하지만 당신은 미국인이잖아요But you are an American" "당신은 좋은 남자예요You are a good man"라고 응수한다. 이 두 문장은 미국적 남성성American masculinity을 함축한 표현이며, 수는 월트에게서 전형적인 보수적 미국 남성성을 발견하고 자신의 동생에게 그것을 물려 달라고 부탁한 것이다.

그렇다면 타오를 대리 아들로 삼은 월트가 그에게 유산으로 물려주는 미국식 남성성은 무엇인가? 월트는 어머니와 누나에 의해 휘둘리며, 배짱도 근성도 없으며("no teeth, no balls"), 꿈도 야심도 구체적인 미래의 계획도 없는 그를 남성답게 만들어 주기로("I'll have to man you up") 결심한다. 그가 타오에게 하는 교육은 첫째, 전통적 성 역할 구분에 기초한 남성적 행동이다. 타오의 집에서 열리는 파티에 초대된 월트는 그 집의 지하실에서 청소년들이 모여 있는 것을 발견한다. 그곳에서 유아라는 매력적인 여자아이가 타오에게 마음을 두고 계속 쳐다보지만 타오는 그저 바라보기만 할 뿐 행동을 취하지 못한다. 결국 다른 남자아이들과 함께 유아가 나가자, 월트는 수줍어서 여자에게 말도 못 붙이는 타오를 "계집아이pussy"라고 부르며 혼낸다. 그는 자신의 인생에서 가장 잘한 행동이 가장 아름다운 여자인 아내를 만나 가정을 꾸몄던 일이라고 하면서 남녀 관계에서 주도권을 쥐고 행동하라고 가르친다. 그는 타오가 데이트를 한다면 자신이 그토록 애지중지하는 그랜 토리노를 빌려 줄 수도 있다고 말한다.

둘째, 월트에 의하면 남자는 모름지기 집 안을 고칠 수 있어야 한다. 유아라는 여자아이가 다가와 "뭐 하시는 분이세요?What do you do?"라고 물었을 때, 그는 "나는 물건을 고친다 fix things"라고 대답한다. 그는 타오의 집에 와서 싱크대, 건조기, 실링팬을 고칠 뿐만 아니라, 타오에게도 이웃 사람들의 집에 올라가 지붕도 고치고, 말벌집도 제거하고, 페인트도 칠하도록 시킨다. 이 과정에서 그는 자신의 도구 창고에 있는 연장들을 보여 주고 그것들이 모두 제각기 역할이 있으며 남자라면 이런 것들을 사용할 수 있어야 한다고 가르친다. 전형적 미국 남성인 월트는 자기 재산을 스스로 관리하는 것("I maintain my own property")에 자부심을 느낀다. 인종적 타자로서 배운 것도 없고, 교육을 받을 경제적 여유도 없어서 막연히 판매 일이나 하겠다는 생각을 하고 있는 타오가 특유의 성실함과 눈썰미와 육체적 노동으로 할 수 있는 일이 바로 건축이라는 걸 간파한 월트는 친구가 책임자로 있는 건설 현장에 타오를 데려간다. 월트는 타오를 건설 현장에 취직시킨 후 그에게 가장 기본적인 도구들과 벨트를 갖춰주면서 험한 사회생활에 첫발을 내딛을 수 있는 준비를 해 준다.

셋째, 월트는 타오에게 욕설을 포함한 남성적인 대화 방법을 가르친다. 친구인 이발사에게 찾아가 욕설이 섞인 대화로 친분을 과시하면서 이게 바로 남자들이 대화하는 방법임을 보여 준다. 몇 번의 실습을 통해 남자 대화법guy talk을 터득한 타오는 건설 현장에 가서 케네디라는 현장 책임자 앞에서 터프하고 남성적인 대화 방법으로 그에게 신뢰를 주면서 일자리를 얻어 낸다. 월트가 이발사와의 대화를 통해 남자의 대화를 가르쳐 주면서 정비사나 아내, 직장 상사에 대해 욕을 하라고 하자, 타오는 "저는 직장도, 자동차도, 애인도 없어요"라고 대답한다. 그에게 일자리를 주선해 주고, 데이트 때 그랜 토리노를 쓰도록 허용하고, 유아와 사귀도록 도와줌으로써 월트는 남자가 사회에서 행세하는 데 필요한 세 가지를 갖추도록 해 주는 것이다.

"일이 잘못되면 빨리 행동을 해야 돼When things go wrong, you gotta act quickly"라는 월트의 말은 〈황야의 무법자〉 시리즈 이후 그가 지켜 왔던 행동 원칙이다. 폭력에 대해 폭력을 사용하여 응징하는 것은 서부 개척 시대 이래로 지금까지 미국적 남성성을 대변하는 것이며, 미국 대외정책의 중추가 되어 왔다. 가족이 모두 떠나고 외로운 섬과 같은 집에 살면서 외부의 위협이 닥칠 때 그는 평생 몸에 밴 본능대로 행동한다. 자동차를 훔치러 타오를 앞세워 갱들이 들이닥쳤을 때나, 타오를 데리러 온 갱들이 잔디밭을 침범할 때 그는 어김없이 한국전부터 자신을 지켜 주었던 라이플을 들고 즉각적인 대응에 나선다. 수가 동네에서 흑인 깡패들에게 봉변을 당할 위험에 처했을 때에도 그는 즉각 행동에 나서 그들을 제압한다. 그는 처음에 손가락으로 총을 쏘는 제스처를 한 후 진짜 총을 꺼내서 그들을 위협하고 수를 구해 낸다. 그러나 지금까지 폭력의 시뮬레이션만 진행되던 이 영화에서 갱들이 타오를 붙잡아 그를 구타하고 공구를 뺏고 얼굴을 담뱃불로 지지는 사건이 벌어지며 구체적이고 실제적인 폭력이 등장한다. 안토니오 마추코Antonio Machuco는 이러한 상황 전개에 대해 "그 순간 폭력의 악순환은 마침내 가속화된다. 그때까지 물리적 폭력은 없었다. 언어적 폭력과 총을 쏘는 시늉만 있었다. 이제 실제적인 물리적 폭력이 있다. 폭력의 사이클은 점점 속도를 더하면서 가중될 것이다"라고 말한다.

월트는 폭력에 대해서는 폭력으로 맞서는 자신의 행동 원칙에 맞게 그들의 집으로 가서 혼자 남아 있는 갱단 멤버를 무차별하게 구타한다. 이에 대해 갱들은 그의 집을 지나가면서 자동소총을 갈기고, 수를 납치하여 성폭행하는 폭력으로 응수한다. 이처럼 폭력은 더 큰 폭력을 부르고, 상승작용을 일으켜 결국 누군가가 죽게 되는 귀결로 인도될 수밖에 없다. 월트는 평생 지켜 온 행동 원칙이 결국 파멸을 가져올 것과 이 문제를 해결하기 위해서는 다른 특단의 방책이 있어야 함을 깨닫는다. 그는 "각 단계가 강도나 과격함에 있어서 원래 당했던 공격을 능가해야 하는 폭력의 모방적 사이클을 자신이 강화해 왔다"(Pezzella 538)는 것을 깨닫는다.

수가 갱들에게 성폭행을 당하고 돌아온 사건은 월트에게 견딜 수 없는 아픔과 회한을 안겨 준다. 자신의 폭력이 더 큰 폭력을 불러와 자신이 사랑하는 대상인 수를 파괴했기 때문이다. 타니아 모들레스키는 이 사건을 〈용서받지 못한 자〉나 〈밀리언 달러 베이비〉와 연관시켜서 설명한다. 위기에 처한 백인 남성의 상태를 멜랑콜리 환자 melancholic로 규정한 그녀는, 남성들이 자신의 상실뿐만 아니라 힘없는 집단의 상실까지도 자신의 것으로 전용하여 그것을 자신의 특권화된 에토스로 삼는 것을 바로 멜랑콜리라고 부른다. "멜랑콜리 환자는 잃어버린 대상(사람일 수도 있고 추상적 개념일 수도 있는)을 내면화하고 그것과 동일시할 뿐만 아니라 그것에 대해 엄청난 양가성을 경험한다. 그가 그 대상과 동일시한 정도에 따라 그것을—그리고 연장선 상에서 자신을—학대한다"(Modleski 146). 〈용서받지 못한 자〉에서 얼굴에 자상을 입은 매춘부들이나 〈밀리언 달러 베이비〉에서 시력을 상실하게 된 매기로 인해 빌 머니와 프랭키 던은 각각 심한 상실감을 경험한다. 〈그랜 토리노〉에서도 수가 성폭행당하는 과정에서 얻어맞아 퉁퉁 부은 얼굴로 피를 흘리며 들어오자, 월트는 이 모든 것이 자신의 잘못이라고 자책하면서 집으로 돌아와 찬장을 주먹으로 친다. 이때 유리가 깨지면서 주먹에 피가 흐른다. 월트는 수의 고통을 자신의 것으로 동일시하기 위해서 자신의 몸에 상처를 낸 것이며, 카메라는 그의 만신창이가 된 손과 얼굴을 클로즈업한다. 특히 그가 신부와 이야기할 때에도 카메라는 그의 손을 클로즈업한다. 그의 얼굴에는 분노보다는 고통의 표정이 역력하며 반쯤 어둠에 가린 그의 얼굴은 그가 이제야 죄책감과 책임감의 짐을 이해하기 시작했음을 보여 준다(Pezzella 537).

여기서 클린트 이스트우드는 월트를 통해 변화된 남성성을 보여 준다. "일이 잘못되면 빨리 행동하라"는 과거의 대응 방법으로는 이 폭력의 악순환을 끊을 수 없음을 깨닫게 된 월트는 깊은 사유를 통해 변화된 남성의 대응 방식을 보여 준다. 그는 "갱들이 있는 한 타오와 수는 이 세상에서 평화를 찾지 못할 것이다"라면서 그들을 처리할 방법을 강구한다. 하지만 동시에 자신이 〈황야의 무법자〉의 건맨이나 〈더티 해리〉의 캘라한의 방식과는 다른 방식으로 그들을 처리해야 한다는 것을 깨닫는다. 폭력에 대해 폭력으로 맞서는 남성적 행동이 결국 사랑하는 수에게 상처를 입히는 결과를 가져왔기 때문이다.

〈그랜 토리노〉의 월트를 비극적 주인공으로 보는 움베르토 쿠리 Umberto Curi는 월트가 이 지점에서 다른 비극의 주인공처럼 비극의 꼬인 상황complication에서 해결unravelling 단계로 나아가 관객을 감동시키는 행동을 한다고 주장한다. 그러기 위해서는 해결의 행동이 앞서 전개된 것의 논리적인 귀결이면서 동시에 개연성이 있어야 한다. 그러면서 동시에 우리의 기대를 뒤집는 전개, 즉 "기대의 지평을 전복시키면서 깊은 감정적 반응도 끌어낼 수 있는 무엇"이 필요하다는 것이다. 쿠리는 "우리는 캘라한이 오기를 기대했는데 그리스도가 등장했다"(533)는 말로 변화된 남성성을 함축적으로 표현한다. 그는 상대방의 피가 아니라 자신의 피를 흘림으로써 다른 사람을 구원하는 방식을 택한다. 안토니오 페젤라는 "이스트우드는 자신의 경력 초기에 맡았던 수많은 복수의 '무자비한 집행자' 역할을 효과적으로 해체한다"(538)고 평가한다.

서양에서 자신을 희생하여 다른 사람을 구원하는 원형적 캐릭터는 예수 그리스도이다. 다이앤 코커리Diane Corkery는 마지막 대결 장면에서 예수가 십자가에 못 박히기 전 겟세마네 동산에서 기도했던 것처럼, 월트가 '밤 시간'에 '정원'에서 "은총의 성모시여Hail Mary, full of grace"라고 기도한 후 최후를 맞는다는 점에서 예수와 월트의 유사성을 발견한다. 총탄을 맞고 쓰러진 그는 팔을 옆으로 펴면서 십자가형crucifixion의 이미지를 마지막으로 남긴다. 복수를 갈구하는 타오를 진정시키면서 그가 일을 진행하는 과정은 자신의 죽음을 미리 예견하고 그것을 준비하는 사람의 행동이다. 그는 우선 잔디를 깎은 후 목욕을 하면서 욕조에서 담배를 피운다. 애견 데이지가 그를 나무라자, 그는 집 안에서 처음 담배를 피우는 것이니까 봐 주라고 말한다. 다음으로 그는 친구 이발사에게 가서 20달러를 주면서 면도까지 해 달라고 부탁한다. 목욕과 면도로 자신을 정제한 그는 양복점에 가서 옷을 맞추면서 일종의 수의를 자신에게 선사한다. 신체적인 준비를 마친 그는 신부에게 가서 고해성사를 함으로써 영적인 준비를 한다. 그가 고백하는 죄는 다른 여자에게 몰래 키스한 일, 세금을 안 낸 것, 두 아들과 화목하게 지내지 못한 잘못인데, 특히 생의 마지막 순간에 이르러 방법을 몰라서 자식과의 관계가 원만치 않았음을 고백한 것을 보면 그것이 일생동안 그를 괴롭히던 상처였음을 알 수 있다. 고해성사를 마치고 떠나는 그에게 신부가 "평안히 가세요Go in peace"라고 하자 그는 "나는 평안하오I'm at peace"라고 대답한다. 그는 신부에게 고백하지 못했던 상처를 그의 대리아들인 타오에게 고백한다. 중공군과의 전투에서 받은 훈장을 타오에게 주면서 한국전에서 항복하며 살려 달라고 애걸했던 소년을 죽여서 훈장을 탔다고 고백한다. 한국전에서 총을 쏘아 사람을 죽이고 손에 피를 묻힌 그는 앞길이 아직 창창한 타오가 아니라 자신이 복수를 결행해야 한다고 말하고 타오를 가둔다. 외로움의 동반자였던 데이지마저 옆집에 맡긴 그는 홀가분한 마음으로 갱들과 맞서기 위해 길을 떠난다.

이때까지만 해도 우리는 그가 지난 영화의 수많은 대결에서 그러했듯이 비장의 무기를 가지고 갱들을 일망타진할 것을 기대한다. 갱들의 집에 도착한 그는 인종적 욕설을 섞어 가며 그들을 불러낸다. 언쟁이 오가면서 갱들이 총을 꺼내자, 월트는 그가 〈더티 해리〉이래로 수십 년 동안 그를 유명하게 만들었던 표현인 "쏠 테면 쏴 봐Go ahead"라고 말하고 자신은 손가락을 사용해 한 명씩 쏘는 제스처를 한다. 그러는 동안 동네 사람들이 나와서 구경을 하고, 충분한 증인이 확보되었다고 생각한 월트는 주머니에서 담배를 꺼내어 입에 문다. "불이 있나?Got a light?"라고 물은 후 "나는 불이 있어I got a light"라고 말한 후 성모 기도를 외우며 천천히 주머니로 손을 가져간다. "불이 있다"는 말은 "내게는 빛이 있어"라는 문자적인 뜻으로도 해석되며 신부와의 고해성사 후 "나는 평안하오"라고 했던 대사와도 같은 맥락에서 연결이 된다. 이제 평안을 찾은 그는 내면의 빛을 소유했기 때문에 성모를 의지하며 두려움 없이 자기희생의 길을 갈 수 있는 것이다. 그가 총을 꺼낸다고 생각한 갱들은 그에게 총탄을 퍼붓고, 쓰러지며 뻗은 그의 손에서는 부대의 엠블럼이 새겨진 라이터가 보인다. 카메라는 오버헤드 숏으로 올라가면서 십자가 형태로 팔을 뻗은 그의 전신을 비춘다.

이러한 결말은 클린트 이스트우드의 영화에 익숙한 관객들에게 충격으로 다가온다. 수많은 결투에서 살아남고 불의와의 싸움에서 결코 패배하지 않았던 주인공이 마침내 쓰러진 것이다. 그것도 자신이 그동안 경멸해 마지 않았던 소수민족의 소년과 소녀의 미래를 위해서 자신을 희생한 것이다. 안토니오 마추코는 "이것은 이스트우드가 항상 고민해 오던 폭력의 문제에 대한 급진적인 해법이다"라고 주장한다. 또한 이러한 반전을 통해 이스트우드는 폭력으로 폭력을 응징하는 전통적 남성성이 더 이상 통하지 않는 시대가 온 것을 온 몸으로 보여 준다. 그의 손에 있는 라이터를 보여 주었던 카메라는 그의 소식을 듣고 달려와 흐느끼고 있는 타오의 가슴에 달린 훈장을 포착한다. 한국전에서 어느 소년 병사를 죽이고 얻게 된 그 훈장이 이제는 그 또래의 아시아계 소년 타오의 가슴에 달려 있다. 라이터와 훈장으로 표상되었던 그의 평생의 자랑이면서 상처였던 한국전에서의 남성성 발휘는 월트 자신의 죽음으로 마감되고, 이제 다문화 세상이 된 미국에서는 타오와 같은 남성이 그의 유산을 이어받게 될 것이다. 그의 대리아들인 타오는 이미 많은 것을 물려받았다. 지하실에 있던 냉동고, 남자들이 반드시 지녀야 할 연장들, 훈장, 그

리고 그가 사랑하는 애완견 데이지 등 그의 삶에서 소중한 것들은
모두 타오에게 맡겨졌다. 특히 그랜 토리노의 의미에 대해 페젤라는
이렇게 평가한다.

특히 타오가 그의 상속자가 되어 신화적인 '그랜 토리노'를 증여받
는다. 1972년산 클래식 포드 자동차는 자신의 권리와 존엄성에 자부심
을 가진 전통적 노동계층과 그 자체의 가치에 뿌리를 둔 강하고 자신
만만한 미국의 상징이기도 하다. 철제로 만든 아름다움의 대상을 애지
중지하고 항상 윤기를 냄으로써 월트는 잃어버린 미국의 기억과 기록
들을 자신의 후대에 넘겨주려고 애쓴다. 어떤 의미에서 그랜 토리노는
글로벌화와 재정적 투자에 약탈당하고, 월트 자신의 가족이 적절하게
상징하는, 정체성의 상실로 황폐화된 디트로이트의 포드 노동자들과
사회적 기억의 화신이다.(541)

앞서 몽족 소녀 유아의 "뭐 하시는 분이세요?"라는 질문에 "물건
을 고치는 fix things" 사람이라고 대답했던 월트는 자신을 희생함으
로써 타오와 수를 괴롭히는 문제를 해결fix한 것이다.

힘과 폭력은 미국 개척시대부터 미국이라는 나라를 지탱해 오던
토대였으며, 그것을 사용하던 남성들과 동일시되어 왔다. 미국적 남
성성이라는 표현은 완력과 끈기, 투쟁과 불굴의 의지 등 난관을 돌
파하는 데 필요한 덕목과 연관되어 사용되어 왔으며, 언제나 긍정
적인 함의를 품고 있었다. 그러나 1960년대 이후 제도권에 대한 반
발로 반문화 운동, 민권운동, 페미니즘 운동이 일어나면서, 그리고

1980년대 이후 정치적 정당성political correctness 개념이 미국의 각 분야와 영역으로 확대되면서, 이러한 남성성의 발휘에 의문이 제기되었다. 베트남전 종전 이후 늘어난 아시아계 이민, 중남미로부터의 불법이민, 중동으로부터의 난민 유입 등으로 더욱더 다문화적 사회가 된 미국에서 폭력과 동일시되는 남성성의 개념은 수정 혹은 변화를 겪어야만 하는 시점에 도달했다.

이 장에서 살펴본 클린트 이스트우드라는 영화인의 삶의 궤적은 바로 이러한 미국의 현대 역사의 이데올로기적 변화를 상징적으로 보여 주고 있다. 카우보이로 대변되는 강인한 마초 남성과 법과 정의를 위해 남근적 상징인 매그넘 포스를 발사하는 경찰관이 여성의 아픔과 상실을 자신의 것처럼 동일시하고 다문화 이민의 아픔을 공감하는 캐릭터로 변화하였다. 특히 아카데미상 수상에 빛나는 〈용서받지 못한 자〉, 〈밀리언 달러 베이비〉, 〈그랜 토리노〉에서는 가족의 해체와 과거 잘못에 대한 회한으로 아파하는 남성 캐릭터가 등장한다. 〈용서받지 못한 자〉의 클라우디아, 〈밀리언 달러 베이비〉의 매기, 〈그랜 토리노〉의 수가 그랬듯이 아내 혹은 딸과 같은 인물들의 상처와 아픔은 그에게 자신의 뼈를 깎는 듯한 고통을 부여한다. 남성성을 상징하던 캐릭터가 멜랑콜리하고 섬세한 감정의 소유자로 변모한 것이 타니아 모들레스키의 주장대로 9·11 이후의 미국 백인 남성들의 공통적인 특징인지, 아니면 노쇠함과 노년의 눈으로 세태를 바라보는 이스트우드의 변화된 인생관 때문인지는 확실하지 않다. 또한 〈그랜 토리노〉에서 몽족을 위해 자신을 희생하는 멋진 주인공을 연기함으로써 그가 여전히 백인 영웅주의를 찬양하고 있다는 비판도 존재한다. 그럼에도 불구하고 〈황야의 무법자〉로부터 〈그랜 토리노〉까지 달려온 그의 필모그래피는 그가 표방한 남성성의 변천사와 다문화에 대한 포용을 잘 보여 주고 있다.

〈크래시〉에서 다문화적 주체의 충돌

폴 해기스Paul Haggis 감독의 영화 〈크래시Crash〉(2004)는 인종적 문제를 전향적으로 다룬 영화라는 찬사를 받으면서 2006년도 아카데미상 3개 부문을 수상(최우수 감독상, 각본상, 편집상)하고, 3개 부문 후보(감독상, 남우조연상, 음악상)에 올랐다. 바로 전년도에 〈밀리언 달러 베이비〉로 각본상을 수상했던 폴 해기스는 2년 연속 오스카상을 수상하는 영예를 누렸다.

LA를 배경으로 다양한 인종적 배경을 가진 인물들이 서로 억압의 주체가 되기도 하고 희생의 대상이 되기도 하는 복잡한 서사 구조는 로버트 알트만Robert Altman의 〈숏컷Short Cuts〉을 연상케 한다. 단지 백인만이 유색인에 대해 편견을 가지고 행동하는 것이 아니라 모든 인종이 서로에 대해 가진 두려움과 편견을 행동으로 표출하는 모습을 보여 주면서 이 영화는 주인공들이 그러한 행동을 할 수밖에 없는 동기를 부여한다. 관객은 감정적으로 주인공들의 상황과 감정에 공감하면서 인간은 근본적으로 같다는 휴머니스트적인 반응을 보이게 된다. 이것이 이 영화가 그토록 폭발적인 인기를 누리고 오스카상 수상을 하게 된 배경이라고 할 수 있을 것이다. 제임스 베라디넬리James Berardinelli는 "〈크래시〉의 강점은 진지한 주제를 지혜롭게 다룬다는 것이다. 인종차별주의는 민감한 이슈이지만 해기스는 그것을 보편적이고 이성적인 방법으로 접근한다"고 말한다.

이처럼 대중적 · 비평적 성공의 이면에는 이 영화가 인종차별주의 문제의 근원을 회피하고 단지 감상적이고 인간적인 접근을 함으로써 백인우월주의와 타자의 스테레오타입을 공고히 한다는 비판 또한 만만치 않았다. 즉 흑백 대립이 아니라 백인, 아프리카계, 히스패닉, 아시아계, 이란인 등 다양한 인종 간의 충돌을 다루고 있지만, 그것을 공통의 휴머니티에 호소하는 방식으로 재현하기 때문에 인종차별주의의 근원에 다가가는 것을 오히려 막고 있다는 것이다. 필립 하워드는 그람시의 이론을 빌려서 "헤게모니적 개념이 공고히 자리 잡게 되는 가장 효과적이고 교활한 장소는 '상식'이다"(27)라고 말한다. 인간이라면 공통으로 느끼는 휴머니티와 상식에 호소하여 교묘하게 지배계급의 이데올로기를 펼친다는 것이다. 이 영화에서는 단지 백인이 편견을 가지고 유색인을 차별하는 내용뿐 아니라 다문화적인 주체들 사이에서도 인종차별주의가 벌어진다. 따라서 어떤 평자의 논문 제목처럼 이 영화의 주제는 "걱정 마, 우리 모두 약간은 인종차별주의자야Don't worry, we're all racist"(Giroux and Giroux 745)라는 것이며, 따라서 우리에게 필요한 것은 관용tolerance이라는 점을 이 영화가 말하고 있다는 것이다. 그러는 가운데서 백인우월주의와 인종차별주의를 떠받치고 있는 시스템에 대한 비판은 희석되고 단지 영화적 감동 속에 관객의 의식은 매몰되고 만다.

이 장에서는 〈크래시〉가 감성적이고 인류보편적인 정서에 호소함으로써 감동을 끌어내는 인간적 접근humanizing, 감정적 접근emotionalizing, 개인적 접근personalizing, 탈역사화dehistoricizing라는 전략을 사용하고 있음을 보여 주려고 한다. 인간적인 접근을 통해 인류 보편적인 정서에 호소하며, 멜로드라마에서 많이 사용하는 배경 음악이나 클로즈업 등의 영화적 장치를 통해 감동을 자아내며, 개개인의 억압의 배경을 디테일로 제시함으로써 그들을 인간적으로 이해하도록 하며, 이 모든 것을 통해 역사적 맥락이라는 더 큰 콘텍스트에 눈길을 돌리지 못하게 하는 것이다. 이러한 전략을 분석하여 이 영화의 감정적 몰입으로부터의 거리 두기를 실천한 후 영화의 기저에 깔린 백인우월주의의 민낯을 드러내는 것이 이 글의 목적이다.

〈크래시〉는 상업영화의 서사적·영화적 전략들을 매우 효과적으로 기용하여 LA라는 다문화 사회에서 충돌하면서 살아가는 여러 인종들의 삶을 감동적으로 제시한다. 다양한 서사적 가닥을 느슨하게 얽어맨 서사 구조는 전에 결코 만난 적이 없는 사람들의 삶이 실제로는 서로 연결되어 있음을 보여 준다. 인간적인 '감동'을 촉발시키는 기본적인 코드는 가족이며, 영화의 기본 양태mode는 멜로드라마이다. 일견 별개로 진행되는 듯한 작은 플롯들의 중심에는 모두 가족 개념이 깔려 있다.

백인 가족으로는 지방검사인 릭과 진 부부, 경찰관 라이언과 그의 아버지로 구성된 가족이 있다. 정치적 야심이 있는 릭은 진을 세심하게 돌보기에는 너무 바쁜 남편이며, 진은 그러한 남편으로부터 받은 서운함과 앙심을 자신보다 낮은 계층이면서 유색인인 열쇠수리공 다니엘과 가정부 마리아에게 분출한다. 그런 상황에서 흑인 청년 피터와 앤서니에게 차량 탈취까지 당하자, 모든 타자에 대한 그녀의 피해망상증은 극도에 달한다. 자신이 믿을 곳은 백인 친구들뿐이라 생각하여 친구들에게 전화를 걸어 자신의 울분을 하소연하던 그녀는 계단에서 미끄러져 다쳐서 꼼짝을 못하게 되고, 이때 그녀를 구해 준 것이 가정부 마리아뿐임을 알게 된다. 멜로드라마적인 전개를 따라 그녀는 갑자기 착한 사람으로 거듭나서 평소 구박하던 히스패닉 가정부를 가장 소중한 친구라고 부르며 포용한다.

검문 과정에서 흑인 여자를 성적으로 희롱하는 비열한 경찰관 라이언 또한 병든 아버지를 부양하고 있다. 유색인 타자들에게는 그토록 인종차별적인 욕설을 퍼부으며 고착된 편견을 후배 경찰에게 전수하던 그에게도 사랑하는 아버지가 있었던 것이다. 에리카 로슨Erica Lawson은 "관객들은 경찰관의 '인간적인' 면에 집중하도록 요구받는다"(74)고 주장한다. 요로 감염으로 밤새 화장실을 들락거리는 아버지를 안쓰러워하며 그를 포용하고 이마에 키스하는 다정다감한 면이 그에게 있었던 것이다. 사실 그가 차를 타고 가던 흑인 여성 크리스틴에게 성적인 모욕을 준 것은 의료보험을 담당하는 흑인 여성 샤니카에게 거절을 당한 분풀이라고 할 수 있다. 아버지의 사정을 호소하면서 한 번만 의사를 만나게 해 달라고 간청하는 그의 절실한 애원을 샤니카가 매몰차게 거절하자, 그는 인종적 욕설을 퍼붓고 나와 순찰을 시작하고 그러던 그의 눈에 차안에서 성 행위를 하고 있던 크리스틴 부부가 포착된 것이다. 영화는 야비한 그에게도 그럴 만한 이유가 있다는 동기를 부여하고 그가 교통사고 현장에서 영웅으로 거듭날 발판을 마련해 둔다. 멜로드라마의 진수는 상황을 극단으로 몰고 가 최후의 순간에 가까스로 위험에서 탈출하도록 하는 것이다. 소위 '데우스 엑스 마키나Deus ex machina'라는 장치는 서스펜스를 끝까지 몰고 간 다음 주인공을 구출하여 관객으로 하여금 안도의 한숨을 내쉬도록 하는 멜로드라마 궁극의 장치이다. 간밤에 자신이

성희롱했던 여자를 죽음과 삶의 절박한 순간에 만나도록 한 뒤 찰나의 차이로 폭발하는 자동차에서 구하도록 하여 그 경찰을 영웅으로 만드는 장면은 이 영화에서 가장 감정이 충일한 순간에 속한다.

아프리카계 미국인 가정은 형사인 그레이엄과 그의 문제아 동생 피터, 그리고 엄마로 구성되어 있다. 사고뭉치인 동생이 실종되자 엄마는 형인 그레이엄에게 동생을 찾으라고 독촉하고, 마약에 연루된 흑인 경찰을 수사하던 과정에서 그는 동생의 시체를 발견한다. LA 날씨답지 않게 눈발이 흩날리는 황량한 들판에서 동생의 발에서 벗겨진 운동화를 집어들 때 그가 느끼는 감정은 그의 얼굴을 클로즈업으로 잡은 카메라가 잘 보여 준다. 멜로드라마적 장치로 신비스러운 느낌의 음악까지 깔리면서 동생을 잃은 형의 슬픔을 전달하는 것이다. 마약에 찌든 엄마가 제대로 음식도 못 먹고 동생만 찾고 있을 때 효성이 지극한 그레이엄은 냉장고에 식료품을 채워 넣는다. 피터가 죽었다는 소식을 들었을 때 오열하던 엄마는 그래도 말썽쟁이 아들이 몰래 와서 음식을 놓고 갔다고 대견해하고, 그레이엄은 그녀의 말을 반박하지 않음으로써 죽기 전까지 엄마를 생각했던 아들로 동생을 인정받게 한다. 아버지 없이 홀로 두 아들을 키우면서 가난과 마약과 범죄에 무너져 가는 역기능적 가정의 엄마가 아들을 잃는 스토리는 분명 애잔한 느낌을 관객에게 전달한다.

또 다른 유색인 가정은 파라드와 그의 아내, 그리고 딸 도리로 구성된 이란인 가정이다. 가게를 운영하고 있는 파라드는 강도가 들어올 것을 대비해 총을 사러 가고, 그를 아랍인으로 오인한 총기상은 영어를 잘 못하는 그를 오사마라고 부르며 경멸한다. 그는 열쇠수리공을 불러서 새로운 자물쇠를 설치하려 하지만 문에 문제가 있어서 자물쇠를 바꿔도 소용없다는 말을 듣는다. 그는 문을 새로 고치라고 하는 열쇠수리공 다니엘의 말을 흑심이 있는 것으로 오해하여 듣지 않는다. 결국 가게는 강도를 당하고 문을 고치라는 열쇠공의 말을 무시하였다고 해서 보험으로 보상까지 못받게 되자, 파라드는 복수하기 위해 총을 가지고 다니엘의 집을 찾아간다. 자동차 폭발 사건 못지않게 격렬한 감정적 반응을 이끌어 내는 장면에서 그는 다니엘에게 총을 발사하고 때마침 아빠에게 안긴 다니엘의 딸이 총을 맞는다. 어린아이가 총격의 대상이 되는 극한 상황은 자동차 폭발 사고 장면처럼 느린 화면으로 제시되고 오열하는 다니엘과 그의 부인, 그리고 스스로 충격에 빠진 파라드의 모습이 화면에 잡힌다. 예지력이 있는 딸 도리가 공포탄을 장전한 덕에 살인자가 될 위험에서 구출된 파라드는 하루 종일 허탈과 안도의 감정에 사로잡힌다. 병원에서 퇴근한 도리에게 파라드는 눈물로 그 상황을 나누고 감사한 마음에 행복한 표정을 짓는다.

총기 에피소드에 같이 등장한 라틴계 미국인 다니엘은 몸의 문신으로 인해 진으로부터 갱 멤버라는 오해를 받고, 이란인인 파라드로부터는 출입문 장사를 하는 친구에게 돈을 벌게 하려고 일부러 거짓말을 하는 사람으로 오해받는다. 하지만 그는 딸을 안전한 동네에 살게 하기 위해서 이사까지 감행한 패밀리 맨이다. 개인화라는 전략은 다정다감한 아빠로서 그가 딸을 위해 어떠한 일을 했는지 묘사하는 데서 드러난다. 총격이 자주 일어나는 동네에서 살 수밖에 없는 그는 딸에게 마법의 망토를 입혀 주어 그녀를 총격의 두려움에서 벗어나게 하려고 이야기를 지어낸다. 파라드의 가게가 강도를 당하자 그는 결국 자물쇠 값도 못 받고 집으로 온 뒤 딸이 자신의 품에서 총격을 당하는 끔찍한 경험을 한다. 아이를 등장시켜 눈물을 짜는 할리우드 전략이 이 영화에서 그대로 사용되고 있음을 지적하며, 빅터 빌라누에바Victor Villanueva는 "우리 감정을 짜내기 위해서 할리우드가 아이들을 사용하는 건 정말 싫다"(348)고 말한다.

지금까지 살펴본 네 개의 가정 이야기는 계단에서의 낙상, 자동차 폭발, 어린이에 대한 총격 등 이 영화의 작은 클라이맥스를 이루는 격정적인 사건을 다루고 있다. 부모와 자식, 형제, 부부 간에 벌어지는 이야기는 인종과 상관없이 인류 보편적인 사랑과 아픔, 회한과 용서의 정서를 환기시킨다. 이것이 바로 이 영화가 보편적인 감동으로 호평을 받은 이유 중 하나이다. 알로 켐프Arlo Kempf의 말대로 〈크래시〉는 생각이 아니라 감정에 대한 영화이다"(97).

가족 이야기를 중심으로 한 멜로드라마적 설정은 특히 1950년대 미국 가족멜로드라마 장르에서 확립된 영화적 기법들을 활용하게 만든다. 서브플롯의 작은 클라이맥스 장면에서 인물들의 표정과 눈빛을 디테일하게 보여 주는 클로즈업 숏은 관객들의 감정이입에 매우 효과적인 장치이다. 영화에서 특히 클로즈업 숏이 많이 사용된 인물은 카메론과 그레이엄이며, 이 인물들은 둘 다 아프리카계 미국인이다. 두 사람은 모두 가정과 일터에서 인종차별주의로 인해 힘든 경험을 한다. 카메론은 아내가 성추행을 당하는 것을 지켜보면서 남편으로서 보호해 주지 못했다는 죄책감과 무력감에 시달리면서 동시에 촬영 현장에서는 무엇이 흑인다운 연기인가에 대해 백인 프로듀서의 억압적인 주문에 굴복해야 한다. 그는 또 흑인 불량배들에게 차량 탈취를 당할 위기를 겪고 백인 경찰들에게 사살될 위험에 처하는 등 하루 사이에 인생이 송두리째 뒤집히는 경험을 한다. 위기의 순간마다 카메라는 그의 얼굴에 근접하여 그의 마음속에서 소용돌이치는 감정의 기복을 눈빛과 눈물과 얼굴 근육의 씰룩임을 통해 포착한다. 그가 밤에 톰 핸슨의 차가 불타고 있는 현장을 지나가다가 차를 멈추고 불꽃을 바라보며 아내에게 전화할 때 자동차에서 날리는 재와 함께 축복처럼 눈이 내리고 두 사람은 눈물 어린 화해를 한다.

그레이엄 또한 집안 문제와 직업 현장에서 고통을 겪는다. 동생의 실종과 마약에 찌든 어머니의 건강을 걱정하면서 동시에 직장에서는 흑인이 연루된 사건을 덮으라는 압력을 받는다. 결국 동생은 시체로 발견되고 사건 현장에 눈이 내릴 때 자동차의 불빛과 황량한 벌판의 흙먼지를 배경으로 그의 고뇌에 찬 얼굴이 클로즈업된다.

클로즈업의 사용은 거의 항상 음악을 동반한다. 멜로드라마의 거장 더글러스 서크Douglas Sirk의 가족 멜로드라마에서 잘 보여 주듯이, 시각적인 클로즈업에 애잔한 음악이 더해질 때 감정이입은 배가된다. 그레이엄과 카메론의 장면에서뿐만 아니라 이 영화는 도처에서 오스카상 후보에 오른 작곡가의 음악이 깔린다. 캐슬린 요크Kathleen York의 '인 더 딥In the deep'이라는 음악은 대사 없이 각 서브플롯을 연결하는 영화의 마지막 부분에서 적절하게 사용된다. 이 음악이 배경에 연주되는 가운데 톰 핸슨은 자동차에 불을 지르고 휘발유 통을 던지며, 라이언은 화장실에서 아버지를 부축하고, 검사 릭은 집안의 잠금장치를 확인하며, 다니엘은 창밖을 바라보고, 카메론은 자동차를 불태우는 현장에 내려 불을 바라보며 아내에게 전화를 하고, 그레이엄은 동생이 흘린 것으로 보이는 피규어를 모래 속에서 줍는다.

클로즈업만큼은 아니지만 이 영화에서 특이하게 사용되는 카메라는 오버헤드 숏이다. 머리 바로 위에서 피사체를 굽어보면서 찍는 이 숏은 관용이라는 이 영화의 메시지를 부각하는 데 효과가 있다. 마침 이 영화의 계절적 상황은 크리스마스이며 영화의 도처에서 우리는 크리스마스 장식과 교회 앞에 세워진 예수 탄생 장면nativity scene 전시품도 볼 수 있다. LA라는 도시에서 좀처럼 보기 힘든 눈이 내리게 한 것도 축복이나 은총의 의미를 암시하면서 용서와 화해라는 성탄 분위기와 어울린다. 이런 계절적 상황과 함께 오버헤드 숏을 사용하는 것은 인간의 탐욕과 오해와 편견으로 충돌이 벌어지고 있는 이 세상을 굽어보고 있는 어떤 초월적 존재가 있는 듯한 느낌을 줌으로써 거리를 두고 세상사를 바라보게 하는 효과가 있다. 대표적인 오버헤드 숏은 카메론이 드라마를 촬영하고 있는 현장에서 그 장면을 내려다보는 오버헤드 숏과 마지막 장면에서의 오버헤드 숏이다. 특히 자동차 충돌로 시작해서 충돌로 끝나는 이 영화의 마지막 장면에서 우리가 잘 아는 캐릭터인 샤니카는 다른 유색인과 충돌 사고를 겪은 후 차에서 나오자마자 "영어로 말하라"고 하면서 싸움을 벌인다. 이때 카메라는 위로 올라가면서 그 현장을 오버헤드 숏으로 잡는다. 이 숏은 지금까지 영화가 보여 주었던 다양한 인종들의 삶의 충돌을 거리감이 있게 객관적으로 바라보면서 포용하도록 관객들을 유도하는 인상을 준다.

〈숏컷〉이나 〈펄프 픽션〉처럼 독립적으로 보이는 서브플롯의 주인공들이 실제로는 인과 관계를 맺으며 연결되어 있음을 보여 주는 서사 구조는 이 영화의 큰 장점으로 지적되어 왔다. 이처럼 물고 물리는 서사적 연쇄 고리에서는 어떤 장면에서 남을 희생시키는 사람victimizer이 다른 장면에서는 희생자victim가 되며, 그 반대의 상황도 벌어진다. 자동차의 충돌crash로 시작하여 또 다른 충돌로 끝나는 수

미상관식 서사 구조의 속에는 서로 부딪히는 다양한 인종적·계급적 주체들이 편견과 오해로부터 발생된 언어적·물리적 폭력을 행사하고 또 그것의 희생양이 된다. 이러한 접근은 애초에 인종차별주의의 원인이 되는 사회 시스템이라는 더 큰 콘텍스트에 눈을 돌리기보다 개별적 인물들의 플롯에 더 집중하게 만들어 큰 그림을 놓치게 만든다. 어떤 상황에서 희생자였던 사람이 다른 상황에서 남을 희생시키는 사람이 되는 연쇄 고리에는 모든 인물들이 연루되어 있다.

가령, 흑인 웨이트리스에게 제대로 서비스를 못 받고 화가 나서 식당을 나온 피터와 앤서니는 분통을 터뜨리다가 맞은편에서 걸어오던 진과 릭 부부에게 총을 들이대고 자동차를 훔친다. 차량 탈취의 희생자였던 진은 집으로 돌아와서 당장 자물쇠를 수리하라고 하고, 히스패닉 계열의 수리공인 다니엘에게 인종적인 편견을 폭발한다. 그녀는 또한 히스패닉인 가정부 마리아에게도 화풀이한다.

의료보험 담당자인 샤니카에게 부당한 대접을 받은 라이언 경사는 흑인인 그녀에게 인종적 욕설을 퍼붓고 나온 후 순찰을 하다가 흑인 부부인 크리스틴과 카메론의 차를 멈추고 크리스틴을 성희롱한다. 크리스틴은 바보처럼 그것을 바라만 보았던 남편 카메론에게 겁쟁이라고 비난하고, 괴로워하던 카메론은 피터와 앤서니에게 차량을 탈취당하자 반격하며 그들을 향해 분노를 폭발시킨다. 카메론의 이 울분은 흑인 배우의 연기가 너무 흑인답지 않다고 다시 찍으라는 압력을 백인 프로듀서인 프레드로부터 받으면서 더 강화된다.

톰 핸슨 경사는 선배인 라이언 경사의 인종차별적 범죄를 묵과할 수 없어 상관에게 보고하고 결국 단독으로 순찰차를 타게 된다. 멜로드라마적인 극적 진행에 반드시 필요한 우연의 일치는 다음 날 카메론과의 조우에서 일어난다. 라이언이 크리스틴과 교통사고 현장에서 다시 만난 것처럼, 톰 핸슨은 카메론이 경찰차에 쫓겨서 피살될 위험에 빠진 상황에서 그와 조우한다. 그는 영웅처럼 나서서 동료 경찰들을 자제시키고 카메론을 구해 준다. 스스로 진보주의자이며 불의를 보고 참지 못하는 정의의 사도로 자처하는 그는, 자신의 철학에 어울리게 한밤중 외딴 길에서 히치하이킹하는 낯선 흑인을 태워 준다. 그러나 그의 뇌리에 뿌리 깊이 박힌 흑인에 대한 두려움은 주머니에서 피규어를 꺼내려는 피터의 행동을 총을 꺼내려는 행동으로 오해하게 만들고 그를 살인자로 만든다. 그는 영웅에서 희생시키는 사람victimizer으로 전락한다.

피터와 앤서니는 자동차를 훔친 후 서로 대화를 하느라 좁은 길에서 밴의 문을 열고 있던 사람을 차로 친다. 차 밑에 깔린 사람을 끌어낸 그들은 그를 중국인이라고 생각하고 병원 앞에 버리고 도망친다. 피터와 앤서니에게 희생당한 인물은 한국계 이민인 조진구라는 인물로 영화 초기에 식당에서 은밀한 거래를 하는 장면이 포착된다. 나중에 다시 밴을 획득한 앤서니가 밴의 문을 열자 그 속에는 동남아에서 온 불법이민자로 보이는 무리들이 타고 있다. 조진구는 희생자이면서 동시에 동남아인들을 인신매매해서 희생시키는 인물임이 판명된다.

  우리 모두가 인종차별주의자이며 타인종에 대한 편견으로 희생
되면서 동시에 남을 희생시키는 존재라는 것이 바로 서사적으로 모
자이크처럼 얽힌 이 영화의 메시지다. 이 영화가 주로 백인들에게는
긍정적인 반응을 이끌어 낸 것은 "모든 인종은 다른 인종에 대해 편
견이 있다"는 식으로 이 영화의 메시지를 포용하게 하면서 인종차
별주의가 백인들만의 전유물을 아니라는 식의 면죄부를 주었기 때
문이다. 단선적 진행으로 문제의 해결을 향해 나아가는 전통적 서사
와 달리, 동시다발적으로 파편적으로 진행되는 이러한 서사는 포스
트모던하면서 동시에 인종차별주의의 근본적인 뿌리를 보지 못하
게 하는 특징이 있다. 에리카 로슨의 지적대로 "영화 〈크래시〉는 서
로 단절된 개별적 액션을 과감하게 강조하면서 우리에게 망각을 강
요하는 포스트모던 패러다임에 부합한다"(79). 그것이 바로 그동안
많은 진보적 비평가들에 의해 지적되어 온 문제점들이다. 타자가 계
속해서 차별받을 수밖에 없는 시스템상의 오류와 백인우월주의의
문제점을 간과하게 하고 단지 감정적인 카타르시스 속에 이 문제들
이 매몰되게 한다는 것이다. 알로 켐프Arlo Kempf는 "이런 면에서 이
영화는 백인 관객에게 공허한 카타르시스를 제공한다"고 주장하면
서 "'글쎄, 어쩌겠어Well, what can you do?'라는 암시로 관객을 안심시킨
다"(100)고 주장한다. 또한 이 영화를 자세히 분석해 보면 백인들의
우월의식과 권리는 침해받지 않고 건재한 반면, 유색인에 대한 편견
은 영속화된다.
  고리처럼 얽힌 희생자와 희생시키는 자의 연쇄 고리 속에 백인

이나 유색인 할 것 없이 연루되어 있지만 선한 행동으로 죄를 뉘우치고 영웅으로 다시 거듭날 기회는 유독 백인에게만 주어진다. 필립 하워드는 "백인들은 자신들의 인종차별주의에 대해 정당한 처벌을 받지 않는다"(39)고 말한다. 그 대표적인 예가 바로 라이언 경사이다. 그 전날 밤 칵테일 드레스를 입은 크리스틴의 몸을 더듬었던 그는 다음 날 교통사고 현장에서 다시 그녀를 만난다. 간밤의 기억에 치를 떠는 크리스틴은 다른 경관을 보내 달라고 소리치지만, 현장에서 그녀를 구출할 사람은 라이언밖에 없다. 그는 이번에는 예의를 갖추어 모든 동작에 대한 허락을 구하고 그녀를 구출하기 위해 애를 쓴다. 차에 화재가 나고 다른 자동차에서 흘러온 기름이 점점 다가오는 절체절명의 순간에서도 그는 목숨을 걸고 그녀를 구한다. 그녀가 다른 경찰들의 부축을 받아 앰뷸런스로 실려갈 때 그를 돌아보는 눈빛은 그녀의 복잡한 심경을 표현한다. 보리스 넌리Voris Nunley는 "그녀가 부축되어 갈 때 카메라는 그의 시점으로 회귀한다. 그녀가 그를 바라보는 눈길은 혼란일까? 연민일까? 이중적 감정일까? 분명히 말하지만 경멸의 눈길은 아니다. 그리고 그녀는 할 말이 없다. 술에 취했을 때는 말이 많았지만 멀쩡한 정신에서는 말을 못하는 것이다"(344)라고 지적한다. 인종차별의 시작점에는 분명히 백인이 있지만 그들에게는 자신의 잘못을 만회할 기회가 주어진다. 앞에서 예를 들었던 진의 경우와 같이 그들은 갑자기 선한 사람이 된다.

톰 핸슨 경사의 경우에도 간밤에 선배의 잘못된 행동을 제지하지 못했던 죄책감을 만회할 기회가 온다. 크리스틴으로부터 남자답지 못하다는 비난을 듣고 심란해하던 카메론이 백인 프로듀서로부터도 흑인 연기를 다시 찍으라는 명령을 받고 분노가 머리 꼭대기까지 쌓인다. 그러던 그가 피터와 앤서니에게 차를 탈취당하자 총을 들이대는 그들을 사정없이 공격하고 분노를 터뜨린다. 수상하게 여긴 경찰의 추격을 받던 그가 막다른 골목에 몰렸을 때 톰 핸슨은 간밤의 일을 기억하고 일촉즉발의 상황에서 앞으로 나와 카메론의 혐의를 벗겨 주고 그의 생명을 구한다.

백인에게는 또한 범죄를 저지르고도 처벌을 받지 않는 면죄부가 제공된다. 이 영화에서 명백한 형사적 범죄를 저지른 두 백인은 그것에 대해 어떤 추궁도 당하지 않고 빠져나간다. 조이스 아이린 미들턴Joyce Irene Middleton은 "어떤 백인도 유색인에 의해 육체적 상해를 입지 않는 반면, 두 명의 백인 캐릭터는 두 명의 유색인 캐릭터에게 해를 끼치고도 행동에 대한 어떤 처벌도 받지 않는다"(330)고 말한다. 크리스틴을 성희롱한 라이언의 경우, 흑인 경찰서장은 보고를 받고서도 그것을 묵과해 버린다. 흑인으로서 경찰서장 자리까지 오르게 된 그는 골치 아픈 인종 문제를 가지고 동료 경찰을 괴롭히지 않겠다는 정치적 입장을 분명히 한다. 톰 핸슨 또한 피터를 우발적으로 오인하여 사살했지만 목격자가 없는 외딴 지역의 환경을 이용하여 자동차를 불태워 버림으로써 범죄의 흔적을 없애 버린다. 흑인을 위하고 편견 없는 진보적 정의의 사도로 자처한 그가 정작 자신의 운명이 걸린 일에 연루되자 가차 없이 증거를 인멸하고 현장을 뜬다.

백인들이 영웅으로 거듭나고 과거의 잘못을 구제받을 기회를 부여받는데 반해, 이 영화의 유색인들은 여전히 스스로의 스테레오타입에 매몰되어 있다. 흑인, 아시아계, 히스패닉, 아랍계 미국인들에게 부여된 스테레오타입은 고통스러운 경험을 통해 교정되거나 개선되기보다는 오히려 영속화된다. 필립 하워드는 "역기능적인 흑인 가족, 계산적이고 돈만 아는 아시아인, 범죄를 저지르는 흑인 청년, 마약 중독의 흑인 싱글맘, 무슬림 테러리스트 등"(35) 〈크래시〉가 쏟아 내는 스테레오타입이 놀라울 정도라고 말한다. 얼핏 보기에 폴 해기스는 타인종에 대한 몰이해가 거의 모든 유색인에 대해 벌어지고 있음을 보여 주면서 이를 비판하는 것처럼 보인다. 총기를 구입하러 간 파라드는 총기 가게 주인으로부터 영어 구사 능력 부족으로 인해 모욕과 비하를 감수하면서 "오사마"라는 표현을 듣는다. 이것은 9·11사태가 일어난 지 얼마 되지 않은 시점에 아랍인에 대한 반감이 팽배해 있는 미국 사회에서 중동 출신 이민들을 싸잡아서 아랍인으로 보는 몰이해가 백인들에게 있음을 보여 주는 장면이다. 파라드는 이란 출신으로 페르시아 민족에 속한다. 그의 아내는 강도들이 가게에 남기고 간 "아랍인"이라는 낙서를 보고 언제부터 우리가 아랍인이 되었느냐고 반문한다. 중동 지역에 있는 국가의 국민들을 모두 아랍인으로 보는 것은 타 민족 역사에 대한 깊은 이해가 없을 때 흔히 벌어질 수 있는 상황이다. 테러리스트라는 편견으로 인종차별을 당한 파라드는 그 편견을 행동으로 옮김으로써 그것을 고착화한다. 그는 자신의 가게가 강도를 당하자 그것에 대한 원인 제공자로 다니엘을 지목하고 그에게 테러를 가하는 행동을 자행함으로써 자신에게 붙은 "오사마"라는 라벨이 유효함을 증명하는 것이다.

같은 지역에 있는 집단의 세부적 정체성을 고려하지 않고 총체적으로 파악하는 오류는 아시아계 이민들에게도 그대로 적용된다. 이주의 시기, 지역, 계층, 종족성에 따라 많은 차이를 보이는 아시아계 이민이지만 미국인의 눈에는 똑같은 아시아인이며 이 영화에서는

"되놈chinaman"이라는 비하적 표현으로 동일시된다.[7] 피터와 앤서니가 서로 말다툼을 하다가 운전 부주의로 조진구를 치었을 때 그들은 나와서 차 밑에 차이나맨이 깔려 있다고 말한다. 폴 해기스는 출신에 관계없이 모든 아시아인을 중국 사람으로 오해하는 편견을 보여주고 싶어서 일부러 두 명의 한국인 배우를 기용했다고 말하고 있다. 아시아인은 밴을 다시 손에 넣은 앤서니가 그것을 중고차로 팔아넘기려고 할 때 다시 등장한다. 밴의 짐칸에는 동남아 출신의 불법이민들이 잔뜩 실려 있고 우리는 조진구가 식당에서 다른 한국인과 거래하던 품목이 바로 사람들이었음을 알게 된다. 앤서니가 밴과 함께 차이나맨도 인수할 거냐고 묻자, 중고차 정비소에 있던 사람은 이들이 "완전히 다른 종류의 짱깨a totally different kind of chinks"라고 그의 지식을 발휘한다. 앤서니는 밴과 밴에 실린 불법이민들을 팔아넘기기를 거부하고 그들을 차이나타운에 가서 풀어놓는다. 미국 땅에 발을 디딘 불법이민자들의 눈에 처음 들어오는 광경은 도박, 범죄, 매춘, 타락 등의 이미지로 할리우드 무의식에 각인된 차이나타운이다. 때로 찌든 이들이 낯선 환경에서 어떠한 차별과 편견을 겪으며 살아갈지 의문으로 남은 채 앤서니는 그들에게 저녁 값으로 40달러를 주고 차에 오르면서 "빌어먹을 차이나맨"이라고 중얼거린다. 그리고 나서 그의 얼굴에는 좋은 일을 했다는 만족스러운 미소가 떠오른다. 이처럼 이 영화가 타인종에 대한 미국인의 무지를 비판하는

---

7 DVD 코멘터리에서 해기스 감독은 "우리는 두 명의 한국인을 캐스팅하고 그들을 차이나맨으로 부르기로 했다. 왜냐하면 그게 미국에서 하는 방식이니까. 우리는 모두 집단을 한데 뭉뚱그려 파악한다"라고 말한다.

것처럼 보이지만, 인신매매, 불법이민, 차이나타운의 이미지를 통해 결국 전달하는 것은 부정적인 함의이다. 피터와 앤서니의 차에 치어 병원에 입원한 조진구는 범죄의 희생양이지만 돈을 위해서라면 불법이민을 인신매매하는 파렴치범이다. 그는 부상당해 누워 있는 상태에서도 부인인 킴리에게 수표를 빨리 현금으로 바꿔 오라고 지시한다. 경제적 탐욕에 물든 아시아인으로서의 스테레오타입은 다시 한 번 강화된다.

유색인에 대한 무지와 오해에는 아프리카계 미국인도 참여한다. 그레이엄은 자신과 업무상 파트너이면서 연인인 리아에게 인종적 정체성의 배려가 없는 말들을 한다. 한참 정사를 벌이는 중에 어머니에게서 전화가 오자 그는 엄마를 화나게 하려고 "저는 지금 백인 여자와 섹스를 하고 있어요"라고 말한다. 그가 "멕시코 사람이라고 하려다 말았다"고 하자, 리아는 지리 교육을 시켜 주겠다면서 "우리 아버지는 푸에르토리코 출신, 우리 엄마는 엘살바도르 출신이며 어느 누구도 멕시코 사람은 아니야"이라고 지적한다. 이 또한 지리적으로 같은 지역 출신의 사람들을 멕시코 사람 혹은 히스패닉으로 싸잡아 부르는 미국인들의 무지를 비판한 것이다. 또한 히스패닉 혹은 라틴계 사람들에게는 범죄와 연관된 스테레오타입이 미국인의 머리에 각인되어 있다. 자물쇠를 고치러 온 다니엘을 보고 진은 "형무소 문신prison tatoo"을 하고 머리를 밀어 버린 열쇠공이 분명히 강도 일당과 연루되어 있으며, 나가자마자 열쇠를 그들에게 팔아 버릴 것이라고 판단한다. 상대방의 정체성에 대해 무감각하며 정치적으로 올바르지 않은politically incorrect 생각을 가지고 있는 사람 중 최악의 경우는 지방검사인 릭이다. 선거를 앞두고 있는 그에게는 대중 앞에서의 자신의 이미지 관리만이 최우선 관심사이다. 특히 흑인 유권자의 표를 많이 받아야 하는 입장에 있는 그에게 하필 이때 흑인들에 의해 차량을 탈취당하고 흑인 경찰관이 마약 사건에 연루되어 부각되는 것은 최악의 악재라고 할 수 있다. 그는 최대한 언론을 통제하려고 하며, 마약 거래를 하다가 동료 경찰에게 총을 맞아 죽은 윌리엄 루이스라는 흑인 경찰을 순직으로 처리하고자 한다. 그는 또한 누군가 홍보용 표창을 줄 사람을 거론하다가 단지 피부가 검다는 이유로 어느 소방관을 추천한다. 부하들이 그 사람은 사담이라는 이라크인이라고 만류를 해도 "어쨌든 검은 피부이잖아"라고 하면서 유색인 전체를 흑인 취급한다.

민권운동 이후 아프리카계 미국인의 지위는 많이 향상되어 이제 사회의 각계에서 요직을 차지하고 흑인 대통령까지 나왔지만, 구조적인 모순으로 인해 현재 위치에서 벗어나지 못하고 있는 흑인의 비율 또한 상당 부분을 차지한다. 이 영화에서도 그레이엄과 카메론처럼 강력계 형사와 TV 감독을 직업으로 삼은 인물도 있지만, 앤서니와 피터처럼 전과자이면서 계속 범죄를 저지르는 인물도 있다. 이 영화의 초반에 앤서니와 피터가 릭과 진의 자동차를 강도하기 전에 나누는 대화는 인종차별과 스테레오타입이 여전히 많은 미국인들의 행동양식에 영향을 미치고 있음을 보여 준다. 그들은 백인들로 가득 찬 거리에 있는 백인 고객 위주의 식당에 들어갔다가 흑인 웨이트리스가 자신들을 무시했다고 화를 낸다. 흑인 손님은 팁을 안 낸다는 사실을 파악한 그녀가 그들에게 와서 서비스를 해 주지 않은 것이고, 이런 편견에 부응하면서 그들은 당연히 팁을 놓지 않고 나온다. 백인들로 넘쳐 나는 환한 거리에서 불량배처럼 보이지 않는 복장을 한 그들이지만 진은 그들을 보자 두려움으로 가득 차고, 마치 그녀의 두려움에 부응하기라도 하듯이 그들은 범죄자로서의 흑인 스테레오타입을 행동으로 옮긴다.

범죄자를 잡는 형사인 형과 집 나간 범죄자 동생, 그리고 마약을 하는 어머니는 많은 흑인 가정들의 스테레오타입일 수가 있다. 많은 흑인 가정에서 아버지가 부재한 상태에서 어머니가 싱글맘의 신세로 자녀를 키워야 하는 최하층 계층으로 전락한다는 것은 널리 알려진 통계적 사실이다. 경제적 어려움과 그로 인한 교육 기회 박탈, 그리고 범죄로 이어지는 악순환은 많은 미국영화에 등장하는 흑인 주인공들의 모습이다. 그레이엄이 집을 방문하는 한 장면은 이러한 현실을 축약적으로 보여 준다. 카메라는 피아노 위에 놓인 한때 단란했던 가족의 모습을 보여 준 뒤 테이블 위에 놓인 담배꽁초와 주사기가 쌓인 재떨이, 구부러진 숟가락을 보여 준다. 마약 중독자인 그레이엄의 어머니는 중독을 극복하려고 최선을 다한 것처럼 보인다. 그녀는 아들에게 "나는 잘하고 있었어I was doing good"라는 말을 반복하면서 애써 절제를 하다가 무너진 상태를 설명한다. 그러면서 "동생을 찾았니?"라는 좀 전에 했던 질문을 다시 반복함으로써 정신이 혼미한 상태임을 보여 준다. 냉장고에는 상한 음식 몇 가지가 들어 있어서 이 여인이 거의 삶을 자포자기한 상태에서 아들에게만 의존하고 있음을 알 수 있다. 항상 걱정하던 아들이 총에 맞아 죽은 결말을 보여 주면서 이 영화는 아버지가 부재한 가정, 마약과 범죄에 노출된 구성원, 교육과 기회의 박탈로 범죄로 귀결되는 흑인 가정의 스테레오타입을 강화한다. 관용과 이해를 주제로 하는 이 영화는 무엇보다도 인종차별을 가장 경멸하던 경찰관의 손에 피터가 죽게 만

듦으로써 결국 편견을 불식하려는 노력이 아무 소용이 없다는 상반된 메시지를 무의식의 차원에서 깔고 있다.

관용이 이 영화의 메시지라면, 관용을 베푸는 쪽은 거의 언제나 유색인들이다. 불의한 일을 당했을 때 참고 포용하고 받아들이는 쪽은 강한 파워를 가진 백인이 아니라 유색인이라는 뜻이다. 보리스 넌리는 "아프리카계 미국인들은 백인의 특권 앞에서 자주 목소리를 잃는다"고 주장한다(341). 한밤에 음주운전을 하지 않았는데도 몸수색을 당하고, 부인이 백인 경찰에 의해 노골적인 성추행을 당하는 것을 보고도 항거할 수 없는 것이 카메론의 입장이다. 필립 하워드는 "아프리카 여자 노예와 노예 주인인 백인에 관한 역사적으로 젠더화된 인종차별주의와 서사"(36)라는 말로 이것이 노예 시절 자기 아내가 백인 노예 주인에 의해 성폭행을 당하는 것을 보고도 무력했던 흑인 남성 노예를 상기시킨다고 지적한다. 카메론은 자말의 연기가 흑인답지 않으니 그 장면을 다시 찍으라는 백인 제작자 프레드의 지시를 처음에는 농담으로 받아들이지만, "문제 있나?"라고 정색하고 묻는 프레드의 질문에 아무 말도 하지 못한다. 백인이 자신의 편견을 여과 없이 폭발시켜도 그것을 듣는 유색인은 묵묵히 그것을 포용해야만 하는 상황은 이 영화 속 거의 모든 백인들의 상황에서 발생한다. 차량을 탈취당하고 들어온 진이 집안일에 대한 트집을 잡으며 마리아를 혼내고 전화를 하면서 친구들에게 그녀의 흉을 볼 때에도 마리아는 그저 묵묵히 그것을 들어줄 수밖에 없다. 열쇠를 고치고 있는 다니엘을 보면서 그녀가 남편에게 "감옥에서 한 문신" "갱 멤버" 등의 표현을 할 때 다니엘은 분명히 그런 비하적 표현이 들릴 만한 위치에 있으면서도 자신을 변호하거나 반박하지 못한다.

흑인의 목소리가 철저하게 권력에 의해 차단되는 경우는 그레이엄의 경우이다. 그는 사건의 진실을 알고 있으면서도 동생의 전과 기록에 대한 위협 때문에 목소리를 내지 못한다. 검사의 끄나풀 역할을 하는 플래니건은 "빌어먹을 깜둥이들fucking black people"이 "과자단지에서 손을 떼지keep their hands out of the cookie jar" 못한다는 등의 흑인 비하 발언으로 그레이엄을 몰아붙이고, 동생이 삼진아웃 법으로 종신형을 받게 될 것을 우려한 그레이엄은 그 위세 앞에 주눅이 들고 만다. 이 영화가 우리 모두는 결국 같은 인간이며 서로에 대해 관용을 베풀어야 한다는 감동적인 메시지를 전하는 것 같지만, 이 영화를 자세히 뜯어보면 스테레오타입은 여전히 영속화되고 관용을 베푸는 쪽은 언제나 유색인이다.

〈크래시〉는 인종의 용광로가 아니라 샐러드 볼로서의 미국의 모습을 사실적으로 보여 준 수작이다. 영화 제목 속에 나오는 '충돌'은 부정적인 의미와 함께 소통과 접촉을 원하는 절박한 LA 시민의 열망을 표현한 것일 수도 있다. 첫 장면에서 접촉 사고를 당한 후 그레이엄은 "그건 접촉에 대한 느낌이야. 다른 도시에서는 걸으면서 사람들을 스치고 부딪히지. LA에서는 아무도 건드리지 않아. 항상 자동차의 철판과 유리 뒤에 숨어 있으니까. 그 촉감이 너무나 그리워서 뭔가 느끼기 위해서 서로와 충돌하는 것 같아"라고 말한다.

이 영화에서 관객에게 감동을 주는 접촉은 항상 죽을 것만 같은 위기를 겪은 후 발생한다. 성추행의 소름 끼치는 경험 후에 자동차 폭발 위기를 극복하고 나서야 라이언과 크리스틴은 인간 대 인간으로 생명의 소중함에 대한 감동과 살아났다는 안도감으로 시선을 접촉한다. 인생의 기반을 흔드는 강도 사건을 경험하고 살인자가 될 위기를 모면한 후 파라드는 자신이 죽이려고 했던 사람의 딸이 살았다는 안도감으로 그 접촉의 순간을 회상한다. 진은 계단에서 미끄러져 불구가 될 뻔한 위험에서 살아난 후 마리아를 끌어안으며 그녀와의 포옹이 얼마나 소중한 것이지를 비로소 깨닫는다. 그러나 피터가 죽었다는 사실은 변함이 없으며, 카메론은 드라마 촬영 현장에서 언제나 백인 제작자의 간섭으로부터 자유롭지 않을 것이며, 그레이엄은 지방검사와 그 하수인의 조작에 언제나 노리개가 될 것이다. 제인 쿠의 주장처럼 "대서사master narrative에서는 모든 것이 형통하지만 충돌은 계속되고 역사는 반복될 것이다"(66)

인종 문제가 거의 흑백 대립과 차별 문제로 다루어지는 기존의 할리우드 영화에서 다문화적인 갈등의 현주소를 짚었다는 점에서, 또 백인과 유색인을 단순한 지배/복종의 틀에서만 보지 않는다는 점에서 〈크래시〉는 주목받을 만하다. 뛰어난 영화적 기법과 서사 전개로 관객의 감동을 이끌어 내는 역량 또한 좋은 평가를 받아 마땅하다. 그러나 이 영화에 숨겨진 백인우월주의의 자취를 '버텨읽기'를 통해 분석하는 것은 의미 있는 작업이라 하겠다.

III. 유럽 다문화주의와 영화

1장 아시아계 영국영화:
〈나의 아름다운 세탁소〉와 〈슈팅 라이크 베컴〉

인도, 파키스탄 등 과거 영국의 식민지였던 나라로부터의 이민이 늘어나면서 아시아인들은 영국 인구의 상당한 부분을 차지하며 중요한 소수민족 집단으로 자리 잡았다. 과거 영국 식민지였던 나라로부터의 이민이 본격적으로 늘어나기 시작한 것은 1946년부터이다. 1946년의 국적법Nationality Act은 과거의 식민지와 오스트레일리아, 뉴질랜드, 캐나다 등 자치국가에 사는 영국 자손들이 자유롭게 입국하여 시민권을 받도록 했다. 이것은 원래 백인을 겨냥한 법안이었으나 전후 재건에 필요한 인력을 확보하기 위해서 북부, 미들랜드, 런던에 있는 제조업자들은 서인도제도와 인도에서 이민들을 받아들였고, 이러한 소식이 "서인도제도, 인도, 파키스탄 등에 전해지면서 '연쇄' 이민으로 이어졌다"(Rattansi 23). 이들은 적은 수입과 집주인들의 차별 때문에 가난한 동네에 주거를 찾았고, 이들의 커뮤니티는 게토화되었다. 이들의 삶에서 중요한 이슈는 서구 사회에 순응하면서 살 것인가 아니면 전통적 가치를 유지할 것인가였고, 이는 1세대와 2세대의 갈등으로 이어졌다.

영국 내 아시아계 이민의 삶을 다룬 영화들은 대부분 젊은 2세대의 시점에서 서술되고 있으며 종교, 중매결혼과 연애결혼, 세대 간 갈등, 성역할에 대한 기대와 거부, 섹슈얼리티와 인종차별 문제를 다루고 있다. 아시아계 영국영화 중 가장 많은 수익을 올린 영화는 〈나의 아름다운 세탁소My Beautiful Launderette〉와 〈슈팅 라이크 베컴Bend It Like Beckham〉이다.

〈나의 아름다운 세탁소〉

〈나의 아름다운 세탁소〉는 1954년에 런던에서 출생한 파키스탄 계 영국인 극작가이자 시나리오 작가 겸 소설가인 하니프 쿠레이시Hanif Kureishi의 작품이다. 런던대학교에서 공부한 그는 〈경계선 Borderline〉과 같은 희곡과, 〈쌔미와 로지 같이 자다Sammy and Rosie Get Laid〉(1987), 〈나의 아름다운 세탁소〉(1985), 〈교외의 부처The Buddha of Suburbia〉(1990), 〈광신자인 나의 아들My Son, the Fanatic〉(1997), 〈비너스 Venus〉(2006)와 같은 영화의 시나리오를 썼다. 1987년도 아카데미 각본상에 오른 〈나의 아름다운 세탁소〉는 파키스탄계 영국인으로 살아가는 작가 본인의 자전적 경험을 바탕으로 영국에서 살아가는 2세대 청년의 인종적 · 성적 정체성 문제를 다루고 있다.

주변부의 부상과 지배구조의 전복

대개 소수민족을 다룬 영화들은 이들이 백인 주류가 지배하는 사회에서 피부색과 문화의 차이로 인해 얼마나 많은 경제적 · 계층적

·인간적 차별을 받는지를 보여 준다. 그러나 이 영화는 영국의 백인 주류문화의 인종차별의 희생자로 파키스탄 이민을 묘사하는 것이 아니라, 영국 자본주의의 맹점을 잘 이용하여 경제적 이득을 누리면서 오히려 영국인을 지배하고 부리는 존재로 묘사한다. 그 대표적인 인물이 바로 주인공인 오마르의 삼촌 나세르이다. 그는 부동산업과 세차업으로 부자가 되어 백인 여성 레이첼을 정부로 두고 있다. 그는 조카인 오마르에게 세차 일을 시키면서 "우리가 미워하고 동시에 사랑하는 이 나라에서는 무엇이든 얻을 수 있어. 시스템의 젖꼭지를 어떻게 비트는지를 알면In this damn country which we hate and love, you can get anything you love. You know how to squeeze the tits of the system"이라고 말한다. 그는 조니와 같은 백인 폭력배들을 고용해서 세입자들을 강제로 쫓아낸다. 가난한 시인을 강제로 쫓아내는 과정에서 시인이 항의하자, "나는 전문 사업가이지 전문 파키스탄인이 아니다I'm a professional businessman, not professional Pakistani"라고 말한다. 오마르의 사촌인 살림 또한 마약 거래 같은 불법적인 방법으로 부를 축적한다. 그는 백인 무직자들을 쓰레기라고 부르며 그들에게 경멸적인 언사와 행동을 서슴치 않는다. 그는 차를 타고 가다가 자신들을 노리는 조니의 깡패 친구들을 보면서 "쓰레기 같은 더럽고 무식한 놈들. 혼 좀 나봐야 돼what a waste of life, filthy, ignorant bastards. what they need is a taste of their own piss"라고 욕하고 자동차로 그중 한 사람을 친다. 오로지 금전에 의한 성공을 꿈꾸는 그는 파키스탄에서 책도 많이 쓰고 정치가들과도 친했던 오마르의 아버지를 가리켜 "영국에서는 돈이 없으면 아무것도 아니야We are nothing in England without money"라며 업신여긴다.

영화에는 이들과 대척점에 서 있는 파키스탄계 영국인들이 등장하는데, 바로 오마르의 아버지 후세인과 나세르의 아내인 숙모 발키스, 살림의 부인인 체리와 같은 1세대 파키스탄인이다. 이들은 영국이 자신들을 망쳤다고 생각하고 다시 고향에 돌아가야 한다고 말한다. 봄베이에서 유명한 저널리스트이자 지식인이었던 후세인은 영국에 와서 정치적인 입장 때문에 가난을 면치 못하며, 결국 영국인 아내가 열차에 몸을 던져 자살하는 아픔을 겪는다. 그는 대처주의 영국의 사회상과 파키스탄 사람들의 삶의 방식에 회의를 느끼고 술에 빠져 세상과 단절된 생활을 하지만 자기 아들만큼은 돈을 벌어 다시 대학에 가야 한다고 생각한다. 대처 집권기에 노동당과 좌파 세력의 무력감과 실패를 안타까워하는 그는, 조니와 같은 백인 하류 계층을 가리켜 "노동계층은 정말 실망이야working class are such a disappointment"라고 말한다. 세탁소 개업일 날, 늦게 가게에 들린 그는 조니에게 아들이 속옷 빠는 일에서 벗어나서 대학에 가도록 설득해 달라고 부탁한다. 그는 영국인 정부 레이첼이 떠나서 슬픔에 빠진 동생 나세르가 자신을 찾아오자 "이 나라가 우리를 망쳐 놓았어. 우리는 고향에 돌아가야 해"라고 하지만, 동생은 "그 나라는 종교 때문에 망했어요. 이제는 돈에 눈독을 들이고 있어요"라면서 "거기에 비하면 이곳이 천국이에요"라고 반론한다. 살림의 아내 체리 또한 남편 덕에 호의호식하고 있지만 오마르에게 "제대로 정신 박힌 사람이라면 누가 이 멍청한 섬나라를 고향이라고 부르겠어? 나는 어중간한 사람들in-betweens이 싫어. 어디에 속할지 마음을 결정해야지"라고 말한다.

이처럼 오마르는 자신을 끌어당기는 두 개의 파키스탄 정체성 사이에 속해 있지만 아버지의 말을 따르기보다는 삼촌의 사업을 이어

받으며, 삼촌이나 살림으로부터 돈 버는 방법을 배운다. 그는 여기서 그치지 않고 자신에게 주어진 조건들을 최대한으로 이용하여 그들을 능가하려고 한다. 세차장에서 처음 일을 하게 되면서 삼촌으로부터 차도 선물 받고 양복도 빼입은 그는 물질이 주는 안락함과 재미에 푹 빠진다. 그는 살림의 심부름으로 물건을 받으러 갔다가 가짜 수염 속에 마약이 숨겨진 것을 발견하고 그것을 중간에서 가로채 세탁소를 개조하는 데 사용해 버린다. 삼촌은 다 쓰러져 가는 세탁소를 오마르에게 맡기지만, 오마르는 그것을 성공적인 사업장으로 만들 뿐 아니라 다른 파키스탄인의 세탁소까지 맡아서 운영하겠다고 한다. 그는 학창 시절의 친구 조니를 오랜만에 만나서 그를 이용해 세탁소에서 얼쩡거리는 건달들을 제거하고 세탁소 운영에 도움을 받는다. 그는 조니에게 "학교 다닐 때는 너희들이 나를 괴롭혔지만 지금은 네가 내 밑에서 일한다. 청소를 해라. 일하지 않으면 해고다"라고 단호하게 이야기한다. 이는 전복된 권력관계를 잘 보여 주는 장면이다.

오마르가 아버지와 삼촌의 영향력 사이에 끼어 있는 존재라면, 조니는 방향감각을 상실하고 세월을 허송하고 있다. 어릴 적 오마르와 친한 친구였지만 그동안 소식이 없었던 조니는, 오마르가 탄 자동차를 백인 깽패들이 공격할 때 나타나 옛 친구와 반갑게 해후한다. 후세인과 오마르의 대화를 통해 우리는 학창 시절에 후세인이 조니에게 많은 조언도 하고 도움을 주었으나 그것을 조니가 배신으로 갚았음을 알게 된다. 그는 백인 국수주의자들 편에 서서 벽돌과 술병을 던지며 이민자를 쫓아내라는 시위에 가담했고, 후세인은 그 무리 속에서 조니를 보았던 것이다. 이러한 기억 때문에 후세인은 자기 아들이 다시 영국인 친구와 만나는 것을 못마땅해 한다. 세탁소가 개업하는 날, 개업식이 끝나고 아무도 없을 때 밤 늦게 세탁소에 등장한 후세인은 조니에게 "아직도 파시스트냐?"라고 묻고 "열심히 살아라. 사람은 지식이 있어야 돼"라고 말한다. 그리고 자기 아들이 남의 속옷이나 빠는 이런 곳에서 벗어나 대학을 갈 수 있도록 힘을 좀 쓰도록("Use your influence") 부탁한다. 그러나 오마르는 대학에 갈 생각이 전혀 없으며, 조니는 그러한 오마르를 도와 세탁소를 성공적으로 운영하는 데 힘쓴다. 나세르의 딸인 타니아가 "우리 가족이 너를 삼킬 거야"라면서 떠나자고 할 때, 그는 "나는 친구를 지켜야 돼"라면서 오마르에 대한 의리를 지킨다. 영화의 마지막에 그는 피투성이가 되면서까지 백인 깡패로부터 세탁소를 지키려고 싸운다.

조니가 오마르에게 붙어서 세탁소 일을 돕는 것을 보고 그의 백인 친구들은 못마땅해 하며 인종적인 욕설을 퍼붓는다. 파키스탄인이 주인공인 이 영화에서 백인 깡패들이 하류 주체로 설정되어 있지만, 이들은 자기들 땅을 침범한 외국인에 대한 적대감을 숨기지 않는다. 그들은 파키스탄 사람이 탄 차를 둘러싸고 폭행을 저지를 뿐 아니라, 조니를 찾는 오마르에게는 "동물은 정글로 가라"고 말한다. 이들은 오마르의 세탁소에서 일하기 시작한 조니에게도 "왜 파키와 일하냐? 우리가 일 시키려고 데려온 애들 밑에서 일하냐? 민족을 배신하지 마라. 소속감을 가져야지Everyone has to belong"라며 조니를 배신자 취급한다. 살림의 차에 치어 한 사람이 다치는 사고가 일어나자, 백인 깡패들은 앙심을 품고 야구 방망이를 들고 오마르의 세탁소에서 잠복하고 있다가 살림의 차와 살림을 공격한다.

인종적 갈등과 동성애 코드

　이처럼 파키스탄인을 지배적인 위치에 놓고 영국인을 그들 밑에서 종사하는 사람으로 설정한 이 영화는 조니와 오마르의 관계를 통해 인종적·계층적 정체성뿐 아니라 성적인 정체성까지 탐색한다. 백인 노동계층 청년과 파키스탄계 자본 계층 청년 간의 동성애는 인종적인 장벽과 이성애적 규범을 뛰어넘는 아슬아슬한 놀음이다. 극단적인 문화 근본주의자인 파키스탄인들과 노동계급 영국 백인 극우주의자들 간의 긴장 사이에서 조니와 오마르는 둘만의 동성애 관계를 줄타기하듯 조율해 나가야만 한다. 김유는 "오마르의 정체성은 그가 속해 있는 파키스탄 공동체에 의해 인종적으로 규정받을 뿐만 아니라, 그의 동성애적 취향을 비판하는 공동체의 편협한 가치로부터 끊임없이 일탈하려는 긴장 관계 속에 놓여 있다"(79)고 지적한다.

　그러나 이들이 양 극단으로부터의 압력에도 불구하고 서로에게 강렬하게 이끌리며 동성애적인 사랑을 하는 것은 단지 순수한 사랑에만 기반을 둔 것 같지 않다. 오마르는 딸만 셋인 나세르가 자신의 딸 타니아와 결혼하여 사업을 물려받으라고 제안하자 야심적으로 반응한다. 그는 사촌과 결혼하는 파키스탄의 문화적 전통을 수용하여 타니아와의 결혼에 응하는 척하면서 삼촌이 주는 경제적인 혜택을 누리는 동시에 조니와의 동성애적 관계를 유지한다. 그는 파키스탄계이기는 하지만 개인적인 물질적 성공을 추구하는 서구적 가치를 몸으로 체화한 인물이기도 하다. 그래서 조니와의 관계에서도 개인적인 야심을 충족시키는 모습을 보인다. 영화는 아슬아슬한 관계의 부침을 여러 장면에서 보여 준다. 오마르는 조니를 다시 만난 것이 더없이 반가우면서도 과거에 인종차별을 겪었던 가슴 아픈 기억을 떠올리지 않을 수 없다. 학창 시절에 자신을 괴롭혔던 백인 친구를 이제 자기가 부리게 되는 상황에서 느끼게 되는 짜릿함은 조니와의 관계를 반드시 순수하게만 볼 수 없게 하는 요인이다.

조니 또한 파키스탄인 밑에서 일하는 것이 굴욕적이기는 해도 학생 시절부터 오마르를 사랑해 왔고, 그와의 친분을 이용해 파키스탄의 경제적 지배계급에 접근할 수 있게 된다. 그는 오마르의 삼촌에게 인정받아 세입자를 쫓아내는 일을 하고 그 대가로 방을 제공받고 수고비를 받는다. 그가 백인 친구들의 질타에도 불구하고 오마르와 그의 삼촌 일을 하는 데에는 경제적인 안정과 계급 상승의 욕구가 깔려 있다. 김유는 "오히려 그들의 관계를 처음부터 가능하게 하는 것은 물질적인 이해관계이며, 오히려 오마르의 자본주의 체제로의 전격적인 편입이 그들의 겉으로만 그럴듯한 혼종화의 기본적인 전제 조건이 되었음은 부인할 수 없다"(88)라고 말한다.

영화는 나세르와 레이첼의 관계, 오마르와 조니의 관계를 병치시키는 장면을 제공한다. 이 두 관계는 모두 돈 많은 파키스탄인과 가난한 영국인의 관계이지만, 하나는 이성애 관계이고 다른 하나는 동성애 관계라는 차이가 있다. 특히 흥미로운 장면은 개업식 날 장면이다. 아버지 이야기를 하면서 오마르가 과거 인종차별주의자들이 벽돌과 술병을 던지며 나가라고 했던 장면을 떠올리자, 조니는 너한테 줄 것은 이것밖에 없다면서 옷을 벗는다. 두 사람이 정사를 나누고 있는 방의 창문 밖으로 세탁소에 도착한 나세르와 체리가 키스하는 모습이 보인다. 두 커플의 성적인 결합 장면을 병치시킨 것은 두 관계의 대조를 강조하려는 감독의 의도로 보인다. 레이첼의 테이프

커팅으로 사람들이 입장하고 흥겨운 음악이 흘러나올 때 조니는 웃으면서 오마르에게 다가오고, 조니의 얼굴 위로 유리창에 반사된 오마르의 얼굴이 겹쳐지면서 마치 조니라는 영국 백인의 몸 위에 오마르라는 파키스탄인의 머리가 접목된 것처럼 보인다.

주변부로 밀려난 여성들

경제적으로 승승장구하며 부유한 삶을 영위하는 남성 인물들과는 반대로, 파키스탄 집안의 여성들은 영화의 주변부에 머문다. 오마르의 숙모인 발키스는 세 딸을 키우면서 가사에만 집중하는 여성으로 등장한다. 남편의 외도를 알면서도 그것을 어찌할 수 없어서 고통받다가 파키스탄의 전통 기술로 만들어 내는 독약으로 레이첼에게 상처를 입혀 복수한 뒤 고향으로 돌아가려고 한다. 살림의 부인인 체리 또한 카라치를 고향으로 여기며 이곳 섬나라를 조국으로 생각하는 사람들을 이해할 수 없다고 말한다. 타니아는 어머니를 배반하고 바람을 피우는 아버지에 대한 반발심으로 집안을 벗어나고 싶어한다. 그녀는 남자들이 이야기하고 있는 창밖에서 옷을 올리고 오마르에게 가슴을 드러내 보이며 적극적으로 다가간다. 오마르의 세탁소가 개업을 하는 날, 레이첼이 테이프 커팅을 하고 분위기가 무르익을 때 레이첼을 대면한 타니아는 아버지에게 빌붙어서 해충처럼 아버지를 뜯어먹는 존재라며 비난한다. 오마르와 결혼시켜 사업을 이어받게 하려는 아버지의 계획을 정면으로 반박하며 떠나가는 장면은 바로 철로 위에서 벌어진다. 레이첼과의 이별로 받은 상처를 하소연하기 위해 형을 찾은 나세르는, 자신은 이제 끝난 인생이며 타니아를 오마르와 결혼시켜 사업을 이어 가려 한다고 말한다. 바로 그때 건너편 기차역에 가방을 들고 서 있는 타니아의 모습이 보이고, 기차가 지나간 뒤 타니아는 사라진다.

파키스탄 남자들과 인연을 맺은 영국인 여성 캐릭터들도 사정은 더 좋아 보이지 않는다. 후세인의 아내는 후세인이 겪는 고통과 그가 분출하는 분노를 견딜 수 없어 기차에 몸을 던져 자살한다. 타니아가 바로 철로 위에 서 있다는 것은 후세인 아내의 죽음을 상기시킨다. 나세르의 정부 역할을 하는 레이첼 또한 비참하기는 마찬가지다. 그녀는 돈 많은 나세르에게 의지하는 것 외에는 따로 생존 수단이 없다. 세탁소에서 타니아가 자신을 해충으로 비난하며 몰아세우자, 레이첼은 너는 누구를 뜯어먹고 사느냐고 반문하면서 "우리는 세대도 다르고 계층도 다르다는 사실을 알아야 돼. 너는 모자란 것이 없이 살았지만 나한테는 너의 아버지밖에 없어You must understand we're of different generations, different classes. Everything was waiting for you, but the only thing that has ever waited for me was your father"라고 말한 뒤 나간다. 결국 그녀는 나세르의 부인이 만든 마법의 약으로 인해 몸에 종기가 생기는 상처를 입고 나세르를 떠나간다.

영국과 파키스탄 남자들의 가부장적이고 전제적인 태도에 상처받고 주변부로 밀려나는 것은 인종을 넘어 영국과 파키스탄 여성들의 공통된 운명이며, 이들이 최대한 남성들에게 저항할 수 있는 방법은 그들을 떠나가는 것뿐이다. 발키스는 고향으로 돌아가려 하며, 레이첼은 나세르에게 결별을 고하고, 타니아는 짐을 싸고 기차를 타며, 후세인의 아내 메리는 기차에 몸을 던져 세상을 하직한다.

오마르와 조니의 인종적 장벽과 계층을 초월한 동성애적 사랑은 영화의 마지막 장면에서 서로를 씻겨 주는 장면으로 마감하지만, 어린 시절 이후 처음 만난 이들이 서로에게 각기 다른 이해관계로 접근했다는 사실은 이 영화를 결코 해피엔딩으로 볼 수 없게 만든다.

〈슈팅 라이크 베컴Bend It Like Beckham〉

〈슈팅 라이크 베컴〉을 만든 거린더 차다Gurinder Chadha 감독은 〈해변의 바지Bhaji on the Beach〉, 〈왓츠 쿠킹What's Cooking〉, 〈신부와 편견 Bride and Prejudice〉과 같은 영화의 성공으로 할리우드에 진출한 감독이다. 영국적 주제를 쓸 것인가 아니면 할리우드 스튜디오에서 성공할 것인가 하는 것은 히치콕, 앨란 파커, 리들리 스콧, 대니 보일 등 영국 감독들이 고민하던 문제였고, 차다 감독도 선배 감독들처럼 할리우드로 진출하는 쪽을 선택했다.

거린다 차다 감독이 2002년에 발표한 〈슈팅 라이크 베컴〉은 축구를 하고 싶어 하는 인도계 영국 소녀의 성장을 다룬 드라마로 상업적으로나 비평적으로 모두 성공을 거둔 영화이다. 대개 성년 드라마의 주인공이 젊은 남자인 데 반해 이 영화에서는 소녀, 그것도 영국 사회에서 소수민족으로 살아가는 인도계 소녀의 꿈과 갈등을 다룬다. 성장 드라마는 그 시절을 지금 겪고 있는 사춘기 소년 소녀뿐 아니라 영화를 통해 과거의 자신의 모습을 보고 향수를 느끼는 성인 관객에게까지 어필한다는 점에서 연령을 뛰어넘어 보편적으로 어필하는 장점이 있다. 이 영화에서는 젊은이와 기성세대의 갈등뿐 아니라 주인공의 성과 인종적 배경으로 인해 젠더와 인종 문제까지도 다루어진다.

규칙 어기기|Bend the Rules

제스민더 밤라(제스라고 불림)는 베컴의 사진을 벽에 걸어 놓고 그의 경기를 텔레비전으로 보며, 공원에서 남자아이들과 축구를 할 정도로 축구에 미쳐 있다. 이 영화의 원제는 '베컴처럼 공을 휘어서 차다'라는 뜻으로, 공의 궤적을 조정하여 골키퍼를 제치는 축구 선수 데이비드 베컴의 트레이드 마크라고 할 수 있는 기술을 가리킨다. 차다 감독은 제목에 대해서 "제스와 같은 소녀들이 목표를 달성하기 위해 문화적 배경이 규정한 규칙을 피하는bend the rule 방식에 대한 메타포"(Chacko 81 재인용)라고 설명했다.

제스의 집안은 현대적인 도시 런던에 살고 있지만, 그녀의 가정은 인도를 그대로 옮겨 놓은 것처럼 인도 음식, 가구, 생활 방식, 사고방식을 따르고 있다. 인도식 사고방식에 따르면, 여자에게는 좋은 신랑감을 만나서 결혼하는 것이 최고의 인생이다. 이를 위해 여자는 집안 살림을 하고 요리하는 법을 미리 배워야 한다. 게다가 인도계 이민 가정에서는 자식의 배우자도 반드시 인도계에서 찾으려 한다. 제스의 엄마는 백인 남자와 결혼했다가 이혼한 큰집 자식의 사례를 들면서 반드시 인도 남자와 결혼해야 한다고 고집한다. 제스의 언니 핑키는 이러한 부모가 규정한 성역할에 순종하는 여성이다. 인도영화에서 결혼식이 빠질 수 없듯이, 이 영화는 화려한 장식과 음식과 춤과 노래가 넘쳐나는 풍성한 결혼식을 보여 준다. 영화는 고집스럽게 자신의 꿈을 추구하는 제스의 대척점에 언니 핑키를 위치시킨다.

제스의 관심은 오직 축구에만 있다. 엄마가 요리를 하라고 부엌에 데려다 놓아도 제스는 양배추를 가지고 공차기 연습을 하다가 엄마에게 혼이 난다. 공원에서 동네 남자아이들과 축구를 하던 그녀가 본격적으로 축구에 입문하는 것은 여성 축구팀에서 활약하는 줄스(줄리엣의 약칭)의 눈에 우연히 띄면서이다. 그녀는 제스를 여성 축구팀 감독인 조에게 소개하고, 입단 테스트에서 합격점을 받은 제스는 부모님을 속이고 축구팀에 가서 연습을 한다. 축구가 제스의 부모에게 특히 거부감을 주는 이유는, 다 큰 처녀가 많은 사람들이 보는 앞에 허벅지를 내놓고 운동을 한다는 점이다. 팀에서 연습을 시작하는 날, 제스는 반바지를 입지 못해서 벤치에 앉아 있다. 어릴 때 입은 화상 흉터를 남들에게 보이는 것이 하나의 트라우마로 남았기 때문이다. 코치인 조는 자신 또한 무릎 수술로 인해 큰 흉터가 있다면서 그것을 보여 주며 제스가 흉터로 인한 콤플렉스를 극복하게 한다. 연습이 끝나고 돌아오는 길에 공원에서 남자아이들을 만나 반바지 차림으로 운동을 하던 제스는 마침 그곳을 지나가던 엄마에게 들켜 혼이 난다.

제스의 아버지가 제스의 운동을 반대하는 이유는, 크리켓 선수로 활약할 때 겪은 인종차별 때문이다. 나이로비에서 자라난 그는 동아프리카컵을 수상할 정도로 뛰어난 팀에서 활약했지만, 영국에 오고 나서는 인정을 받지 못했을 뿐만 아니라 터번을 썼다고 놀림까지 당했던 것이다. 그에게 "영국에서 인도인과 시크교도로 살아간다는 것은 백인 다수에 의해 주변화되고 차별받는 것을 의미하며, 그것은 또한 그의 의식 속에 자아와 타자라는 대립항을 깊이 새기는 역할을 한다"(Chacko 83).

영화는 여성의 자기 성취를 가로막는 가부장적 사고방식이 단지 인도계 영국인 가정에만 국한되지 않음을 보여 준다. 백인인 줄스의 엄마 또한 줄스가 축구를 하는 것을 못마땅해 하며 예쁜 옷과 속옷을 사 주려 하고 남자와 데이트를 하라고 한다. 제스가 줄스의 집에 놀러갔을 때 줄스의 엄마는 "너는 좋겠다. 엄마가 의사 신랑을 구해 줄 것 아니야"라며 부러워한다. 그녀가 생각하는 이상적인 여자의 성역할을 남자를 잘 만나서 결혼하는 것이다. 이러한 그녀에게 딸이 남자들의 스포츠인 축구에 빠져 있으며, 더구나 남편은 그것을 부추기고 있다는 사실은 그녀를 우울하게 한다. 줄스가 축구를 하는 것만도 충격적인데, 거기다 그녀가 기절초풍하는 일이 벌어진다. 독일에 원정 시합을 갔을 때 조를 사이 두고 삼각관계가 된 줄스와 제스는 줄스의 방에서 언쟁을 벌인다. 이때 먹을 것을 들고 올라가던 줄스의 엄마는 그들이 서로 사랑하는 사이이며 사랑싸움을 하는 것으로 오해를 한다. 전통적인 사고방식을 가진 그녀에게 딸이 레즈비언이라는 사실은 엄청난 충격을 준다.

여자가 여자를 좋아한다는 것은 규칙을 깨는 일이지만, 남자가 남자를 좋아하는 감정 또한 그것이 인도인 남자에게 일어났을 때에는 커다란 일탈이 된다. 제스가 축구를 하지 말라는 부모의 압력과 조를 놓고 줄스와 삼각관계가 된 일을 토니에게 토로하면서 "우리 사귈까" 하고 제안하자, 토니는 제스를 여자로서 좋아하지 않는다고 말한다. 그는 자신이 "베컴을 정말 좋아한다I really like Beckham"라면서 자신이 동성애자임을 밝힌다. 이에 대한 제스의 즉각적인 반응은 "하지만 너는 인도인이잖아But you're an Indian"이다. 자신의 축구 사랑을 이해 못 하는 부모 세대의 경직된 사고를 비판하는 제스이지만, 그녀 또한 스테레오타입과 고정된 정체성의 오류에서 자유롭지 못 한 것이다. 그녀의 머리에는 동성애자는 오직 백인만이 될 수 있다 는 생각이 고착되어 있다. 토니를 인간적으로 좋아하는 그녀는 동 성애자로서의 토니를 받아들이며 그의 사랑을 인정해 준다.

기존의 관습을 어기고 새로운 가능성을 모색하는 사람은 제스만 이 아니다. 축구팀 감독인 조는 축구를 반대하는 제스의 부모님을 설득하여 축구팀에서 뛰게 해 달라고 부탁하기 위해 직접 제스의 집 에 찾아온다. 아버지와도 의절하고 사는 조는 제스가 부모와 갈등을 겪는 것을 안타까워하며 그녀가 부모의 적극적인 후원을 받으며 축 구를 할 수 있기를 바란다. 전형적인 인도인 가정에 백인 영국 남자 를 들여놓은 제스의 가족들은 당황해하며 자신들이 딸의 소질을 더 잘 안다면서 조를 내친다. 특히 제스의 아버지는 자신이 과거에 스 포츠를 하면서 겪었던 차별의 기억을 다시 소환하여 현재 딸에게 미 칠 불운을 방지하려 한다. 그러나 조의 시도는 실패로 끝났어도 그 의 방문은 아버지의 마음을 움직이고, 제스의 아버지는 몰래 시합에 가서 딸의 경기를 지켜본다. 미국에서 스카웃 팀이 오는 결정적인 경기가 제스 언니의 결혼식과 겹치면서 제스가 경기에 출전하지 못 할 위기가 다가왔을 때, 제스가 몰래 빠져나가 경기에서 뛸 수 있도 록 하는 것도 바로 아버지다.

그러나 아버지의 우려대로 제스는 필드에서 인종차별을 경험한다. 상대편 팀의 백인 여자아이가 그녀를 "파키paki"라고 부르자, 분노한 제스는 그녀를 밀친다. 차코Mary Ann Chacko는 제스가 상대방에게 맞설 말을 찾지 못했다는 사실이 매우 상징적이고 중요하다면서 "제스가 결여한 자기주장 담론은 '잠재적으로 적대적인' 다문화 공간에서 자신의 정체성을 설정하고, 재현하고, 협상하는 데 필수적이다"[85]라고 지적한다. 그러면서 동시에 차이를 넘어선 연대의 담론이 필요하다면서 조의 반응을 주목한다. 싸움에 끼어든 자신을 나무라는 조에게, 제스는 그러한 차별을 받아 보지 못해서 자신을 이해하지 못할 것이라고 말한다. 조는 자신도 아일랜드 사람이라면서 "물론 나도 어떤 기분인지 안다"고 말한다. 백인이면 무조건 영국 사람일 것이라는 일원론적인 생각은 잘못된 것이며, 영국 내에도 역사적 · 지리적 · 환경적 배경에 따라 다양한 백인이 있다는 것을 이 영화는 말하고 있다. 차별의 경험을 공유하게 되면서 두 사람은 더 가까워진다.

인도계 영국 소녀가 다문화적 정체성이 갖는 스테레오타입과 억압을 극복하고 당당한 자주적 인간으로 서게 되는 순간은 영화의 결정적인 장면에서 상징적으로 연출된다. 아버지의 배려로 결혼식 중간에 몰래 빠져나와 중요한 경기에 출전하게 된 제스는, 파울을 얻어 내고 프리킥을 차게 된다. 자신이 그토록 존경하는 데이비드 베컴처럼 수비벽을 피해 골을 성공시켜야 하는 중차대한 순간에, 그녀 앞에 갑자기 환상이 펼쳐진다. 수비벽을 쌓은 상대편 선수들이 어머니를 비롯한 집안의 인도 여성들로 보이는 것이다. 오페라 〈투란도트〉에 나오는 〈네순 도르마〉 음악이 배경에 깔리면서 제스는 전통의상을 입고 자신에게 손짓하는 어머니들을 눈앞에서 지워 내며 킥을 차고 그것은 결정적인 골이 된다.

가족의 반대를 이겨내고 마침내 장학금까지 받으며 줄스와 함께 미국으로 축구 유학을 떠나게 되는 제스는, 플롯의 또 다른 축인 사랑의 플롯도 완성한다. 축구 코치로서 선수와의 데이트가 금지되어 있는 신분이었던 조는 제스와 사랑을 약속하고 그녀가 돌아올 때까지 기다리기로 하면서 행복한 사랑의 결말을 맺는다. 결국 이 영화는 인도인으로서의 정체성을 포기하지 않으면서 그것과 연관된 제한과 정형성을 이겨 내고 꿈을 성취한 당돌한 인도 소녀의 성장영화이다. 그 과정에서 인도인/영국인, 아시아인/백인, 이성애/동성애, 남성적 스포츠/여성의 열망 등의 이분법적인 구분을 전복하고 정체성이란 얼마든지 유동적이며 그 경계가 허물어질 수 있음을 보여 준다. 제스의 집은 히드로 공항 근처에 있어 영화에는 비행기가 이륙하고 착륙하는 장면이 자주 삽입된다. 비행기는 디아스포라의 상징이며, 인도계 영국인인 제스와 백인 영국인인 줄스는 이제 완전히 새로운 땅인 미국으로 이주하여 그곳에서 새로운 환경과 부딪히며 새로운 정체성을 만들어 낼 것이다. 차코는 비행기 이미지에 대해 "영화 내내 등장하는 비행 중인 항공기의 이미지는 사람의 이동, 즉 디아스포라뿐 아니라, 이동 중인 정체성, 즉 그 사이 공간을 점유하고 있는 하이픈이 달린 정체성의 메타포이기도 하다"(84)라고 지적한다.

〈슈팅 라이크 베컴〉은 뉴스에 자주 등장하는 베컴이라는 문화적 아이콘, 대중이 쉽게 인식할 수 있는 인물을 영화의 타이틀에 내세우고, 축구라는 세계적 스포츠를 소재로 삼아 관객들이 쉽게 호감을 느낄 수 있도록 하였다. 젊은 주인공, 사랑이라는 주제, 배경에 깔리는 사운드 트랙 등을 통해 젊은 관객을 겨냥한 영화이기는 하지만 기성세대들도 공감하며 볼 수 있는 주제와 코믹한 상황, 돌발 행동 등을 가미하여 오늘날 영국 다문화주의 영화의 지평을 가늠할 수 있는 좋은 사례라고 할 수 있다.

2장 유럽 남성의 초국가적 디아스포라:
〈인 어 베러 월드〉

수잔 비에르와 초국가 영화

오스트레일리아의 영화학자 벨린다 스마일Belinda Smaill은 최근 20 년간의 유럽 영화에서 목격되는 특이한 양상을 지적한다. 그것은 바로 유럽과 영어권 영화의 산업 환경의 변화로 초국가적인 영화들이 탄생한 것이다. 그녀는 "국가와 국제, 예술영화와 상업영화의 전통적 구분은 1945년과 1990년 사이 유럽과 할리우드 영화가 대립했던 시기와 달리 더 이상 확연하지 않다"(Elsaesser 498)는 토마스 엘제서 Thomas Elsaesser의 말을 인용하면서, 이러한 초국가적 영화의 흐름을 주도하는 인물로 1960년 이후에 출생하고 1990년대에 활동을 시작한 여성 감독들을 주목한다. 디지털 중심의 새로운 영화 제작 환경과 인터넷과 같은 새로운 배급망의 도래로 국가 간의 경계가 허물어지고 이제 민족적이고 국가적인 정치와 주제가 더 이상 먹히지 않는 시대가 도래했으며, 페미니즘 또한 새로운 패러다임을 갖게 되었다는 것이다. 그리고 유럽 중심의 예술영화와 할리우드의 상업영화 사이의 구분도 모호해지면서 예술영화를 표방하는 감독이 대중성 높은 영화를 통해 광범위한 관객층에 다가가는 일도 흔한 일이 되었다. 이러한 흐름의 중심에 바로 덴마크의 여성 감독인 수잔 비에르 Susanne Bier가 있다.

나치를 피해 1933년에 덴마크로 이주한 아버지와 러시아에서의 유대인 대학살을 피해 온 어머니 사이에서 태어난 비에르는 그녀의 삶의 궤적에서 유대인 디아스포라를 체현해 왔다. 예루살렘에서 비교종교학과 세트 디자인을 공부하고 런던에서 건축 공부를 한 후 덴마크 국립영화학교를 졸업한 비에르는, 자신의 영화 속에서 이러한 초국가적 초학문적 경험을 녹여낸다. 그녀는 인터뷰에서 다음과 같이 말한 적이 있다.

시나리오 작가 앤더스 토마스 젠슨과 나는 잠재적 재앙이라는 나의 강한 개인적 감각을 통해 만났다. 이것은 내가 유대인이라는 것과, 불가능한 일이 가능하게 되는 역사 인식과 연관이 있는 것 같다.(Smaill 9 재인용)

스마일은 "다른 여성 감독들이 대개 다큐멘터리나 텔레비전에 집중하는 반면 비에르는 극영화를 찍어 왔다"고 지적한다. 비에르는 대중영화가 자신의 목표라고 말하면서, 대중영화로서 높은 평가를 받고 넓은 관객층도 있으며 그로 인해 예술영화계로부터는 비판을 받아 왔다. 멜로드라마적인 전략을 사용하여 감정에 호소하고 미니멀한 배경 음악을 사용해서 남성 주인공이 국외와 가정에서 직면하는 위기에 공감대를 형성하려는 그녀의 시도는 "오프라 영화"라는 낙인을 찍게 만들었다. 그러나 그녀는 더 많은 관객에게 다가가기 위해서 예술영화/상업영화, 유럽영화/할리우드 영화의 인위적 구분을 초월하여 초국가적인 주제를 과감하게 시도한다.

비에르는 선댄스 영화제에서 관객상을 수상한 〈브라더스Brothers (Brødre)〉(2004), 2007년도 아카데미 외국어영화상 후보에 오른 〈애프터 웨딩After the Wedding(Efter brylluppet)〉(2006), 그리고 마침내 2011년도 아카데미 외국어 영화상을 수상한 〈인 어 베러 월드In a Better World (Hævnen)〉(2010)로 세계 영화시장에서 두각을 나타내게 된다. 이 세 편의 영화를 '삼부작'으로 볼 수 있다는 스마일의 말(16)처럼 이 영화들은 공통적인 주제와 모티프를 가지고 있다. 그것은 바로 이 영화들이 인도와 아프가니스탄, 그리고 아프리카를 오가며 박애주의적인 활동을 하는 남성들과 그 남성들이 귀향했을 때 문명사회인 유럽에서 맞닥뜨려야 하는 가부장으로서의 위기와 갈등을 다루고 있다는 점이다. 여성 감독임에도 남성성에 초점을 맞추는 이유에 대해, 비에르는 한 인터뷰에서 자신이 구식 페미니즘과 결별했다면서 "15년 전에 영화를 만들던 여성들은 자신들이 여자라는 점에 관심이 많았다. 우리는 그렇지 않다"라고 대답했다. 그녀는 영화의 남자 주인공들이 아프가니스탄, 인디아, 아프리카 난민촌에서 직면한 "폭력과 이타주의의 극한 상황"이 그들이 고향인 덴마크로 돌아왔을 때 가족들과의 관계에 어떠한 영향을 미치는지를 다루고 있다.

유럽 남성의 딜레마: 〈인 어 베러 월드〉

〈인 어 베러 월드〉는 덴마크와 아프리카 난민촌이라는 두 공간을 번갈아 오가며 진행된다. 아프리카에서 덴마크로, 덴마크에서 아프리카로 이동하는 주인공은 의사라는 직업을 가지고 있는 안톤이다. 그가 문명화되지 않은 아프리카 오지에서 경험하는 사건들은 덴마크로 돌아왔을 때 그의 가정에서 직면해야 하는 문제들과 병치되면서 비슷한 윤리적 · 도덕적 결정을 요구한다.

영화가 시작되면 카메라는 하늘과 먼지가 자욱한 난민촌의 모습, 트럭을 타고 가는 의사, 트럭을 따라 달리는 아이들의 모습을 보여 준다. 안톤은 열악한 시설의 임시 병원에서 난민들을 치료하던 중 다급하게 들것에 실려 온 여자 환자를 보고 수술 준비를 시킨다. 수술을 마치고 나온 그는 무장 세력의 보스인 '빅맨'이라는 자가 태아의 성별을 걸고 내기를 하고 임신 중인 여자의 배를 갈라 여자를 죽인다는 이야기를 듣는다. 먼지 속에서 노는 아이들 이미지 위로 시를 낭송하는 보이스오버가 들리면서 장면은 유럽으로 전환한다. 그 목소리는 어머니의 장례식에서 어머니가 읽어 주던 시를 낭송하는 크리스티앙의 목소리이다. 이처럼 영화는 죽음이 문명과 오지 양쪽에서 끊임없이 인간을 엄습하는 존재임을 상기시키면서 시작한다. 로버트 스클라Robert Sklar 또한 "실제적이건, 예상된 것이건, 죽음은 항존하는 존재이며 삼각관계를 재조정한다"(48)라고 지적한다.

고국으로 돌아온 그는 그의 부재가 초래한 가정의 문제를 직면한다. 공항에 도착한 그를 그의 아들 엘리아스가 반갑게 맞이하지만, 그를 픽업하러 온 아내 마리엔은 자동차에서 기다리고 있다. 둘 사이에 포옹도 반가운 인사도 없는 것을 보면서 관객이 가지는 궁금증은 곧 두 사람이 별거하고 있다는 정보를 통해 해소된다. 학교에서 왕따와 폭력을 당하는 엘리아스 문제로 학교에 불려와 교사들과 상담하는 과정에서, 교사들은 아버지는 늘 여행을 다니고 부부가 별거하고 있다는 사실을 거론하면서 따돌림의 근원에 부모의 불화가 자리 잡고 있음을 넌지시 내비친다. 마리엔은 "가학적인 사이코sadistic psychopath" 때문에 아이를 전학시켜야 하느냐고 분노를 폭발한다.

이 영화는 안톤이 덴마크와 아프리카를 오가면서 겪는 공통의 경험, 즉 폭력과 복수라는 문제에 어떻게 대처하는가 하는 문제를 다루고 있다. 공간적으로 덴마크와 아프리카를 대조 혹은 병치시키면서 동시에 이 영화는 덴마크에 살고 있는 두 남자, 그리고 그 두 남자가 가부장으로서 꾸려 가는 두 가정의 문제를 병치 혹은 대조시킨다. 안톤과 클라우스에게는 부인과 사별 혹은 별거하고 있다는 공통점이 있다. 그리고 그 헤어짐, 혹은 죽음의 근원을 파고 들면 남자의 외도라는 문제가 걸려 있다. 동시에 두 남자에게는 엘리아스와 크리스티앙이라는 아들이 있고 두 아들은 학교에서 친구가 된다. 그리고 안톤과 엘리아스 부자가 덴마크에서 겪는 폭력과 그 해결 방법은 아프리카에서 안톤이 폭력에 어떻게 대처하는가와 연관되어 있다. 즉, 폭력과 복수가 개인적 삶의 차원과 인류애적 차원에서 어떻게 구현되는가를 이 영화는 다루고 있는 것이다.

로버트 스클라가 주장하듯이 이 영화는 남자와 남자의 행동에 관심이 있다. 그들이 모든 결정을 하고 딜레마를 직면하고 해결하며, 여성은 "남성적 세계에서 행동하는 존재라기보다는 행동의 대상이 된다they are acted upon rather than actors in a male world"(Sklar 41). 안톤은 해외에서는 인류애적인 미션을 수행하지만 집에 돌아와서는 "가부장적 위치를 지탱하고 합법화하는 과업"(Smaill 26)을 수행해야만 한다. 그가 아프리카에서 위험을 무릅쓰고 고귀한 인류애적인 임무를 수행하는 것은 어쩌면 가정에서 자신이 가부장적 질서를 잘 수행하지 못한 데 대한 책임 회피일지도 모른다. 안톤의 외도는 마리엔과의 별거 상황을 낳았고, 그 과정에서 그는 아이들도 잘 돌보지 못하고 가정도 온전하게 꾸리지 못한 사람이 된다. 아프리카에서의 그의 인류애적인 봉사는 고국에서의 실패를 만회하려는 보상 행동일지도 모른다. 그는 또한 덴마크에서도 뿌리가 없는 이민자 신세이며 그의 디아스포라는 아프리카로까지 외연을 넓힌다. 그는 덴마크에서 자신의 아이를 때린 자동차 정비공에게 사과를 요구하러 찾아가지만, "스웨덴 놈"이라는 모욕적인 욕설과 함께 폭력을 당한다. 국외자로서의 그의 신분은 그의 아들에게도 영향을 미쳐 엘리아스는 학교에서 "스웨덴에서 온 새끼"라는 놀림을 받으며 학대와 폭력을 당한다. 덴마크와 스웨덴 사이에 존재하는 역사적인 해묵은 갈등과 감정이 일반 국민의 차원에서까지 대두되는 것이다. 가정 내 딜레마는 코스폴리탄 무대에서 확대 재생산된다.

또 다른 가정의 가장 클라우스는 아내를 영국에서 사별하고 아들을 데리고 덴마크로 돌아온다. 어머니의 사망 이후 크리스티앙은 속으로 침잠하여 아버지와의 대화를 기피하면서 극도로 조용한 아이가 되지만, 그의 눈빛과 행동은 냉소와 반항심을 내포하고 있다. 그는 아버지가 어머니를 죽게 했다고 믿고 있다. 그런 믿음의 근원에는 아버지의 외도한 사실이 자리잡고 있다. 그는 아버지가 다른 여자와 바람을 피웠으며, 그래서 암에 걸린 어머니가 죽기를 바랐다고 생각하고 있다. 나중에 학교 폭력이 문제가 되어 아버지가 "칼"의 존재에 대해 추궁하자, 크리스티앙은 엘리아스의 어머니인 마리엔과 성관계를 했냐고 반항하며 묻는다.

두 남자가 학교 폭력 문제에 휘말리게 되는 것은 같은 학교에 다니는 아들들 때문이다. 전학 온 날, 선생님이 생일이 같다는 이유로 크리스티앙을 엘리아스 옆자리에 앉히면서 둘은 친구가 된다. 하교 시간에 크리스티앙은 누가 엘리아스의 자전거 바람을 빼놓은 것을 발견하고 다른 밸브를 빼서 엘리아스를 도와주려고 하는데, 그 순간 소푸스라는 몸집이 큰 아이가 패거리를 이끌고 나타나 농구공을 세게 던져 크리스티앙이 피를 흘리게 된다. 다음 날 크리스티앙은 다시 엘리아스를 괴롭히려는 소푸스 뒤를 몰래 쫓아가 자전거 펌프로 그를 사정없이 때린 후 그의 목에 칼을 갖다 대고 위협을 한다. 경찰이 오고 학교에 양쪽 부모들도 불려온다. 클라우스는 왜 아버지에게 말하지 않았느냐고 하면서 보복은 보복을 불러올 뿐이라고 말한다. 그 말에 크리스티앙은 처음에 확실히 패 주면 아무도 못 건드린다고 단호하게 대답한다.

　이 영화의 덴마크어 원제의 뜻은 '복수vengeance'이다. 폭력에 대한 대처 방법으로 복수를 택한 크리스티앙은 힘에는 확실한 힘으로 응징하는 것이 해결책이라고 믿는다. 그러나 클라우스와 안톤은 폭력은 더 큰 폭력을 불러올 뿐이라고 생각한다. 이를 시험하는 사건이 곧이어 벌어진다. 안톤은 자신의 두 아들과 크리스티앙을 데리고 부두로 놀러 갔다가 거기서 둘째 아들이 다른 집 아이와 싸우는 일이 벌어지면서 안톤 자신이 그 아이의 아버지로부터 모욕을 당하고 뺨을 맞는 일을 겪는다. 아이들이 보는 앞에서 다른 어른에게 따귀를 맞는 굴욕적인 일을 당하고도 그는 경찰에 신고하자는 크리스티앙의 말을 듣지 않고 집으로 간다. 그는 엘리아스에게 만약 모든 사람이 폭력을 쓰면 어떻게 되겠느냐고 반문한다. 그 사람을 때리면 자신이 감옥을 가게 되고 그러면 결국 그 사람이 이기게 되는 것이라고 설득한다. 엘리아스는 바로 그런 점 때문에 엄마가 아빠를 싫어하는 것이라고, 겁쟁이라서 싫어하는 것이라고 말한다. 아이들에게 폭력이 나쁘다는 것을 다시 교육시키겠다는 순진한 신념을 가지고 안톤은 랄스라는 남자가 일하는 정비소로 다시 찾아간다. 그는 랄스에게 사과하라고 말하지만, 랄스는 스웨덴 놈이라고 비웃으며 그에게 계속 폭력을 행사한다. 안톤은 내가 당신을 무서워하지 않는다는 것을 보여 주기 위해 아이들도 데려왔으니 사과하라고 하지만 결국 더 많은 매를 맞는다. 돌아오면서 그는 아이들에게 결국 그 사람이 진 것이라고 가르치려고 하지만, 크리스티앙은 그 사람은 그렇게 생각하지 않을 것이라고 한다.

폭력에 대한 안톤의 이러한 대응은 아프리카로 돌아와서도 계속된다. 크리스티앙이 소푸스를 때린 사건을 두고 보복에 보복을 더하면 전쟁이 난다고 가르치고, 랄스에게 맞고서도 그 사람이 졌다는 것을 아이들에게 가르친 안톤이지만, 아프리카에서 그를 기다리는 것은 글로벌한 무대에서 일어나는 인류애적 차원의 문제이다. 죽거나 죽이는 극한 상황 속에서 그의 윤리의식은 도전을 받게 된다. 스마일은 비에르의 영화에서 유럽을 떠난 장면은 "인간의 행동, 특히 간주체적 윤리적 행동과 관계된 행동을 일반화시키는 플랫폼platforms for universalizing human behaviors, particularly those concerning intersubjective ethical conduct"(21)이라고 주장한다. 이 시점부터 영화는 폭력에 대한 상반된 대응, 즉 덴마크에서 크리스티앙이 폭탄을 제조해서 랄스에게 보복하려고 준비하는 과정과 안톤이 아프리카에서 빅맨이라는 악마를 어떻게 대하는지를 크로스커팅으로 보여 준다.

빅맨은 뱃속에 든 아기가 남아인지 여아인지 알아맞히는 내기를 하기 위해 임산부의 배를 가르는 극악무도한 무장단체의 수장이다. 안톤은 그의 난도질로 병원에 실려오는 임산부들을 치료하는 과업을 떠맡지만 대개의 경우 결과는 비관적이다. 이런 상황에서 빅맨에게 복수할 기회가 찾아온다. 그가 다리에 상처를 입어 구더기가 끓는 상태로 병원에 온 것이다. 그의 조수들과 간호사들 및 마을 사람들은 아기를 죽인 악마를 치료하지 말라고 호소하지만, 안톤은 자신은 의사이므로 환자를 치료해야 한다고 말한다. 그러나 그는 막무가내로 행동하려는 빅맨에게 무기와 차량은 캠프에 들어올 수 없으며 부축하기 위해서 들어오는 사람도 한 번에 두 명으로 제한한다는 단서를 붙인다.

그러던 중 안톤의 도덕률을 한계까지 밀어붙이는 상황이 발생한다. 안톤은 어린 임신부를 살리려고 심폐소생술까지 했으나 결국 사망하자 탈진한 상태에서 세수를 하며 마음을 추스른다. 이때 수술실을 넘겨보던 빅맨은 "어린 여자, 큰 칼Little pussy, big knife"이라면서 자신의 부하 오마르가 죽은 여자도 좋아하니 그에게 넘기라고 한다. 지금까지 의사라는 의무를 다하기 위해 그를 받아 주었던 안톤은 그에게 "너는 더 이상 환자가 아니다"라며 그를 끌어내고, 놀란 그의 부하들도 도망친다. 완전히 무방비 상태에 놓인 빅맨에게 분노한 마을 사람들이 달려들어 그에게 복수한다. 스클라의 말대로 "약한 자들이 잔인한 자에 대한 복수를 하기 위해 마침내 봉기한the weak finally rising up to assert vengeance against the cruel"(40) 것이다. 그 광경을 멀리서 바라보던 그의 눈에 벌판을 휘몰아쳐 가는 회오리바람이 보인다.

폭력은 더 큰 폭력을 부른다는 생각으로 덴마크에서나 아프리카에서 보복적인 행동을 자제해 왔던 안톤을 폭발시킨 것은 바로 인간성의 존엄이 위협받고 훼손되는 상황이다. 엘리아스가 소푸스에게 폭행을 당하거나, 자신이 랄스에게 폭행을 당했을 때에는 보복하지 않는 것이 이기는 것이고 오히려 폭행한 사람이 진 것이라는 논리를 폈던 그는, 빅맨에게도 처음에는 의사로서의 도리를 다하려고 노력했다. 그러나 빅맨이 사망한 어린 여자에 대해서까지 성적인 모욕을 가하자, 안톤은 빅맨을 더 이상 환자로 인정하지 않게 된다. 엄밀하게 말하면, 안톤이 직접 빅맨에게 보복한 것은 아니다. 빅맨이 자신에게 해를 끼치지는 않았기 때문에 자신의 손을 통해 그에게 보복할 이유는 없는 것이다. 그러나 마을 사람들이 그에게 보복하도록 허용한 것은 소푸스에게 보복한 크리스티앙을 용인하지 않았던 것과는 다른 모습이다.

크로스커팅으로 진행되는 보복 장면은 덴마크에서도 점층적으로 고조되는 긴장 상황을 유발한다. 할머니 집 창고에서 다량의 폭죽을 발견한 크리스티앙은 그것으로 폭탄을 만들어 랄스의 차를 폭발시킬 계획을 세우고 실험까지 마친다. 그는 "영화의 원제에서 표현된 복수의 원칙을 대변한다"(Sklar 40). 엘리아스는 이 사건에 말려드는 것이 걱정되어 아버지에게 전화를 하지만 전화 연결이 되지 않고, 안톤은 그날 일어난 빅맨에 관한 사건 때문에 다음 날 다시 통화하자면서 전화를 끊는다. 일요일 아침이라 사람도 없을 터이고 차량만 폭파하겠다는 크리스티앙의 계획은 마침 조깅하며 지나가는 모녀로 인해 틀어지고 그들에게 경고하려고 달려갔던 엘리아스는 폭발로 인해 쓰러진다. 크리스티앙은 무릎을 꿇고 오열하고, 엘리아스는 병원에 실려간다. 경찰서에 가서 조사를 받은 후 엘리아스의 병실에 간 크리스티앙은 마리엔으로부터 아들을 죽인 놈이라고, 근처에 얼씬도 하지 말라는 모진 비난을 듣고 그 길로 뛰쳐나간다. 다행히 엘리아스의 부상은 그다지 심각하지 않은 것으로 밝혀지고 오히려 사람을 구하려 한 그의 행동이 칭찬을 받는다. 안톤이 도착하고 엘리아스는 부모를 보고 웃으면서 자신의 잘못이니 크리스티앙을 나무라지 말라고 말한다.

크리스티앙이 폭탄을 터뜨린 것은 안톤을 대신하여 랄스에게 보복하기 위한 목적도 있지만 아버지에 대한 보복도 내포되어 있다. 그러한 추론을 가능하게 하는 근거는 거사를 하기 전 크리스티앙과 클라우스가 나눈 대화의 내용이다. 크리스티앙은 자기가 죽으면 계속 이곳에서 살 것인지 런던으로 돌아갈 것인지 아버지에게 묻는다. 네가 죽는다면 세상 어디에서도 살 수 없을 것이라고 아버지가 대답하자, 크리스티앙은 어머니가 죽기를 바랐던 것이 아니냐며 아버지에 대한 원망을 토로한다. 어머니 죽음의 책임이 아버지에게 있다고 강하게 믿는 크리스티앙은 대화의 마지막에 아버지의 가슴을 강하게 때리고 나간다.

어머니의 죽음에 대한 책임을 아버지에게 추궁하던 크리스티앙은 정작 자신이 친구 엘리아스의 죽음의 원인이 될 뻔했다는 비난을 마리엔에게 받자, 견딜 수 없어 하며 곡식창고 옥상으로 올라가서 뛰어내리려고 한다. 때마침 그가 이곳에 간 것을 알고 찾아간 안톤의 노력으로 크리스티앙은 구조되고, 안톤은 엘리아스가 죽지 않았으니 안심하라고 말해 준다. 친구를 죽인 죄책감으로 자살하려고 했던 크리스티앙은 안톤과 죽음에 대한 심오한 대화를 나눈다. 엄마가 보고 싶다면서 우는 크리스티앙을 달래면서 안톤은 죽음과 삶 사이에는 장막이 있으며 친한 사람이 죽을 때 잠시 그 장막이 사라지면서 우리가 죽음을 분명하게 보게 되지만 그 장막은 다시 내려지고 우리는 계속 삶을 살아가야 한다는 말한다. 곡식창고에서 내려온 크리스티앙은 울면서 아버지에게 가서 안기면서 부자간의 화해를 이룬다.

수잔 비에르의 영화에서 죽음은 일상을 송두리째 흔들어 놓는 심각한 재앙이지만, 죽음을 계기로 등장인물들의 관계가 개선되고 인생을 다시 바라보는 기회가 제공되기도 한다. 별거 상태에 있던 안톤과 마리엔은 엘리아스가 심각한 부상을 입는 것을 계기로 가까워진다. 아프리카에서 귀국한 안톤은 마리엔을 집에 데려다 주고 별장으로 가려고 밖에 나갔다가 다시 들어와서 자고 있는 부인에게 들어온다. 부인은 손을 뻗어 얼굴을 만지고 두 사람은 키스하면서 사랑을 나눈다. 엄마의 죽음으로 인해 오해가 쌓이고 소원해졌던 클라우스와 크리스티앙 부자도 자살하려던 크리스티앙이 안톤의 구조로 죽을 위기에서 살아나면서 포옹으로 화해한다.

죽음을 주제로 한 이 모든 일련의 사건에는 안톤이 모두 개입되어 있다. 안톤이 랄스에게 폭행을 당함으로써 크리스티앙이 보복을 계획했던 것이고, 그 실행 단계에서 엘리아스가 부상을 당한다. 크리스티앙의 자살 시도를 막아서 그를 죽음에서 구하는 것 또한 안톤이다. 아프리카에서 인도적인 의술로 많은 생명을 죽음에서 구하는 그가 덴마크에서도 폭력을 중단시키고 생명을 구한 것이다. 그가 크리스티앙에게 설명하듯이 사랑하는 사람의 죽음으로 삶과 죽음을 가로막는 장막이 올라가 잠시 죽음의 얼굴을 우리가 보게 되지만, 장막은 다시 드리워지고 살아남은 사람은 다시 일상을 살아가야 하는 것이다.

스클라의 주장대로 수잔 비에르의 영화에서는 남자가 주인공이다. 스마일 또한 비에르가 멜로드라마의 전략을 사용한다면서 "비에르의 영화에서는 극한적인 도전과 정서적 변화를 겪는 것이 남자이기 때문에 이 영화들은 남자 멜로드라마의 위치를 확보한다"(13)라고 주장한다. 비에르는 자신을 종래의 페미니즘과 구별지으면서 "15년 전에 영화를 만들던 사람들은 여자가 되는 것에 관심이 있었지만 우리는 아니다"(Smaill 18 재인용)라고 말한다. 그녀는 유럽을 떠나 아시아와 아프리카 등 비서구를 여행하는 남자 여행자를 통해 그들의 결정과 고민, 그들의 결정이 가정에 미친 영향 등을 이야기한다. 그러한 점을 인정한다 하더라도 〈인 어 베러 월드〉에서 여성의 역할은 너무나 주변적이다. 서사를 이끌어 나가는 것은 안톤을 비롯해서 클라우스, 엘리아스, 크리스티앙 등 남자들이다. 아프리카에서는 사정이 더욱 심각하여 빅맨 일당이 활개 치는 오지에서 여성은 남성 폭력의 대상과 희생물일 뿐이다. 영화에서 유일하게 목소리를 내는 여성 인물은 마리엔이다. 그녀는 의사라는 직업을 가지고 있고 부당한 대우에 당당하게 맞서는 자기주장이 강한 여성이다. 그녀는 엘리아스가 학교에서 당한 따돌림이 부부의 별거 때문이 아니냐고 암시하는 교사들에게 가학적인 사이코패스 때문에 내 아들을 전학시켜야 하느냐고 따진다. 항상 가족을 따돌리고 밖으로 나도는 남편 때문에 고통스러워하면서도 그녀는 자기 부부가 자랑스럽다고 말한다. 다른 부부들처럼 그냥 포기하고 이혼하는 쉬운 길을 택하지 않고 노력하는 남편에게 고마운 마음이 들지만 과거 남편의 외도는 극복 못할 아픔이다. 그녀는 아들이 사고를 당하는 극적인 계기를 통해 결국 마음을 열고 남편을 받아들인다. 영화에서 가장 강한 인물인 마리엔조차도 가부장제 속에 편입되고 해피엔딩으로 영화는 마감된다.

초국가적 영화시장을 위한 영화 기법

메릴 슈라이버 라이스Meryl Shriver-Rice는 초국가적 영화시장이 열리면서 "1990년대에 덴마크영화 문화의 공개적인 글로벌화"[1]가 진행되었다고 지적하면서, 그 증거로 영어 대사의 사용, 국제적인 캐스팅, 할리우드 스타일의 편집, 장르 모델과 극작법을 따르는 플롯라인 등을 예로 들고 있다. 유산과 종족성보다는 영화예술 형식 자체를 우선시하는 '도그마 95'의 멤버였던 비에르는 이 영화에서 "감정적으로 진정성이 느껴지는 긴밀한 심리적 '사실주의'"[2]를 기용하고 있다. 그녀는 진실된 영화예술이 "확실한 사실성이 있는 세팅에서 윤리적인 문제를 제기하는 도전"(Shriver-Rice 2 재인용)을 제공해야 한다고 생각한다. 〈인 어 베러 월드〉에서도 폭력과 그에 대한 보복의 문제를 덴마크 가정과 학교라는 친숙한 환경과 아프리카 캠프의 진정성 있는 묘사로 제시한다.

〈인 어베러 월드〉에서는 스마일의 주장대로 핸드헬드 카메라, 로케이션 촬영, 인공조명의 약화, 배경 음악의 최소화, 그리고 클로즈업과 미디엄 숏으로 캐릭터 간의 상호작용을 강조하는 영화 기법들이 많이 사용되었다. 우선 서사 구조 상으로 아프리카와 덴마크라는 공간을 구분한 뒤 그 공간을 오가는 남자 여행자male sojourner의 궤적을 그리기 위해서 자연에 대한 묘사를 많이 포함시켰다. 안톤이 아프리카에서 덴마크로, 덴마크에서 아프리카로 이동할 때마다 그 사이에는 아프리카의 먼지가 풀풀 날리는 들판, 덴마크의 푸른 하늘과 윈드밀, 날아가는 철새의 모습 등이 삽입된다. 특히 철새들이 날아가는 배경으로 풍차가 돌아가는 푸른 하늘은 "어쩌면 인간의 열정과 싸움과는 무관한 자연환경의 순수함이나 적어도 중립성을 암시 perhaps suggesting a kind of purity or at least neutrality in the natural enviornment separate from human passions and struggles."(Sklar 39-40)한다고 볼 수 있다. 이것은 서사구조 상으로 단지 공간 구분을 위한 것만이 아닌 감독의 의도적인 설정이라고 할 수 있다. 자연환경은 인간 내면의 표출이나 반영으로 볼 수 있다. 이것을 가장 잘 보여 주는 예가 빅맨이 마을 사람들에게 폭행당하도록 내버려 두고 안톤이 먼 풍경을 바라보는 장면이다. 그의 내면에서 소용돌이치는 갈등과 복잡한 심경이 그의 시점 숏으로 그대로 반영되어 모래바람이 작은 소용돌이가 되어서 들판을 휩쓸고 가는 이미지로 재현된다.

비에르의 영화가 초국가적이기는 하지만 국가 간의 정치적인 내용보다는 덴마크의 단일 가정 문제에 집중하기 때문에 그러한 특징에서 야기되는 영화적 기법도 있다. 남편과 아내, 엄마와 아들, 아버지와 아들, 친구 사이의 갈등이 영화를 이끌어 가는 주 동력이기 때문에 그들 사이의 장면에서는 숨 막힐 듯한 긴장감을 연출하는 클로즈업과 편집이 사용된다. 특히 안톤과 마리엔의 대화에서는 할리우드 영화 기법으로 흔히 쓰이는 숏-역숏shot-reverse shot 편집 방식보다 한 사람이 내뱉는 대화가 상대방에게 어떻게 받아들여지는지를 더욱 강조해서 보여 주는 숏이 사용된다. 한 캐릭터의 발언 내용에 대해 상대방이 보이는 반응을 캡처하기 위해 카메라는 좀 더 클로즈업으로 다가가서 눈빛, 표정, 근육의 움직임, 눈가에 맺힌 눈물 등을 보여 준다. 슈라이버 라이스의 표현대로 "피상적인 서사적 행동보다는 캐릭터 간의 상호 관계가 강조된다interpersonal relationships between characters are emphasized over superficial narrative action"(4). 자신의 영화가 지닌 이러한 특징에 대해 수잔 비에르는 인터뷰에서 다음과 같이 말한 적이 있다.

> 광범위한 도덕적 딜레마가 있고 그것들은 모두 흥미롭다. 결코 흑백 논리로 이야기할 수 있는 것이 아니다. 나는 정치보다는 도덕에 더 관심이 있다. 대부분의 소위 정치적인 영화에서도 당신을 감동시키는 것은 휴먼 스토리이다. (Shriver-Rice 4 재인용)

서사적으로 이 영화는 균형 잡히고 대칭적인 인물 설정과 그들이 빚어내는 갈등을 통해 해결을 향해 달려가는 할리우드식 서사 구조를 취하고 있다. 안톤의 가정과 클라우스의 가정, 덴마크와 아프리카에서 공통적으로 벌어지는 폭력과 복수의 문제, 영화 초반부터 이런 콘텍스트를 설정한 후 크로스커팅을 통해 상호 대조, 발전적으로 서사를 전개시키고 있다. 엘리아스의 부상을 통한 안톤과 마리엔의 화해, 크리스티앙의 자살 미수를 통한 클라우스와 크리스티앙의 화해, 엘리아스와 크리스티앙의 화해 등 초기에 설정되었던 갈등들은 영화의 결말에서 모두 해소된다. 아프리카에서 빅맨의 폭력이 제기하는 위협과 두려움도 빅맨 스스로 자초한 상황으로 인해 마을 사람들이 보복함으로써 해결된다. 영화의 마지막 장면에 어린아이들이 나무로 만든 칼을 가지고 전쟁놀이를 하는 모습을 잠깐 비추어 주는 것은 어른들의 싸움에 물든 아이들의 영혼과 악화될 수 있는 아프리카 상황에 대한 미련을 남긴다.

비에르의 영화는 냉전 종식 후 국가 간의 경계가 느슨해지고 영화 배급 시장 또한 초국가적이 되어 가는 상황에서 유럽과 비유럽 국가를 왕래하는 체류자가 겪는 경험을 다루고 있다. 그러나 그것을 정치적인 차원에서가 아니라 개인적이고 가족적인 콘텍스트에서 다룰 뿐 아니라 영화 기법 또한 관객이 몰입할 수 있는 카메라워크와 편집, 할리우드식 장르영화와 종결감 있는 서사적 결말 등을 통해 일반 관객들이 더 쉽게 공감하고 다가갈 수 있는 영화로 만들었다. 아카데미상 수상은 바로 이러한 그녀의 영화의 특징을 반증한다.

IV. 한국의 다문화 영화

1장 결혼이주민 여성

    우리나라가 다문화 사회가 되는 데 결정적인 요인을 제공한 집단은 결혼이주민 여성들이다. 젊은 층의 농촌기피 현상과 농촌의 고령화로 인해 농촌 총각들이 신부감을 구하기 어렵게 되자 그 해결책으로 중국, 베트남, 필리핀 등지에서 결혼중매업체를 통해 농촌에 시집온 외국 여성들이 늘어나게 되었고, 그러한 결혼을 통해 다문화 가정의 자녀들이 태어나면서 우리나라는 더 이상 단일 민족이 아니라는 말이 나오게 되었다.

    30세가 훨씬 넘어 40세, 혹은 그 이상이 되도록 결혼을 하지 못하고 있는 농촌 총각들이 짝을 찾아서 가정을 이루게 된 것은 다행한 일이라고 할 수 있지만, 그 과정에서 많은 부작용이 일어나고 사회적인 문제가 초래된 것은 우려를 자아낼 만한 일이다. 결혼이란 사랑하는 사람끼리 일생을 보내기로 결정하는 중대한 사건이기 때문에 교제를 통해 상대방의 성격이나 집안 등을 겪어 본 후 결혼하는 것이 정상이지만, 중국이나 동남아 등지에서 결혼중개업체를 통해 이루어지는 결혼은 그렇지 못한 경우가 많았다. 한국 남자 쪽에서는 나이 어린 신부를 아내로 맞으려는 욕심이 결혼 동기가 되었고, 외국인 신부들은 자기 나라의 경제적으로 빈한한 처지를 벗어나 더 잘사하는 나라에 가서 편안한 삶과 물질적 풍요를 누려 보고자 한국으로 시집왔다. 행복하게 결혼하여 성공적으로 가정을 이룬 경우도 있지만, 낯설고 문화가 다른 나라에 시집온 신부가 적응에 어려움을 겪는 경우도 많았다. 불행한 경우, 중개업소가 무조건 결혼을 성사시키려는 욕심에 신랑이나 신랑 집안의 실상을 숨기거나 과장하여 신부 쪽에서는 속았다는 느끼는 일도 빈번했다. 갈등은 폭력으로 이어져 결국 신랑의 폭행으로 외국 신부가 목숨을 잃는 사건들이 언론에 보도되고, 개중에는 일단 결혼을 통해 한국에 온 후 도망을 쳐서 다른 일을 도모하려는 속셈을 가지고 위장결혼을 하는 신부들도 있었다.

정상적으로 결혼 생활을 영위하는 부부들 중에도 언어 장벽이나 경제적 위기, 혹은 나이 차이로 갈등을 겪는 부부들이 많이 있다. 그들의 이야기는 〈러브 인 아시아〉 등 텔레비전 프로그램을 통해 대중들에게 알려졌다. 〈다문화 고부열전〉과 같은 프로그램은 고부 간의 갈등을 겪는 시어머니가 며느리의 나라에 함께 동행하여 그곳에서 잠시 생활해 봄으로써 며느리의 배경과 가정환경, 문화 등에 눈뜨게 되는 것을 보여 주는 프로그램이다. 또 자녀가 취학 연령이 되었을 때 그 아이들이 외국 출신 어머니 밑에서 자라면서 갖게 되는 언어 습득 능력 문제 등도 부각되었다. 정부에서는 각 지자체마다 다문화 센터 등을 운영하여 한글교실 등을 제공하고 이들이 한국 생활에 잘 정착하도록 애쓰고 있다.

다문화 가정이 늘어나면서 이들의 문제는 시사 프로그램이나, 예능, 다큐멘터리뿐만 아니라 TV 드라마와 영화 등의 매체에도 반영되었다. 조진희는 "재현을 기반으로 하는 영화나 드라마들이 이주 여성에 대해서 상당히 제한적인 인식만을 가질 수 있도록 그려내고 있다"(382)는 문제점을 지적하면서, 이주 여성들이 "착한 며느리" 또는 "팔려온 신부"라는 식으로 정형화stereotype되어 왔다는 다른 연구자들의 연구도 인용한다. 주류권 문화나 사람들이 주변부의 소수자들을 스테레오타입화한다는 사실을 우리는 아프리카계, 아시아계, 히스패닉계 미국인, 북미 원주민 등을 다룬 영화에서 살펴본 바 있다. 배상준 또한 장르영화로서 다문화 관련 영화들을 분석하면서 다문화 영화에서 관습적으로 볼 수 있는 내러티브 공식, 관습, 스테레오타입 등을 분석하고 있다. 황영미와 정민아를 비롯한 연구자들은 가야트리 스피박Gayatri Spivak이 말하는 "하위주체subaltern" 개념을 끌어오면서 "'스피박이 제3세계 여성은 제국주의 담론이나 피식민지 원주민 사회를 지배하는 가부장제 담론을 통해서는 스스로 목소리를 낼 수 없다'고 말하듯이, 영화 속의 이주민들은 한국 사회에서 하위주체로 구성되고 주류의 언어, 즉 지배자의 언어로 말할 수 없다"(정민아 64)면서 이주 여성들이 한국에서 겪는 어려움의 근원을 추적하고 있다.

착취의 대상

결혼이주 여성들은 한국에 온 목적 자체가 사랑을 성취하기 위해서라기보다는 경제적 어려움에서 벗어나는 데 있기 때문에 "팔려온 여자"라는 시각에서 자유롭지 못하다. 그들은 자신들의 몸과 처지에 대해 자주적인 결정을 내릴 위치에 있지 않고, 경제적 예속 상태에서 착취당할 위험에 노출되어 있다. 조진희는 "유은주와 같은 학자는 결혼이주와 노동이주를 구별하는 것 자체가 사적 영역과 공적 영역을 구분하는 젠더 체제에 대한 단순한 동조에 불과했음을 지적하며, 이주 여성의 삶에서 이주와 결혼, 노동, 즉 사적 영역과 공적 영역이 상호 연관되어 있음을 직시해야 한다고 주장한다"(389)고 말한다. 그리고 결혼을 위해 한국에 왔지만 결국 노동력을 착취당하는 이주 여성에 관심을 기울여야 함을 지적한다.

결혼이주 여성을 다룬 영화 중 비교적 초창기 영화에 속하는 〈파이란〉(2001)의 주인공이 바로 대표적인 사례라고 할 수 있다. 친척의 주소를 적은 쪽지 하나만 들고 인천의 중국인 거리를 찾은 파이란은 친척이 캐나다로 이민 갔다는 소식을 듣자 오갈 데 없는 처지에 빠진다. 중국에 돌아갈 수도 없는 그녀는 소개소에서 주선해 준 강재(최민식)와의 위장결혼을 통해 합법적으로 한국에서 일할 수 있는 기회를 얻는다. 과거와 현재를 오가면서 진행되는 영화의 내러티브에서 외국인이자 여자인 그녀의 처지는 주도권을 쥔 한국 남성과 한국 사회에 휘둘리는 수동적인 존재로 설정된다.

페미니즘 영화비평의 고전인 로라 멀비의 〈시각적 쾌락과 내러티브 시네마〉에서는 내러티브 상 남성을 주도적으로, 여성을 수동적으로 구축하는 기제를 '시선'의 문제로 접근한다. 멀비는 라캉의 정신분석학을 이용하여 관객이 영화에서 얻는 기쁨을 "스코포필리아scopophilia"와 "나르시시즘narcissism"이라고 본다. 그리고 남성 관객이 여성을 시각적 대상으로 보면서 쾌락을 얻지만 동시에 "거세 위협" 또한 느끼기 때문에 이를 상쇄하기 위해 관음증과 페티시즘이라는 기제를 사용한다고 주장한다. 이때 시선의 담지자는 권력을 가진 남성이며 여성은 이러한 남성의 시선 아래에서 대상화objectify된다. 어쩌면 할리우드 영화 전체와 할리우드의 영화 제작 방식에 영향을 받은 거의 모든 영화에 적용될 수 있는 멀비의 이론은 영화에서 수동적인 역할로 설정되는 여성 캐릭터 분석에 유용하다.

흑백으로 시작되는 〈파이란〉의 첫 장면은 인천항을 통해 입국하는 사람들을 보여 주며 파이란이 입국심사관의 날카로운 시선의 대상이 되는 장면을 보여 준다. 입국심사관이 그녀를 뚫어지게 쳐다보자, 파이란은 아무 잘못이 없음에도 위축되어 겁에 질린다. 그녀를 도와주기로 한 친척이 이민을 가고 오갈 데 없어진 그녀가 소개소를 갔을 때, 일을 하고 싶다는 말에 소개소 사람은 그녀에게 묶은 머리를 풀어 보라고 한다. 위장결혼 상품으로 그녀를 포장할 수 있을지 평가하는 것이다. 소개소를 통해 파이란이 강재와 위장결혼을 한 후 고성의 한 술집에 취직을 하게 되었을 때 술집 주인 또한 성적 유희의 대상으로서 그녀를 평가하기 위해 자세히 뜯어본 후 "와, 괜찮다"라는 평가를 내린다. 밖에서 여성 종업원을 폭행하는 손님이 벌이는 소동에 자신이 앞으로 하게 될 일의 성격을 파악한 파이란은 공포와 서러움에 화장실에 가서 펑펑 운다. 다시 돌아와 사장에게 인사를 하려고 할 때 기침으로 각혈을 하면서 술집 취직이 좌절된 그녀는 결국 세탁소에 취직한다. 한국말을 배우며 세탁소 일에 적응해 가던 평온한 그녀의 일상은 이민국 직원의 검열에 다시 한 번 응시의 대상이 된다. 남편의 이름과 직업을 물으면서 직원은 그녀의 얼굴을 뚫어져라 쳐다본다. 이들 장면에서 파이란을 응시하는 남성들의 시선은 의심과 욕망과 처벌의 의도가 깔려 있다.

이처럼 외국인 여성으로서 한국의 경제 착취 시스템에 이용당하다가 결국 쓸쓸한 죽음을 맞이한 그녀는 정작 자신의 법적 남편과는 한 번도 대면하지 못한다. 경수의 부탁으로 위장결혼을 하고 돈을 받으러 온 강재는 자신의 신부감을 한번 보라는 경수의 부탁도 거절하며 오직 돈에만 정신이 팔려 있다. 그녀가 강재의 시선이 대상이 되는 것은 죽고 나서이다. 강재는 경찰로부터 아내가 죽었다는 소식을 듣고 경수와 함께 고성으로 내려가는 기차 안에서 처음으로 아내의 사진을 본다. 사진을 보라는 경수의 성화에 재수 없다고 하던 그는 시체 확인할 때 필요하다는 말에 사진을 본 후 계속 사진을 보며 예쁘다고 말한다. 파이란은 사진 속의 이미지로 상품이 되어 소개소 유통망을 통해 유통된 것이다. 죽은 그녀의 사진은 강재의 심경에 변화를 일으키고, 그는 차창 밖으로 펼쳐지는 바닷가 마을 풍경을 보며 마음이 짠해진다. 그는 아내의 장례를 치르러 온 사람답게 양복도 갑자기 사 입고 그녀가 보냈다는 편지도 거듭해서 읽는다. 시체실에서 파이란은 생명이 없는 대상object의 모습으로 강재의 응시의 대상이 된다. 강재는 생전에 자신이 한 번도 관심을 보이지 않았던 법적 아내의 죽음을 슬퍼하고 벽에 머리를 찧는다. 경수는 너무 오버하면서 연기하지 말라고 하고 강재는 그에게 화를 낸다. 화장이 끝나 강재가 유골함을 들고 나오자, 소개소 소장도 그에게 슬퍼하는 연기를 정말 잘한다고 칭찬한다. 이번에는 강재가 그에게 분노를 폭발하며 그를 폭행한다. 그에게 슬픔은 연기가 아닌 것이다.

파이란이 세 번째로 강재의 시선의 대상이 되는 것은 경수가 찍은 비디오 속의 모습이다. 용식의 죄를 대신 뒤집어쓰고 형을 살기로 한 결정을 번복한 강재는 경수의 집에서 짐을 챙기다가 그의 비디오 박스에서 '파이란 봄바다'라는 비디오를 발견한다. 그것은 포르노 비디오를 제작하여 판매하는 경수가 어느 날 고성에서 자전거를 타고 가던 파이란을 만나 바닷가로 나가 "예술 한 편" 찍자고 했던 날 찍은 비디오이다. 유골과 짐을 들고 고향으로 가려던 강재는 주저앉아 파이란의 모습이 나오는 비디오를 넋놓고 쳐다본다. 경수는 다른 비디오 속 대상에게 성행위 자세를 주문했던 것과는 달리, 이 비디오에서는 파이란에게 경수를 사랑한다는 고백을 하라고 강요한다. 수줍어하던 그녀는 경수가 노래를 하라고 하자 노래를 부르며 카메라를 보며 환하게 웃고, 그 순간 강재는 뒤에서 목을 조르는 용식의 공격에 차츰 의식을 잃어 간다. 용식의 공격에 유골분을 뒤집어쓰고 파이란과 한 몸이 된 강재는 시선의 소지자 위치에서 시체의 처지로 전락한다. 화면은 영화의 첫 화면처럼 흑백으로 바뀌고 수미상관식의 결말로 끝난다.

〈완득이〉(2011)에서 완득이 엄마 또한 착취와 부정적 시선의 대상이 된다. 완득이의 성장 스토리가 주된 플롯인 이 영화에서 결혼이주민 여성인 완득이 어머니의 이야기는 어쩌면 부수적인 내용일지 모른다. 그러나 장애인 아버지, 외국인 어머니, 정신지체 삼촌을 가진 저소득층 청소년으로서 완득이가 이러한 환경을 딛고 건강한 어른으로 성장하기 위해서는 특히 어머니가 외국인이라는 사실을 직면하고 혼란에 빠진 정체성을 정리하는 것이 반드시 필요하다. 그렇지 않아도 지지리 가난한 삶에다 혼자서 햇반과 라면으로 연명하는 삶을 살던 그에게, 담임 선생인 동주는 외국인 어머니가 있다는 충격적인 사실을 알려 준다. 완득이가 모유를 뗄 때까지 기다렸다가 집을 나간 어머니가 지금은 성남에 있는 식당에서 일하고 있다는 사실을 듣고 완득이는 "저 어머니 없는데요" "난 알지도 못하는데 저한테 왜 이러세요?"라고 반발한다. 그렇게 이제 다 커 버린 아들을 만나러 어머니가 등장하고 "잘 커 줘서 고마워요" "한 번만 보고 싶었어요"라고 하자, 완득이는 그제야 필리핀 출신 어머니의 역사를 알고 싶어 한다.

아버지의 설명을 통해 완득이는 필리핀에서 "배울 만큼 배운" 어머니가 아버지에 대한 사전 정보 없이 한국에 시집온 것을 알게 된다. 그는 "한국에 시집올 때 아버지 몸 불편한 거 아셨어요?"라고 묻고, 엄마는 "그런 건 중요하지 않아요. 마음이 중요해요"라고 대답한다. 어머니가 떠난 이유에 대해 완득이 아버지는 "내가 카바레에서 춤추는 걸 이해 못 했다"고 설명하고, 또 "업소 사람들이 하녀 취급하는 게 싫었다"라는 말로 엄마가 카바레에서 어떠한 취급을 당했는지 말한다. 정리하자면, 완득이의 어머니는 필리핀에서 고학력의 여성이었으나 나라의 경제 사정이 어려워 한국인과 결혼해서 한국으로 오려고 계획했고, 어쩌면 중개업소에서 완득이 아버지의 장애 사실까지 숨기고 결혼을 성사시키려 했는지 모른다. 그녀의 기대와 달리 남편은 카바레에서 춤을 추며 살아가는 하류층 남성이었고, 그녀 또한 남편을 도와 허드렛일을 하며 착취당하는 처지에 놓이게 된 것이다. 법적으로 이혼한 상태는 아니었지만 별거를 결심한 그녀는 이전의 처지와 별로 다를 게 없는 식당 종업원 신세로 한국 생활을 이어 나간다. 동주 선생의 중재로 다시 장성한 아들 앞에 나타난 완득이 엄마는 아들에게 존댓말을 하며 그가 혼자서 매 끼니를 김치 없이 라면으로 때우는 것을 안쓰럽게 여긴다. 십여 년 동안 아들과 떨어져 살면서 아들을 그리워한 그녀는 반찬을 만들어서 갖다 주고, 다시 아버지를 찾아가 아들을 혼자 방치하는 것에 대한 불편한 마음을 토로함으로써 뒤늦게나마 엄마의 도리를 하려고 한다.

세 작품 중에서 가장 낙관적인 결말로 끝나는 〈완득이〉에서 가족의 화해와 새 출발의 단초는 완득이가 외국인 어머니를 강하게 긍정하며 포용함으로써 가능해진다. 낡은 어머니의 신발을 사러 갔을 때 신발 가게 상인은 완득이 엄마에게는 "신어 봐"라고 하면서 반말을 한다. 그리고 두 사람을 번갈아 뚫어지게 바라보면서 "저짝 사람 같은데 둘이 무슨 사이래요?"라고 묻는다. 상인이 보기에 외모 상으로 외국인임이 분명한 완득이 어머니는 "저쪽" 사람이기 때문에 두 사람 사이의 관계가 궁금한 것이다. 신발을 사고 난 후에도 상인이 다시 한 번 완득이 어머니에게 "둘이 무슨 사이야?"라고 묻자, 완득이는 "어머니에요"라면서 자신들의 사이를 확증한다. 완득이 엄마 또한 완득이와 자신의 유대감을 강조하고 싶어 한다. 킥복싱 하는 것을 아버지가 허락할 줄 몰랐다는 말에 완득이가 "제가 고집이 세요"라고 하자, "나도 고집 좀 센데. 아무도 못 말려요"라면서 모자가 닮았음을 강조한다. 그녀는 장애인 남편도 남들 앞에서 당당하게 인정한다. 남편이 자신을 만나러 왔을 때 식당 주인이 "요즘에도 꼽추가 있네"라며 "아는 사람이야?"라고 묻자, "내 남편이에요"라고 대답한다. 한국은 동남아 출신 외국인에게는 반말을 하고 "저쪽 사람"이라는 경계를 세우며, 장애인을 호기심과 편견의 눈길로 바라보는 사회이다. 결혼이주민 여성과 장애인을 보는 사회의 눈은 여전히 변하지 않았지만 완득이의 가족은 서로를 인정하고 포용함으로써 차별과 착취의 고리를 끊으며 다문화교실이라는 커뮤니티에 기여하는 가족이 된다.

비교적 최근에 개봉된 〈미씽: 사라진 여인〉(2016)에서도 성적 · 경제적 착취를 당하는 김연이라는 중국인 여성이 등장한다. 이 영화는 먼저 여주인공인 이지선이 한국에서 직장 생활을 하는 싱글맘으로서의 삶이 얼마나 고단한지를 강조하는 장면으로 시작한다. 남편과 이혼 후 딸을 양육하고 있는 이지선은 방송국 작가로서 일에 쫓기는 삶을 살면서 육아는 전적으로 중국인 보모에게 의존하고 있다. 남편과의 양육권 법정 싸움에서 패배한 그녀는 아이 감치 명령을 받고도 아기를 돌려주지 않으려고 발버둥치지만 정작 아기를 안아 주지도 아기의 얼굴을 볼 시간조차 없다. 이처럼 폭풍 같은 삶을 사는 그녀에게 어느 날 아기와 보모가 함께 실종되면서 위기가 닥친다.

이 영화는 결혼이주민인 김연과 이혼녀이자 싱글맘인 이지선을 연결하면서 두 사람의 공통점을 부각시키는 방식으로 한국 사회에서 여성으로서 살아가는 것의 지난함을 강조한다. 싱글맘은 경제적·계층적 장벽에 막혀 숨막힐 듯한 상황을 하루에도 몇 번씩 직면한다. 직장에서 남자 상사의 폭언은 다반사로 퍼부어지고 시간에 쫓겨 일을 마감해야 하는 일상은 조금의 여유도 허락하지 않는다. 업체의 대표는 "이래서 내가 애 엄마하고 일하기 싫어. 돈 주면서 지 새끼 사정까지 봐달래"라고 폭언을 하고 단체 회식은 개인 사정을 용납하지 않는다. 가사 노동을 남에게 맡긴 대가로 버는 수입의 절반은 보모 비용으로 나가며, 융자로 산 아파트의 대금 납기일은 그녀의 목을 조른다. 많은 장면에서 이지선은 목이 말라서 물을 벌컥벌컥 마신다. 그녀가 의사인 남편과 이혼하게 된 계기는 아마도 남편의 외도 때문인 것으로 짐작되며, 시어머니는 아기의 양육권을 둘러싸고 폭언과 횡포를 그녀에게 퍼붓는다. 아기가 실종되는 사건이 일어났을 때에도 시어머니는 아기를 빼돌려 놓고 위자료를 더 많이 받으려는 며느리의 계략이라고 생각한다.

김연이 이지선과 만나게 되는 연결 고리도 바로 아기이다. 두 여성은 모두 아기를 잃는 경험을 한다는 점에서 공통분모를 가지고 있다. 시어머니가 "한국 핏줄이라길래 비싸게 사 왔더니 말도 못하고. 우리 집에서 살려면 애를 낳아야 할 거 아냐"라고 말하는 것으로 보아, 김연은 한국계 중국인이며 돈을 받고 중개업소를 통해 결혼을 한 것으로 보인다. 중국에서 팔려 온 여자 김연은 한석호라는 남자와 결혼하지만, 남편은 그녀에게 폭행을 일삼을 뿐 아니라 그녀를 성욕을 채우기 위한 도구로만 생각한다. 이지선의 시어머니처럼 김연의 시어머니 또한 처음에는 아기를 못 낳는다고 구박을 하다가 나중에는 "딸 낳은 게 뭐가 잘났다고"라면서 그녀를 학대한다. 아기가 중한 병에 걸려 시골의 작은 병원에서는 치료가 불가능하다고 하자, 시어머니는 "됐어. 애는 또 낳으면 되잖아"라면서 아기를 강제로 병원에서 퇴원시킨다. 우여곡절 끝에 서울의 큰 병원에 입원시키지만 병원비가 없어서 쫓겨날 처지가 되자 그녀는 아기를 구하기 위해 장기까지 파는데, 중간에서 장기 매매값을 가지고 오기로 한 브로커 현익이 시간에 맞춰 오지 못하면서 병원에서 쫓겨나게 된다. 그녀는 쫓겨나는 과정에서 넘어지면서 지선의 남편인 의사를 붙잡고 하소연하다가 몸싸움 끝에 떨어진 의사 신분증을 손에 넣게 된다. 그녀는 자신의 아기가 누웠던 침대에 행복한 모습으로 자기들의 아기를 누이는 지선 부부를 보고 그들에게 접근할 결심을 한다. 경제적인 어려움에 고통 받고, 시어머니에게 학대 받고, 남편에게 버림받고, 아기를 잃는다는 점에서 두 여성은 공통적인 경험을 공유한다. 극도의 불안과 스트레스에 시달리는 상황에서 그녀들은 소파를 손으로

뜯는 동작을 무의식적으로 한다. 지선은 김연을 찾으러간 성매매 업소에서 여주인으로부터 하는 행동이 똑같다는 지적을 받는다.

한국어가 서툰 상태에서 낯선 곳에 "팔려 와" 경제적 · 사회적 약자로 착취를 당한다는 점에서 김연은 파이란과 많은 점에서 닮았다. 그렇지만 파이란이 얼굴도 보지 못한 남편에 대한 환상을 가지고 그에 대한 애틋함과 간절함으로 삶의 순간순간 그를 그리는 즐거움을 누리는 반면, 김연은 남편의 폭행과 경제적 착취와 냉대에 인간적인 삶을 살 수도 없다. 한국말을 같이 배우자고 권하러 온 이웃집 외국인 주부의 눈에 들어온 김연은 얼굴에 온통 멍이 든 채로 시어머니에게 머리칼이 잘리고 있다. 한석호는 "한국말 배우면 뭐해. 한국말 배워서 도망가면 어쩌나"라면서 이웃집 부인에게까지 음탕한 눈길을 보낸다. 그는 아기가 죽어도 좋으니 병원에서 퇴원시켜도 좋다고 사인을 하고, 김연이 장기를 팔아서 번 돈을 갈취한 후 차 속으로 그녀를 끌고 가 성욕을 채운다.

한국에서의 그녀 삶의 궤적은 이름의 변화를 통해 알 수 있다. 본명이 김연인 그녀는 성매매 업소에 취직할 때 주인으로부터 목련이라는 이름을 부여받으며, 이지선의 집에 보모로 취직할 때는 한매라는 이름으로 자신을 소개한다. 아기를 향한 집착적 사랑이 그녀를 범죄로 내몬 결과이다. 그녀는 아기의 병원비를 마련하기 위해 성매매 업소에 가서 몸을 팔게 되면서 목련이 된다. 그 일을 통해 브로커 조현익을 만나게 되고, 아기가 병원비가 밀려 쫓겨날 상황에서 그를 통해 장기 밀매를 한다. 결국 아기가 죽게 되자 그녀는 현익에게 아기를 죽음에 빠뜨린 남편 한석호를 죽여 달라고 살인 청부를 한다. 현익이 받게 될 대가는 이지선의 아기였다. 아기를 유괴하여 의사인 아버지에게 돈을 많이 뜯어내려는 생각을 현익이 가지고 있었기 때문이다. 이지선의 집에 보모로 들어가게 된 것도 치밀한 계획된 노림수였다. 김연은 이지선의 아기가 탄 유모차를 끌고 가던 할머니가 과일을 떨어뜨리게 한 후 할머니가 과일을 집으러 간 사이 유모차의 벨트를 풀고 내리막으로 밀어 아이를 다치게 한다. 할머니가 해고된 자리에 자신이 한매라는 이름으로 들어간 것이다. 아기를 현익에게 넘겨주기로 한 날, 그녀는 아기와 함께 도망쳐서 중국으로 가는 배에 오른다.

결혼이주민 여성들의 욕망

결혼이주민 여성들이 한국에 온 것은 국민소득이 더 높은 나라에 와서 결혼을 통해 경제적으로 안정되고 행복한 삶을 꾸리기 위해서이다. 남편에게 사랑 받고 자녀를 낳아서 기르는 기쁨도 맛보고 행복한 가정을 이루며 사는 것이 궁극적인 목적인 것이다. 그러나 많은 경우 결혼중개소를 통해 이루어지는 결혼은 계약 성사를 통해 이익을 취하려는 업자들의 농간이나 사기로 인해 시작부터 순탄치 않다. 2011년 5월 24일 일어난 베트남 출신 부인 살인사건은 아주 극단적인 경우이지만, 구타와 폭행을 견디다 못해 이혼을 요구한 부인이 남편에게 살해되는 전형적인 예라고 할 수 있다.

영화 속 결혼이주민 여성 주인공들 또한 소박한 소망을 가지고 결혼을 통해 한국으로 이주한다. 〈완득이〉에서 완득이 어머니의 경우 소개소를 통해 남편이 장애인인 줄도 모르고 결혼한 것으로 짐작된다. 필리핀에서 고학력 여성이었지만 한국에서 남편의 계층에 따라 부인의 계층이 정해지면서 그녀는 카바레에서 외국 여자라는 눈총과 허드렛일을 하며 천대를 받게 된다. 그녀는 남편이 카바레에서 춤을 추는 것을 이해하지 못했고, 남편 또한 업소 사람들이 자기 부인을 함부로 대하는 것을 견딜 수 없었다. 그녀는 완득이가 태어나고 젖을 떼기를 기다린 후 남편과 별거에 들어갔지만 아들에 대한 생각은 떨치지 못한다. 동주 선생을 통해 자신의 존재를 알린 그녀는 용기를 내어 처음으로 다 자란 아들을 만나고 싶은 마음을 표현한다. 그녀는 아버지가 매일 지방 장터를 떠도는 바람에 아들이 라면만 먹는 것이 너무나 안쓰럽다. 그녀가 바라는 것은 온 가족이 단란하게 경제적 예속에서 벗어나 살아가는 것이다. 완득이가 킥복싱을 통해 사회에 대한 울분을 합법적인 스포츠로 승화시키고, 다문화센터를 통해 다른 외국인 이주자들과 교류할 수 있는 기회가 생기면서 그녀도 요리를 강의하겠다고 자청하여 영화는 해피엔딩으로 끝난다. 그러나 조진희가 지적하듯이 "배울 만큼 배운" 그녀가 지적인 서비스 노동에 종사하기보다는 요리를 가르치는 기술 전수에 자신을 한정하는 것(398)은 우리나라 영화의 결혼이주민 여성 재현의 한계라고 할 수 있다.

파이란의 경우, 그녀는 애초에 결혼을 하기 위해서 한국에 온 것이 아니다. 그녀는 친척을 찾으러 왔다가 친척이 캐나다로 이민 가는 바람에 오갈 데 없는 신세가 되자 직업소개소의 주선으로 남편과 얼굴도 보지 않은 상태에서 위장결혼을 한 것이다. 그녀는 남편을 본 적도 없지만 자신과 결혼해 줌으로써 한국에서의 합법적인 거주를 가능케 한 그가 너무나 감사하다. 강재가 조폭의 똘마니로 어린 후배들에게까지 무시를 당하고 두목의 죄를 뒤집어쓰고 감옥에 갈 처지가 되는 존재라는 사실을 모르는 그녀는 서툰 한국말로 쓴 편지에서 "강재 씨가 제일 친절합니다"라고 쓴다. 한겨울에 맨발로 이불 빨래를 하고 자전거를 타고 세탁물을 걷으러 다니며 하루 종일 육체노동을 해야 하는 힘든 일상 가운데서도 강재의 사진은 그녀에게 큰 위안을 준다. 명시적으로 드러나지는 않았지만 그녀에게는 남편과 단둘이서 단란한 삶을 살고 싶다는 소박한 소망이 있다. 그녀는 칫솔을 사러 가서 남편 몫으로 한 개를 더 사서 칫솔꽂이에 걸어 놓고 상상만으로도 너무나 행복하여 수줍은 미소를 짓는다. 여자라면 누구나 가질 수 있는 이러한 소망은 결국 이루어지지 못하고 파이란은 사진 속의 웃고 있는 남편에게 감사하다는 편지를 쓰고 죽는다.

〈미씽〉의 김연 또한 팔려 온 여자이다. 어떠한 경위로 한석호라는 남자에게 "비싸게" 팔려 왔는지는 모르지만, 그녀는 충청도의 시골에서 능력도 없는 남편과 아들을 못 낳는다고 구박하는 시어머니에게 착취와 학대를 당한다. 그녀가 유일하게 행복한 순간은 아기를 임신했을 때이다. 이웃에 살던 외국인 여자는 임신을 한 그녀가 행복한 꿈에 젖어 이웃에게 자신의 배를 만져 보라고 했다고 말한다. 그러나 아기가 중병에 걸리고 남편과 시어머니는 아기가 죽든 말든 개의치 않는 지경에 이르자, 그녀는 몸을 팔아서라도 아기를 살리려고 몸부림친다. 그러나 결국 아기가 죽자, 아기에 대한 집착적 사랑은 자신이 돌보던 지선의 딸 다은이에게로 향하고 중국에 돌아가 아기와 함께 행복하게 살겠다는 삐뚤어진 욕망으로 아기를 데리고 중국으로 가는 배를 탄다. 김연은 다은이를 돌려달라고 애원하는 지선에게 "다은이 아니야. 재인이야"라면서 아기를 끌어안는다. 결국 아기를 넘겨주고 바다에 뛰어든 그녀의 기억에는 아기를 임신하고 배를 만지던 과거의 회상이 떠오른다.

하위주체로서의 삶

이주민 여성들의 한국 생활 적응을 막는 가장 큰 장벽 중 하나는 언어이다. 과거 제국주의나 식민주의 지배 국민들이 하위주체로서 목소리를 빼앗겼듯, 한국에 이주해 온 결혼이주민 여성들 또한 가야트리 스피박이 말한 하위주체로서의 삶을 살아가며 "주류의 언어, 즉 지배자의 언어로 말할 수 없다"(정민아 64). 이러한 양상은 정민아뿐 아니라 배상준, 황영미 등도 지적한 바 있다.

파이란은 한국어를 하지 못하기 때문에 그녀를 이용하려는 여러 사람들에게 이용당하고 착취당한다. 돈을 받고 그녀를 위장 결혼시켜 고성으로 팔아넘기는 경수와 강재의 거래에 대해 그녀는 전혀 알지 못한다. 그녀는 하나의 물건처럼 인천에서 고성으로, 술집에서 세탁소로 거래된다. 자신을 매개로 돈이 오가지만 그 사실을 알지 못하고 오히려 자신을 이용하는 사람들에게 그녀가 아는 유일한 한국어인 "친절합니다" "고맙습니다"라는 말로 고마움을 표시한다. 그녀는 중국어로 의사소통이 가능한 유일한 대상인 소개소의 여직원, 고성의 직업소개소장에게도 이용당한다. 그녀가 자신이 중병에 걸린 것을 알고 소개소장을 찾아가 자신이 내야 하는 돈을 5개월만 연기해 달라고 부탁했을 때 소개소장은 돈을 못 받으면 자신도 무좀에 걸린 발가락이 아프다면서 쌀쌀하게 거절한다. 그녀가 한국어를 서툴게 배울 수 있게 된 것은 세탁소의 여주인을 통해서이다. "어서 오세요" "진지 잡쉈어요" "세탁" 등의 말을 배우면서 한국어를 연습하고 삐뚤삐뚤 한국어 쓰기도 연습한다. 공들여서 쓴 편지를 부치기 위해 밤에 자전거를 타고 나온 그녀는 편지를 우체통에 넣은 후에도 한참을 서성이며 편지가 잘 전달될 수 있을지 우체통을 살핀다. 비록 그녀가 죽고 난 시점이기는 하지만 그녀가 서툴게 쓴 한국어 편지가 강재의 마음을 움직여 그녀의 죽음을 진정으로 애도하게 하는 것을 보면 주류의 언어를 말하는 것이 얼마나 하위주체에게 힘을 실어 주는지 알 수 있다.

김연의 경우에도 주류의 언어를 말할 수 없는 것이 그녀를 하위주체에 속하게 한다. 시어머니는 "한국 핏줄이라고 해서 비싸게 사 왔더니 말도 못하고"라면서 그녀를 학대하고, 남편은 한국어 강좌에 가자는 외국인 이웃의 제안을 거절한다. "한국어 배워서 도망가면 어쩌나"라면서 주류 언어의 습득이 김연에게 힘을 부여하는 것 empowerment의 수단이 될 수 있음을 잘 알고 있다. 파이란의 경우에도 그랬듯이 외국인 이주 여성을 등쳐먹고 이용하는 인간들은 중국어를 할 줄 아는 인간들이다. 〈파이란〉에서 고성의 직업소개소장이 그랬고, 〈미씽〉에서는 중국어를 할 줄 아는 박현익이 그녀와 의사소통하면서 그녀를 이용하여 범죄를 저지르고 착취한다.

〈완득이〉의 완득이 엄마는 완득이의 나이로 보아 한국에 온 지 오래되었다. 완득이가 "한국말 잘하시네요"라고 하자, "한국에 온 지 오래되었으니까요"라고 그녀는 대답한다. 파이란과 김연의 경우와 달리 그녀의 이러한 언어 능력은 부부 관계에서도 당당히 자신의 존재감을 부각하고 의견 차이가 좁혀지지 않을 때 남편으로부터 독립

할 수 있는 능력을 부여한다. 비록 식당 허드렛일이지만 그것으로 생계를 유지하며 한국에서의 삶을 이어 나갈 수 있고, 마침내 꿈에 그리던 아들을 만나게 되는 것이다. 필리핀에서 학력이 높았다는 점도 그녀가 한국말을 배우는 데 기여한 것이 분명하다. 그러나 그녀가 아들에게 존댓말을 하는 것은 여전히 한국에서의 그녀의 위치가 불안정하고 어머니로서 당당하게 자신의 존재감을 주장하지 못한다는 것을 반증한다. 완득이는 어머니에게 신발을 사 드리고 아버지와 달리 음식을 짜게 먹지 않는다고 말한 후에 다음에는 존댓말을 하지 말라고 부탁한다.

이분법적인 인물 설정과 스테레오타입

최근 한국영화들이 결혼이주민 여성을 묘사하며 이들을 청순가련형이나 순종적이고 헌신적인 여성으로 묘사하거나 "멜로드라마적 상상력을 촉진시키기 위한 도구적 존재로"(조진희 392) 설정했다는 비판이 꾸준히 제기되었다. 또한 〈완득이〉를 제외하고는 결혼이주민 여성을 다룬 영화들이 불행한 결말을 맺고 있어서 이러한 의심은 더 강화된다. "연약하기 때문에 우리의 보호와 도움이 필요하다는 식"(조진희 393)의 스테레오타입 형성이 이 영화들의 단점으로 지적되어 오기도 했다. 지난 몇 십 년 동안 비약적인 경제 발전을 이룬 우리나라가 경제적으로 낙후한 나라 출신 여성들을 대하는 우월적이고 제국주의적 시선이 동양 내에서의 또 다른 오리엔탈리즘이 아닌가, 그리고 영화가 이러한 사회상을 그대로 반영하는 것이 아닌가 하는 비판도 제기되었다. 유일하게 해피엔딩인 〈완득이〉에서조차 다문화교실에서 완득이 어머니가 배운 사람답게 지적인 서비스에 종사하는 것이 아니라 요리를 가르치도록 하는 것도 그 연장선상에서 해석할 수 있다.

　이러한 이주 여성들의 대척점에는 이들을 상대하는 한국인들이 있다. 그들 중에는 〈완득이〉의 동주 선생으로 대표되는 조력자들이 있는가 하면 이들을 착취하고 학대하는 악독한 인물들이 있다. 외국인 이주자들이 주로 대하는 인물은 출입국 관리소 직원, 직업소개소장, 사업장 고용인, 그리고 이들을 편견의 눈으로 대하는 주변 사람들이 있다. 〈파이란〉에서 파이란에게 동정을 베풀며 그녀를 도와주는 한국인은 거의 없다고 볼 수 있다. 친척을 만나 정착하려는 그녀의 계획이 어긋나면서 한순간에 외톨이가 되어 버린 그녀의 외로움과 절망감은 거리를 배회하는 그녀를 잡는 하이 앵글 숏에 표현된다. 바쁘게 돌아가는 인천의 시장과 거리에서 그녀는 외로운 섬처럼 격리되어 있다. 세탁소 할머니가 한국말을 가르쳐 주며 다정하게 대하는 것처럼 보이지만, 소개소를 통해 고용한 한국말도 서툰 그녀가 과연 제대로 급료만큼의 노동을 제공할 수 있을지 의심의 눈길을 준다. 다음 날, 맨발을 차가운 물에 담그고 이불 빨래를 하고 세탁소 유리창을 닦는 파이란을 보고 흡족한 할머니는 "인간세탁기"라고 극찬을 한다. 그러나 그녀가 거주하는 황량한 방과 세수와 취사를 하는 수돗가 어느 곳에도 따뜻함과 환대의 흔적은 없다. 그녀가 거주하게 될 방은 백열등 아래 창고 같은 황량한 모습을 드러내고, 세수하려고 튼 수도에서 녹물이 나올 때 파이란은 다시 외로움과 두려움에 오열을 하고 카메라는 하이 앵글로 그녀를 잡는다. 각혈을 하고 소개소장에게 갚아야 할 돈을 연기해 달라고 부탁하러 갔다가 거절 당한 후 그녀는 세수를 하면서 비오는 창밖을 내다보다가 사다 놓은 두 개의 칫솔과 강재의 웃고 있는 사진을 보면서 "내가 얼마나 무서운지 모르시죠. 저 어쩌면 죽을지 몰라요"라고 한다.

〈미씽〉의 김연을 둘러싼 한국인들은 또한 거의 하나같이 그녀를 이용하려는 존재들이다. 그녀의 유일한 조력자는 충청도에서 살 때 이웃에 거주하던 결혼이주민 여성으로 한국어를 배우자고 권유했던 부인이다. 그녀의 권유로 김연은 한국어를 배웠고 임신을 했을 때 학교 운동장 그네에서 자신의 배를 만져 보라면서 행복한 시간을 함께 보냈다. 이지선도 그녀를 따뜻하게 대하고 급여와 함께 선물도 사 주지만 자신의 문제에 함몰되어 진정한 도움과 대화 상대가 되어 주지 못한다. 게다가 김연은 지선의 아기 다은에게 병상을 빼앗겨 자신의 아기가 죽게 되었다고 믿기 때문에 착하고 순진하게 보이는 표정 속에 앙갚음의 동기를 숨기고 있다. 그녀는 남편에게 폭행과 성적 착취를 당하고, 시어머니에게 폭언에 시달리며, 그들의 무관심과 방기로 아기를 잃게 되는 위기를 맞는다. 유일하게 그녀를 도와주는 척하는 현익조차 그녀를 이용해 금품을 착취하며 장기 매매와 살인과 같은 범죄의 늪에 빠지게 한다. 한국 사회 곳곳에는 그녀를 이용해 이득을 보려는 인간들이 곳곳에 포진해 있다. 사창가의 포주와 그녀의 신체를 절단하여 장기를 적출하는 악덕 업자에 이르기까지 연약한 이주 여성이 살기에 한국은 너무나 무서운 곳이다.

〈완득이〉는 완득이 어머니라는 결혼이주 여성보다는 완득이라는 청소년의 성장기에 더 초점이 맞춰져 있다. 그리고 그의 성장에는 교사의 전형에서 벗어나는 괴팍한 성격의 동주 선생이 있다. 솔직하고 직설적인 말투로 완득이로 하여금 자신의 가난과 환경을 직시하게 만들면서 그를 울분으로 몰아가기도 하지만, 동주 선생은 완득이가 진정으로 불우한 환경을 딛고 홀로 서도록 용기를 북돋워 준다. 완득이 부모가 별거하도록 만들고 완득이를 외롭게 자라나게 하는 학대자는 이방인과 장애자를 무시하고 냉대하는 사회 전반의 편견과 그것을 몸소 표출하는 인간들이다. 그들은 무심코 지나가는 말로 언어적 폭력을 행하거나 내면화한 편견을 표현하여 이방인과 장애인이 주류 사회에 편입할 수 없음을 강조한다. "요즘도 꼽추가 있네"라고 말하는 식당 아줌마와 "저짝 사람 같은데 무슨 사이래요?"라고 묻는 신발 가게 아줌마로부터 시작해서 "병신들이 떼거리로" 난리 친다는 이층에 사는 아저씨도 있다. 특히 김상호가 분한 미술가 아저씨는 예민한 성격에 이웃의 소동에 신경질적인 반응을 보이며, 급기야 완득이 아버지의 차에 흠집을 내는 물리적 폭력을 가하기도 한다. 그중에서도 가장 악질적인 인간은 동주 선생의 아버지와 같은 악덕 고용주이다. 그는 과거에 베트남 노동자가 부상당했을 때도 보상이나 치료도 하지 않고 쫓아낸 경력이 있다. 이런 악덕 업자들을 고발하는 바람에 동주는 유치장 신세를 지기도 한다.

이러한 선악의 스테레오타입을 강화하는 데 장르영화가 사용하는 장치는 도상이다. 배상준은 소품, 공장지대, 안산, 도시, 검은 피부색, 음악, 어눌한 현지 언어를 다문화 영화의 도상으로 파악한다. 세 편의 영화에서 이들이 거주하는 공간은 하위주체로서의 삶을 극명히 보여 주는 공간이다. 〈파이란〉에서 인천은 불법이민자들을 비롯해 많은 중국인과 조선족 교포들이 입국하는 도시이며, 중국인 거리와 그들을 상대하는 가게들과 직업소개소 숙소 등이 화면에 배경으로 제시된다. 고성은 쓸쓸하고 한적한 겨울 풍경으로 순수하고 아름답지만 외로운 파이란의 심경의 객관적 상관물 기능을 한다. 〈미씽〉에서도 김연을 찾아나선 이지선이 들어서게 된 외국인 거리는 한국 속 외국의 풍광으로 낯설기를 강조한다. 낯선 간판의 거리에 외국인 전용 술집과 가게들이 있고, 이 골목에서 카드놀이를 하는 외국인들은 그녀를 보고 "섹시"라고 한다. 중국말을 하는 여자가 그녀를 쫓아내고 천상여인이라는 술집은 김연이 한때 일했던 성매매 업소이다. 이곳에서는 이지선이 오히려 이방인이다. 영화는 김연이 장기를 팔러 올라간 장기 밀매업자의 수술대 위로, 김연이 탈출을 시도하면서 도망쳤던 인천의 부두로, 장소를 옮기면서 궁지에 몰린 한 결혼이주민 여성의 절박한 동선을 따라간다.

완득이가 거주하는 도시의 달동네는 "근대문화의 다시간적 이종성을 구현하는 공간으로서 기능한다"(정민아 79). 시간이 멈춘 듯 보이는 그 달동네에는 저소득층, 장애자, 해외 이주민들이 일반인과 같이 살고 있다. 옥탑방의 옥상에서는 이웃 간의 대화가 가능하고 동주와 완득이는 햇반과 다른 음식들을 서로 던져 줌으로써 교류한다. 성격이 예민한 이층집 대머리 아저씨는 그럴 때마다 조용히 하라고 소리치고, 그 증오는 28만킬로를 탄 티코 자동차에 그대로 새겨진다. 타이어도 펑크를 낸 이 주민은 "병신들이 떼거지로"라는 욕을 하고 결국 완득이의 응징을 받는다. 그러나 이 사건으로 대머리의 여동생인 이호정과 동주 선생 사이에 로맨스가 싹틀 계기가 마련된다. 식당과 시장은 서민들이 끼니를 해결하고 식료품을 사는 곳이지만, 피부와 외모가 다른 외국인은 편견과 차별을 경험하는 곳이다. 앞에서 보았듯이 식당에서 일하는 아줌마와 신발 가게 주인은 보통의 한국인이 외국인 이주자를 대하는 시각과 태도를 대표한다고 할 수 있다.

엄마의 귀환으로 이웃들을 초청한 파티가 열리며 반목했던 이웃들이 한자리에 모이는 계기가 마련된다. 폐닭이라는 필리핀 음식을 대접하는 자리에서 대머리가 완득이 어머니를 보고 누구냐고 물어 완득이가 어머니라고 대답하자, 그는 완득이가 엄마를 닮아서 인물이 좋다고 말한다. 동주가 운영하는 사랑방은 외국인 이주민과 동네 주민들이 서로를 인정하고 화합을 꾀할 수 있는 공간이다. 교회의 사랑방을 다문화교실로 만든 동주 선생은 이웃 주민과 외국 이주민이 공동작업을 할 수 있는 기회를 제공한다. 화가라는 직업을 가진 이층집 아저씨는 벽화를 그리고, 누이동생인 이호정은 한글 교육, 완득이의 아버지는 댄스 교습, 완득이의 엄마는 요리를 가르친다. 엄마가 이제 같이 살 것이라면서 완득이는 민구, 아버지, 자신이 같이 찍은 사진 액자에다 엄마의 사진을 꽂는다. 〈파이란〉에서와 달리 사진은 사진으로만 존재하는 것이 아니라 사랑과 기쁨을 나눌 살아 있는 식구의 등장을 의미한다.

2장 이주노동자

이주노동자는 누구인가

한국이 다문화 사회로 변모하는 데 기여한 또 다른 이주민은 이주노동자들이다. 처음에 이들은 개발도상국과 경제 협력을 도모하고 기업 연수를 통하여 선진 기술을 이전하기 위한 제도인 '산업연수생 제도'를 통해서 한국에 들어오기 시작했다. 1993년 11월에 도입되어 국내 3D산업 중소기업의 인력난을 해소하는 창구 역할을 해 왔던 이 제도는, 처음에는 2년을 기한으로 시행되었으나 2001년 12월부터는 연수를 1년 받고 취업을 2년 할 수 있는 제도로 바뀌면서 연수생 숫자도 급속도로 늘어났고 출신 국가 수도 증가하였다. 이들을 고용한 기업들이 이들의 임금을 체불하거나 여권을 압류하는 등 불법적이고 폭력적인 운영을 하면서 사업장에서 도망치는 외국인들이 생기기 시작하고, 또 이주노동자 측에서도 기한을 넘기고도 돌아가지 않고 불법체류를 하는 경우가 자주 발생하면서 이주노동자는 사회 문제로 대두되게 되었다.

강윤희는 이들이 주로 단순기능 인력이며 "법무부의 2014년 비전

문취업 업종별 현황 자료에 따르면 78퍼센트가 제조업에 종사하고 있다"[80]고 지적한다. 그리고 실제 불법체류자는 약 9퍼센트에 지나지 않지만, 미디어와 영화를 통해서 왜곡된 이미지는 외국인 근로자가 거의 모두 불법체류자인 것처럼 오인할 여지를 준다고 주장한다. 실제로 우리나라에 거주하는 외국인 중 조선족을 포함하여 중국 국적을 가진 외국인이 약 80퍼센트에 달하는데도 텔레비전 뉴스나 영화에서 불법적인 이미지로 재현되는 것은 동남아 출신의 외국인들이다. 그 이유 중 하나는 중국 교포나 중국인들은 한국인과 용모 상으로 구별이 힘들지만 동남아 출신 외국인은 피부색이 더 검고, 이목구비 또한 동북 아시아인과는 눈에 띄게 구별되는 데 있을 것이다. 안산, 남양주, 동두천, 부천 등 서울의 위성도시에는 공장을 중심으로 이들의 거주지가 형성되어 있고 이들은 한국 속의 작은 나라를 형성하고 있다. 결혼이주민 여성들에 대한 논의에서도 밝혔듯이 한국인들은 이처럼 저개발국가에서 온 노동자들을 편견과 멸시로 바라볼 뿐 아니라 이들의 검은 피부와 독특한 체취, 옷차림 등에 거부감을 느끼면서 그것을 인종차별적인 욕설이나 행동으로 표출하는 상황이 빈번하게 벌어진다. 〈세계일보〉는 2017년 3월 20일자 기사에서 "'냄새난다' '미개하다' '한국은 차별공화국'"이라는 제목으로 국내 외국인 200만 명 시대에 외국인들이 겪고 있는 차별을 부각시키고 있다. 이 기사는 "언론 등에서 이주노동자의 범죄 등 부정적인 부분만 부각하면서 커뮤니티 내 두려움을 조장하고 있다" "외국인 노동자 문제를 '우리 사회의 문제'로 인식하고 노동계 내 외국인과 자국인 노동자의 연대 등 긍정적인 모습들을 널리 알려 인식을 개선할 필요가 있다"는 노동자연대 김종환 활동가의 말을 인용하고 있다.

결혼이주 여성의 경우처럼 이주노동자를 다룬 영화에서도 정형적인 캐릭터들이 등장한다. 이주노동자들은 고향을 떠나 가족과 떨어져 오직 돈을 벌기 위해서 타국에 와서 악덕 고용주의 횡포에도 묵묵하게 일하는 착한 인물로 묘사되는 반면, 악덕 고용주는 이들에게 마땅히 주어야 할 임금을 몇 달 혹은 해가 바뀌도록 주지 않고, 이들을 언어폭력과 육체적 폭력으로 유린하는 것으로 묘사된다. 여기서 분석할 세 편의 영화 〈로니를 찾아서〉(2009), 〈반두비〉(2009), 〈방가?방가!〉(2010) 역시 이러한 패턴을 따르고 있지만, 다문화를 포용하고 이주민들을 이해하며 상대방의 입장이 되어 보는 한국인 주인공을 등장시킨다는 점에서 다문화주의 영화의 새로운 차원을 제시하고 있다.

이주노동자의 현실

이주노동자들이 겪는 가장 큰 어려움 중 하나는 임금을 제때 받지 못하는 것이다. 이들이 가족과 떨어져 타국까지 와서 온갖 어려움을 감내하는 이유는 돈을 벌어서 가족들에게 보내고 목돈을 모아서 집이라도 한 채 장만하기 위해서이다. 그러나 영화에 등장하는 악덕 사업주들은 이들의 법적인 신분을 약점 잡아서 임금을 체불하거나 아예 떼먹는다. 〈반두비〉에서 카림은 밀린 임금을 받지 못해서 아내에게 이혼당할 위기에 몰려 있다. 첫 장면에서 그는 헤어지자는 통보를 아내로부터 받고 꼭 돈을 받아내겠다고 약속한다. 침통한 표정으로 그는 복원 중인 남대문을 뒤로하고 터덜터덜 걷는다. 그는 주소를 들고 사장의 집을 찾아 고급 주택가를 헤매지만 결국 찾지 못하고 사장 집에 전화를 건다. 전화를 통해 아무런 소득이 없던 차에 그는 버스에서 우연히 만난 민서와 엮이게 되고 우여곡절 끝에 그녀의 도움으로 사장의 집을 찾는다. 벨을 누르지만 다음에 오라고 매정하게 끊는 사장의 저택 대문에는 십자가가 걸려 있다. 사장은 일부러 부도를 내고 회사를 정리하는 수법으로 외국인 노동자들의 임금을 갈취한 사람이다. 그는 나중에 몰래 다른 사장과 모종의 거래를 하는 장면을 카림에게 들키자 부도 핑계를 대다가 카림이 컵을 깨면서 화를 내자 "오갈 데 없는 것들 먹여 주고 재워 주니까. 고마운 줄 알아야지. 당장 너네 나라로 돌아가"라고 화를 낸 뒤 심장마비가 온 것처럼 쇼를 한다.

카림이 산업연수생 기간이 끝나고 돌아가려고 현재 일하고 있는 사장에게 인사를 하자, 사장은 "빌어먹을 고용허가제 때문에"라면서 "기껏 기술 가르쳐 주고 이제 써먹을 만하니까" 돌아간다고 아쉬워하는 표정을 짓는다. 그러나 카림이 나가자 "쟤 돌아올까 말까? 두고 봐"라면서 카림이 불법체류자 신분으로 계속 일하기를 택할 것이라 장담한다. 그의 예언대로 카림은 불리한 계약 조건에서 임금을 덜 받으면서도 계속 일하겠다고 다시 찾아온다. 한국 사장들은 이들의 약점을 빌미로 착취를 하고 있으며, 이주노동자들은 이를 알면서도 불법체류를 계속한다.

〈방가?방가!〉 첫 장면에서는 카메라를 정면으로 보고 말하는 이주노동자들이 등장한다. 이들은 자신들의 출신과 기술을 이야기한 후 돈을 많이 주면 일 잘한다고 홍보를 한다. 이들의 고충은 "빨리 빨리 잘린다"는 것이다. 안정적인 직장과 제대로 된 보수를 받는 것이 이들의 꿈이지만, 이내 "이미그레이션"이라는 말과 함께 단속반

이 뜨고 이들은 도망치기 바쁘다. 부탄에서 온 '방가'라는 인물로 신분을 숨기고 가구공장에 취직한 방태식은 이주노동자로 위장함으로써 이들의 고충을 직접 경험한다. 공장의 황반장은 단속반 핑계를 대면서 이들에게 줄 임금의 절반을 자기가 맡아서 적금을 넣어 두겠다고 한다. 그러나 방가가 앞장서서 그동안 적립한 돈을 내놓으라고 하자, 적금은 통장 자체도 없었음이 탄로 난다. 방가는 말할 수 없는 하위주체들의 대변자가 되어 목소리를 낸 것이며, 이들의 목소리가 방가의 목소리로 전달될 때 일은 해결될 기미를 보인다. 이때 사장이 나타나 황공장장을 질책하며 당장 돌려주라고 하고 그 덕분에 이들은 임금을 받아낸다. 영화는 이주노동자에게 동정적인 시선을 취하는 것처럼 보이지만, 강윤희의 주장대로 "사회의 구조적인 문제를 드러내지 않고 개인의 책임으로 회귀할 때 이주민의 현실적인 문제를 해결하고 사회의 구성원으로 받아들이기 위한 문제의식은 제기될 수 없다"(86).

방가가 일하는 회사에서 야근과 주말 근무는 외국인들이 독차지한다. 황공장장은 오늘 안으로 500개를 끝내야 한다면서 이들을 다그친다. 주말에도 나와서 근무를 해야 하는 것은 언제나 이주노동자들이다. 왜 자신들만 나와서 근무해야 하느냐는 항의에, 공장장은 한국인 가족들은 주말을 가족과 함께 지내야 한다고 말한다. 영화는 이주노동자들이 전화 앞에 늘어서서 가족들과 통화하고, 가족을 데려와야 하는 절박한 상황을 보여 주면서 한국인이나 이주노동자들이나 가족을 중시한다는 점에선 똑같음을 보여 준다.

이주노동자들이 겪어야 하는 또 다른 어려움은 언어적 폭력과 육체적 폭력, 그리고 성희롱이다. 기본적으로 한국인들이 이주노동자를 대하는 태도는 무시하고 업신여기는 태도이다. 그렇기 때문에 그들의 나이와 상관없이 반말을 한다. 〈반두비〉에서 민서가 밥을 사달라고 해서 식당에 갔을 때 민서가 계속 반말을 하자, 카림은 "왜 반말을 해요? 기분 나빠요. 우리말도 반말 존대말 있어요"라고 말한다. 편의점에서 술 취한 남자와 점원 사이에 싸움이 벌어졌을 때 카림은 그들을 말리려고 하다가 폭언과 폭행을 당한다. 그런데 편의점 점원은 경찰서에서 진술할 때 자신을 도와주려고 한 카림에게 불리한 진술을 한다. 카림을 환송하는 자리에서 방글라데시 노동자들은 옆 공장에는 사장이 노동자를 때린다는데 이제 한국을 떠나야 하나 하고 걱정을 늘어놓는다. 〈로니를 찾아서〉에서 거리에서 좌판을 벌여 놓고 장사를 하는 로니가 아무런 잘못을 한 적이 없는데도 방범대원들은 로니에게 폭언과 폭행을 가하고 좌판까지 둘러엎는다. 〈방가?방가!〉에서 동남아인으로 오인받는 방가는 도처에서 매를 맞거나 희롱을 당한다. 부탄 모자를 쓰고 버스를 탄 방가는 뒤에 앉은 고등학생들로부터 놀림을 당한다. 그들은 언어 폭력에 그치지 않고 방가에게 뭔가를 던지며 노골적으로 물리적 폭력을 사용한다. 방가가 능숙한 한국 욕설로 그들을 제압하고 나서야 그들은 희롱을 멈춘다. 이 영화들에서 여성 노동자는 많이 등장하지 않지만 방가가 일하는 공장의 공장장은 베트남 출신 여성 장미의 둔부를 수시로 만지며 성희롱을 가한다.

이주노동자들은 주로 제조업에 종사하는데 그중에서도 한국 노동자들이 꺼리는 직종에서 일한다. 〈반두비〉에서 카림은 염색공장에서 일하고 반복적으로 독한 화학 약품을 만지는 그의 손은 트고 갈라진다. 민서는 이런 그를 위해 약을 사다 준다. 〈방가?방가!〉에서 부탄에서 온 방가라는 신분으로 위장 취업한 방태식은 신참으로서 일거리를 맡지만 하나같이 위험을 동반한 작업이다. 의자의 바닥을 자르는 작업은 자칫 실수했다가는 손이 잘릴 만한 위험한 작업이고, 헝겊을 재봉하는 일도 재봉틀 바늘에 손이 뚫리기 십상이다. 무거운 의자 바닥을 나르다가 방가는 곤두박질친다. 그가 마침내 맡은 일은 스프링 탄성 실험으로, 수백 번씩 의자에 앉았다 일어났다 하는 일이다.

아무리 힘이 들더라도 이주노동자들은 가족에게 경제적인 도움을 줄 수 있다는 희망 하나로 모든 역경을 이겨 낸다. 원숙경은 "이주민의 정체성을 구성하는 구성 요소는 주로 모국에 두고 온 가족에 대한 그리움과 정서에서 찾을 수 있다"(123)고 지적한다. 시간이 날 때마다 그들은 가족에게 전화를 하고, 같이 모여서 술자리를 하거나 가족을 떠올리며 노래를 한다. 특히 〈방가?방가!〉에서 알리는 술을 먹고 노래를 부를 때마다 자기를 버리고 도망간 아내를 생각하며 눈물을 흘린다. 이들은 외국인 노래자랑 포스터가 붙자 비디오 카메라를 타서 자신의 모습을 촬영해서 고향에 보내겠다는 일념으로 수상에 대한 희망을 건다. 방가 또한 시골의 빈한한 가정 출신으로 홀어머니가 수술까지 한 상황으로, 이주노동자들의 처지와 하나도 다를 것이 없다. 그의 꿈도 친구 용철이와 함께 돈을 벌어 금의환향하는 것이다. 방가가 이주노동자와 동질감을 느끼는 또 다른 장면은, 그가 장미와 오토바이를 타고 야외로 나갔을 때 고향 이야기를 하면서 밥안개를 이야기하는 장면이다. 저녁에 밥을 하는 연기가 마을에 자욱이 내려앉는 모습을 바라보면서 장미가 자신의 마을에서도 그것을 '밥안개'라고 부른다면서 동질감을 공유한다.

이주노동자들을 불안하게 하는 또 다른 요인은 신분의 불안정성이다. 계약 기간이 끝나고도 돌아가지 않는 노동자들은 불리한 조건에서 조금이라도 돈을 더 벌려고 불법체류자 신분을 선택하고 하루하루를 불안하게 살아간다. 배상준은 다문화 영화를 장르영화로 볼 때 가장 흔하게 볼 수 있는 관습 중 하나를 "불법체류 이주민과 출입국 관리소의 쫓고 쫓기는 시퀀스" "주류 문화의 주체가 하위주체인 이방인에게 인종차별이나 집단폭행을 하는 상황"(87)으로 본다. 이 글의 분석 대상이 되는 세 편의 영화 모두에도 출입국 관리들에 쫓기거나 체포되는 상황이 포함되어 있다. 〈반두비〉에서 카림은 임금을 받지 못한 채로는 고국으로 돌아갈 수 없어 불리한 조건에서 체류를 결심하지만, 그와 민서의 관계가 깊어지는 것을 우려한 민서 엄마의 고발로 출입국 관리에게 체포되어 추방된다. 〈로니를 찾아서〉에서는 방글라데시 식당에서 쫓겨난 인호가 그들에게 앙갚음을 하기 위해 그들을 출입국 관리소에 신고하고 단속반원들이 들이닥치면서 여러 명이 체포된다. 인호의 친구인 뚜힌은 도망치는 과정에서 다리가 부러진다. 〈방가?방가!〉에서는 영화의 첫 장면과 끝 장면을 단속반원이 들이닥치는 것으로 시작하고 마감한다.

한국인 조력자

결혼이주민 여성의 경우에서 보았듯이, 이주노동자를 재현하는 영화에서도 인물의 이분법적인 설정을 볼 수 있으며 그 대비는 더욱더 두드러진다. 김현아는 "기존의 다문화 영화는 외국인과 한국인, 노동자와 고용주, 주체와 타자 간의 뚜렷한 대립 구도를 설정"(218)한다고 주장한다. 이렇게 함으로써 이 영화들은 "억압을 받는 하위주체의 입장에 대해 동정적 시선"(황영미 250)을 갖게 하는 효과를 노린다. 그러나 〈반두비〉와 〈로니를 찾아서〉는 주인공이 하위주체를 대변하거나 그들의 입장이 되어 봄으로써 이방인을 이해하고 환대하는 모습을 보여 준다. 이에 대해서 황영미와 정민아를 비롯한 연구자들은 데리다의 "이방인의 환대의 권리" 이론이나, 들뢰즈/가타리의 "되기" 개념을 가지고 이 영화들에 접근하면서 주인공들이 이방인의 입장에 서 보는 경험을 통해서 외국인들을 포용하고 이해하며, 그들을 환대하는 자리에까지 나아간다고 주장한다. 그렇다면 구체적으로 다문화와의 접촉에서 "한국의 다문화적 삶에 대안적 분석의 틀"(Jim 315)이 어떻게 제공되고 있는지를 살펴보자.

〈반두비〉에서 민서가 카림을 처음 만나는 공간은 버스이다. 서 있는 민서를 위해 카림은 안쪽 좌석으로 옮겨 앉지만, 민서는 그 자리에 앉지 않으며 카림이 가방을 받아 주려 해도 거부한다. 버스가 출발하려는 찰나, 카림이 급하게 내리고 그 자리에 앉은 민서는 바닥에 떨어진 카림의 지갑 속에서 사진과 돈을 본다. 지갑을 놓고 내린 것을 알고 버스에 도로 올라탄 카림은 민서를 의심스럽게 바라보다가 민서가 내리자 따라 내린다. 민서가 도망가자 그녀를 밀쳐서 가방 속에서 지갑을 찾은 카림은 경찰서로 가자고 하고, 민서는 그 와중에 카림이 자신의 가슴을 만졌다면서 고발하겠다고 경찰서에 가자고 한다. 민서는 소원을 들어줄 테니 여기서 "쫑내자"고 하며 카림의 뺨에 키스하고 사라진다. 이들이 두 번째 만나는 공간은 경찰서이다. 민서는 자신을 유혹하는 주유소 사장 아들의 차에 휘발유를 부어서 잡혀 왔고, 카림은 편의점에서 취객을 말리다가 싸움에 말려

들어 잡혀 왔다. 경찰서에서 풀려난 두 사람은 민서가 밥을 사 달라고 하면서 대화를 나누며 가까워진다. 사장에게 밀린 임금을 받는 것을 도와주겠다고 나서면서도 민서는 카림에게 가까이 오지 말라고 경고하고 3미터 떨어지라고 말한다. 이처럼 처음에 편견과 의심으로 카림을 대하던 민서는 어른들에게 실망하고 카림과의 만남이 계속되면서 카림에게 조금씩 마음을 연다.

한국인이지만 민서는 카림보다 처지가 나을 것이 없는 하류주체이다. 그녀는 아버지가 죽고 노래방에서 일하는 엄마가 어린 애인을 끌어들여 낯부끄러운 행각을 벌이는 꼴을 날마다 접해야 하는 삶을 산다. 그녀의 아파트는 쥐가 다닐 정도로 낡았다. 다른 아이들이 영어 성적을 올리기 위해 원어민 학원에 다닌다고 할 때 민서는 그것을 부러운 눈으로 바라볼 뿐 달리 방도가 없다. 주유소에서 아르바이트를 하는 그녀는 학원비를 미리 가불해 줄 수 있느냐고 사장에게 부탁하지만, 사장은 그녀가 쌍꺼풀 수술을 하려는 줄 알고 "너는 안 해도 이뻐"라고 거절한다. 옆에서 듣고 있던 사장 아들은 그녀의 사정을 알고 "병원에 같이 가 줄게"라며 수작을 부린다. 사장 아들의 차에 휘발유를 부은 죄로 경찰에 갔을 때 엄마가 노래방에서 일한다고 하자, 경찰은 "네가 일하는 게 아니고?"라고 묻는다. 민서는 위조한 주민등록증으로 마사지 업소에 취직하고 그곳에서 담임 선생을 만난다. 교사와 함께 고깃집에 간 그녀는 엄청난 분량의 고기를 먹는다. 교사는 "너 조금만 더 하면 인서울 가능해"라는 위선적인 말을 하고, 민서는 "근데 이거 아세요? 오늘 이게 담임 선생님하고 저하고 첫 개인 면담이라는 거"라고 답한다. 하류 계층에 속하는 그녀를 담임 선생은 그동안 전혀 신경을 쓰지 않은 것이다. 그녀의 어머니, 어머니의 애인, 주유소 사장, 경찰, 마사지 업소 관계자, 담임 교사 등 그녀 주변의 모든 어른들은 하나같이 그녀를 이용할 대상, 성적 대상 혹은 무관심의 대상으로 대한다. 민서는 사장 아들의 자동차에 휘발유를 붓고, 마사지 업소에 나가고, 엄마의 애인에게 짐승이라고 욕하고, 자동차를 타고 밤새 여행을 하고, 카림의 임금을 떼먹은 사장의 집에 들어가 난동을 부리는 등 당돌하고 공격적인 행동으로 사회에 대항한다. 양진오는 "위악은 자기를 방치하는 세상에 대한 민서의 대응 방식이다"(221)라고 지적한다. 결국 그녀는 학교에 자퇴서를 내고 말한다. "아무래도 학교는 아무 의미가 없어요. 세상이 더 큰 학교인걸요."

  민서는 자신이 아플 때 먹을 것과 선물을 사 오고, 요리를 해 주고, 자신의 고향 방글라데시 이야기를 해 주면서 그곳 사람들은 접대하는 것을 좋아한다고 말해 주는 카림에 점점 마음을 연다. 민서가 "내가 여행 가서 묵어도 되겠네"라고 하자, 카림은 "그냥 살아도 돼"라면서 환대의 손길을 내민다. 민서는 이후에 카림의 공장으로 찾아가 손이 튼 곳에 바르는 약을 전해 주면서 환대를 갚는다. 미국인 강사와 카림이 같이 만난 자리에서 고자세로 안하무인식으로 행동한 백인 강사 때문에 카림이 백인과 유색인을 대하는 한국인들의 이중적인 태도를 비난하면서 두 사람은 싸우고 헤어진다. 그러나 민서는 후에 학원으로 가서 한국 여자들을 성적 대상으로 보는 미국인 강사의 급소를 공격하여 혼내 주는 행동으로 카림의 지적이 맞았음을 인정한다. 두 사람은 자동차를 타고 고속도로를 달려 바닷가로 달려가고 그곳에서 카림은 지금까지 쌓였던 울분을 바다를 향해 소리 지르면서 해소한다. 그들이 돌아오자 기다렸던 출입국 관리소 직원에게 카림은 체포되고 추방당한다. 엄마의 고발이었음을 안 민서는 카림이 "나랑 유일하게 통하는 사람이야"라면서 집을 나간다. 카림은 "여고생 민서의 마음을 열게 한, 더 큰 어른으로 친구이자 아버지의 역할"(양진오 220)을 한 인물이다.

마지막 장면에서 민서는 비탈길을 계속 내려간다. 이 장면은 그녀가 자발적으로 계층 하락을 통해 카림과 통하는 사람이 되었음을 보여 준다. 다음 장면에서 민서는 외국인 거리의 커리 집에 들어가서 방글라데시 음식을 주문한다. "방글라데시 음식을 잘 아시네요?"라는 주인의 물음에, "친구가 있어요. 반두비"라고 말한다. 그리고 카림이 먹던 방식으로 손으로 음식을 먹다가 손으로 자신의 갈비뼈를 만지며 미소짓는다. 그것은 유치장에 면회를 간 그녀의 갈비뼈를 만지며 "친구를 웃게 만드는 사람은 천국에 갈 자격이 있다"고 했던 카림의 말을 회상하면서 짓는 웃음이다. 민서는 이방인을 친구로 "환대"하며, 그의 처지에 서서 이방인이 "되기"를 자발적으로 행함으로써 다문화를 대하는 새로운 패러다임을 제시한다.

〈로니를 찾아서〉의 주인공 인호는 안산에서 태권도장을 운영하고 있다. 그는 수강생이 줄어 태권도장이 위기를 맞자 특별 시범경기 이벤트로 이를 극복하려 한다. 그러던 중 늘어나는 외국인들 때문에 동네가 뒤숭숭하니 방범대를 설립하자는 동네 주민들의 회의가 열리고 그 자리에서 인호는 방범대장을 맡게 된다. 방범 활동을 하던 중 그는 거리에서 장사를 하던 외국인의 좌판을 뒤엎는다. 태권도장 시범행사에서 서로 짜고 하는 격파와 대련이 끝났을 때 외국인이 대련을 신청하면서 인호는 마지못해 응했다가 한 방에 나가떨어진다. 자존심에 큰 상처를 입은 그는 태권도장 운영도 등한시하며 로니라는 그 외국인을 찾는 데 모든 노력을 기울인다. 이 사건을 계기로 태권도장은 문을 닫을 지경에 이르고, 그를 도와주던 부관장도 그만두겠다고 하고, 경제난에 시달리던 그의 아내는 아기와 함께 친정으로 가 버리고, 결국 도장은 PC방을 하겠다는 사람에게 넘어간다. 국기 태권도는 한국의 남성성을 상징하고 한국 남성의 자존심을 세워 주는 스포츠인데, 태권도 도장을 운영하는 관장이 이름 모를 외국인에게 나가떨어지고 그로 인해 끝없는 추락의 길을 걷게 되는 것이다. 류찬열은 인호가 외국인 노동자에게 나가떨어지는 장면을 "배타적 민족주의를 향한 열린 다문화주의의 반격"(141)이라고 보았다. 로니를 미친 듯이 찾아다니는 과정에서 그는 로니를 안다고 하는 뚜힌과 만나게 되고, 그와의 경험을 통해 자신을 다시 발견하고 타자를 새롭게 이해하는 길로 나아가게 된다.

뚜힌은 지금까지 다문화 영화에서 등장했던 어떠한 인물과도 다른 색다른 캐릭터이다. 그는 유들유들하게 한국말을 잘할 뿐 아니라 한국인의 속성을 속속들이 파악하고 있다. 그는 자기보다 열두 살이나 많은 띠동갑 인호에게도 동갑이라며 반말을 하고, 인호가 없는 틈을 타서 태권도장에 빨래를 널고 태권도복을 입는 등 살림을 차린다. 생존 본능이 탁월한 그는 인간 본능에 대한 예리한 촉감을 가지고 있으며 도저히 상대할 수 없을 만큼 뻔뻔한 구석도 있다. 그는 화장실을 갈 테니 좌판을 봐 달라고 해 놓고 인형뽑기를 한다던가, 식당에서 메뉴를 서로 다르게 시켜야 골고루 먹을 수 있다던가, 참이슬과 처음처럼을 구별할 정도로 한국인 뺨치는 처세 능력을 가지고 있다. 처음에 그를 무시하고 천대했던 인호는 처지가 초라해지면서 그와 친해지게 되고, 그와 함께 방글라데시 식당에 갈 정도가 된다. 김현아는 "그가 스스로 그 차이를 좁히고 뚜힌과 가까워지게 되는 시점은 더 이상 표면적으로조차 인종적·계급적 우월성을 주장할 수 없을 정도로 사회적 몰락을 경험하면서부터이다"(226)라고 말한다.

〈반두비〉에서 민서가 그랬듯이 인호 또한 이방인 "되기"의 경험을 통해 자신의 성장과 타자 이해의 자리에까지 나아간다. 태권도장에 현수막을 거는 장면에서 인호가 높이를 조정하며 현수막을 다는 사람들에게 "오른쪽 왼쪽도 몰라요"라고 하자, 옆에 있던 부관장은 "저기서 보면 저게 오른쪽 맞는데"라고 말한다. 보는 입장에 따라 오른쪽 왼쪽이 바뀔 수 있다는 상대주의 시각이 처음 제시되는 장면이다. 인호가 직접적으로 이러한 경험을 하는 것은 뚜힌을 따라 방글라데시 식당에 갔을 때이다. 그곳은 비록 대한민국 땅이지만 방글라데시 사람들이 다수이고 인호는 소수에 속하는 공간이다. 입장이 바뀐 것이다. 전에 좌판을 엎는 수모를 당했던 외국인은 인호에게 사과를 하라고 하고 거부하던 인호는 결국 쫓겨나게 된다. 김현아는 이 장면에 대해 "즉 주체인 줄만 알았던 내국인도 보는 관점에 따라 철저히 비웃음 당하는 이방인이 될 수 있음을 그는 처음으로 깨닫게 된다"(226)고 지적한다. 영화는 이러한 깨달음에 도달한 인호가 산 넘고 물 건너 먼 나라의 친구를 찾아가는 여정으로 시작하고 끝맺는다. 낯선 복잡한 거리를 헤매고 다니는 인호의 모습을 보여 주면서 시작했던 영화는, 복잡한 버스와 배를 타고 호수를 지나 걸어서 도착한 그곳에서 인호가 문을 두드리고 문을 열어 주는 사람을 향해 환하게 웃는 장면으로 끝난다. 어떻게 보면 영화 전체는 인호의 자아 성장을 그리는 로드무비이다.

또한 인호는 〈반두비〉의 민서처럼 자신이 그토록 구박했던 뚜힌을 친구로서 "환대"한다. 식당에서 방글라데시 사람들에게 쫓겨난 그가 앙심을 품고 출입국 관리소에 신고하면서 식당에서 쫓겨난 사람들이 도망치는 과정에서 뚜힌도 2층에서 뛰어내리다가 다리가 부러진다. 처음에 그냥 가려다가 그를 업고 병원에 데려다 준 인호는, 보호자 없이 환자를 받을 수 없다는 직원의 말에 "제가 보호자예요. 내가 저 사람 친구라고"라는 말하면서 그의 친구 역할을 자처한다. 인호는 추방당하게 된 뚜힌에게 가방과 녹음기를 갖다 주러 왔다가 로니가 방글라데시로 돌아갔다는 소식을 듣는다. 마지막 장면에 문이 열리면서 그 속에 있는 사람이 로니인지 뚜힌인지는 알 수 없으나, 이제 이방인을 친구로 환대할 만큼 성장한 인호는 분명히 영화가 시작할 때의 인종적·계급적 우월성으로 똘똘 뭉친 사람은 더 이상 아닌 것이다.

〈방가?방가!〉의 방가는 존재 자체가 "이방인 되기"를 실천한 캐릭터이다. 학벌 만능, 외모 지상주의가 지배하는 세상에서 절대로 성공할 수 없는 그는 외모로 인해 한국인의 정체성을 상실하자 자발적으로 이방인의 정체성을 포용한다. 영화는 일련의 플래시백을 통해 그가 대기업 면접을 보는 장면, 제과점, 주차장 등의 아르바이트 경험을 했던 장면을 보여 준 후 그가 어떻게 부탄 사람이라는 신분을 갖게 되었는지를 보여 준다. 그는 일상생활에서도 도처에서 동남아인으로 오해 받는다. 그는 버스에서 중고생들에게 놀림을 받는가 하면, 용철이 데이트하는 현장에 갔다가 상대방 여자로부터 "동남아 아저씨"라는 말을 듣고, 노래방을 보러 온 부동산 아저씨로부터는 "요즘은 노래방에서도 동남아 사람 쓰나?"라는 말을 듣는다. 그러나 일단 동남아인 정체성을 받아들여 열악한 환경의 취업 현장에 간 뒤부터 그는 하위주체를 대표하여 목소리를 높이고 이들의 이익을 대변하는 사람이 된다.

세 편의 영화에서 공존과 이해가 가능해지는 중요한 요인은 바로 언어이다. 〈로니를 찾아서〉의 뚜힌, 〈반두비〉에서의 카림이 우리말을 하지 못했더라면 인호나 민서와 의사소통이 불가능했을 것이고 마음이 통하는 교류도 하지 못했을 것이다. 김종갑 · 김슬기는 "인종적 차이의 극복은 이주국의 언어의 습득에 있는 것이다"(96)라고 말한다. 〈방가?방가!〉에서의 방가는 한국인 방태식이므로 우리말을 하는 데 전혀 어려움이 없는 것이 당연하고, 또 그의 동료 노동자들 또한 한국말 의사소통에 어려움이 없다. 그가 베트남 여성 장미와의 사랑을 꿈꾸어 보는 것도 장미의 한국어가 유창하기 때문이다.

핍박자

이주노동자들에게 마음을 열고 다가갔던 조력자들이 대부분 하류계층에 속한 인물들이었던 것에 반해, 이들을 핍박하는 사람들은 대부분 고용주나 이들을 착취할 힘이 있는 사람들이다. 앞서 살펴보았듯이 이들은 이주노동자들의 불리한 현실을 이용하여 이들의 임금을 체불하거나 떼어먹는다. 이러한 행위에 대해 항의를 하거나 지적하면 상투적으로 나오는 표현이 "오갈 데 없는 것들을 데려다 기술 가르쳐 주며 먹여 주고 재워 줬더니 이제 와서 은혜도 모른다"는 말이다. 그리고 걸핏하면 이주노동자들에게 돌아오는 말이 "너네 나라로 돌아가"라는 말이다. 〈반두비〉에 나오는 카림의 임금을 떼어먹은 사장이나 카림의 불법체류 신분을 이용하여 불리한 조건으로 재계약을 하게 하는 사장, "이만큼 대해 주는 데도 없다"고 하는 〈로니를 찾아서〉의 사장, 〈방가?방가!〉에서 이주노동자들을 위해 적금을 들었다면서 그것을 편취한 공장장 등이 바로 여기에 속하는 인물이다.

그러나 이주노동자들을 가장 힘들게 하는 것은 사회 도처에 깔린 한국인들의 경멸적인 시선과 노골적인 인종차별이다. 일제 강점기와 6·25를 거쳐 한강의 기적을 일군 한국인들이 경제적으로 아시아의 다른 나라들에 비해 우월한 위치에 오르면서 한국에 온 외국인을 인종적 우월감과 왜곡된 자부심으로 대하게 된 것이다. 그러나 이것은 동남아 출신의 저개발국가 출신자들에게 해당된다. 한국인들이 보이는 외국인에 대한 이중적인 태도는 〈반두비〉의 카림에 의해 고발된다. 미국과 같은 선진국에서 온 백인에게는 비굴할 정도로 저자세를 취하고 우호적이 되는 한국인들이 피부가 검고 외모 상으로 구별되는 동남아 출신 외국인은 무시하는 것이다. 카림은 "너희들 얼마나 웃기는 줄 알아? 힘센 백인들에게 아부하고. 우리 무시하고. 정말 비겁해"라고 말한다.

〈로니를 찾아서〉에서도 주민들은 안산 지역이 외국인 노동자들로 인해 우범지대가 되어 가고 있다면서 "밤길에 눈길 한 번 마주쳐도" 무섭다며 자기네 딸들이 걱정된다고 한다. 그들은 "동네의 크고 작은 모든 문제와 불행을 외국인 타자에게 투사한다"(김종갑, 김슬기 94). 인종적 우월감에 사로잡힌 이들은 이주민의 노점상을 둘러엎고 폭력을 행사한다. 이들은 이주민과의 갈등이 시작되기만 하면 "같은 한국 사람끼리 왜 이래"라면서 왜곡된 애국심으로 똘똘 뭉친다. 방글라데시 식당에 갔다가 쫓겨났을 때 인호는 분을 참지 못하고 가게 유리창을 깨면서 출동한 경찰에게 연행된다. 그가 "나한테 왜 이래. 같은 한국 사람끼리"라고 하자, 경찰관은 "오늘은 그 말이 왜 안 나오나 했네. 그 한국 사람 타령. 이 동네서 걸려드는 놈들은 죄다 애국자만 있는가 봐"라면서 한국인들의 삐뚤어진 애국심을 비꼰다. 〈반두비〉에서는 편의점에 와서 행패를 부리는 취객을 말리다가 경찰서에 같이 잡혀간 카림에게 취객은 "확 추방시켜요. 얘들이 우리 일자리 뺏는다니까"라고 말한다. 그러나 사실 이들이 종사하는 업종은 소위 3D 업종으로 한국인들이 꺼리는 위험하고 더럽고 어려운 일이기 때문에 이들 때문에 일자리가 줄어든다는 것은 논리에 맞지 않는 말이다.

이처럼 노골적인 언어적·육체적 폭력 외에 이주노동자들이 견디기 힘든 것은 한국인들의 눈길과 경계하는 태도이다. 〈반두비〉에서 처음 버스에서 카림과 민서가 만났을 때 카림은 민서를 배려해서 버스 안쪽의 좌석으로 이동하지만 민서는 카림이 비워 준 자리에 앉지 않는다. 그가 앉았던 자리에 앉고 싶지 않은 것이다. 소원을 들어주기 위해 사장의 집을 찾아다닐 때에도 민서는 "저리 가. 3미터 이상 떨어져"라면서 가까이 오는 것을 경계한다. 두 사람이 전철을 타거나 거리를 같이 다닐 때에도 한국 여성과 동남아 남성이 같이 다니는 것을 이상하게 보는 눈길은 언제나 그들을 따라다닌다. 카림이 민서를 방문하기 위해 셔츠를 사고 계산을 했을 때 가게의 점원은 카림의 손에 거스름돈을 주지 않고 봉투 위에 동전을 놓는다. 손길이 행여 닿게 될까 봐 꺼리는 것이다.

한국인들은 자기들의 시각으로 이주노동자들을 재단하고 판단하며 그러한 시각을 통해 그들이 "위험하다, 더럽다, 이상하다"는 태도

를 보인다. 〈방가?방가!〉에서는 이러한 자기중심적인 시각에 정면
으로 도전하는 장면이 등장한다. 출입국 관리소에 잡혀가서 공장 직
원들이 조사를 받을 때 네팔에서 온 노동자가 울음을 터뜨리자, 알
리는 그의 멱살을 잡고 "울지 말라고. 씹새끼야. 이 텔레비전도 없는
나라에서 온 더러운 동남아 새끼야"라며 한국인들이 자신들을 모욕
할 때 쓰는 말을 본인의 입으로 비판한다. 이들은 공장에서 본명이
아니라 한국 사람들이 부르기 쉬운 장미, 알리, 라자, 찰리 등으로 불
린다. 조사관에게 조사를 받을 때 그들이 본명을 대자, 조사관은 "더
럽게 어렵네"라고 말한다. 그러자 노동자도 조사관의 이름을 물어보
고 조사관이 "육경룡"이라고 대답하자, 그 이름이 어렵다면서 어렵
게 발음해 보인다. 입장을 바꾸면 낯선 것은 모두 이상하고 어려운
것이다.

　이 영화들은 이처럼 외국인에게 배타적이고 인종적 우월감에 사
로잡힌 한국 사회를 부정적으로 묘사하는 장면들을 포함하고 있다.
이 영화들이 제작된 시기는 2009년과 2010년으로서 이명박 대통령
이 집권하던 시기이다. 경제를 살리겠다는 공약으로 대통령에 당선
된 이명박 정권이 추진하던 뉴타운 사업과 영어 열풍, 향락 산업, 빈
부 격차 등의 문제점들이 영화 중간중간에 언급된다. 〈반두비〉에서
로또를 사러 온 취객은 "명박이 때문에, 뉴타운 때문에" 신세를 망
쳤다고 행패를 부리고, 점원은 "명박이한테 가서 따지세요. 왜 시급
3천 500원한테 따지는데"라고 말한다. '어린지'라는 발음으로 영어
열풍에 부채질한 정권에 대한 풍자도 텔레비전에 나와서 영어로 회
견한 후 "영어가 딸려서 죄송합니다"라고 말한 통일부 대변인의 화
면에서 발견된다. 원어민식 발음으로 영어를 해야 한다는 세간의 유

행 때문에 민서는 마사지방에서 아르바이트를 해서라도 외국인이 가르치는 강좌를 수강하고 싶다고 생각한다. 사회의 빈부 격차는 점점 벌어져서 고등학생 신분으로 주유소 아르바이트를 하고 마사지방에 나가는 민서와 같은 사람이 있는가 하면, 비슷한 나이에 고급 자가용을 몰고 다니며 사고를 치고 아버지에게 돈을 달라고 떼를 쓰는 아들도 있다. 카림의 돈을 떼어먹은 사장의 집은 성곽과 같이 웅장하고 철저하게 외부인의 시선과 출입을 차단한다.

로맨스

결혼이주 여성을 다룬 영화들이 한국 남성과 외국 여성의 결혼을 소재로 하고 있다면, 〈반두비〉는 한국 여성과 외국인 남성의 우정과 사랑을 담고 있다는 점에서 매우 일탈적이라 할 수 있다. 매우 가부장적인 한국 사회에서 남편이 한국 사람일 경우 외국인 여성을 아내로 맞이하여 대를 이어 가는 것은 그다지 문제가 되지 않는다. 한국 사람이라는 혈통이 그대로 남아 있기 때문이다. 〈미씽〉에서도 시어머니는 아기를 낳으려는 욕심에 한국 혈통이라는 김연을 데려온 것이며, 〈완득이〉의 경우에도 아버지가 한국 사람이기 때문에 어머니가 필리핀 사람이라는 것이 크게 문제되지 않는다. 더구나 완득이 역을 맡은 유아인의 외모에는 이국적인 모습이 전혀 남아 있지 않으며, 생모의 소식을 듣기 전까지 완득이는 자신의 정체성에 대해서 전혀 고민해 본 적이 없다. 〈방가?방가!〉에서 방태식과 장미의 로맨스도 부정적으로 비쳐지지 않는 것은 장미 역을 맡은 배우가 신현빈이라는 한국 여자 배우이며 상당한 미인이기 때문이다. 그러나 남자가 외국인이면 크게 문제가 되며, 더구나 피부가 검고 저개발국에서 온 남자인 경우에 거부감은 더 커진다.

〈반두비〉의 네이버 영화 사이트 리뷰란에는 "정말 더러운 영화가 나왔다" "쓰레기" "사상 최악" "양키도 모잘라 방글라데시라" 등의 관객 평이 아직도 올라와 있다. 이것은 한국 여자가 외국 남자, 더구나 저개발국에서 온 피부가 검은 남자와 사귈 때 여자가 남자에 의해 더럽혀진다고 생각하는 관객들이 많음을 의미한다. 미국영화 역사에서도 1934년에 미국영화협회가 제작규정Production Code을 제정하게 된 중요 요인 중 하나가 바로 타인종 간의 교잡miscegenation에 대한 공포였다. 절대로 스크린에 상영되지 말아야 할 성적 관계는 바로 백인과 흑인의 성관계였다. 그중에서도 흑인 남성과 백인 여성간의 성관계는 오랫동안 타부시되었고, 스파이크 리의 〈정글 피버〉에 이르러서야 비로소 이러한 영상이 영화에 포함되었다. 백인들은 흑인 남성이 가지고 있다고 추정되는 왕성한 정력과 짐승을 연상케 하는 섹슈얼리티를 두려워했고, 그것이 백인의 피를 더럽힌다고 생각했다.

〈반두비〉에서 민서가 카림과 사귀는 것을 알았을 때 민서의 엄마와 그녀 애인의 반응도 같은 맥락에서 나온다. 민서가 카림을 노래방에 데리고 오자, 엄마의 애인은 "아무리 민서가 튀는 애지만 저건 좀 위험하지 않아? 가출한 여고생 강간하고 죽였다는 뉴스도 있고"라면서 대중의 의식에 새겨진 외국인 공포증을 표현한다. 다음 날 엄마가 카림이 뭐하는 사람이냐고 묻자, 민서는 "관심 있어? 소개시켜 줘? 러시아 사람이면 어때? 흑인이면 어때. 마음을 열어"라고 말한다. "마음을 열어"라는 말은 엄마가 애인을 데리고 낮에 시시덕거리는 것을 힘들어하는 민서에게 카림이 "그래도 엄마가 사랑하는 사람이니까 네가 이해해라"라고 한 후 나온 말이다. 이것은 기성세대에 대한 반항심으로 똘똘 뭉친 민서에게 자신들의 일탈행동은 이해하라면서 딸이 카림을 사귀는 것은 색안경을 끼고 보는 어른들에 대한 비판이다. 김현아는 "카림의 추방을 주도한 주체가 한국 사회에서 유일한 유대 관계를 갖는 대상인 민서의 가족이라는 아이러니는, 한국인 소녀와 방글라데시인 노동자와의 사랑이라는 청춘멜로의 서사를 뛰어넘어 보다 근본적으로 우리의 다문화 사회가 안고 있는 편견을 고발한다"(234)라고 말한다.

이주노동자 스스로도 한국 여자의 관계를 두려워하고 경계한다. 카림을 환송하는 자리에서 그의 동료들은 방글라데시나 한국이나 사정이 어렵기는 마찬가지라고 신세 한탄을 한다. 그중 한 사람이 한국 여자를 알게 되었는데 결혼이나 해 버릴까라고 하자, 다른 사람이 "너 같은 사람 때문에 우리가 한국 사람들에게 욕 먹는 거야"라고 하고 다른 사람들도 그 말에 동조한다. 타인종 간의 로맨스는 축복받지 못하고 언제나 경계의 대상이 된다. 결국 카림은 추방되고 민서는 그와의 추억을 회상하며 그의 나라 음식을 먹지만, "타인종 간의 사랑을 그린 영화에서 남녀 주인공의 순수하고 애절한 사랑이 인종차별로 인해 고난을 겪게 되는 이야기는 관객으로 하여금 차별받는 소수 인종에 대한 동정심과 부조리한 사회에 대한 분노를 고양시켜 인종차별에 대한 문제의식을 갖게 한다는 점에서 고무적이다"(오상희, 이주은)라는 시각도 있다.

영화적 장치들

이주노동자를 다룬 영화에서는 우연히도 비슷한 도상이나 장면, 기법들이 공통적으로 사용된다. 〈반두비〉에서 카림이 고국에 있는 아내에게 전화로 이별 통고를 받고 나서 힘 없이 걷는 장면에는 배경에 숭례문 복원 현장의 걸개 그림이 걸려 있다. 배상준은 "숭례문은 한국이라는—화염으로부터 제대로 지켜지지 못한—주류문화를 상징하는 아이콘이며, 그 거대한 벽 앞에 걸어가는 검은 피부의 이방인은 한없이 왜소하게 그려진다"(99)라고 말한다. 카림은 이어서 진입 금지, 일방통행이라는 표시가 있는 길을 거슬러서 걸어간다. 외국인에게 진입을 허용하지 않으며 한국인의 일방적인 의사 결정과 처분만 있는 곳이지만, 카림은 그곳을 거슬러 올라가며 그 결과 민서라는 마음이 통하는 한국인을 만나게 된다. 똑같은 '일방통행' 표시가 〈로니를 찾아서〉에도 등장한다. 인호는 뚜힌이 화장실에 간다고 노점상을 봐 달라고 하고선 인형뽑기를 하는 것을 발견하고 화를 내지만 같이 식사를 한다. 로니와 달리 뚜힌은 너무나 유들유들하게 인호에게 달라붙으며 오히려 그를 이용해서 빌붙으려고 한다. 식당에서 나온 뒤 길을 걸어가는 인호가 걷는 길의 바닥에 처음에는 '천천히'라는 표지가, 그 다음에는 '일방통행'이라는 지시문이 있다. 외국인을 대하는 인호의 태도는 여전히 일방적이며 인종적 우월감에 가득 차 있음을 상징적으로 보여 주는 도상이다.

〈로니를 찾아서〉와 〈반두비〉에는 한국 가수의 노래가 등장한다. 한류 바람이 불면서 한국을 동경하는 동남아인 중에는 돈을 벌러, 또 한국 드라마와 노래, 가수가 좋아서 한국으로 온 이주민들이 생기기 시작했다. 〈로니를 찾아서〉의 뚜힌은 인호에게 김현식의 '내 사랑 내 곁에'라는 노래가 좋아서 한국에 왔다고 말한다. 그는 그 노래를 테이프가 늘어질 때까지 계속해서 듣는다. 지겹지도 않느냐고 물었던 인호는 뚜힌이 몰래 태권도장에 눌러앉자 그 테이프를 빼서 망가뜨리면서 "이 노래 때문에 한국에 왔다며. 이제 있을 이유가 없겠네"라며 쫓아낸다. 그러나 뚜힌이 다리를 다쳐 병원에 입원하자, 인호는 그 테이프를 다시 감아서 카세트에 넣고 다른 짐과 함께 병실에 가져다 준다. 〈반두비〉에서 민서와 함께 노래방에 온 카림은 김광석의 〈거리에서〉를 부른다. 경제적인 문제로 아내에게서 이혼 통보를 받은 카림이 부르는 노래이기 때문에 "그리운 그대 아름다운 모습으로/마치 아무 일도 없던 것처럼/내가 알지 못하는 머나먼 그곳으로 떠나 버린 후"라는 가사가 더욱 더 애잔하게 들린다. 〈방가?방가!〉에서는 노동자들이 노래자랑에 나가기 위해서 연습하는 '찬찬찬'이라는 노래가 나온다. 가사 내용에 대해 용철이가 잘난 척 설명하지만, 이 노래의 백미는 각 나라 노동자들이 "주르륵"이라는 의성어를 각각 자기 나라 말로 표현하는 것이다. 원숙경은 각 나라의 말로 표현한 가사에 대해서 "노래 '찬찬찬'을 통해 나타난 트랜스내셔널적 사회 정서는 처음에는 한국 사회에 동화되기 위한 일환이었다면, '주르륵'을 그들의 모국어로 표현할 때는 한국 사회에 대응하는 '아래로부터'의 트랜스내셔널적 사회 정서를 표현하고 있다"(127)라고 설명한다. 입상해서 상품을 타겠다는 열망도 있지만, 이 노래를 연습하는 과정에서 노동자들은 자기 나라 이야기를 하고 서로 유대가 돈독해진다.

한국 가정의 거실에 걸린 가족사진은 가족의 단란한 모습과 화목

을 보여 준다. 〈로니를 찾아서〉와 〈반두비〉에서도 이러한 가족사진
이 거실에 걸린 것을 볼 수 있다. 태권도장을 근근히 운영하고 있는
인호의 집은 하류 계층의 가정답게 거실과 부엌이 구분이 되지 않으
며 화장실이 식탁 바로 옆에 붙어 있다. 그럼에도 불구하고 식탁 바
로 위에, 그리고 냉장고 옆에 커다란 가족사진이 걸려 있다. 아기를
데리고 웃는 모습의 부부 사진은 단란하고 행복한 가정을 보여 준
다. 이주노동자에게 나가떨어지는 굴욕을 당한 후 집에 칩거하며 거
의 폐인처럼 생활하는 인호는 자다가 방에서 나와서 냉장고에서 물
을 꺼내 병째로 마신다. 아이까지 자기한테 데리고 오라면서 미용
실에 나가는 아내가 못마땅하여 말다툼을 하는 장면에서 가족사진
은 유독 압도적으로 강조된다. 인호가 두 번째로 병째 물을 마신 후
가족사진을 바라보는 장면은 자신의 태권도 실력을 인정받고 싶어
서 친구의 도장에 가서 대련을 하고 온 다음 날이다. 이 가족을 지키
기 위해 자신이 무엇을 해야 하나 갈등할 때마다 가족사진은 인호에
게 은근한 압박으로 다가온다. 〈반두비〉에서는 유치장에 있는 카림
을 면회한 뒤 민서가 신만수라는 사장의 집으로 갔을 때 그 집 거실
에서 가족사진을 볼 수 있다. 상류층 가정에 어울리게 호화롭고 넓
은 거실의 한가운데에 화목한 가정의 모습을 상징하는 부모와 딸의
가족사진이 놓여 있다. 민서는 다짜고짜 집으로 들어가 사장의 뺨
을 때리고 골프채로 가족사진을 찍어 망가뜨린다. 이어서 그 집 딸
인 지영이 내려오고 두 사람은 머리채를 잡고 싸운다. 이때 카메라
는 집에 걸려 있는 또 다른 액자에서 "주의 손으로 나를 도우사"라
는 글귀를 포착한다. 전에 민서가 카림과 함께 그 집을 방문해서 문
전박대를 당할 때 대문 앞에 십자가가 있는 것으로 보아 사장의 집

안은 기독교도인 것으로 유추할 수 있다. 남의 아픔을 이용하고 착취하고 자기 배를 불리는 이율배반적인 한국 기독교도의 모습을 가족사진과 함께 아이러니하게 보여 주고 있다.

다문화 영화의 한계

〈반두비〉, 〈로니를 찾아서〉, 〈방가?방가!〉는 다문화를 포용하고 이주민들을 이해하며 상대방의 입장이 되어 보는 한국인 주인공을 등장시킨다는 점에서 그동안의 다문화 영화와 차별성을 지닌다. 우리나라에 이주한 외국인들에게 한국어를 배우고, 한국의 풍습을 따르고, 한국문화를 배우도록 강요하는 동화주의적 모델이 아니라 한국인 스스로가 외국인을 이해하고 그들의 입장이 "되기"를 실천하고 환대와 포용을 실천하는 새로운 패러다임을 제시한다는 점에 이 영화들의 의의가 있다.

그러나 세 영화 모두 주인공은 한국인이며, 영화는 그들의 성장과 깨달음에 초점이 맞추어져 있다. 처음에 이주노동자 때문에 피해를 보았다고 생각하고 복수를 하러 쫓아다니던 인호는 나중에 뚜힌을 친구로 인정하고, 로니나 뚜힌이 한국으로 오는 과정에서 겪었을 여정을 거쳐 그의 집으로 찾아가는 인물로 변화하고 성장한다. 민서 또한 카림에게 편견을 가지고 대하지만 한국 사회에서 유일하게 말이 통하는 친구로 카림을 받아들이고, 그가 떠난 후에도 그의 방식과 입장에 서 보려고 노력한다. 한국 사회에서 천대를 받던 방태식은 이주노동자라는 정체성을 포용하면서 새로운 세상에 눈뜨며 장미와의 사랑을 통해 그들의 고통을 이해하는 자리에 나가게 된다.

반면, 이러한 환대의 대상이 되는 뚜힌과 로니, 카림, 그리고 이주노동자들에게는 이러한 노력이나 변화가 보이지 않는다. 뚜힌은 처음부터 한국 가요가 좋아서 한국에 왔으며 한국적인 상황과 생활 습관에 적응하여 즐겁게 살아간다. 로니는 아예 한국말조차 하지 못하며 처음에 잠깐 등장한 이후에는 사라져 버린다. 카림은 무슬림으로서 하루에도 몇 번씩 기도를 올리며 손으로 음식을 먹고 순대국에는 손도 대지 않는다. 김현아는 뚜힌이 "변화 없이 끝까지 평면적인 캐릭터를 유지한다는 사실은 그가 단지 인호의 자기성장을 위한 도구 정도의 역할만을 수행"하는 것의 반증이며, 카림은 "내국인 주인공의 자아 성찰과 변화를 위해 전유되고 차용되고 마는 것에 그치는 '타자' 캐릭터일 수도 있다"(227)고 주장한다. 영화가 해피엔딩 분위기로 끝나더라도 〈로니를 찾아서〉와 〈반두비〉의 이주노동자들은 결국 추방되고, 〈방가?방가!〉의 노동자들 또한 언제나 추방 위험에 노출되어 있다는 사실은 근본적인 사회 시스템의 문제점을 보여 준다고 할 수 있다.

그럼에도 불구하고 이 세 편의 영화는 한국에서의 이주노동자 문제를 새롭게 바라볼 수 있는 안목을 제공한 영화로 평가받아 마땅하다.

3장 탈북자

　우리나라가 다문화 사회가 되는데 기여를 한 세 번째 집단은 탈북자이다. 1990년대 이전까지 극소수에 그쳤던 탈북자 숫자가 김일성 사후 김정일 시대에 점점 늘어나기 시작해 2000년대 들어서는 우리 사회 곳곳에서 흔히 볼 수 있을 정도로 눈에 띄게 증가했다. 통일부 발표에 의하면, 2017년 3월 12일을 기준으로 한국에 온 탈북자 수는 총 3만 391명으로 2017년에 들어온 탈북자는 183명이었다. 김정은 재임 이후 강력한 통제로 인해 지난 3년간의 탈북자 수는 절반으로 줄어들었다.

　1983년에 이웅평 조종사가 전투기를 몰고 귀순하였을 때는 그를 '귀순용사'라고 불렀지만, 1990년대에 러시아에서 벌목공으로 일하던 노동자들이 탈출하여 한국에 들어오면서부터 '탈북자'라는 용어가 쓰이게 되었다. 정부는 이 단어가 주는 거부감으로 인해 '북한이탈주민'이라고 바꿔 부르다가, 2005년 1월 노무현 정부 때에는 '새터민'으로 바꾸었으나, 2007년 이명박 정부 때부터 다시 '북한이탈주민'으로 부르고 있다. 탈북자들 사이에는 북한에서 탈출한 것이 무슨 문제냐는 불만이 있으나, '북한에서 탈출한 자'를 일컫는 '탈북자'라는 단어가 훨씬 더 많이 통용되고 있는 실정이다.

결혼이주 여성이나 이주노동자와 달리 탈북자는 같은 피를 이어받는 한민족이고, 같은 언어를 사용하고 인척을 통해 남한과 연결되는 형제이다. 따라서 이들이 한국으로 와서 정착하여 살아가는 것이 훨씬 쉬워 보이지만 실상은 그렇지가 않다. 최근 시청자가 뽑은 최우수 프로그램으로 선정되기도 한 〈이제 만나러 갑니다〉는 탈북자들이 출연하여 자신들의 탈북 과정, 북한에서의 생활, 남한 정착의 어려움 등을 토로하여 이들에 대한 남한 사람들의 이해를 높이는 데 기여하고 있다. 탈북자들은 목숨을 걸고 많은 돈을 브로커에게 지불하고 중국을 탈출하지만, 탈출 과정에서 총에 맞아 죽거나 중국 공안에 붙잡혀 북으로 다시 송환되거나, 중국에서 인신매매나 강제결혼의 위험에 노출되기도 한다.

천신만고 끝에 태국 등 제3국을 통해 한국으로 들어온 탈북자들은 하나원에 입소하여 한국 정착 교육을 받고 주민등록증을 교부받은 후 정부에서 제공한 아파트나 숙소에 입주한다. 그러나 진짜 고생은 이때부터이다. 이제 스스로 취업하여 남한에 정착해야 하는 힘든 과정이 기다리고 있는 것이다. 우리 사회는 아직도 탈북자를 바라보는 시선이 부정적이어서 이들은 떳떳하게 자신의 신분을 밝히지 못하는 경우가 많고 취업에서도 장벽을 경험한다. 그래서 목숨을 걸고 한국에 왔지만 하류 계층부터 시작하는 경우가 많다. 이러한 어려움 때문에 탈북자들 중에는 한국을 떠나 미국이나 영국 등 차별이 없고 복지가 잘 되어 있는 선진국으로 또 한 번의 디아스포라를 꿈꾸는 이들도 있다. 2004년 11월 21일자 〈한겨레신문〉은 "북한인권법 발효로 미국에서 거액의 정착금을 받을 수 있다는 소문에 현혹

돼 밀입국 시도가 잇따르고 있는 가운데 국경을 넘다 적발된 탈북자 11명이 샌디에이고 이민국 구치소에 구금돼 있는 것으로 알려졌다" 라고 보도하고 있다. 그 외에도 이들은 가족을 버리고 자신만 살아 나왔다는 죄책감, 북에 두고 온 가족에 대한 책임감, 남은 가족을 데리고 오는 데 드는 자금을 마련해야 한다는 절박함 등을 안고 있다.

한국영화계에서는 특히 2000년대 이후로 탈북자를 다룬 영화의 수가 점차 증가하였다. 국내에 들어온 탈북자들의 수가 증가하면서 그들의 문제가 정치적·사회적·문화적으로 중요한 이슈로 대두되었기 때문이다. 이 장에서는 탈북자를 다룬 세 편의 영화 〈경계〉, 〈무산일기〉, 〈국경의 남쪽〉을 분석함으로써 한국 사회에서 다문화 구성원으로서 살고 있는 탈북자들의 현실을 살펴보고자 한다. 조선족 출신 장률 감독이 만든 〈경계〉(2006)는 탈북이 여전히 진행 중인 최순희와 그의 아들 창호가 몽골 사막에서 겪어야 하는 불안감과 위험을 다루고 있다. 박정범 감독의 〈무산일기〉(2011)는 탈북자 청년이 남한 사회에 적응하는 과정에서 겪는 냉대와 차별로 인해 하위주체의 신분에서 벗어나지 못하는 모습을 다룬다. 이에 반해 〈국경의 남쪽〉(2006)에 나오는 김선호는 북한에서도 관현악단이라는 비교적 상류층 직업을 가졌을 뿐만 아니라, 남한에 내려와서도 식당을 운영하는 등 유복한 생활을 한다. 이 영화는 탈북 과정이나 남한 정착의 어려움보다는 연인이었던 남녀가 탈북하는 과정에서 헤어져 결국 이루어질 수 없는 사랑 때문에 아파하는 멜로드라마에 더 초점을 맞춘다. 이 세 편을 택한 이유는 이 영화들이 각각 1) 아직 완성되지 않은 탈북, 2) 남한 정착의 어려움, 3) 비교적 안정적인 정착을 이룬 주인공의 모습을 각각 과정별로 보여 주기 때문이다.

하위주체로서의 탈북자

 가까스로 북한을 탈출한 탈북자들을 기다리고 있는 것은 한국에서의 안정되고 안락한 삶이 아니다. 그들은 신변의 위협과 굶주림의 고통을 견디며 한국 땅을 밟지만, 한국에 정착한 뒤에도 언어가 다르고 문화가 다른 그들이 할 수 있는 일은 한정되어 있고 육체노동을 팔아 영위할 수 있는 삶은 이미 정해져 있다. 한국에서 이주노동자와 결혼이주 여성들의 삶을 힘들게 하는 것이 스스로 말할 수 있는 능력을 상실하여 목소리를 내지 못하는 하위주체 신분이라면, 이는 탈북자들에게도 그대로 적용될 수 있다. 이들은 언어를 통해 의사소통하는 통로가 막히거나, 스스로 신분이 드러날까 봐 자신의 언어를 통제하는 위치에 놓인다. 고향이 어디냐는 질문을 받을 때 이들은 강원도라고 하거나 연변이라고 둘러댄다.

 감독 본인의 정체성 자체가 근원적 불안감과 이중성을 내포하고 있는 조선족 출신 감독 장률의 〈경계〉에서는 탈북 과정에서 남편을 총탄에 잃은 최순희라는 여성이 창호라는 아들을 데리고 몽골의 사막을 유랑한다. 그녀는 항가이라는 남자의 게르^{Ger} 앞에 등장하여 하룻밤 쉬고 가기를 청한다. 부인과 딸을 울란바토르로 보내고 몽골에서 초원을 가꾸기 위해 나무 심는 일을 하고 있는 항가이 앞에 이들이 등장하면서 하나의 의사^{擬似} 가족이 탄생한다. 몽골어와 조선말을 각각 사용하는 이들은 의사소통이 원활하지 않다. 그러나 라디오에서 나오는 '아리랑'을 창호가 따라 하면서 항가이는 그들이 북한에서 온 것을 알게 된다. 원래 하룻밤만 머물고 떠나려던 계획이었으나, 걷는 일이 넌더리가 나고 안정된 생활을 갈망하는 창호의 애원에 순희는 당분간 신세를 지겠다고 결정한다. 순희는 항가이에게 깍듯이 예절을 갖추어 대하고, 항가이 또한 창호에게 말을 태워 주고 장난감을 사 주는 등 애정을 표시한다. 특히 지나가던 사람들이 그들이 탈북자인 줄 알고 팔아넘기려고 했을 때 항가이가 총을 가지고 나와 그들을 내쫓은 날 밤, 창호는 엄마와 함께 자다가 항가이의 침대로 가서 그의 옆에서 잠든다. 창호와 항가이 사이에는 의사 부자 관계가 형성된다. 잠시 선한 사람을 만나 안정되고 평온한 삶을 누리고 있지만 이 평화는 언제 깨질지 모르는 불안한 평화이며 이들은 인신매매꾼의 위협에 언제나 노출되어 있다. 어느 날, 이 삭막한 사막에 마치 꿈에서처럼 한국의 촬영팀이 와서 작업을 하는 것을 보자, 순희는 그들을 따라가려고 창호에게 짐을 싸라고 한다. 그녀는 남조선으로 가기 싫다는 아이를 때리며 "아버지가 어케 돌아가셨는지 잊었어?"라고 다그치며 촬영팀이 있는 곳으로 달려가지만, 그들은 마치 꿈에서 본 사람들처럼 사라지고 없다.

항가이가 딸을 보러 울란바토르로 간 사이, 창호는 엄마에게 항가이 아저씨는 왜 여기에 나무를 심는지 묻는다. 초원을 보호하기 위해서라고 엄마가 대답하자, 창호는 "우리도 보호를 받아야 되잖아요. 항가이 아저씨도 없는데 누가 우리를 보호해 주나요?"라고 말한다. "이제 떠날 때가 되었나 보다"라고 하는 엄마의 말에, 아이는 그냥 여기에 있자면서 "걷지도 않고. 사람도 없고"라고 대답한다. "너는 사람이 싫어?"라고 엄마가 묻자, 아이는 "사람이 없으면 안전하잖아요"라고 말한다. 어디에도 속하지 않고 나무와 풀만큼의 보호도 받지 못하는 뿌리를 잃은 탈북자의 처지를 이 대화는 잘 보여 준다. 국경을 넘는 순간, 이들은 국외자가 되고 그들이 마주치는 사람들은 의지하기보다는 피해야 할 사람들이다. 주진숙, 홍소인의 주장처럼 이들은 "고향으로 돌아갈 수도 없는 존재"이면서 "또한 이곳에서 뿌리내리고 살 수 없는"(605) 존재이다.

더구나 최순희는 육체를 가진 여성으로서 그 몸에 차별과 착취와 고난의 역사를 새긴다. 김지미는 "여성은 언어를 박탈당한 채 대부분 육체를 통해 그 사회와 지역이 품고 있는 민족적 이질감, 차별, 역사적 상처, 격동하는 도시의 불안감 등이 은유적으로 폭발하는 상징적 공간으로 묘사된다"(126)고 주장한다. 항가이는 그녀를 인격체로 대하고 양의 새끼가 태어나는 날 밤, 그녀를 깨워 도움을 요청할 정도로 그녀를 의지하고 존중한다. 그러나 아내와의 관계가 원만하지 않고 아내가 딸과 함께 도시로 나가 돌아오지 않는 상태에서, 그는 어느 날 술에 취해 순희를 안으려 한다. 순희는 그의 칼을 뽑아 양 우리에 들어가 양 새끼를 죽여 그의 발 앞에 던짐으로써 처절하게 자신의 육체에 대한 존엄을 지키려 한다. 비록 항가이가 그녀를 인격체로 대하고 다른 인신매매꾼들로부터 그녀를 지키려 하지만, 몽골의 황량한 사막에서 그녀는 항가이에게 육체적 생존을 의존할 수밖에 없는 하위주체일 뿐이며, 그러한 권력 구조 속에서 여성의 육체는 위계의 차이를 표시하는 기표가 된다. 그녀의 육체에 대한 이러한 위협이 일회성에 그치는 것이 아니라는 사실은 항가이가 집을 비운 사이 그녀를 덮친 군인의 시도에서도 잘 나타난다. 그 또한 순희를 차에 태워서 게르에 데려다 주고 창호와도 잘 노는 등 좋은 관계를 유지했지만, 항가이가 없는 상태에서 술을 마시고 그녀에게 달려든다. 항가이의 귀환이 늦어지면서 군인은 계속해서 순희를 찾아오고, 그들이 차 안에서 섹스를 하는 장면에서 순희는 적극적으로 그를 끌어안으면서 탐닉하는 모습을 보인다. 자다가 밖으로 나와 그 장면을 발견한 창호는 다시 천막 안으로 들어가 총을 가지고 나온다. 그것은 항가이가 울란바토르로 떠나면서 집을 지키라고 창호에게 준 총이다. 이 사건이 있은 후 그들은 항가이가 오기를 더이상 기다리지 않고 다시 먼 길을 떠난다. 카메라는 언덕을 오르고 휘몰아치는 바람을 뚫고 사막을 가로지르는 모자의 모습을 보여 준다. 초원이 나타난 후 창호는 "엄마, 앞에 큰 길이 보여요"라고 하지만 다음 순간 우리가 보는 이미지는 넓은 다리이고, 카메라가 파노라마로 360도 회전에서 돌아오면 다리 위에는 모자가 안 보이고 처음에 없던 리본이 매어 있다. 그들이 정말 가고 싶어 했던 한국 땅에 갈 수 있었는지는 알 수 없으며, 지금도 사막을 헤매는 수많은 순희와 창호가 있다는 것을 장률 감독은 마지막 이미지로 보여 준다.

〈무산일기〉에 나오는 승철은 탈북자가 이 땅에 발붙이고 산다는 것이 얼마나 지난한 일인지를 몸으로 보여 주는 존재이다. 박정범 감독이 직접 연기한 승철은 하층민 중의 하층민이다. 북한에서 배가 고파 옥수수를 가지고 다투다가 우발적으로 친구를 살해하고 탈북한 그는 남한에 와서도 벽보 붙이는 일을 하면서 친구인 경철의 집에 얹혀 근근이 살아간다. 차들이 속도를 내며 달리는 위험한 도로에서 위험을 무릅쓰고 포스터를 붙이지만, 그나마 그 구역을 점거하고 있는 조폭의 행동대원들에게 걸리는 날이면 사정없이 매를 맞고 쫓겨난다. 그가 붙이는 벽보는 다음 날 늘 떨어져 있어서 그를 고용하는 사람은 일을 잘 못하는 그를 언제라도 해고하겠다고 위협하면서 4천 원 시급을 주는 것조차 생색을 낸다. 그를 도와주는 형사가 다른 곳에 취업을 시키려고 해도 125로 시작되는 탈북자 주민번호로 인해 그는 거절당하기 일쑤다.

승철은 또한 같은 탈북자에게도 무시당하며 괄시를 받는다. 같은 탈북자이면서 남한 사회에 너무나 잘 적응하여 사기와 절도 등을 일삼는 그의 친구 경철은 이처럼 가난한 처지의 승철에게 "거지 새끼"라고 하면서 "목숨 내걸고 이까지 와서 5천 원 받겠다고", "니 꼬라지를 봐라"며 욕한다. 경철은 여자 친구를 데려와서 승철이 있는데도 불구하고 개의치 않고 섹스를 하며, 그 여자는 승철이 빨래를 하고 있는 화장실에 들어와 아무렇지도 않게 소변을 볼 정도로 승철의 존재를 아예 무시한다. 경철은 브로커, 도둑질, 안보 강연 등을 통해 번 돈을 흥청망청 쓰며 그 돈으로 승철에게 비싼 외국산 브랜드 점퍼를 사 준다. 그러나 이튿날 그 점퍼는 포스터를 붙였다고 시비를 거는 깡패들의 면도날에 갈기갈기 찢겨진다. 정치적·계급적 약자인 승철은 남한 사회에서 있으나마나 한 존재, 보이지 않는 존재이다. 그에게 남한은 북한과 다를 것이 하나도 없으며, 북한의 무산茂山 출신인 그가 남한에서 살아가는 이야기는 무산無産 일기인 것이다.

이처럼 발에 밟히는 벌레와 같은 삶을 살지만 승철은 성품이 착하고 성실하다. 자본주의 체제에 약삭빠르게 적응하지는 못해도 시키는 일은 우직할 정도로 열심히 하며, 나쁜 일은 절대로 하지 않는다. 점퍼를 사 주겠다고 백화점에 간 친구가 바지를 훔쳐서 주자, 그는 "남조선까지 와서 이러니?"라면서 그것을 도로 갖다 놓자고 한다. 그는 노래방에서도 취객이 노래를 부르다가 도우미 아가씨를 성희롱하려고 하자, 그것을 말리려고 하다가 손님에게 얻어맞는다. 또한 친구들의 돈을 맡아서 중국에 보내는 일을 하면서 중간에 돈을 갈취한 경철의 행각이 드러났을 때에도, 승철은 박형사에게 이를 알리기 위해 전화했다가 정작 박형사가 받으니까 그냥 전화했다면서 끊는다. 그는 모든 것을 자포자기하며 별다른 희망이 없이 살아간다. 교회 모임에 가서 자신이 북한에서 사람을 죽인 이야기를 했을 때 박형사가 "그런 쓸데 없는 소리 뭐하러 하냐? 살인한 놈하고 친구하려는 사람 있겠냐?"라고 해도, 승철은 "저 어차피 친구 없습니다"라고 대답한다.

이런 그가 늘 우러러보며 동경하며 친구가 되고 싶은 존재가 바로 숙영이라는 여자이다. 그는 그녀를 보기 위해 교회에 열심히 다니며, 그녀가 가는 곳마다 따라다니다가 그녀가 노래방에서 일하는 것을 알고 그 노래방에 아르바이트생으로 취직한다. 처음에 승철이 같은 교회를 다닌다는 것을 알고 숙영은 왜 교회에 다닌다는 말을 안 했냐고 나무란다. 그는 교회를 갈 때면 경철의 옷을 빌려 입고 깔끔한 모습으로 숙영 앞에 나타나려고 애쓴다. 노래방에서 취객들을 말리다가 해고된 후 숙영과의 사이가 단절되는 듯했지만, 교회에서 그가 살인한 것을 고백한 후 그녀가 오히려 그를 동정하면서 "우리 친구할래요? 교회 친구해요"라고 다정하게 다가온다. 그는 다시 노래방에 취직하고 깔끔한 양복과 머리 스타일을 하고 숙영과 같이 스파게티도 먹는다.

숙영 외에 그가 마음을 둔 상대는 바로 백구라는 개다. 그는 광장 앞 DVD 장수가 3만 원에 가져가라고 했을 때 돈 없다고 데리고 가지 않다가 그 개가 버림을 받자 집으로 데려온다. 그는 개를 목욕탕으로 데려가 정성껏 씻기고 사료도 사서 먹인다. 경철은 승철에게 개를 갖다 버리라며 개를 학대한다. 개의 처지를 자신과 동일시하며 정성을 쏟는 승철에게는 친구가 개를 학대하는 것은 바로 자신을 학

대하는 것과 같다. 경철은 승철이 없는 사이에 개를 끌어다가 애견
숍에다 팔려고 하지만 잡종이라고 팔리지 않는다. 개를 버리고 돌아
온 경철은 개의 행방을 묻는 승철에게 "내가 풀어 줬어. 니 꼬라지에
개새끼 데리고 있는 거 보니 개새끼가 불쌍해 보이더라"라고 말한
다. 가까스로 잃어버린 개를 다시 찾기는 하지만, 승철이 달라진 모
습을 보이는 것은 바로 이 시점이다.

　세상에 부대끼고 자신을 멸시하는 경철에게까지 착한 마음으로
대했던 그가 완전히 다른 사람이 되는 것은 바로 자신이 동일시했던
백구를 잃는 경험을 통해서이다. 다른 탈북자들의 돈을 갈취한 경철
이 사람들에게 쫓기다가 승철에게 숨겨 둔 돈을 갖다 달라고 할 때,
승철은 "내가 네 돈 갖다 준다. 이제 너는 내 친구 아니다. 알겠니?"
라고 말한다. 항상 고자세로 대하던 경철이 버스 정류장에서 기다리
겠다면서 "마지막 부탁이다"라고 애걸하지만, 승철은 버스가 정류
장에 도착하자 버스 창문 틀 뒤로 몸을 숨기고 정류장을 지나친다.
그는 경철의 돈으로 머리도 자르고 고급 양복점에 걸린 옷도 구입한
다. 복장의 변신은 그의 내면의 변신을 상징하는 메타포이다. 언제
나 혼자였던 사회 부적응자 승철은 이제 교회 성가대에도 들어가고
숙영과도 스파게티 데이트를 한다. 노래방에서 다시 일하게 된 승철
은 숙영의 심부름으로 편의점에 갔다가 돌아오면서 백구가 차에 치
어 죽어 있는 것을 발견한다. 그 장면은 롱테이크로 서서히 백구에
게 다가가는 승철을 오랫동안 보여 준다. 그러나 그는 백구의 시체
를 수습하지 않은 채로 돌아선다. 자신의 분신처럼 아끼던 개가 죽
었는데 슬퍼하거나 묻어 주지 않고 냉정하게 돌아서는 것이다. 그
다음 순간, 영화는 갑작스럽게 사운드트랙이 종결하면서 화면에 "지

금은 고인이 된 전승철씨에게 이 영화를 바칩니다"라는 자막과 함께 끝을 맺는다. 방유리나는 "백구의 죽음은 곧 승철의 죽음"(223)이라고 주장하는데, 승철이 노래방으로 돌아간 후 어떠한 삶을 살게 되었으며 어떠한 연유로 죽음을 맞이했는지는 알 수 없으나 자신처럼 순진했던 백구의 죽음을 뒤로하고 경철처럼 약삭빠르게 사회에 적응하는 삶을 끌어안았을 때 승철이 죽음을 맞게 되었음을 영화의 마지막 장면은 함축적으로 보여 주고 있다.

〈국경의 남쪽〉의 김선호는 다른 두 명의 주인공과는 조금 다른 탈북과 정착 과정을 겪는다. 할아버지의 출신성분 때문에 평양에서 유복하게 살던 그는 죽은 줄만 알았던 할아버지가 남한에 기업가로 살아 계시고 그것을 보위부에서 눈치채게 되면서 가족과 함께 남한으로 탈북한다. 압록강을 건넌다거나, 독일 대사관으로 몸을 날려 망명하는 장면이 처절하고 리얼하다기보다는 약간 코믹하게 묘사된 그의 탈북 과정은 정착 과정에도 연결되어, 그의 가족은 모란봉 라이브 식당을 개업하여 성공적으로 사업을 운영한다. 그가 남한에서 겪게 되는 어려움은 북에 두고 온 연화를 데려오기 위해 브로커에게 거의 전 재산이나 다름없는 정착금을 투자한 뒤 그것을 날린 것이다. 〈무산일기〉에서도 볼 수 있었던 탈북자들을 대상으로 한 이런 사기 행각은 이들을 힘들게 하는 시련 중 하나이다. 김선호는 몸으로 뛰어 돈을 벌 수밖에 없다고 생각하고 치킨 배달, 나이트클럽 종업원, 교회 간증 등 가리지 않고 달려든다. 치킨집 사장인 경주가 그를 면접할 때 고향이 어디냐고 묻자, 선호는 강원도라고 출신지를 속인다. 김선호의 보이스오버 내레이션으로 진행되는 이 영화는 그의 탈북 이야기라고 할 수 있지만, 그를 만나기 위해 목숨을 걸고 내려 온 연화의 이야기이기도 하다. 벅찬 가슴에 사랑하는 사람을 다시 만났지만 그는 이미 결혼한 상태이고, 하나원에서 나온 그녀에게는 이제 다시 적응해야만 하는 남한 사회가 기다리고 있다. 사랑의 도피 행각으로 어느 시골 민박 집에 머물렀을 때 선호는 연화의 다리에 난 총상 자국을 보게 되고, 그것이 탈북 과정에서 입은 상처라는 것을 알게 된다. 연화 또한 〈경계〉의 순희 남편이 그랬듯이 총에 맞아 죽을 위험을 겪은 것이다.

그러나 〈국경의 남쪽〉에 묘사된 남한 사회는 선호에게 사기를 친 사기꾼을 제외하면 마음씨 따뜻한 사람들이 사는 곳이다. 사기꾼 패거리에 맞서서 만신창이가 된 그를 치킨집 주인 경주는 따뜻하게 치료해 주고 그에게 일자리도 주며 결국 그의 아내가 된다. 연화가 접하는 남한 사회 또한 그렇게 각박한 사회는 아니다. 하나원에서 동료와 함께 생활하며 한국을 배워 가는 과정도 즐거워 보이며, 선호가 불쑥 하나원에 찾아왔을 때에도 면회를 할 수 있도록 배려해 주는 것도 하나원 관리들이다. 하나원의 박과장은 연화를 특별히 배려하여 선호와 하루 동안 시간을 보낼 수 있도록 외출을 허락해 준다. 하나원을 수료하고 임대아파트가 나올 때까지 임시로 기거할 모텔까지 데려다 준 담당 형사 또한 매우 친절하다. 아기 돌사진을 찍으러 간 사진관에서 선호는 연화가 담당 형사와 눈이 맞아서 결혼한 것을 알게 된다. 결국 선호와 연화 모두 그들에게 친절을 베푼 남한 사람과 각각 결혼한 것이다.

이 영화가 멜로드라마의 설정상 남북한 삶의 각박함보다는 탈북 상황으로 인한 이별의 아픔에 초점을 두고 있기 때문에 하위주체로서의 삶의 현실은 부각되지 않은 듯하다. 선호는 온 가족이 탈북했을 뿐 아니라, 남한에 있는 기업가 할아버지 덕분에 순조로운 출발을 할 수 있었고, 연화 또한 좋은 남한 사람과 결혼하여 어렵지 않게 하위주체에서 신분 상승을 한 것으로 짐작할 수 있다.

디아스포라는 여전히 진행 중

탈북자 중에는 남한에서의 삶에 끝내 만족하지 못하고 또 다른 이주의 길을 떠나는 사람들이 있다. 신혜란 교수는 런던, 칭다오, 그리고 서울에 사는 조선족을 연구한 《우리는 모두 조선족이다》에서 런던에 탈북자들이 꽤 살고 있는 이유에 대해 "한번 옮긴 사람은 '더 나은 환경'을 찾아 모험을 할 결단력이 증명된 만큼 앞으로도 충분히 그럴 가능성이 있기 때문이다"(208)라고 말한다. 2011년 말 기준 망명자 지위를 인정받은 북한인 중 영국 거주자가 603명으로 가장 많다고 지적하면서, 신교수는 "2014년 기준으로 뉴몰든에 있는 한인은 4000명인 데 견줘 조선족은 4000여 명이고 탈북자는 400명이다. 한국 사람 대 북한 사람의 비율이 10대 1이나 된다"(210)라고 지적한다.

한국으로 간 탈북자들이 다시 한국을 떠나는 가장 큰 이유를 한국인 송기완(60대.남.가명) 씨는 차별이라고 했다. 탈북자들은 자기를 조선족하고 곧잘 비교한다. 조선족은 국적이 중국이고 자기들은 어쨌든 한국(북한을 포함한 한반도를 뜻한다)인데 왜 조선족보다 북한 사람을 멸시하냐는 식이다. 북한 사람은 조선족보다 더 한국 사람들하고 다르기 때문이라고 송기완씨는 짐작했다. 조선족은 절반은 자본주의에 물든 반면 북한 사람은 하나도 물들지 않아 사고나 행동부터 차이가 나서 탈북자를 더 싫어한다는 말이다.(209)

런던에 온 탈북자들은 그곳에서도 영국인뿐만 아니라 조선족으로부터 차별을 받는다고 한다. 이삿짐 회사에 조선족이 있느냐는 질문에 "조선족들이 이런 일 하나요? 북한 사람들이나 하지"라고 대답이 돌아왔다고 이 책은 말한다. 신혜란 교수는 이어서 "북한 사람은 조선족의 조선족이라는 말 같았다"(207)고 적고 있다. 그럼에도 불구하고 탈북자들이 한국을 떠나 영국으로 또다시 디아스포라의 길을 떠나는 이유에 대해, 어느 탈북자는 "한국 사회는 (탈북자에게) 한국 사람도 하기 힘든 걸 하라고 다그치고 기다려 주지 않아요. 영국 사회는 계속 돈을 주면서 끈질기게 기다려 주니까 진정으로 적응을 하게 되는 것 같아요"(213)라고 말한다.

〈경계〉는 여전히 진행 중인 최순희의 디아스포라 이야기를 다룬다. 걸어도 걸어도 끝이 없는 사막을 걸어서 결국 순희가 당도하게 될 정착지는 어디인지 알 수가 없다. 과연 그녀가 인신매매꾼과 자연의 위협을 이겨 내고 끝까지 살아남을지도 알 수 없다. 이에 반해 〈무산일기〉와 〈국경의 남쪽〉은 한국 사회에 정착한 탈북자의 이야기를 다룬다. 그러나 앞에서 살펴보았듯이 〈무산일기〉의 승철은 어느 인터뷰 대상이 말하듯이 "한국 사람도 하기 힘든 일"을 하면서 차별을 받고 살아간다. 취직도 되지 않고 가장 밑바닥에서 남들이 하기 싫어하는 일을 하면서 하루하루 잡초처럼 살아가는 것이다. 승철의 친구인 경철처럼 한국의 자본주의 체제에 잘 적응한 친구는 나름대로 다른 삶을 모색한다. 친구들끼리 모여서 술을 마시는 자리에서 그들은 4천 원 받는 승철에게 "목숨 내걸고 이까지 와서 5천 원 받겠다고"라고 하면서 미국에 가면 1만 원 최하 8천 원을 받는다고 이야기한다. 양주를 마시고 포르노 잡지를 보면서 더 큰 자본주의 사회를 동경하는 이들은 결정적인 사건이 터질 때 그것을 실행에 옮기려고 한다. 경철은 삼촌이 공안에 붙잡히자, 승철에게 미국에 같이 가자고 한다. 한국에서 문제가 생기거나 더 이상 만족하지 못할 때 탈북자들은 또 한 번의 이주를 꿈꾼다.

〈국경의 남쪽〉에서도 김선호는 이미 다른 사람과 결혼한 상태에서 이연화가 탈북해서 남한에 오자 난감한 처지에 빠진다. 그는 결혼 사실을 숨기고 연화를 만나지만, 그의 식당을 취재한 텔레비전 프로그램을 통해 연화가 이 사실을 알게 된다. 중간에 들은 잘못된 소식으로 인해 연화가 결혼했다고 생각하고 남한에서 다른 여자와 결혼한 선호는 두 여인 사이에서 이럴 수도 저럴 수도 없는 처지에 빠진다. 연화와 함께 바닷가로 도피여행을 간 선호는 "우리 여기 떠나자. 남조선 떠나자. 미국이든, 중국이든"이라고 말한다.

공간

세 작품에서는 공간의 이분법적인 설정이 두드러진다. 〈경계〉에서는 사막과 울란바토르, 〈무산일기〉에서는 승철이 살고 있는 철거촌 임대아파트와 도시의 화려한 유흥가와 백화점과 교회, 〈국경의 남쪽〉에서는 북한과 남한의 유원지와 일터가 서로 대조되면서 제시된다. 〈경계〉에서 항가이가 불모화되어 가는 사막에 나무를 심고 물을 주는 것은 "시간과 함께 찾아온 변화를 거스르는 행위"이며, "도시와 자본의 질서가 원초적인 남성성을 훼손하기 이전의 시공간으로 돌아가고 싶은 무의식의 표출이라고 읽을 수 있다"(김지미 134).

묘목을 판매하는 사람조차 항가이가 마지막 남은 사람이라면서 그 일을 그만두라고 충고한다. 그러나 항가이는 도시에서 살아갈 수 없는 사람이다. 울란바토르에 간 장면에서 그는 아내와 딸과 한 마디도 나누지 않고 밤에 술집에서 늦게까지 술을 마시다가 병이 나서 쓰러진다. 병실에 누워 있는 그를 보러 와서도 그의 아내는 말 한 마디 하지 않고 딸의 손을 잡고 나간다. 울란바토르에서 항가이가 시간을 보내는 장면은 순희가 있는 사막 장면과 크로스커팅으로 진행된다. 도시의 놀이터에서 항가이의 딸이 아빠라고 부르며 쫓아나오는 장면 다음에는, 망원경으로 먼 곳을 보다가 항가이 아저씨가 오는 것으로 착각하고 소리치는 창호의 장면이 이어진다. 다음 장면에서 도시 아파트에서의 삭막한 부부 관계와 항가이가 술집에서 술을 마시는 장면은, 게르 안에서 순희가 등불을 들고 들어와서 마유를 젓는 장면으로 이어진다. 술을 마시고 광장에 쓰러져 신음하는 항가이와 나무에 물을 주는 순희, 병실에 누운 항가이와 차에서 군인과 섹스하는 순희, 말 타고 돌아오는 항가이와 짐을 꾸려서 떠나는 모자가 계속 크로스커팅으로 전개된다.

창호의 말대로 순희 모자에게 사막은 더 안전한 곳이며 오히려 사람이 있는 곳이 더 위험하다. 김지미는 "초원은 미개함이나 불모성의 기표가 아니라 인적 없어 더 안전한 안식처로 상징화된다"(127)고 주장한다. 사막은 생명이 없고 나무도 자라지 않고 자연의 위협에 노출되어 있는 곳이지만 사람의 위협으로부터는 보호가 되는 곳이다. 순희가 항가이가 돌아오는 것을 기다리지 않고 떠나는 것은 군인과의 정사를 목격한 창호가 총을 들고 나와 그를 쫓은 후이다. 안전한 곳으로 여겨지던 사막이 일단 침범을 당하고 난 뒤에는 더 이상 안전한 곳이 아니며, 그들은 또 다른 안전한 곳을 향하여 떠나야 한다.

〈무산일기〉에서 승철이 거주하는 공간은 철거 현장의 임대아파트로, 그는 숙영을 만나기 위해 폐허를 가로질러 언덕 높이 우뚝 서 있는 교회를 향해 올라간다. 백태현은 영화가 "승철의 모습과 공간은 원시적인 곳으로 미장센화하고"(122) 있으며 "영화 속 모든 지표들의 화살표는 북한과 남한 모두 비인간적인 공간으로 가리키고 있다. 승철은 두 개의 장소를 가로지르는 연약함의 표상일 뿐이다"(133)라고 지적한다. 교회에서 숙영과 관계된 모든 공간과 장소들은 깨끗하고 세련되며, 승철의 누추함을 오히려 드러내고 있다. 승철이 교회에 다니는 줄 모르다가 교회에서 우연히 그를 발견한 숙영의 시선은 하이 앵글로 아래쪽에 앉아 있는 승철을 멀찌감치 내려다본다. 차들이 위험하게 달리는 도로 위와 뒷골목에서 포스터를 붙이는 승철은 오직 쇼윈도우를 통해서만 남한의 화려한 세상을 구경할 수 있다. 양복을 구경하다가 정작 점원이 나와서 구두의 사이즈를 묻거나 하면 그냥 도망치기에 바쁘다. 그는 경철의 돈을 차지하기로 결심한 이후에야 미용실에 가서 머리도 자르고 양복도 새로 사 입는다. 비로소 남한 사회에 적응하기 시작한 것이다.

〈국경의 남쪽〉에서의 공간의 대조는 남한과 북한의 대조이다. 선호가 현실에서 바쁘게 살다가 과거의 기억을 떠올리는 사건이 발생하면, 영화는 플래시백으로 과거로 돌아가 평양에서의 장면을 보여준다. 가령, 선호는 술에 취한 아버지가 호른을 사 오자 과거 태양절 행사 때 관현악단에서 그것을 불던 추억을 떠올린다. 댄스 파티를 하던 군중들 속에서 연화를 발견하고 따라가서 교제가 시작되던 장면을 한참 동안 보여 주는 것이다. 하나원 박과장의 배려로 연화가 외출했을 때 두 사람은 놀이동산에 가서 관람차를 탄다. 이때 장면은 북한의 놀이터 장면과 교차하면서 북한의 관람차 안에서 키스하던 장면과 현재 남한의 관람차 안에서 키스하는 장면이 연이어 제시된다. 그러나 이 영화는 탈북자의 남한 정착의 어려움을 다루기보다는 두 사람의 애틋하면서 이루어질 수 없는 사랑을 다루고 있기 때문에 북한의 실상이 가혹하게 제시되거나 남한에서의 냉대나 차별이 부각되지 않는다. 평양의 거리, 지하철, 놀이동산, 광장 등이 매우 깔끔하고 세련되게 그려진다. 이에 대해 강성률은 "이제까지 등장한 영화 가운데 평양의 거리가 가장 아름답고 낭만적으로 그려졌다"(12)고 말한다.

카메라

〈국경의 남쪽〉이 멜로드라마 장르 영화로 제작되어 전통적인 카메라 기법과 내러티브를 따라간다면, 〈경계〉와 〈무산일기〉는 매우 독특한 카메라 기법을 사용하여 많은 학자들의 연구 대상이 되었다. 〈경계〉에서 가장 눈에 띄는 것은, 한 박자 늦게 따라가는 카메라의 패닝이다. 즉, 화면 속 등장인물이 이동을 하여 <u>오프스크린</u>으로 사라지면 카메라는 한 박자 늦게 패닝하여 그를 잡는 것이다. 이것에 대해 김지미는 "몽골의 시간 개념에 기반을 둔 카메라 워크"(127)라고 했으며, 주진숙은 "장률은 영화에서 인물들을 거리를 둔 카메라로 따라간다. 그의 카메라는 인물들로부터 멀리 떨어져 존재하며, 카메라의 움직임도 최소화한 채 인물들의 행위나 감정에 어떠한 개입도 배제하는 태도를 취한다"(607)고 지적한다. 배경 음악이 전혀 없이 대사 또한 절제된 상황에서 두 명 혹은 세 명의 인물이 벌이는 사막에서의 광경은 이처럼 느린 호흡의 카메라워크로 포착하는 것이 매우 적절하게 보인다.

〈경계〉에서 또 두드러지게 눈을 끄는 카메라워크는 핸드헬드이다. 이것을 볼 수 있는 첫 번째 장면은 낮에 창호가 항가이에게 아버지가 탈북하다 총에 맞아 죽은 이야기를 하고, 항가이가 그를 말에 태워 준 밤이다. 창호와 함께 누워 있던 순희는 잠자리에서 일어나서 가방을 싸고 옷을 입고 스카프를 두르고 밖으로 나간다. 마치 먼 길을 떠나려는 사람의 복장이다. 밖에 나가면 안개가 낀 사막을 향해 걸어가는 순희의 뒤를 핸드헬드 카메라가 따라간다. 다음 장면에서는 순희가 다시 게르로 들어와 가방을 내려놓고 침대에 눕고, 같은 방향에서 나타난 항가이가 난로 앞에 앉아 소똥 연료를 난로에 더 넣는다. 두 사람 사이에 무슨 일이 일어났는지는 모르지만, 창호와 항가이 간에 의사 부자 관계가 성립되는 것을 본 순희가 아들을 두고 떠나려는 것을 항가이가 만류한 것이 아닌가 짐작된다. 그녀를 따라가던 핸드헬드 카메라의 시선은 분명 항가이의 시선이며, 이어서 순희가 들어오고 항가이가 뒤를 따라 들어오기 때문이다.

두 번째로 핸드헬드 카메라가 작동하는 것은 인신매매꾼들이 다녀간 날 밤이다. 그날 밤 엄마 곁에서 자던 창호는 항가이 곁으로 가서 잔다. 밤이 깊어지고 문이 열리는 소리가 들리자 그 소리를 따라 항가이는 밖으로 나간다. 순희는 완전히 나체가 되어서 사막을 걸어가고, 핸드헬드 카메라의 시선은 그녀를 어느 정도 따라가다가 멈춰서서 그녀가 언덕 너머로 사라지는 것을 본다. 다음 날 나무를 심다가 항가이는 여자가 심어 놓은 묘목을 다 뽑아 버리며, 게르에 와서도 창호가 가지고 노는 장난감을 빼앗는다. 가게에서 주인과 맥주를 마시던 항가이는 밤중에 술이 취해 돌아와 순희를 안으려다가 그녀의 완강한 저항에 부딪힌다. 이 일이 있은 후 순희는 창호를 다그쳐서 짐을 싸게 한 후 한국에서 온 촬영팀을 쫓아가려 하지만 그들은 이미 떠나고 없다. 다음 날 말을 타고 가던 어떤 몽골 여자가 항가이에게 매력이 많은 사람이라면서 같이 술을 마시다가 같이 말을 타고 들판으로 나가서 열정적인 정사를 나눈다. 다음 날 두 사람은 말을 타고 돌아오고, 몽골 여자는 쿨하게 악수를 하고 길을 떠난다.

  이 장면들을 어떻게 해석해야 할까. 순희가 도착하던 날부터 항가이와 순희 사이에는 성적인 긴장감이 깊이 깔리게 된다. 아내와의 관계가 원만하지 않아 홀로 사막에 사는 남자와, 남편을 도중에 잃고 아들을 데리고 사막을 떠도는 미모의 젊은 여자 사이에 이끌림이 없을 수가 없다. 그들은 서로를 최대한의 예의와 존중으로 대하지만, 성적인 긴장은 언제나 폭발할 위험을 내포하고 있다. 도착하자마자 바로 다음 날 떠날 계획이었던 순희 또한 창호가 항가이 앞에 무릎을 꿇고 애원하면서 자의반 타의반으로 눌러 앉고 오랜만에 찾아온 평온함과 안정을 누린다. 창호와 항가이 간에 유착 관계가 생기면서 순희는 혼자 떠나려고 시도하지만 항가이가 그것을 만류한다. 인신매매꾼들이 다녀간 다음 날 순희는 왜 나체로 밖으로 나간 것일까? 김지미는 "이는 어떤 사회적 관계도 간섭하지 않는 자연과 대면할 때만 그녀가 자신의 욕망을 주체적으로 드러낼 수 있음을 보여 준다"(129)고 해석한다. 한 남편의 아내이자 아이의 엄마로서 낯선 남자와 같은 공간에서 거주하며 욕망을 억압해야 했던 순희는 이런 식으로 밖에 자신의 성적인 욕망을 표출할 수밖에 없었던 것이다. 그러나 이것은 그동안 억눌러 왔던 항가이의 성적 욕망에 불을 붙이고, 그는 다음 날 묘목을 뽑고 장난감을 뺏는 행동으로 그것을 표출한 다음 술을 먹고 들어와 순희에게 육체적으로 접근한다. 칼로 양을 죽이는 과격한 행동으로 이를 거부한 다음 날 순희는 창호를 다그쳐 한국에서 온 촬영팀을 따라가려 하다가 무산된다. 다음 날 항가이는 말을 타고 온 여자와 사막으로 나가서 순희의 거부로 좌절된 남성성을 아무 거리낌 없이 폭발시킨다. 국경을 넘어 남의 땅에서 타자로 살아가는 순희의 육체는 하위주체의 육체이고 유린과 폭력의 대상이지만, 자신의 땅에서 아무 거리낌 없이 살아가는 몽골 여자는 자율적으로 항가이와 섹스하고 아무런 후유증 없이 쿨하게 떠난다.

〈무산일기〉를 찍은 박정범 감독은 본인이 주인공 승철의 역할을 맡아 척박한 남한의 현실을 있는 그대로 찍어 낸다. 마치 이탈리아 네오리얼리즘을 연상시키는 듯한 화면에서 조명은 어둡고, 세트는 현실 그대로이며, 주인공의 모습은 늘 그늘에 가려져 있어 그의 얼굴을 제대로 드러낸 장면이 얼마 되지 않는다. 카메라는 늘 승철의 뒤통수를 찍으면서 그가 움직이는 대로 따라다닌다. 시점 숏은 아니지만 관객은 승철이 보는 그대로의 남한의 현실을 본다. 특히 그가 숙영의 일거수 일투족을 관찰하며 그녀를 따라다니는 장면에서 핸드헬드 카메라는 그가 보는 그대로의 모습으로 숙영을 우리에게 제시한다. 카메라의 시점은 전자상가에서 마이크를 고치러 온 숙영을 밖에서 들여다보며, 전철역에서도 그녀가 나타나기를 기다려 어묵을 먹는 그녀를 바라보다가 그녀를 따라간다. 승철은 노래방에 들어가는 그녀를 보고 노래방에 아르바이트생으로 취직하기로 한다. 포스터를 붙이는 일을 하는 그는 항상 쫓기거나 도망치거나 숨 가쁘게 뛰어다닌다. 경철이 개를 버려 두고 왔을 때 백구를 찾기 위해 거리의 이곳저곳을 찾아다니는 그의 힘든 모습을 카메라는 따라간다. 그의 헐떡이는 삶의 현실을 핸드헬드 카메라는 같이 따라다니며 그의 눈에 비친 남한의 모습을 우리에게 보여 준다.

그러나 숙영을 보는 승철의 시점에만 롱 테이크를 할애하던 카메라가 승철을 롱테이크로 잡는 장면이 두 군데 있다. 첫 번째는 경철의 돈을 가로채기로 결심한 승철이 양복점에서 양복을 사 입고, 미용실에서 머리를 자른 후 성가대 가운을 입고 성가 연습에 참석했을 때이다. 숙영이 성가대원들에게 소개하고 자리에 앉아 연습에 참석한 그를 카메라는 멀리서 포착한 후 "나 같은 죄인 살리신" 찬양이 4절까지 진행되는 동안 점점 다가가 그의 얼굴을 가까이에서 잡는 지점까지 나아간다. "잃었던 생명 찾았고 광명을 얻었네"라는 찬양 가사에 부합하기라도 하듯, 화면은 전에 없이 밝고 머리를 손질한 승철의 얼굴도 깔끔하다. 두 번째 롱 테이크는 숙영의 심부름으로 편의점에 맥주를 사러 갔다가 나온 그가 차에 치어 죽은 백구를 발견하는 장면이다. 늘 그랬듯이 그의 뒤통수를 따라가던 카메라는 오랫동안 승철을 비추고 승철은 앞으로 나아가 카메라의 전면에서 자신을 풀숏으로 노출한다. 백태현은 이 장면의 중요성에 대해서 "그는 앞으로 걸어 나가 자신이 아끼던 백구의 죽음을 바라보는 모습을 관객들에게 스스로 전시한다. 이것은 영화 전체에서 사용했던 교묘한 연대를 최종적으로 파괴하는 순간이며 탈북자 같은 비국민에게 가해지는 시선의 폭력이 작동하는 순간이다"(136)라고 주장한다. 방유리나 또한 "이제 막 사회에 적응해 나가려 하는 승철에게 백구는 걸림돌이자, 지우고 싶은 과거가 되어 버린 셈이다"(223)라고 지적한다. 경철의 돈을 가로채기로 한 다음부터 영화는 승철의 시선과 동일시했던 관객에게 거리두기를 요청하면서 그를 시선의 대상으로 바라보게 하며, 백구의 죽음을 초연히 바라보고 사체를 지나치는 승철을 보여 준다. 그 순간 사운드트랙은 갑자기 멈추며 승철의 죽음을 애도하는 자막이 올라간다. 백구의 죽음과 승철의 죽음을 연결하려는 감독의 의도가 드러나는 순간이다.

교회의 묘사

탈북자들이 처음 남한을 접하는 것은 하나원이다. 남한의 문화와 사회와 습관, 생활방식에 대한 교육이 이곳에서 이루어지며, 탈북자들은 이곳에서 교육받고 순조롭게 남한 생활에 적응하는 훈련을 한다. 탈북자들이 남한 사회에 적응하도록 도와주는 또 하나의 기관은 교회이다. 〈무산일기〉와 〈국경의 남쪽〉에서는 교회가 이들을 어떻게 대하는지, 아니면 탈북자들이 교회를 어떻게 생각하는지를 보여 준다.

〈무산일기〉의 승철에게 교회는 숙영에게 다가가는 통로이다. 그가 교회에 가는 유일한 목적은 오로지 숙영이 거기에 있기 때문이며 그의 시선은 온통 숙영에게만 향한다. 자신의 외모에 대해 거의 신경을 쓰지 않는 승철이지만, 교회에 갈 때만은 친구 경철의 옷을 빌려 입고 깔끔한 모습으로 가려고 노력한다. 처음에 숙영은 교회에서 승철의 존재를 알지도 못하지만 승철이 노래방에서 일하기 시작한 후 우연히 교회에서 나오다가 구석에 앉아 있는 그를 보고 놀란다. 다음 날 노래방에서 숙영은 왜 교회에 다닌다는 사실을 이야기하지 않았냐고 따진다. 그리고 교회에서 다른 사람들에게 노래방에서 일하는 것을 말하지 말고 서로 아는 척하지 말자고 한다. 그녀는 노래방에서 일하는 것이 하나님께 부끄러운 일이며 죄악이라고 말한다. 승철이 노래방에서 일하면서 다시 한 번 숙영과 충돌하는 사건은, 술 취한 손님들이 도우미에게 성추행하려는 것을 말리려다 취객들과 싸움을 벌인 사건이다. 숙영은 승철을 밖으로 불러내어 "저런 사람들 왜 상관해요? 같은 교인으로서 충고하는데 여기서 일하는 여자들 좋아하지 마세요. 나중에 후회해요"라고 말한다. 즉, 승철이 노래방에서 일하는 여자들을 좋아해서 그들을 보호하기 위해 취객들의 행위를 말리려고 했다고 해석한 것이다. 이후 승철은 다시 한 번 노래방 도우미들과의 사건으로 결국 해고된다. 노래방 아가씨들의 권유로 "사랑하는 나의 아버지" 찬양을 그들과 함께 부르면서 춤을 춘 것이다. 숙영은 다시 그를 불러내어 화를 내면서 "교회 다니지 마세요. 이런 식으로 할 거 같으면. 왜 찬송가를 불러요? 도우미랑?"이라고 다그친다. 승철이 "아는 노래가 찬송가밖에 없습니다"라고 대답하자, 숙영은 그것을 거짓말이라고 여기며 "진짜 나쁜 사람이네.

지금 그걸 말이라고 해요?"라고 반박한다. 그 일로 인해 승철은 결국 노래방에서 해고된다.

기독교인인 숙영의 생각에 노래방은 타락한 곳이다. 그녀는 아버지가 아파서 대신 노래방을 운영하고는 있지만, 그 일은 다른 교인들에게 차마 이야기하지 못할 나쁜 직업이다. 그리고 그녀는 노래방에서 일하는 도우미 여성들을 "여기서 일하는 여자들"이라고 하면서 좋지 않게 본다. 이런 생각을 하고 있는 그녀의 눈에 승철이 도우미 여성들과 노래방에서 거룩한 찬송가를 부르는 일은 더욱더 신성모독적인 행위인 것이다. 승철이 아는 유일한 노래가 찬송가밖에 없다는 사실도 거짓말이라고 생각한다. 그녀는 "교회 다니지 마세요. 이런 식으로 할 거 같으면"이라면서 승철의 행위를 교회 다니는 사람이 결코 하지 못할 일로 비난한다.

이런 생각을 가지고 있던 숙영이 승철을 받아들이는 계기는 교회에서의 고백 때문이다. "사회 적응하고 사람 사귀라고" 형사가 승철을 교회의 기도 모임에 소개시키자, 사람들은 그에게 기도 제목을 내놓으라고 한다. 승철은 자신이 북한에서 배가 고파서 친구를 죽인 사실을 고백하고, 목사는 "그를 위해 기도합시다"라면서 "마음속에 근심 있는 사람"이라는 찬양을 부른다. 숙영은 그제서야 승철이 탈북자라는 사실을 알게 되고 그를 용서한다. 그녀는 아버지가 아파서 자신이 노래방을 운영하는 일과 승철이 사람을 죽이고 남한으로 넘어온 일을 불가항력적인 일이라고 동일시한다. 그러나 승철은 그 사실을 사람들에게 고백했고 자신은 그럴 수 없다는 사실 때문에 승철을 높이 평가하면서 그에게 다시 노래방에 나오고 친구가 되자고 권유한다.

숙영의 행위는 한국에서 교회 생활을 하는 일부 기독교인의 단면을 잘 보여 준다. 그녀는 성스러운 일과 속된 일, 거룩한 사람과 나쁜 사람이라는 이분법적인 시각으로 세상을 본다. 교회에 다니는 사람은 선한 사람이며 노래방 도우미는 타락한 여자이고, 교회에서 찬양하는 일은 거룩하지만 노래방을 운영하는 일은 남에게 숨겨야 되는 수치스러운 행동이다. 그녀는 아버지가 아파서 노래방을 운영하는 일과 배가 고파서 사람을 죽인 행위를 어쩔 수 없는 일로 동일시한다. 교회에서만 불러야 되는 거룩한 노래가 있고, 사회에서 부르는 타락한 유행가가 있다. 이처럼 성속의 잣대로 다른 사람을 재단하는 숙영이지만 자신 또한 "여기서 일하는 여자들" 속에 포함된다는 사실을 깨닫지 못한다. 비록 그녀가 죄를 고백한 용기 있는 행위 때문에 승철을 다시 받아들이긴 하지만, 그것은 그를 "탈북자"라는 카테고리 안에 그를 규정하고 그에 대한 동정으로 다가간 것이다. 교회는 "그를 위해 기도합시다"라고 하지만, 그를 위해 구체적으로 어떻게 도울지 알지 못하고 높은 언덕 위에 거룩한 모습으로 우뚝 서 있을 뿐이다.

〈국경의 남쪽〉에도 교회가 등장한다. 브로커에게 사기를 당한 선호는 다시 돈을 모아 연화를 데려오기 위해 치킨 배달과 나이트클럽 호객꾼 등 물불을 안 가리고 일에 뛰어들지만, 그에게 무엇보다 좋은 돈벌이 중 하나는 바로 교회에서의 간증이다. 그는 "안 가 본 교회가 없었다"고 할 정도로 많은 교회를 다니면서 간증을 했고, "북한에서의 생활총화로 단련된 저에겐 이런 연설쯤은 식은 죽 먹기였습니다"라고 큰소리친다. 그는 높은 곳에 올라가 십자가 불빛으로 가득 찬 서울 거리를 내려다보며 "십자가야. 더 많아져라"라고 외친다. 선호에게 교회는 간증을 통해 돈을 벌 수 있는 돈벌이 수단이다.

　이처럼 탈북자를 다룬 영화에서는 교회가 피상적인 말로만 그들을 위로하는 부정적인 모습으로 비치며, 강성률에 의하면 〈크로싱〉만이 "탈북자를 그린 영화 가운데 거의 유일하게 기독교를 긍정적으로 그린"[13] 영화이다.

I. 다문화주의

고부응. 〈영화 〈파이란〉의 민족성과 초민족성〉. 《비교문학》 48 (2009): 183-205.
마르티니엘로, 마르코. 《현대사회와 다문화주의》. 윤진 옮김. 한울, 2009.
문화콘텐츠기술연구원 다문화콘텐츠연구사업단. 《다문화주의의 이론과 실제》.
　서울: 경진. 2010.
배상준. 〈한국의 다문화 영화 - 장르적 접근〉. 《인문콘텐츠》 36 (2015): 75-108.
오경석 외. 《한국에서의 다문화주의: 현실과 쟁점》. 한울, 2007.
최성희. 〈다문화주의의 허와 실: 아시아계 미국 드라마에 나타난 양상을 중심으
　로〉. 《영어영문학》. 52.1 (2006): 3-30.
Anderson, Benedict. *Imagined Communities: Reflections on the Origin and Spread of Nationalism*. London: Verso, 1991.
Belton, John. *American Cinema/American Culture*. New York: McGraw-Hill, 2005.
Benshoff, Harry, and Sean Griffin. *America on Film*. Malden, MA: Blackwell, 2004.
Berson, Misha. *Between Worlds: Contemporary Asian-American Plays*. New York: Theatre Communication Group, 1990.
Bogle, Donald. *Toms, Coons, Mulattoes, Mammies, and Bucks*. New York: Continuum, 2001.
Ch'maj, Betty E.M. *Multicultural America: A Resource Book for Teachers of Humanities and American Studies*. Lanham: University Press of America, 1993.
Ezra, Elizabeth and Terry Rowden. "General Introduction: What is Transnational Cinema?" *Transnational Cinema: The Film Reader*. Eds. Elizabeth Ezra and Terry Rowden. London: Routledge, 2006. 1-12.

Feng, Peter X, ed. *Screening Asian Americans*. New Brunswick: Rutgers UP, 2002.

Guerrero, Ed. "Spike Lee and the Fever in the Racial Jungle." *Film Theory Goes to the Movies*. Ed. Jim Collins, Hilary Radner, and Ava Preacher Collins. New York: Routledge, 1993. 170-181.

Giroux, Susan Searls, and Henry A Giroux. "Don't Worry, We Are All Racists!." *Third Text* 21,6 (2007): 745-759.

Howard, Philip S.S. "Colliding Positions on What Counts as Racially Progressive: A Critical Race Africology of the Film, Crash." *Crash Politics and Antiracism:Interrogations of Liberal Race Discourse*. Ed. Philip S.S. Howard and George J. Sefa Dei. New York: Peter Lang, 2008. 25-47.

Harrell, Belle. *Multiculturalism Must Come to a Truce*. Saarbrucken: AV Akademikerverlag, 2012.

Hilger, Michael. *From Savage to Nobleman: Images of Native Americans in Film*. Lanham, MD: Scarecrow Press, 1995.

Jordan, Withrop. *White Over Black:American Attitudes Toward the Negro 1550-1812*. Chapel Hill: U of North Carolina P, 1968.

Kellner, Douglas. "Cultural Studies, Multiculturalism, and Media Culture." *Gender, Race, and Class in Media:A Critical Reader*. Eds. Gail Dines, Jean M. (McMahon) Humez. Thousand Oaks, CA: SAGE Publications, 2011. 7-18.

---. *Media Culture: Cultural Studies, Identity, and Politics between the Modern and the Postmodern*. London: Routledge, 1995.

Kempf, Arlo. "On the Souls of White Folks: Notes on the White Crash Conversation." *Crash Politics and Antiracism: Interrogations of Liberal Race Discourse*. Ed. Philip S.S. Howard and George J. Sefa Dei. New York: Peter Lang, 2008. 71-89. 91-109.

Ku, Jane. "Irrational Subjects and Hallucinations of Peace and Order." *Crash Politics and Antiracism:Interrogations of Liberal Race Discourse*. Ed. Philip S.S. Howard and George J. Sefa Dei. New York: Peter Lang, 2008. 49-69.

Lehman, Peter, and William Ruhr. *Thinking About Movies: Watching,*

Questioning, Enjoying. Malden, MA: Blackwell, 2008.

Levy, Emanuel. *Cinema of Outsiders: The Rise of American Independent Film*. New York: NYU P, 1999.

Lowe, Lisa. *Immigrant Acts*. Durham: Duke UP, 1996.

Pham, Minh-Ha. "The Asian Invasion (of Multiculturalism) in Hollywood." *Journal of Popular Film and Television* 32.3 (2004): 121-131.

Rattansi, Ali. *Multiculturalism: A Very Short Introduction*. Oxford: Oxford UP, 2011.

Roediger, David R. *Working Toward Whiteness: How America's Immigrants Became White*. New York: Basic Books, 2005.

Shohat, Ella and Robert Stam, eds. *Multiculturalism, Postcoloniality, and Transnational Media*. New Brunswick: Rutgers UP, 2003.

Stam, Robert. *Film Theory: An Introduction*. Malden, MA: Blackwell, 2000.

Stam, Robert, and Louise Spencer. "Colonialism, Racism, and Representation." *Movies and Methods*. Vol II. Ed. Bill Nichols. Berkeley: U of California P, 1985. 632-49.

Welsch, Janice, and J.Q. Adams. *Multicultural Films*. Westport, CT: Greenwood, 2005.

Willett, Cynthia. *Theorizing Multiculturalism: A Guide to the Current Debate*. Malden, MA: Blackwell, 1998.

Xing, Jun. *Asian America Through the Lens*. Walnut Creek, CA: Altamira, 1998.

Zizek, Slavoj. "Multiculturalism, Or, the Cultural Logic of Multinational Capitalism." *New Left Review* I/225 (1997): 29-51.

II. 미국의 다문화 영화

1장 아프리카계 미국인

흑인 남성성과 흑인 커뮤니티의 민낯 탐구: 〈보이즈 앤 후드〉

Boyz 'N the Hood. Dir. John Singleton. Columbia Picture, 1991.

Dyson, Michael Eric. "Between Apocalyse and Redemption: John Singleton's Boyz 'N' the Hood." *Film Theory Goes to the Movies*. Ed. Jim Collins, Hilary Radner, and Ava Preacher Collins. New York: Routledge, 1993. 209-226.

Ebert, Roger. *Boyz 'N the Hood*. http://www.rogerebert.com/reviews/boyz-n-the-hood-1991

Lehman, Peter, and William Ruhr. *Thinking About Movies: Watching, Questioning, Enjoying*. Malden, MA: Blackwell, 2008.

Wilson, August. *Fences*. New York: Penguin Books, 1986.

한 방울도 안 된다: 미국영화에서 인종 간 결혼이라는 문제

〈정글 피버〉에 관한 논의는《문학과 영상》6권(2005) 1호 27-53쪽에 실린 필자의 〈미국영화에 나타난 타인종 간의 이성관계〉라는 논문을 책의 형식에 맞게 발췌 수정한 것이다.

Guerrero, Ed. "Spike Lee and the Fever in the Racial Jungle." *Film Theory Goes to the Movies*. Ed. Jim Collins, Hilary Radner, and Ava Preacher Collins. New York: Routledge, 1993. 170-181.

Harrell, Belle. *Multiculturalism Must Come to a Truce*. Saarbrucken: AV Akademikerverlag, 2012.

Jungle Fever. Dir. Spike Lee. Written by Spike Lee. With Wesley Snipes, Annabella Sciorra, and Spike Lee. Universal Pictures, 1991.

The Human Stain. Dir. Robert Benton. Miramax, 2003.

2장 아시아계 미국인

동성애 주제로 풀어낸 중국계 미국인의 세대 간 갈등: 〈결혼 피로연〉과 〈세이빙 페이스〉

이 부분은 같은 제목으로《현대영미드라마》29권 2호 (2016), 133-154에 실린 필자의 논문을 책의 형식에 맞게 편집한 글이다.

Babuscio, Jack. "Camp and Gay Sensibility." *Gays and Film*. Ed. Richard Dyer. London: British Film Institute, 1977. 116-135.

Berry, Chris. "The Chinese Side of the Mountain." *Film Quarterly* 60.3 (2007): 32 – 37.

Berson, Misha. *Between Worlds: Contemporary Asian-American Plays*. New York: Theatre Communication Group, 1990.

Brokeback Mountain. Dir. Ang Lee. Focus Features/Universal Pictures, 1970.

Chua, Ling‑Yen. "The Cinematic Representation of Asian Homosexuality in The Wedding Banquet." *Journal of Homosexuality* 36 (1999): 99–112.

Flower Drum Song. Dir. Richard Quine. Universal Pictures, 1961.

Han, Qijun. "The Cinematic Depiction of Conflict Resolution in the Immigrant Chinese Family: *The Wedding Banquet and Saving Face*." *International Journal for History*, Culture, and Modernity 1.2 (2013): 129– 159.

Kushner, Tony. *Angels in America: Millenium Approaches*. New York: Theatre Communication Group, 1994.

Saving Face. Dir. Alice Wu. Destination Films, 2004.

The Wedding Banquet. Dir. Ang Lee. Ang Lee Productions, 1993.

잃어버린 기회: 일본계 미국영화에 재현된 강제억류 경험
이 부분은 같은 제목으로 《현대영미드라마》 28권 3호(2015), 231-255에 실린 필자의 논문을 책의 형식에 맞게 편집한 것이다.

송원문. 〈필립 칸 고탄다의 『빨래』에 재현된 일본계 미국인의 현실과 정체성〉. 《새한영어영문학》 46.1 (2004): 75-90. Print.

American Pastime. Dir. Desmond Nakano. Warner Brothers. 2007. Film.

Banks, Taunya Lovell. "Outsider Citizens: Film Narratives About the Internment of Japanese Americans." *Suffolk University Law Review* 42 (2009): 768-94. Print.

Cornelius, David. "American Pastime." DVD Talk. 〈http://www.dvdtalk.com/reviews/28516/american-pastime.〉 Web. Nov. 5, 2015.

Cracknell, Ryan. "American Pastime." *Movie Views*. 〈http://movieviews.ca/american-pastime〉. Web. Nov. 2015.

Ebert, Roger. "Snow Falling on Cedars." 〈http://www.rogerebert.com/

reviews/snow-falling-on-cedars-2000〉. Web. Nov. 5, 2015.

---. *The Wash. Between Worlds: Contemporary Asian-American Plays*. Ed. Misha Berson. New York: Theatre Communication Group, 1990. 29-73. Print.

Snow Falling on Cedars. Dir. Scott Hicks. Universal. 1999. Film.

Yogi, Stan. "Japanese American Literature." *An Interethnic Companion to Asian American Literature*. Ed. King-Kok Cheung. New York: Cambridge UP, 1997. 125-55. Print.

3장 라틴계 미국인

라틴음악을 통한 히스패닉 정체성의 재현: 〈라밤바〉와 〈셀레나〉

네그론-먼태너, 프란세스. 〈제니퍼 로페즈의 엉덩이〉. 이은아 옮김.《라티노/라티나: 혼성문화의 빛과 그림자》. 서울대학교 라틴 아메리카연구소. 서울: 한울. 2013.

임상래.《라티노와 아메리카》. 파주: 한국학술정보. 2013.

Apricio, Frances R. "Jennifer as Selena: Rethinking Latinidad in Media and Popular Culture." *Latino Studies* 1 (2003): 90-105.

Benshoff, Harry, and Sean Griffin. *America on Film*. Malden, MA: Blackwell, 2004.

Berardinelli, James. "Selena." http://www.reelviews.net/reelviews/selena

Denisoff, Sorge R. and George Plasketes. "Synergy in the 1980s Film and Music: Formula for Success or Industry Mythology?" *Film History* 4 (1990): 257-276.

Ebert, Roger. "La Bamba." http://www.rogerebert.com/reviews/la-bamba-1987

---. "Selena." http://www.rogerebert.com/reviews/selena-1997.

4장 북미 원주민

〈내 심장을 운디드니에 묻어주오〉

Arseneau, Adam. "Bury My Heart at Wounded Knee." https://dvdverdict.com/

reviews/burymyheartatwoundedknee.php.

Belton, John. *American Cinema/American Culture*. New York: McGraw-Hill, 2005.

Bigsby, C.W.E. Beyond Broadway. Vol. 3 of A *Critical Introduction to the Twentieth Century American Drama*. Cambridge: Cambridge UP, 1985.

Hilger, Michael. *From Savage to Nobleman: Images of Native Americans in Film*. Lanham, MD: Scarecrow Press, 1995.

〈스모크 시그널〉

Gilroy, Jhon Warren. "Another Fine Example of the Oral Tradition?: Identification and Subversion in Sherman Alexie's *Smoke Signals*." *Studies in American Indian Literatures* 13.1(2001): 23-42.

5장 동성애자

대중성을 통한 게이 센서빌리티: 〈브로크백 마운틴〉

이 글은《문학과 영상》14권 3호(2013), 711-736에 실린 필자의 논문 〈동성애 재현의 두 양상: 진정성과 대중성〉을 책의 형식에 맞게 편집한 것이며, 이 글의 일부는 필자의《영화의 이해》(건대출판부, 2014)에 실려 있다.

Babuscio, Jack. "Camp and Gay Sensibility." *Gays and Film*. Ed. Richard Dyer. London: British Film Institute, 1977. 116-35.

Berry, Chris. "The Chinese Side of the Mountain." *Film Quarterly* 60.3 (2007): 32-37.

Brokeback Mountain. Dir. Ang Lee. Focus Features/Universal Pictures, 1970.

Campbell, Neil. "From Story to Film: *Brokeback Mountain*'s 'In-Between' Spaces." *Canadian Review of American Studies* 39 (2009): 205-20.

Cooper, Brenda, and Edward C. Pease. "Framing *Brokeback Mountain*: How the Popular Press Corralled the 'The Gay Cowboy Movie'." *Critical Studies in Media Communication* 25.3 (2008): 249-73.

In and Out. Dir. Frank Oz. Paramount, 1997.

Jeffords, Susan. *Hard Bodies*. New Brunswick: Rutgers UP, 1994.

Kissing Jessica Stein. Dir. Charles Herman-Wurmfeld. Fox Searchlight, 2001.

Kitses, Jim. "All the Brokeback Allows." *Film Quarterly* 60.3 (2007): 22-27.

Miller, D.A. "On the Universality of *Brokeback Mountain*." *Film Quarterly* 60.3 (2007): 50-60.

Moddelmog, Debra. "Can Romantic Comedy be Gay?: Hollywood Romance, Citizenship, and Same-Sex Marriage Panic." *Journal of Popular Film and Television* 36.4 (2009): 162-73.

Mulvey, Laura. "Visual Pleasure and the Narrative Cinema." *Feminism and Film Theory*. Ed. Constance Penley. New York: Routledge, 1988. 57-68.

Rushton, Richard, and Gary Bettinson. *What is Film Theory?: An Introduction to Contemporary Debates*. Berkshire: Open UP, 2010.

Wood, Robin. "On and Around *Brokeback Mountain*." *Film Quarterly* 60.3 (2007): 28-31.

6장 타민족의 이해와 백인 남성성

인종적 · 성적 · 정치적 타자의 삭제를 통한 미국 남성성의 회복: 〈전쟁의 사상자들〉
이 글은 《문학과 영상》 17권 3호(2016), 391-409에 실렸던 필자의 같은 제목의
논문을 책의 포맷에 맞게 편집한 것이며, 한국현대영미드라마학회 편 《영화로 보
는 미국역사》(2017)에도 실려 있다.

닐, 조너선. 《미국은 어떻게 베트남에서 패배했는가》. 정병선 옮김. 서울: 책갈피, 2004.

Belton, John. American *Cinema/American Culture*. 4th. ed. New York: McGraw-Hill, 2013.

Casualties of War. Dir. Brian de Palma. Columbia Pictures, 1989.

Hurrell, Barbara. "American Self-Image in David Rabe's Vietnam Trilogy." *Journal of American Culture* 4 (1981): 95-107. Print.

Jeffords, Susan. *Hard Bodies: Hollywood Masculinity in the Reagan Era*. New Brunswick: Rutgers UP, 1994.

McCrisken, Trevor and Andrew Pepper. *American History and Contemporary Hollywood Film*. New Brunswick: Rutgers UP, 2005.

McMahon, Kathryn. "*Casualties of War*: History, Realism, and the Limits of Exclusion." *Journal of Popular Film and Television* 22.1 (1994): 12-21.

Rabe, David. *The Basic Training of Pavlo Hummel. Two Plays by David Rabe*. New York: Penguin, 1973.

백인 남성성의 변화와 다문화 수용: 〈그랜 토리노〉
이 글은《문학과 영상》17권 1호(2016), 65-85에 실린 동일한 제목의 필자의 논문을 책의 형식에 맞게 편집한 것이다.
휴스, 하워드.《클린트 이스트우드: 영화의 심장을 겨누고 인생을 말하다》. 이경아 옮김. 서울: 나무이야기, 2009.

Corkery, Diane. "Walt Kowalski A Christ-Figure? Christic Resonances in *Gran Torino." Journal of Religion and Film* 15.2 (2012). 11 Aug. 2015. 〈http://digitalcommons.unomaha.edu/jrf/vol15/iss2/5〉. Web.

Cornell, Drucilla. *Clint Eastwood and Issues of American Masculinity*. New York: Fordham UP, 2009.

Curi, Umberto. "Reflections on Gran Torino." *Iris* 1.2 (2009): 531-36.

Dirty Harry. Dir. Don Siegel. Warner Brothers. 1971.

Eliot, Marc. *American Rebel: The Life of Clint Eastwood*. New York: Three Rivers, 2009.

Flags of Our Fathers. Dir. Clint Eastwood. Warner Brothers. 2006.

Gran Torino. Dir. Clint Eastwood. Warner Brothers. 2008.

Jalao, Ly Chong. "Looking Gran Torino in the Eye: A Review." *Journal of Southeast Asian American Education and Advancement* 5 (2010). 11 Aug. 2015. 〈http://docs.lib.purdue.edu/jsaaea/vol15/15〉. Web.

Jeffords, Susan. *Hard Bodies*. New Brunswick: Rutgers UP, 1994.

Kozlovic, Anton Karl. "Review of Drucilla Cornell, Clint Eastwood and Issues of American Masculinity." *Journal of Men, Masculinity and Spirituality* 5.2 (2001): 121-24.

Lehman, Peter, and William Luhr. *Thinking About Movies*. Malden, MA: Blackwell. 2008.

Letters from Iwo Jima. Dir. Clint Eastwood. Warner Brothers. 2006.

Machuco, Antonio. "Violence and Truth in Clint Eastwood's *Gran Torino*." *Anthropoetics* 16.2 (2011). 15 Nov. 2015. 〈http://www.anthropoetics.ucla.

edu/ap1602/1602machuco.htm〉. Web.

Million Dollar Baby. Dir. Clint Eastwood. Warner Brothers. 2004.

Modleski, Tania. "Clint Eastwood and Male Weepies." *American Literary History* 22.1 (2009): 136-58. Print.

Pezella, Mario. "The Force of Non-Violence: Observations on *Gran Torino.*" *Iris* 1.2 (2009): 536-41.

Tognetti, Francesca. "Gran Torino: A Foreign Neighborhood." *Altre Modernità:Rivista di studi letterari e culturali* 2 (2009): 378-81.

Unforgiven. Dir. Clint Eastwood. Warner Brothers. 1992.

〈크래시〉에서 다문화적 주체의 충돌

이 글은《문학과 영상》16권 2호, 251-270에 실린 필자의 동일한 제목의 논문을 책의 형식에 맞게 편집한 것이다.

Berardinelli, James. "*Crash.*" 〈http://www.reelviews.net/php_review_ template. php?identifier=156〉

Crash. Dir. Paul Haggis. Bob Yari Productions. 2004.

Giroux, Susan Searls, and Henry A Giroux. "Don't Worry, We Are All Racists!." *Third Text* 21.6 (2007): 745-59.

Howard, Philip S.S. "Colliding Positions on What Counts as Racially Progressive: A Critical Race Africology of the Film, Crash." *Crash Politics and Antiracism:Interrogations of Liberal Race Discourse.* Ed. Philip S.S. Howard and George J. Sefa Dei. New York: Peter Lang, 2008. 25-47.

Kempf, Arlo. "On the Souls of White Folks: Notes on the White Crash Conversation." *Crash Politics and Antiracism: Interrogations of Liberal Race Discourse.* Ed. Philip S.S. Howard and George J. Sefa Dei. New York: Peter Lang, 2008. 91-109.

Ku, Jane. "Irrational Subjects and Hallucinations of Peace and Order." *Crash Politics and Antiracism:Interrogations of Liberal Race Discourse.* Ed. Philip S.S. Howard and George J. Sefa Dei. New York: Peter Lang, 2008. 49-69.

Lawon, Erica. "The Politics and Pedagogy of Crash in the Postmodern Era: A Black Feminist Reflection." *Crash Politics and Antiracism: Interrogations of Liberal Race Discourse*. Ed. Philip S.S. Howard and George J. Sefa Dei. New York: Peter Lang, 2008. 71-89.

Middleton, Joyce Irene. "Symposium: Talking About Race and Whiteness in *Crash*." *College English* 69.4 (2007): 321-34.

Nunley, Voris. "Symposium: *Crash*: Rhetorically Wrecking Discourses of Race, Tolerance, and White Privilege." *College English* 69.4 (2007): 335-46.

Short Cuts. Dir. Robert Altman. Fine Line Pictures. 1993.

Villanueva, Victor. "3D Stereotypes: *Crash*." *College English* 69.4 (2007): 348-50.

Welsch, Janice, and J.Q. Adams. *Multicultural Films*. Westport, CT: Greenwood, 2005.

III. 유럽의 다문화주의 영화

1장 아시아계 영국영화: 〈슈팅 라이크 베컴〉와 〈나의 아름다운 세탁소〉

김유. 〈하니프 쿠레이쉬의 작품에 드러난 문화적 전략과 정치적 이상으로서의 혼종성: *My Beautiful Laundrette*를 중심으로〉.《현대영미드라마》21.3 (2008): 71-95.

Chacko, Mary Ann. "*Bend It Like Beckham*: Dribbling the Self Through a Cross-Cultural Space." *Multicultural Perception* 12 (2010): 81-86.

2장 유럽 남성의 초국가적 디아스포라: 〈인 어 베러 월드〉

Elsaesser, Thomas. *European Cinema: Face to Face with Hollywood*. Amsterdam: Amsterdam UP, 2005.

Shriver-Rice, Meryl. "Adapting National Identity: Ethical Borders Made Suspect in the Hollywood Version of Susanne Bier's Brothers." *Film International* 9 (2011): 1-14.

Sklar, Robert. "In a Better World: Review". *Cineaste* 36.3 (2011): 47-49.

Smaill, Belinda. "The Male Sojourner, the Female Director, and Popular European Cinema: The Worlds of Susanne Bier." *Camera Obscura* 29.1 (2014): 5-31.

IV. 한국의 다문화 영화

1장 결혼이주민 여성: 〈파이란〉, 〈완득이〉, 〈미씽: 사라진 여자〉

배상준. 〈한국의 다문화 영화 - 장르적 접근〉.《인문콘텐츠》36(2015): 75-108.

유은주. 〈내가 시집을 온 건가, 일을 하러 온 건가: 여성결혼이주자의 노동자성 구성 경험에 대한 연구〉.《페미니즘 연구》10.1 (2010): 199-245.

정민아. 〈동시대 한국영화의 이주자 혼종문화와 이주 공간: 〈로니를 찾아서〉, 〈반두비〉, 〈완득이〉를 중심으로〉.《영화》5.1 (2012): 59-87.

조진희. 〈한국영화, 이주 여성을 들여다보다: 〈파이란〉에서 〈완득이〉에 이르기까지 이주 여성 재현 양상 분석〉.《언론학연구》16.1 (2012): 379-404.

황영미. 〈한국 영화에 나타난 다문화 양상 연구: 이방인 수용 양상을 중심으로〉.《영화연구》47 (2011): 239-62.

Mulvey, Laura. "Visual Pleasure and the Narrative Cinema." Feminism and Film Theory. Ed. Contance Penley. New York: Routledge, 1988. 57-68.

2장 이주노동자: 〈로니를 찾아서〉, 〈반두비〉, 〈방가?방가!〉

강윤희. 〈다문화 영화에 나타난 이주민의 표상방식: 영화 〈방가?방가!〉를 사례로〉.《글로벌교육연구학회》6.2 (2014).

김애령. 〈이방인과 환대의 윤리〉.《철학과 현상학 연구》39 (2008): 175-205.

김종갑. 김슬기. 〈다문화 사회의 인종차별주의: 한국다문화영화를 중심으로〉.《다문화 사회연구》7.2 (2014): 85-105.

김현아. 〈다문화영화 〈로니를 찾아서〉와 〈반두비〉에 나타난 주체-타자간 소통의 양상과 한계〉.《문학과 영상》17.2 (2016): 215-41.

류찬열. 〈2000년대 한국영화에 나타난 이주노동자의 재현 양상 연구〉.《다문화콘텐츠연구》3 (2010): 137-52.

배상준. 〈한국의 다문화 영화 —장르적 접근〉.《인문콘텐츠》36: 75-108.

양진오. 〈이방인에서 소통하는 주체로: 〈로니를 찾아서〉와 〈반두비〉를 중심으로〉.
《비평문학》50 (2013): 156-69.

원숙경. 〈타자의 시선으로 재현된 이주민: 영화 〈방가?방가!〉와 〈완득이〉를 중심
으로〉.《언론학연구》18.1 (2014): 109-134.

오상희. 이주은. 〈로맨스 영화에서 다루어지는 다문화주의에 대한 비판적 고찰〉.
《한국콘텐츠학회논문지》15.8 (2013): 209-28.

정민아. 〈동시대 한국영화의 이주자 혼종문화와 이주 공간: 〈로니를 찾아서〉, 〈반
두비〉, 〈완득이〉를 중심으로〉.《영화》5.1 (2012): 59-87.

황영미. 〈한국 영화에 나타난 다문화 양상 연구: 이방인 수용 양상을 중심으로〉.
《영화연구》47 (2011): 239-62.

Jirn. "Happy Seoul for Foreigners: Scenes from Multicultural Life in South
Korea." *Inter-Asia Cultural Studies* 15.2 (2014): 315-22.

3. 탈북자: 〈경계〉, 〈무산일기〉, 〈국경의 남쪽〉

강성률. 〈영화가 탈북자를 다루는 시선들〉.《현대영화연구》21 (2011): 7-31.

김지미. 〈장률 영화에 나타난 육화된 '경계'로서의 여성 주체: 〈경계〉, 〈이리〉, 〈중
경〉을 중심으로〉.《여성문학연구》22 : 124-42.

방유리나. 〈영화 〈무산일기〉에 나타난 두 가지 시선과 그 서사적 의미〉.《통일인
문학》52 (2011): 207-30.

백태현. 〈〈무산일기〉의 자의식적 카메라 스타일〉.《영화》5.1 (2012): 115-43.

신혜란.《우리는 모두 조선족이다》. 이매진, 2016.

주진숙 · 홍소인. 〈장률 감독 영화에서 경계, 마이너리티, 그리고 여성〉.《영화연
구》42 (2009): 597- 620.

찾아보기

다문화주의와 영화

2018년 12월 31일 초판 1쇄 발행

지은이 ㅣ 이형식
펴낸이 ㅣ 노경인 · 김주영

펴낸곳 ㅣ 도서출판 앨피
출판등록 ㅣ 2004년 11월 23일 제2011-000087호
주소 ㅣ 우)07275 서울시 영등포구 영등포로 5길 19(양평동 2가, 동아프라임밸리) 1202-1호
전화 ㅣ 02-336-2776 팩스 ㅣ 0505-115-0525
블로그 ㅣ bolg.naver.com/lpbook12
전자우편 ㅣ lpbook12@naver.com

ISBN 979-11-87430-49-0 94680